W0265497

JEAN-CLAUDE GUILLEBAUD

LA FORCE DE CONVICTION

À quoi pouvons-nous croire ?

ÉDITIONS DU SEUIL
*27, rue Jacob, Paris VIe*

ISBN 2-02-063927-0

© Éditions du Seuil, août 2005

Le Code de la propriété intellectuelle interdit les copies ou reproductions destinées à une utilisation collective. Toute représentation ou reproduction intégrale ou partielle faite par quelque procédé que ce soit, sans le consentement de l'auteur ou de ses ayants cause, est illicite et constitue une contrefaçon sanctionnée par les articles L. 335-2 et suivants du Code de la propriété intellectuelle.

www.seuil.com

Pour Edgar Morin, dont l'amitié habite ces pages.

« Un autre monde est en marche. Beaucoup d'entre nous ne seront plus là pour assister à son avènement. Mais quand tout est calme, si je prête une oreille attentive, je l'entends déjà respirer. »

Arundhati Roy *.

* Interview, *Le Monde*, 18 janvier 2004.

Avant-propos

Quel désenchantement du monde ?

> « Je connais de prétendus athées qui n'ont apparemment tué Dieu que pour changer de père : or, il m'arrive de penser qu'ils ont plutôt perdu au change, et parfois même d'assez consternante façon. »
>
> Francis Jeanson[1].

La grande métamorphose, le grand retournement – *metanoia* –, a commencé. Un monde nouveau a surgi sous nos yeux et nous tâchons déjà d'y vivre. À tâtons. D'un bout de la terre à l'autre, tout nous paraît changé. Inquiétant. L'entrée dans le nouveau millénaire s'accompagne d'une peur diffuse qui cherche encore ses mots pour dire ce qui la hante. Oui, les mots nous manquent, mais aussi les idées. Ce grand basculement anthropologique met à rude épreuve nos capacités d'analyses et ruine par anticipation notre langage[2]. Menacés au-dedans comme au-dehors par des périls inédits, confrontés à des dominations obscures, alarmés par des violences insaisissables, embarqués dans des mutations immaîtrisées, nous recourons faute de mieux à des concepts devenus fragiles. Les discours politiques, diplomatiques ou stratégiques usent le plus souvent de rhétoriques dont nous devinons confusément l'insuffisance.

Confrontés aux nouvelles violences de l'histoire, aux crimes politiques, aux réseaux criminels arborescents et sans territoire géographique défini, voilà que nos catégories mentales habituelles ne fonctionnent plus. Hier encore, les grandes idéologies rivales – capitalisme, nazisme, communisme ou socialisme – fournissaient au débat public sa grammaire et sa sémantique. Aujourd'hui, nous avons du mal à nommer la nature du danger que doivent affronter la

1. *La Foi d'un incroyant* [1963], Seuil, « Points Sagesses », 1976, p. 10.
2. J'ai développé cette analyse dans *Le Goût de l'avenir*, Seuil, 2003.

liberté de l'esprit et – parfois – la liberté tout court. Fanatisme ? Nihilisme ? Intégrisme ? Terrorisme ? Cléricalisme ? Communautarisme ? Nos sociétés démocratiques ne savent plus – ou pas encore – définir la violence spécifique qui dorénavant les guette. De la même façon, elles se montrent embarrassées face aux nouveaux barricadements idéologiques, aux certitudes agressives et aux dogmatismes qui sont revenus dans le siècle. Effarés, nous cherchons...

Effarés ? Un peu partout dans le monde, y compris chez nous, nous voyons dorénavant des hommes et des femmes guerroyer au nom de Dieu. Des fanatiques brandissent la Bible ou la Torah, le Coran ou les Upanishad pour récuser la modernité ou justifier leurs crimes. Partout, on enrôle Dieu dans la fournaise des batailles et, dans le pire des cas, on promet un « paradis » éternel au kamikaze ou au *shaïd* (martyr) qui consentira à tuer au nom des « Écritures ». Ailleurs, on fait de ces mêmes « Écritures » une lecture si puérilement littérale qu'elle enflamme des passions meurtrières. Dévotion aveugle aux sourates du Coran ici, créationnisme biblique là-bas : nous n'imaginions pas que de telles régressions fussent possibles en 2004.

Tout cela est fou.

Dans notre désarroi, nous sommes tentés de ne plus voir dans la « religion » autre chose qu'une obstination archaïque, une crispation résiduelle où prendrait source, dorénavant, l'intolérance. Oh, certes, nous ne le faisons pas ouvertement. Chez nous, en Europe, les gouvernements prennent mille précautions avec les communautés religieuses (c'est la nouvelle expression consacrée) qu'ils consultent ostensiblement et dont ils tentent d'organiser la représentation. Dans le même temps, cependant, un soupçon bien moins aimable rôde dans l'air du temps. Il court comme un mistigri à travers les médias et finit par habiter chacun de nous. Au sujet de la religion, l'état d'esprit le plus répandu dans nos sociétés modernes se caractérisait jusqu'alors par une indifférence polie, de celle qu'on réserve aux choses passées de mode, mais inoffensives. Aujourd'hui, le ton général semble se durcir. Convenons qu'*a priori* il y a de quoi. Partant d'une critique des divers intégrismes, nous en venons à désigner la foi elle-même, ou les textes.

Un discours dénonciateur s'énonce ainsi, à mots couverts, derrière nos tumultueux débats, même si un hommage convenu aux «croyants ordinaires» est consenti du bout des lèvres. Athées militants, agnostiques, sceptiques ou même croyants: la plupart des hommes et des femmes en viennent, *au moins de façon fugitive*, à s'interroger et même à se défier de toute référence à une vérité révélée, à l'expression d'une foi ou d'une transcendance toujours capable de se coaguler en fanatisme. L'évocation des textes ou écrits saints auxquels le fidèle serait tenu d'obéir leur apparaît alors comme une incongruité pittoresque, mais potentiellement dangereuse pour la «société ouverte», théorisée jadis par Karl Popper.

L'ennemi de ladite société, pense-t-on – et dit-on – parfois, ce ne sont donc plus les idéologies, mais les grandes confessions religieuses réactivées par les nouveaux dévots. Ce sont elles qui cadenassent désormais l'esprit des hommes et arment la main des terroristes. Il serait donc urgent de combattre à nouveau «l'infâme» stigmatisé jadis par Voltaire ou, à tout le moins, d'accélérer sa relégation dans la sphère ambiguë du «privé». Le fait est qu'on n'avait jamais autant parlé de religion, de foi ou de Révélation que depuis notre entrée dans ce nouveau millénaire. La religion redevient la grande affaire de l'époque. Elle habite, au moins en arrière-plan, presque toutes les polémiques du moment. Qu'il s'agisse de l'Europe chrétienne, des rapports Nord-Sud, de la bioéthique, du changement des mœurs, des systèmes de parenté, de la paix scolaire, de la guerre au-dehors ou de la paix au-dedans: chaque fois, la persistance incompréhensible de la «question religieuse» – ou du «fait religieux» – se voit érigée en catégorie explicative.

Cette fixation contemporaine sur le religieux comme facteur explicatif témoigne d'un glissement de sens assez profond, d'une transformation imperceptible de notre vision du monde et de notre lecture de l'histoire. Tout se passe comme si nous avions troqué un paradigme contre un autre. Hier encore, les violences du monde relevaient à nos yeux de causes bien différentes: sous-développement ou impérialisme, lutte des classes ou égoïsmes corporatistes, convoitises pétrolières ou appétits territoriaux, nationalisme ou adversités ethniques, et, dans l'hémisphère Sud, guerre idéologique planétaire entre l'Amérique du Nord et l'URSS, par conflits locaux interposés. Aujourd'hui, nous avons balayé la plupart de ces références ou peu s'en faut. Le vrai moteur, le vecteur de la violence, affirmons-nous, c'est le fanatisme religieux et, peut-être, la religion elle-même. Pour ne citer qu'un exemple, les fameuses analyses de Samuel Huntington sur le « choc des civilisations » accordent une place privilégiée, pour ne pas dire essentielle, aux antagonismes religieux.

Cette dérive interprétative et cette fixation sur le religieux comme matrice principale de l'intolérance sont-elles bien raisonnables ?

Quelles « guerres de religion » ?

Car enfin... Quantité de fanatismes présents ou passés ne furent ou ne sont pas d'essence religieuse. Le Sentier lumineux péruvien, les génocidaires Khmers rouges des années 1970, les tueurs hutus du Rwanda ou les assassins de l'ex-Yougoslavie ne se réclamaient ni de Dieu ni du diable. Alors ? De la même façon, lorsque nous tentons de distinguer un « bon » islam d'un « mauvais » islamisme, nous en venons à incriminer le Coran lui-même. Or, l'islam ce fut aussi Averroès, le royaume d'*al-Andalus* ou encore Abd el-Kader (1847-1883), le « parfait serviteur », auteur des fameux *Écrits spirituels.*

De la même façon, lorsque les Européens s'alarment des succès politiques du fondamentalisme chrétien en Amérique et du nationalisme belliqueux des *born again* républicains, ils omettent de constater qu'en réalité presque toutes les grandes Églises constituées d'outre-Atlantique avaient condamné en 2003 l'aventurisme militaire de George Walker Bush et, hormis les baptistes du grand Sud, pris leurs distances avec le conservatisme rudimentaire qui prévaut à la Maison-Blanche. Ce n'est pas la « religion » qui subvertit aujourd'hui la politique aux États-Unis, c'est plutôt l'inverse. L'aventure des néoconservateurs et des fondamentalistes chrétiens ou juifs de Washington témoigne d'une confiscation du christianisme et du judaïsme par une « religion civile » américaine, essentiellement politique ou nationaliste, et qui, aujourd'hui, paraît s'enivrer d'elle-même, c'est-à-dire de sa paradoxale immanence.

« Ce n'est pas du côté des Églises américaines (divers types de protestantisme, du plus libéral au plus fondamentaliste, catholicisme latin ou du Nord-Est, mormonisme...) qu'il faut chercher les principales composantes de ce nouveau cocktail religieux, remarquait en 2004 l'un des meilleurs spécialistes de la société américaine. Que les Églises puissent être instrumentalisées ou partiellement ralliées à cette synthèse ne fait aucun doute [...]. Mais loin de constituer le principal moteur d'une possible « croisade » néomessianique, elles demeurent, en fin de compte, l'un des seuls obstacles de taille susceptible, à l'intérieur de la société américaine, d'enrayer le processus en cours[3]. » Ainsi est-il étrange de localiser dans le christianisme ou le judaïsme la racine principale du néo-impérialisme américain, alors même qu'il faudrait dénoncer leur instrumentalisation délibérée par les maîtres de l'État.

Il n'est pas beaucoup plus raisonnable d'assimiler à des guerres de religion les conflits qui ensanglantent la planète, en particulier l'hémisphère Sud. Raisonner ainsi conduit en effet à confessionnaliser quantité d'antagonismes qui, en vérité, ne sont pas religieux par nature[4]. La guerre civile d'Irlande du Nord est une conséquence résiduelle du colonialisme britannique et non un affrontement dogmatique entre catholicisme et protestantisme. L'interminable guerre israélo-palestinienne voit d'abord deux peuples se disputer la même terre. Elle n'est devenue un antagonisme proclamé entre islam et judaïsme que très récemment et très subsidiairement. En Indonésie, premier pays musulman de la planète par le nombre d'habitants, les conflits séparatistes ne sont pas d'essence religieuse mais ethnique. De la même façon, il ne rime pas à grand-chose d'identifier la guerre rallumée en 2003 en Irak à une opposition sans merci entre l'islam sunnite et le christianisme anglo-saxon. Cela est d'autant plus absurde que la dictature renversée, celle de Saddam Hussein, se présentait tout au contraire comme « laïque » militante, voire anti-islamique, et fut longtemps aidée par l'Occident pour cette raison. On attendait à l'époque du baasisme irakien qu'il contînt l'effervescence religieuse – et chiite – de l'Iran voisin.

3. Sébastien Fath, *Dieu bénisse l'Amérique. La religion de la Maison-Blanche*, Seuil, 2004, p. 141.
4. Voir *Le Goût de l'avenir*, *op. cit.*

Certes, ici comme ailleurs, la religion, sous sa version la plus obtuse, se voit effectivement enrôlée dans la bataille. Le dictateur irakien aux abois, par exemple, sembla « redécouvrir » l'islam dans les années 1990, et s'en prévalut pour tenter de mobiliser la « nation arabe ». Il est vrai également que, en 2004, les GI's américains priaient le Dieu de la Bible dans leurs baraquements tandis que leurs adversaires insaisissables invoquaient Allah. Ces manifestations publiques de dévotion, au demeurant assez classiques dans toutes les guerres, ont beau être montrées, médiatisées, montées en épingle et commentées, elles n'ont rien à voir avec une « explication ». Faire de la religion le nouvel outil d'analyse relève de ce qu'on appelait jadis une « construction idéologique ». C'est, au mieux, une commodité de langage et au pire une paresse de l'esprit.

Les remarques de bon sens proposées par l'anthropologue Lucien Scubla, chercheur à l'École polytechnique, trouvent ici tout leur sens. « L'existence d'escroqueries ou d'abus de pouvoir commis par les policiers ne permet pas de conclure que la police est une association de malfaiteurs. De même, les forfaits commis sous couvert de religion n'impliquent pas que le religieux soit, dans son principe, une imposture[5]. »

Les persécutions oubliées

Ce n'est pas tout. L'invocation de la religion comme matrice originelle du dogmatisme et de la violence implique une étrange amnésie collective. Comment oublier qu'au XXe siècle, c'est principalement l'athéisme antireligieux (stalinien, nazi ou nippon) qui fut intolérant et même exterminateur ? La religion était alors ou bien persécutée ou bien transformée, comme en Pologne, en périmètre de résistance à la barbarie. Le Dieu invoqué par les croyants, en tout cas, se trouvait alors plus souvent dans le camp des opprimés que dans celui des oppresseurs. Si l'on en croit une enquête commandée par le pape

5. Lucien Scubla, « Les hommes peuvent-ils se passer de toute religion ? », *in* « Qu'est-ce que le religieux ? Religion et politique », *Revue du MAUSS semestrielle*, n° 22, 2e trimestre 2003, La Découverte-Mauss, p. 92-93.

Jean Paul II, et réalisée par une commission indépendante, jamais depuis l'époque des catacombes les chrétiens n'ont été autant persécutés qu'au XXe siècle. La rédaction d'un livre de recherche et de mémoire fut confiée à Andrea Riccardi par cette Commission des nouveaux martyrs du Vatican à partir de plus de neuf mille six cents témoignages recueillis. La plupart de ces dossiers n'avaient jamais été publiés auparavant[6].

Dans le cas du nazisme, quelles que soient les complaisances coupables – ou même l'aveuglement – d'une partie des protestants allemands (qui voulaient déjudaïser le christianisme), ou les impérities du pape Pie XII ; quelles que soient les gesticulations plus ou moins liturgiques des hitlériens, il est clair que le ressort de la barbarie était agressivement païen. « Nous sommes les barbares modernes », proclamait Hitler[7]. Les nazis étaient prêts à accepter une religiosité dont l'apparence et la terminologie pouvaient bien être provisoirement chrétiennes, mais à la condition qu'elles servent à couvrir des références clairement racistes, très étrangères à la Bible. Dans l'esprit d'Adolf Hitler, la destruction du judaïsme ne devait d'ailleurs être qu'une première étape. « Au tournant de 1942, Hitler s'exprima à plusieurs reprises contre le christianisme et les Églises, qu'il parlait de détruire après la guerre. [...] Il parla même de dicter un petit évangile qui pourrait servir de base à une religion de substitution[8]. »

Dans l'URSS communiste, pendant plus d'un demi-siècle, la persécution antireligieuse fut à la fois plus intense et plus radicalement théorisée. La compromission progressive d'une partie de la hiérarchie orthodoxe avec le régime soviétique ne saurait faire oublier un aussi long martyrologe ni conduire à minimiser une haine aussi impitoyablement « athée ». Dès 1917, en Russie, la possession d'un ouvrage religieux fut interdite. Bientôt, on réserva la déportation, la prison ou la mort aux chrétiens trop obstinés à lire la Bible. Exil forcé des nonnes ou des popes en Sibérie, autodafés des Livres saints, profanation délibérée des reliques, dévastation programmée

6. Andrea Riccardi, *Ils sont morts pour leur foi*, Plon-Mame, 2002.
7. J'ai abordé cet aspect spécifique du nazisme dans *La Refondation du monde*, Seuil, 1999.
8. Philippe Burrin, *Ressentiment et Apocalypse. Essai sur l'antisémitisme nazi*, Seuil, 2004, p. 84.

des monastères, transformation des églises en étables ou greniers à foin, campagne pour le « quinquennat sans Dieu » (c'est-à-dire pour l'éradication définitive de la religion en Union soviétique), lancée en 1930 par Kalinine, omniprésence de la propagande officielle contre la religion : aucun effort ne fut négligé.

« Tout au long de ces soixante-dix années d'ordalie [en URSS], la Bible demeurera un objet majeur de la propagande athée qui en fera, au cours de séances collectives ubuesques dans les écoles, les universités, les campagnes, les usines, les quartiers, le symbole du monde ancien, hostile par définition au règne de la « science » matérialiste. Et une cible d'autant plus mythique qu'invisible puisque l'objet, le texte, la moindre exacte citation resteront largement inaccessibles[9]. »

La foi comme résistance

« Comme me l'a fait remarquer Emmanuel Terray, pour ceux d'entre nous qui ont appartenu à la tradition marxiste et y appartiennent encore par certains côtés, qui pensent qu'une référence à une transcendance objectivée, conçue sous forme de doctrine, est inéluctablement génératrice de risques totalitaires parce que cette référence devient dès lors un instrument pour transformer la société au nom de cette doctrine, il n'est pas toujours confortable d'entendre, par exemple, des intellectuels tchèques expliquer que la transcendance objectivée n'est plus une transcendance dès lors qu'elle est énoncée en des termes finis et donc humains ; que la transcendance en elle-même n'est pas objet mais mouvement, n'est pas substance mais dépassement du fini, et qu'une transcendance ainsi conçue est, à leurs yeux, la seule garantie de liberté pour l'individu, dans la mesure où, s'enracinant dans une notion non objectivée, elle permet du même coup à cet individu de trouver en lui-même de quoi remettre en question toutes les limitations, toutes les oppressions qu'il peut avoir à subir. Vu sous cet angle, quel que soit le désagrément intellectuel que cette analyse peut nous procurer, le religieux a en effet joué (et peut-être jouera encore) un rôle indéniable : celui de garantir au mieux la liberté et d'offrir les meilleurs fondements de résistance au totalitarisme. »

Jean-Pierre Vernant, *Entre mythe et politique*, Seuil, 1996.

9. Jean-François Colosimo, « Biblique Russie », *in* Jean-Claude Eslin et Catherine Cornu (dir.), *La Bible. 2000 ans de lectures*, Desclée de Brouwer, 2003, p. 382-383.

Après la chute du communisme et l'ouverture des archives soviétiques, le président de la Commission pour la réhabilitation des victimes de répressions politiques, Alexandre Iakovlev, estimait à deux cent mille le nombre de membres du clergé orthodoxe condamnés à mort entre la révolution d'Octobre et 1980, dont plus de la moitié pour les seules années 1937 et 1938[10].

On pourrait développer le même raisonnement au sujet du maoïsme qui, dans les années 1960, présida à une «Révolution culturelle» responsable de plusieurs millions de morts. Ce qui fut alors frénétiquement diabolisé par les Gardes rouges de Mao Zedong, c'est «l'ancienne pensée» chinoise, c'est-à-dire l'héritage confucéen et bouddhiste de l'Empire du milieu. Les fidèles de l'une ou l'autre de ces grandes traditions spirituelles se virent coiffés d'un bonnet d'âne, désignés à la moquerie puis à la colère des foules, voire liquidés pour de bon. Fidèles à l'ancienne culture, ils se rendaient coupables de «superstitions» dont le marxisme-léninisme dans sa version maoïste aurait bientôt raison. Quant au *Laogai*, le Goulag chinois, il hébergea, en plus du reste, un nombre appréciable de paroissiens ou de prêtres chrétiens[11].

Autre exemple: le «Kampuchéa démocratique» (Cambodge), conquis en 1975 par les Khmers rouges et soumis à un effroyable «autogénocide», réserva lui aussi aux chrétiens, aux bouddhistes ou aux musulmans une campagne d'éradication si radicale qu'en quelques années tous les représentants des cultes furent éliminés. La minuscule Albanie d'Enver Hoxha ne fut pas en reste: «Des 6 évêques et 156 prêtres avant l'arrivée du communisme, au moins 65 moururent exécutés ou sous les tortures, et 64 moururent dans les camps ou les prisons. À la fin du communisme ne survivaient qu'une trentaine de prêtres qui avaient tous connu la détention[12].»

Après tout cela, est-il bien sérieux de renverser aujourd'hui abruptement la charge de la preuve en plaçant cette fois la religion au banc des accusés?

10. Chiffres cités par *Le Point* du 25 octobre 2002.
11. Lire, notamment, Harry Wu, *Laogai, le Goulag chinois*, Dagorno, 1996.
12. Andrea Riccardi, *Ils sont morts pour leur foi*, *op. cit.*

La religion disparaît et «revient»

Toute religion, c'est vrai, peut conduire ses bigots à l'obscurantisme. Nul ne peut nier cela. Néanmoins, focaliser sur elle nos inquiétudes et nos critiques du dogmatisme entraîne bien d'autres malentendus.

Le premier d'entre eux s'apparente à une contradiction de principe. Il est lié à l'idée que nous nous faisons de la modernité elle-même, de la démocratie et, plus généralement, du désenchantement du monde. En effet, la fragilité des catégories conceptuelles évoquée plus haut nous conduit, à l'orée du XXIe siècle, à évoquer tout à la fois l'irrésistible disparition du religieux et son «retour» tonitruant. Comment est-ce possible? Il y a dans cette proclamation médiatiquement ressassée quelque chose d'absurde, un tour de bonneteau, une rhétorique dont nous faisons mine de ne pas voir qu'elle est inopérante. Disparue ou revenue, en voie de disparition ou redoutablement reconstituée, la religion finit par devenir une sorte d'«objet» que tous invoquent, mais que nul ne saisit vraiment. Le philosophe Marcel Gauchet n'est pas le dernier à pointer cette étrangeté. «Pourquoi assiste-t-on, indéniablement, à une résurgence du facteur religieux dans la vie publique de nos sociétés, alors que nous sommes témoins dans le même temps d'un affaiblissement social marqué de ce facteur? La coïncidence est tout à fait énigmatique[13].»

Bien malin, en vérité, qui pourrait dire ce qui l'emporte: la «disparition» ou le «retour»? À moins de soutenir que ledit retour aurait justement pour fonction de conjurer la disparition, les deux allant ensemble et constituant l'avers et le revers d'une même déréliction globale. C'est *parce qu'elle serait menacée de disparition*, en somme, que la religion ferait retour sous une forme plus crispée, plus intolérante, plus obscurantiste que jamais. Il y a sans aucun doute une part de vérité dans cette articulation de la «disparition» et du «retour»; une part de vérité mais aussi une contradiction. Raisonner ainsi implique en effet qu'on interprète le retour du religieux – ou sa rémanence – comme un phénomène essentiellement réactif. Du

13. Marcel Gauchet et Paul Valadier, *Héritage religieux et Démocratie*, document ronéoté de l'association «Politique autrement», mars 2004, p. 36-37.

même coup, la religion en tant que telle se voit identifiée, par hypothèse, à une posture politiquement et intellectuellement « réactionnaire ». C'est légitime dans certains cas, notamment lorsqu'on évoque les divers fondamentalismes qui se manifestent aujourd'hui dans toutes les grandes confessions. Mais peut-on confondre la partie pour le tout et généraliser ce qui ne doit pas l'être ? On se souvient de la remarque d'Albert Camus : « L'honnêteté consiste à juger une doctrine par ses sommets, non pas par ses sous-produits [14]. »

Or, quantité d'expressions religieuses contemporaines peuvent difficilement être classées aujourd'hui dans la catégorie de la réaction. Comment considérer comme « réactionnaire » l'étrange et robuste ferveur de ces prêtres, pasteurs, rabbins ou imams qui, dans le monde, mettent quotidiennement leur foi religieuse au service du progrès social ? Songeons aux prêtres brésiliens animant le mouvement des paysans sans terre, aux pasteurs indépendantistes des territoires océaniens ou aux chrétiens du Kerala indien, engagés dans la lutte en faveur des « intouchables » ; pensons pareillement aux syndicalistes polonais de *Solidarność* qui plaçaient, en 1980, leurs manifestations antitotalitaires sous le patronage de la Vierge noire de Czestochowa, ou aux pasteurs allemands de Leipzig qui furent les premiers à ébranler, en 1989, la dictature communiste de la RDA. Dans tous ces cas, la religion était-elle du côté de l'obscurantisme et du dogmatisme ? Était-elle dans la « disparition » ou dans le « retour » ?

D'où vient la modernité ?

Évoquons un autre malentendu possible. En France, existe un attachement spécifique et majoritaire à la laïcité. Cette (heureuse) exception française est un produit de l'histoire. Chez nous, la laïcité fut d'abord un combat anticlérical dirigé, à juste titre, contre l'hégémonie culturelle et politique du catholicisme. Le souvenir de ce tumultueux combat, incorporé à notre mémoire collective, nous conduit à opposer d'instinct la modernité démocratique au catholi-

14. Albert Camus, interview par Émile Simon dans *La Reine du Caire*, 1948, cité dans les *Écrits politiques*, Gallimard, « Folio essais », n° 305, 1950, p. 182.

cisme en particulier et à la religion en général. Un Français s'étonnera toujours, *a priori*, qu'on puisse évoquer une quelconque filiation ontologique entre le judéo-christianisme et la modernité qui en serait – assez largement – le produit. On préfère se souvenir que, chez nous, l'autonomie, la liberté de pensée et la démocratie ont surtout été conquises *contre* le cléricalisme et, en définitive – pensons-nous –, contre l'héritage judéo-chrétien. C'est à la fois vrai et faux [15].

Dans l'ensemble du monde anglo-saxon, en revanche, il en va tout autrement. Il est communément admis que ladite modernité est, *dans son essence, un phénomène postbiblique*. Pour un Américain, un Britannique, un Canadien ou un Irlandais, cela va sans dire. Comme cela allait sans dire pour l'auteur de *La Démocratie en Amérique*. Aux yeux d'un Alexis de Tocqueville, en effet, il paraissait incontestable que la démocratie elle-même était fille légitime de la Bible. Même chose pour le grand économiste allemand – bientôt installé en Amérique – Joseph Aloys Schumpeter (1883-1950). D'après lui, cette filiation est une évidence dans la mesure où l'émergence du principe égalitaire serait incompréhensible sans référence au monothéisme. « Le tissu du christianisme est largement mêlé de fibres égalitaires. Le sauveur est mort pour racheter tous les hommes : il n'a pas fait de différence entre individus de conditions sociales différentes. Du même coup il a apporté son témoignage à la valeur intrinsèque de l'âme individuelle, valeur qui ne comporte pas de gradation. Ne trouve-t-on pas là la justification – et à mon sens la seule possible – de la formule démocratique [16] ? »

Quantité d'autres auteurs, des centaines à vrai dire, pourraient être cités dans cette même perspective. On se bornera à évoquer Hegel et Nietzsche. Comme le rappelle Lucien Scubla : « Hegel et Nietzsche attribuent aux forces religieuses, et plus particulièrement au christianisme, la genèse même du monde moderne. C'est le christianisme qui le premier, dit Hegel, a conçu les hommes comme étant tous également libres. [...] Nietzsche [quant à lui] voit très bien que le monde moderne a été façonné par le christianisme, et qu'il est indé-

15. Voir *La Refondation du monde*, *op. cit.*
16. Joseph Aloys Schumpeter, *Capitalisme, Socialisme et Démocratie*, trad. de l'anglais par Gaël Fain, Payot, 1974, p. 362-363.

chiffrable sans les valeurs chrétiennes qui en constituent les soubassements, même si ceux qui en sont tributaires feignent de les ignorer ou de les renier[17]. »

Il y a donc quelque chose d'assez « provincial » dans notre façon, très française, d'opposer la religion à la modernité démocratique, comme si un antagonisme irréductible les dressait l'une contre l'autre. À bien réfléchir, ce réflexe en rappelle confusément un autre, bien plus ancien. Quand nous, Français, désignons la religion en général et l'héritage biblique en particulier comme philosophiquement incompatibles avec le scepticisme fondateur de la démocratie moderne, nous retournons, en fait, un héritage contre celui qui nous l'a légué. Pour reprendre une belle expression de Jean-Claude Eslin : « De nos jours, les athées boivent à la source chrétienne en refusant le christianisme[18]... »

Or, imaginer ainsi que la modernité implique un rejet progressif, voire un oubli pur et simple de la religion, cela revient à présenter ladite modernité comme une « nouvelle alliance » qu'il s'agit de substituer à l'ancienne, quitte à effacer les traces de la filiation. En raisonnant de cette façon, on reproduit sans le savoir le schéma théologique qui conduisit naguère le christianisme, religion fille, à s'émanciper du judaïsme, religion mère, en rejetant ce dernier dans les archives immémoriales de l'histoire humaine. De la même façon, la modernité entend s'installer « à la place » du judéo-christianisme et d'abord *contre* lui. Se trouve ainsi répétée de façon troublante la même démarche de *subrogation dédaigneuse* qui donna naissance à l'antijudaïsme chrétien des premiers siècles.

La modernité se veut anti-judéo-chrétienne comme le christianisme se voulait antijuif. Pressé de rompre avec ses origines, la pensée moderne devient ainsi l'adversaire irréfléchie – et imprudente – de cela même qui l'a aidée à naître. Pourquoi imprudente ? Parce qu'une liberté devient fragile dès lors qu'elle perd de vue ses propres fondements.

17. Lucien Scubla, « Les hommes peuvent-ils se passer de toute religion ? », *in* « Qu'est-ce que le religieux ? Religion et politique », *op. cit.*, p. 98.
18. Jean-Claude Eslin, « L'origine du christianisme : réflexion à partir d'une enquête de Gérard Mordillat et Jérôme Prieur », *Esprit*, juillet 2004, p. 40-41.

Et pourtant ! Des folies nous entourent bel et bien, qui se présentent comme « religieuses ». C'est vrai. C'est vrai jusqu'à la démence. Les grandes religions constituées, pour ce qui les concerne, sont constamment guettées par des dérives, des enfermements, des dogmatismes qui voudraient faire d'elles un instrument d'asservissement. Le simple souvenir des guerres de Religion ou des inquisitions qui déchirèrent l'Europe sous l'Ancien Régime en est la meilleure illustration. Pour cette raison, ce qu'on appelle aujourd'hui le « religieux » requiert en tout état de cause notre vigilance. Soit. Ces dérives, ces folies, ces bigoteries qui nous effraient sont-elles pour autant l'apanage de la religion *stricto sensu* ? Ne sont-elles pas le propre de *toutes les formes de pensée ou de croyance humaines* ? À trop oublier cette évidence, on s'expose à un risque : troquer sans s'en rendre compte une bigoterie contre une autre, récuser une croyance tout en accueillant, à la place, une crédulité. On s'expose à défendre vaillamment sur le rempart sud une citadelle dangereusement assiégée par le rempart nord. À force de réserver en toute bonne foi sa suspicion aux seules grandes religions, on s'interdit de discerner les intégrismes d'une autre nature, ceux qui ne portent ni soutane, ni foulard, ni kippa.

L'énigme du « tenir-pour-vrai »

En fait, la vraie frontière entre tolérance et intolérance ne sépare pas le religieux du profane. Elle court et sinue à un tout autre niveau. C'est cette remarque de bon sens que l'on voudrait approfondir dans les pages qui vont suivre. C'est la seule façon, nous semble-t-il, d'assumer une démarche résolument laïque. Aux analyses qui prennent pour référent négatif la religion – et se révèlent un peu courtes –, on voudrait substituer un autre raisonnement qui se fonde, lui, sur le concept plus large de « croyance ». Celle-ci englobe le religieux, mais ne se limite pas à lui. Pour dire les choses autrement, il existe des formes d'intolérance, de dogmatisme, de cléricalisme, de fanatisme et, donc, par extension, des phénomènes « religieux » dans des territoires de la pensée qui n'ont rien à voir avec Dieu, les Livres saints, le salut éternel ou la transcendance. C'est donc bien la croyance comme mécanisme, comme posture – ou imposture – de l'esprit, *comme façon d'être devant le monde* qu'il s'agit d'interroger. C'est au paradoxe de la croyance – sa nécessité mais aussi sa fatalité et ses perversions – qu'il faut réfléchir avec calme et méticulosité. L'emmurement de la croyance dans ses certitudes virtuellement intolérantes demande à être repéré *partout où il se manifeste.* Or, il est incontestable que, dans nos sociétés contemporaines, il se manifeste précisément un peu *partout.*

Le fanatisme, dans son essence, est une pathologie de la croyance, individuelle ou collective. Peu de comportements humains en sont préservés. « Il y a bien une façon religieuse – au plein sens du terme – de croire dans la toute-puissance de la science ou dans l'avènement inéluctable du communisme. [...] Il peut y avoir une "dimension religieuse" de l'activité politique (ou de l'activité artistique, scientifique ou autre) qui n'implique pas que cette activité, en tant que telle, puisse être dite "religion". Mais cette activité le devient (au plein sens du terme) lorsque la requête de la fidélité à la lignée des témoins (des héros fondateurs, des pionniers, des classiques, etc.) finit par l'emporter[19]. »

Il s'agit d'élargir l'angle en partant d'une hypothèse : c'est moins la religion au sens restrictif du terme qui menace aujourd'hui nos libertés que *la croyance devenue folle.* La croyance est un concept à la fois transversal et commun à tous les hommes de la terre. « On ne vit pas sans croyance », écrivait le philosophe Jean-Toussaint Desanti. La croyance ainsi définie est un invariant anthropologique. Elle est à la fois courage et folie, nécessité vitale et menace potentielle. Elle nous apparaît parfois, à nous citoyens de la Cité moderne, comme une grenade dégoupillée.

Mais qu'est-ce au juste que la croyance ? La réponse n'est pas si facile. D'un point de vue philosophique, on retiendra l'expression forgée par Paul Ricœur lorsqu'il évoque « l'énigme du tenir-pour-vrai ». La croyance, ajoute-t-il, « désigne une attitude mentale d'acceptation ou d'assentiment, un sentiment de persuasion, de conviction intime ».

19. Danièle Hervieu-Léger, « La religion, mode de croire », *in* « Qu'est-ce que le religieux ? Religion et politique », *op. cit.*, p. 155-156.

Pour Ricœur, la «plurivocité» du concept exige d'être inlassablement démêlée, si l'on peut dire. C'est d'ailleurs l'une des tâches que s'assigne, depuis l'origine, la philosophie.

Des réflexions d'Aristote ou des stoïciens sur la *doxa* (opinion dominante) aux analyses de Descartes sur la croyance identifiée à l'action même de penser à laquelle l'homme ne peut s'adonner pleinement qu'après avoir rompu avec le «monde du préjugé»; des questionnements de David Hume sur le *belief* dans son *Traité de la nature humaine* (1734) aux développements de Kant dans *La Religion dans les limites de la simple raison* (1703), ou de Hegel dans ses *Leçons sur la philosophie de la religion*, professées à Berlin en 1819: tous ces auteurs – et on pourrait en citer bien d'autres – sont mus par une même volonté d'approfondir la distinction entre croire et savoir (surtout chez Kant), ou entre foi et conviction.

À la limite, on pourrait avancer que toute l'histoire de la pensée, jusqu'à la phénoménologie d'un Husserl, la sémiotique ou la philosophie analytique contemporaine, porte trace de cette même interrogation dont la croyance est l'objet véritable, un objet d'autant plus riche de significations qu'il demeure en partie insaisissable. D'un siècle à l'autre, d'un auteur à l'autre, observe Ricœur, «les nouvelles acceptions, telles des alluvions déposées sur les couches antérieures, enrichissent le trésor de sens du mot; en même temps, les significations anciennes, même remaniées par récurrence sous l'influence des nouvelles, continuent de fournir une réserve de sens à laquelle il est toujours loisible de revenir à l'occasion de reprises, de rénovations, de renaissances, selon les modalités innombrables du rapport de la philosophie à son propre passé[20]».

De la croyance à l'idolâtrie

Ces figures contradictoires de la croyance, ces significations philosophiquement emmêlées expliquent l'ambivalence des réactions que suscite la simple évocation du concept dans la vie courante.

20. On se réfère ici aux analyses développées par Paul Ricœur à l'article «Croyance» de l'*Encyclopædia Universalis*.

Lorsqu'on nous parle de « croyance », nous réagissons de manière aussi vigoureuse qu'erratique. Avec raison. Le mot n'évoque-t-il pas tout à la fois le meilleur et le pire ? Le croyant convaincu, c'est aussi bien l'artiste dévoué à son art, le militant associatif généreux de son temps, le démocrate résolu dans ses convictions, que le commissaire politique ou le kamikaze massacrant des civils en s'immolant ; l'homme de foi, c'est autant Freud fondant la psychanalyse sous les quolibets de ses confrères que le partisan ivre de ses certitudes exterminatrices. Tous ont en commun d'être mus par des adhésions ou des *assentiments* en partie indémontrables et invérifiables. Ils croient et voudraient nous faire croire...

La culture populaire et le langage courant donnent ainsi l'impression de ne plus savoir *à quel saint se vouer*, dès qu'il est question de croyance. On se moquera volontiers du « croyant » en opposant la raison à sa crédulité, mais on détestera d'un même mouvement quiconque se dit sans foi ni loi ; on ironisera sur la foi (religieuse, politique ou éthique) du quidam, mais on stigmatisera aussi rudement le « nihiliste », c'est-à-dire celui qui ne croit en rien ; chacun honore, comme on le sait, la foi qui déplace les montagnes, mais on réserve cependant mille indulgences et sympathies à l'endroit du sceptique déclaré, qu'il se réclame de Pyrrhon, de Cioran ou de Wittgenstein.

L'énigme demeure. La croyance se dérobe décidément à quiconque voudrait en définir le principe fondateur et les limites. Ce constat n'est pas attristant, bien au contraire. Il nous permet, au minimum, de nous interroger à nouveaux frais sur ce qu'il est convenu d'appeler le *désenchantement du monde*. En effet, après Friedrich von Schiller, Max Weber et, plus récemment, Marcel Gauchet, nous définissons volontiers la modernité comme un irrésistible *désenchantement*, c'est-à-dire la mise à distance de la transcendance, de l'hétéronomie et de la religion au profit de la rationalité critique, du scepticisme démocratique et de l'autonomie individuelle. Faisant cela, nous désignons une laïcisation incontestable – et bienvenue ; mais nous oublions du même coup que ladite modernité *est elle-même porteuse d'une foule de réenchantements redoutables*. On pourrait dire qu'elle est habitée par d'innombrables et puissants *effets de croyances*, introduits comme en contrebande dans un univers social que nous imaginons gouverné par la raison.

Certains sont faciles à repérer car ils prennent la forme plutôt pittoresque de crédulités, de superstitions, d'occultisme, de paranormal, bref d'une quincaillerie mentale qui prolifère aujourd'hui. D'autres, en revanche, sont dissimulés et doivent être débusqués. Ce sont les croyances contemporaines *déguisées en savoirs*, des configurations religieuses ou dogmatiques qui n'appartiennent pas à la sphère de la religion au sens traditionnel du terme. Il s'agit là, et partout, de ce que Pierre Legendre appelle « dogmes » ou « totems ». Ces dogmes se dissimulent grâce à « la construction par le langage d'une croyance qui se donne comme vérité [21] ».

On pense, par exemple, à l'économie ou à la science de plus en plus cléricalisées, c'est-à-dire oublieuses l'une comme l'autre de leurs prémisses fondatrices. Globalement, ce qui fait retour pour réenchanter le monde (et de la pire manière), ce n'est pas vraiment la religion traditionnelle, c'est plus généralement la certitude obtuse, le dogmatisme clos sur lui-même, l'arrogance du faux savoir. Bref, nous voilà environnés par ce que les juifs, les chrétiens ou certains psychanalystes appellent l'*idolâtrie*. « Je pense, concède Paul Thibaud, qu'on peut utiliser une vieille notion, la notion d'idolâtrie, qui est aussi juive que chrétienne, plus juive que chrétienne. Or, il y a dans l'idolâtrie comme une désintégration de la personne humaine [22]. »

Ainsi est-ce à l'idolâtrie en général – religieuse ou laïque – qu'il faut s'en prendre si l'on veut que la liberté de l'esprit garde son sens. C'est en repérant la pathologie de la croyance partout où elle se manifeste qu'on peut espérer rendre imaginable et praticable cette force de conviction dont nous semblons trop souvent démunis.

21. Jean-Claude Liaudet, *Le Complexe d'Ubu ou la Névrose libérale*, Fayard, 2004, p. 167-168.

22. Paul Thibaud, dialogue avec Gérard Israël et Alain Finkielkraut, émission *Répliques*, France-Culture, 26 février 2000.

Première partie

UN SIÈCLE DE « DÉCROYANCE »

« Aujourd'hui, le ton est à la moquerie, voire à la superbe. On se cache, ou l'on rit jaune d'avoir brandi des drapeaux, d'avoir scandé des noms. »

Jean-Christophe Bailly *.

* *Le Paradis du sens*, Bourgois, 1967.

Chapitre 1

Le chagrin des « ex »

> « Pourtant, nous n'étions devenus ni insensés, ni idiots, ni même "crédules". [...] Toujours en alerte et prêts à la négation, voici cependant que nous assiégeait cette conviction massive : Staline avait bien fait et bien jugé. »
>
> Jean-Toussaint Desanti [1].

La litanie est obsédante, vertigineuse. Depuis plusieurs décennies, les mêmes mots, les mêmes phrases courent dans l'air du temps comme un immense murmure. Nous avons cru, nous avions tort ; nous avons mal agi, nous devons aujourd'hui en faire l'aveu, etc. Partout surgissent regrets, chagrins et réexamens. Toutes ces phrases invoquent des croyances éteintes ou des engagements déraisonnables. Des milliers d'articles, des centaines de livres ont paru depuis la fin des années 1950 qui, chacun à sa façon, exprimaient une semblable contrition, assortie d'une vague stupeur à l'égard de soi-même. Pendant une trentaine d'années, la contrition devint un véritable genre littéraire, souvent de qualité. La plupart de ces *mea culpa* furent signés, en effet, par ceux qui incarnaient – et incarnent toujours – le meilleur de l'intelligence occidentale. Grands historiens, philosophes, sociologues, prélats, politiciens, journalistes, universitaires de premier plan ou maîtres à penser : bien rares sont en Europe les intellectuels de plus de cinquante ans qui n'aient pas à confesser tel aveuglement ou telle compromission intellectuelle passés.

De Paul Veyne à François Furet, d'Edgar Morin à Maurice Agulhon ou Régis Debray, d'Annie Kriegel à Michel Foucault, Benny Lévy, Jean-Paul Sartre, Jean-Toussaint Desanti, Alain Besançon, Jean-Pierre Vernant, Jeannette Colombel, Étiemble, pour ne citer que

1. *Un destin philosophique*, Grasset, 1982, p. 48.

quelques noms français : nombre de ceux qui comptent aujourd'hui ont dû effectivement sacrifier au « détour » de l'autocritique.

C'est ainsi.

Le cas des anciens communistes français est particulièrement compliqué. La désillusion et la rupture avec le PC se sont étalées sur près de soixante-quinze années, tant et si bien que les « ex » en délicatesse avec la ligne du parti appartiennent à des vagues de départ et à des générations différentes. Ils se répartissent en autant de strates, à l'expérience spécifique et à la sensibilité particulière. On ne raisonne pas de la même façon selon la date de son départ ou de son exclusion. « Tout au long du XXe siècle, le communisme engendrera plusieurs générations de désenchantés [...] : désenchantés de la première génération (Souvarine, Monatte, Rosmer), désenchantés de l'époque du virage à gauche (Tasca, Silone, Maurin), désenchantés de la grande mobilisation antifasciste des années 1930 (Gide, Sperber, Malraux, Koestler, Friedman, Nizan)[2]. » À ces trois générations d'avant guerre, il faudrait ajouter ceux qui ne rompirent qu'au moment du rapport Khrouchtchev (février 1956), de l'intervention soviétique en Hongrie (novembre 1956) ou à Prague (août 1968).

Si les anciens communistes sont ceux auxquels on pense en premier, ils ne furent pas les seuls – et de loin – à rompre avec leurs anciennes croyances. On pourrait tout aussi bien évoquer les militants d'extrême gauche répudiant leurs « péchés de jeunesse » ; les maoïstes balayés par l'Histoire et désormais penauds ; les défenseurs de l'empire colonial – ou de « l'Occident chrétien » ! – contraints de reconnaître avoir consenti à la torture ou au terrorisme d'État ; les évêques ou cardinaux engagés dans les repentances officielles de l'Église au sujet de l'antijudaïsme chrétien ou de l'Inquisition ; les tiers-mondistes revenus de leurs complaisances pour les barbaries exotiques ; les socialistes pressés de désavouer, après 1983, leur projet de « changer la vie », etc.

La liste pourrait être allongée à loisir et même élargie à d'autres continents. Qu'on pense un instant à la dure saga judiciaire et médiatique des « repentis » italiens compromis avec le terrorisme dans les

2. Pierre Grémion, « L'idée communiste dans notre histoire nationale. Une lecture de François Furet », *Études*, septembre 1996, p. 215.

années 1970 ; qu'on songe aux demandes de pardon régulièrement présentées à leurs voisins asiatiques par les gouvernements japonais d'aujourd'hui, héritiers moraux des crimes de guerre nippons des années 1940 ; qu'on imagine les nuages de honte qui flottent aujourd'hui dans des milliers de villes ou villages dispersés dans l'ancien empire communiste et où errent les souvenirs de la persécution... Sans parler des intellectuels américains néoconservateurs entourant George W. Bush et qui, pour une bonne partie d'entre eux, viennent du fameux City College de New York, pépinière des « gauchistes radicaux » des années 1960 et 1970, et qui ne sont pas les derniers à moquer aujourd'hui leurs « errements passés [3] ».

Certes, rien de tout cela n'est équivalent ni comparable. Le prétendre serait folie. On ne saurait mettre sur le même plan un socialiste français « recentré », un ancien militant italien de la gauche activiste, un chef de kolkhoze de l'Oural et un intellectuel yankee revenu du radicalisme démocrate des années 1960. Il n'empêche ! Partout dans le monde, des millions d'hommes et de femmes affichent aujourd'hui le rejet contrit, mélancolique ou désespéré de leurs convictions d'avant-hier. Des collectivités entières s'attachent à stigmatiser cela même qu'elles vénéraient quelques décennies auparavant. Comment ne pas être troublé par l'ampleur crépusculaire de la démarche. On songe aux lignes par lesquels David Rousset désignait, au sujet de la déréliction concentrationnaire, cette maladie mortelle à laquelle doivent malgré tout survivre « des hommes sans convictions, hâves et violents ; des hommes porteurs de croyances détruites, de dignités défaites ; tout un peuple nu dévêtu de toute culture [4] ».

L'effet global est indéniable, comme sont innombrables les conséquences indirectes de ce qu'on pourrait appeler ce « paradigme du désaveu ». Une telle généralisation du remords fait surgir ici et là d'étranges questions.

Prenons un seul exemple. Ces surenchères de regret et d'autocritique semblent indiquer que les contemporains sont infiniment

3. Voir à ce sujet le livre d'Alain Frachon et Daniel Vernet, *L'Amérique messianique*, Seuil, 2004.

4. David Rousset, *L'Univers concentrationnaire*, Éditions du Pavois, 1946, p. 12-13.

plus exigeants, plus véridiques, plus lucides surtout, que ne l'étaient les hommes et les femmes du passé. Il nous faudrait alors saluer l'avènement d'une conscience planétaire nouvelle, l'approche d'un « territoire » mental en tout point différent de ceux qui l'ont précédé, l'irruption dans l'histoire du monde d'une sagesse nouvelle. Si tant d'hommes et de femmes peuvent réexaminer sans complaisance les fausses certitudes auxquelles ils adhéraient jadis, serait-ce parce qu'ils parlent désormais du haut d'un *promontoire* providentiel qui les met à l'abri de l'erreur ? Dans l'affirmative, et pour paraphraser Gloucester, personnage du *Richard III* de Shakespeare, nous serions enfin sortis de « l'hiver de notre déplaisir » qu'un « soleil d'York » aurait définitivement changé « en radieux été »[5].

Cette clairvoyance inaugurale ferait de nous – héritiers « d'une époque autrement détrompée », comme le disait Cioran[6] – des êtres substantiellement différents, des humains sans doute meurtris et couturés de blessures, mais rendus enfin à eux-mêmes sous l'effet d'un irrésistible progrès de la conscience universelle. Serait-ce possible ? Arriverait enfin, si l'on peut dire, la magnificence des « temps qui ne se trompent plus ». À en croire le ton inquisitorial dont nous usons, en toute bonne conscience, pour incriminer notre proche passé et les erreurs tragiques qui y sont repérables, on pourrait le croire, en effet. Chaque fois, nous donnons l'impression de « parler de haut », y compris lorsqu'il s'agit de nous-même. Le ton, maintenant, est celui du « savoir », et non plus de la croyance. Cette superbe semble indiquer que nous serions enfin parvenus, après mille détours et vicissitudes, à ce fameux « troisième état », cet « âge de l'esprit » en qui le moine cistercien Joachim de Flore (1132-1202) voyait le point d'aboutissement de l'aventure humaine, *l'âge adulte de l'humanité*. La condescendance avec laquelle nous jaugeons nos crédulités d'autrefois laisse supposer que les « modernes » que nous sommes bénéficient déjà d'un privilège, qu'on pourrait qualifier de posthistorique.

En vérité, nous savons bien que cette hypothèse millénariste est peu probable, pour ne pas dire grotesque. Pour y croire un instant, il faudrait

5. J'emprunte cette image au philosophe Georges Labica, *Le Nouvel Observateur*, « La pensée de Marx », hors série n° 52, octobre-novembre 2003, p. 13.

6. Émile Cioran, *Essai sur la pensée réactionnaire*, Fata Morgana, 1977, p. 10.

demeurer aveugle et sourd devant les crédulités *d'aujourd'hui* qui ne le cèdent en rien à celles d'hier. Cela supposerait une confiance « progressiste » dans l'Histoire, confiance dont le moins qu'on puisse dire est qu'elle n'est pas la caractéristique de l'époque. Il paraît plus raisonnable de considérer l'erreur humaine, l'effet de croyance en général, l'aveuglement ou l'illusion comme autant de fatalités anthropologiques, des défaillances de l'entendement auxquelles nul esprit humain n'a jamais durablement échappé ni n'échappera à l'avenir.

Comprenons bien, alors, ce que cela veut dire. Cela signifie *ipso facto* que rôdent probablement autour de nous, à droite comme à gauche, des préjugés nouveaux, des « croyances » collectivement partagées, mais dont l'évocation, demain, nous précipitera dans la confusion et le remords. Reste à savoir quels préjugés et quelles croyances. Reste à faire montre à l'égard du présent d'une lucidité équivalente à celle que nous réservons au passé. Serait-ce possible ? C'est toute la question. On observera qu'il y est rarement répondu, tant chaque époque incline à surestimer la noblesse *incritiquable* de son propre point de vue.

Les croyances mortes

C'est sans doute en Europe, cependant, que le phénomène de *décroyance* paraît à la fois le plus divers et le plus massif. La contrition n'y concerna pas seulement la gauche. Les encombrants souvenirs de la Collaboration et de l'antisémitisme, les ivresses répressives liées aux guerres d'indépendance des anciennes colonies : tout cela assigne à l'autre camp un même devoir d'abjuration. Des gens ont cru ce qu'il était fou de croire... Nous sommes donc conviés, pour reprendre une expression devenue cliché, à *regarder notre passé en face*. Chez nous, l'effet systémique de cet interminable retour sur soi ne peut être sous-estimé. Il est à la source de la mélancolie générale qui domine notre rapport à l'Histoire en général et à la nôtre en particulier. Nous vivons depuis plus d'un demi-siècle, dans un contexte général d'autocritique et de contrition. De la gauche à la droite, le temps est à la *décroyance* généralisée.

On ne sait trop s'il faut s'en réjouir. Ce temps de pesanteur et de deuil, en tout cas, paraît ne devoir jamais finir. Il surdétermine notre façon de raisonner et d'écrire. La pensée contemporaine est comme surplombée par la nécessité d'un préalable méthodologique : le déni lucide des convictions passées. Pour prendre le seul exemple de l'effondrement du communisme, il est clair que ses effets en cascade n'en finissent pas d'agir dans les profondeurs de la conscience collective. « La disparition du communisme a provoqué un blocage de la pensée qui ne parvient plus à déchiffrer la réalité qu'elle a sous les yeux. Ce phénomène marque l'ensemble des productions intellectuelles en France depuis quinze ans. [Il a non] seulement modifié comme la Shoah, la sensibilité collective, il a de plus ruiné les mécanismes de pensée qui y étaient liés [7]. »

La remarque pourrait être généralisée et étendue à toutes les croyances invalidées par l'Histoire. Tout se passe depuis lors comme si une réflexion sur le monde, une pensée crédible ne pouvait plus être acceptée qu'après qu'elle eut accompli un détour par l'aveu ou plus précisément le désaveu. Avant de dire ce qu'il croit, chacun est invité à révéler ce qu'il a eu tort de croire auparavant. La démarche est devenue réflexe. On pourrait à ce sujet généraliser la formule ironique que Michel Foucault appliquait à l'intimité amoureuse et aux discours sur le sexe : « Nous sommes devenus une société singulièrement avouante. [...] L'homme en Occident est devenu une bête d'aveu [8]. »

Cette remarque de Foucault nous aide d'ailleurs à remettre certaines choses à leur place. On connaît trop, en effet, l'expression passe-partout qui a servi jusqu'alors à désigner le phénomène : la « fin des idéologies » ou la « fin des grands récits ». Cette formulation est trompeuse. Elle paraît désigner un phénomène objectif et structurel, une sorte d'accident météorologique ou tectonique dont l'épicentre se situerait au-dehors, en un lieu indéfinissable. La fin des idéologies serait comme celle des haricots ; elle ressortirait à un mouvement cyclique de l'histoire ou des saisons auquel il ne s'agi-

7. Jean-Marie Apostolidès, *Héroïsme et Victimisation. Une histoire de la sensibilité*, Exils, 2003, p. 365.

8. Michel Foucault, *Histoire de la sexualité*, t. I, *La Volonté de savoir*, Gallimard, 1977.

rait que d'obéir. Elle s'inscrirait, comme le mouvement des marées, dans un de ces flux et reflux dont les rythmes échapperaient, par nature, à notre intelligence. Or, ce n'est pas tout à fait ainsi que les choses doivent être décrites.

Ce ne sont pas les idéologies qui ont disparu comme, jadis, les dinosaures. *C'est notre croyance en elles qui s'est éteinte*, notre crédulité qui s'est dissipée, notre esprit qui s'est arraché à toutes sortes d'engagements volontaires ou d'envoûtements plus obscurs. Au demeurant, c'est bien la croyance que désignait Jean-François Lyotard lorsqu'il tentait de définir la postmodernité, dans sa fameuse phrase trop souvent citée de manière incorrecte, où il parle de « l'incrédulité à l'égard des méta-récits[9] ». Qu'est-ce à dire ? Que *le lieu véritable du chamboulement se situe du côté de la conviction* – individuelle et collective – et met en lumière l'ambiguïté qui s'attache à l'acte même de croire. Elle se résume en peu de mots : la capacité de croire et d'adhérer à une idéologie que, plus tard, on pourra juger criminelle *n'est pas l'apanage des ignorants, des esprits crédules ou des sots*, loin s'en faut. Elle peut fort bien cohabiter avec une forme aiguë d'intelligence et même accompagner l'élaboration d'une œuvre forte. Au total, c'est la pensée européenne dans son ensemble qui se voit fragilisée dans ses tréfonds par une telle évidence. Le repentir obligé de certains philosophes de premier plan questionne en dernier ressort la philosophie elle-même.

Comment penser sérieusement aujourd'hui alors que tant de grands esprits se sont fourvoyés hier ? La philosophie ne protégerait-elle donc personne de l'égarement ? Quelle est donc sa fonction ?

Grande pensée, grand aveuglement...

Concernant ces « grands esprits », les deux exemples les plus troublants ne concernent pas la gauche, mais l'extrême droite ; ils ne se situent pas en France, mais en Allemagne. On pense évidemment aux cas de Carl Schmitt et de Martin Heidegger, dont les œuvres

9. Jean-François Lyotard, *La Condition postmoderne*, Minuit, 1979.

demeurent parmi les plus considérables du XXe siècle et qui, pourtant, adhérèrent tous deux au national-socialisme. Ces deux compromissions-là, ces deux parcours spécifiques représentent une manière d'énigme ou de non-dit qui hante l'inconscient européen. Ainsi est-il avéré qu'on peut tout à la fois être un penseur de génie et un homme qui consent, à un moment ou à un autre, à la déraison.

Nul ne peut nier que Martin Heidegger (1889-1976) fut, avec Edmund Husserl peut-être, le philosophe le plus important du XXe siècle. L'influence de son premier grand livre, *Être et Temps* (1927), reste sans équivalent. En France, de Jean-Paul Sartre à Maurice Merleau-Ponty, Jacques Derrida, Emmanuel Levinas et quelques autres, la philosophie contemporaine lui doit une bonne part de son renouvellement « post-kantien ». Or, il n'est pas moins contestable que Heidegger, élu recteur de l'université de Fribourg le 21 avril 1933, adhéra ce même mois au parti national-socialiste et, fort de cette adhésion, prononcera son fameux *Discours de rectorat*. Notons, à titre de comparaison, que la même année un théologien protestant de premier plan comme Rudolf Bultman prenait clairement position contre le nazisme, qu'un philosophe comme Herbert Marcuse avait déjà choisi depuis un an de quitter l'Allemagne, et qu'un Emmanuel Levinas, naturalisé français en 1930, sera assez lucide pour dénoncer, dès 1934, « la phraséologie misérable » du nazisme[10]. La responsabilité intellectuelle et personnelle de Heidegger est donc entière.

Après la guerre, Martin Heidegger sera d'ailleurs interdit d'enseignement pendant cinq ans (1945-1950) à cause de ses choix politiques. Aujourd'hui pourtant, les quelque cent volumes de ses *Œuvres complètes* – dont la publication commença en 1976, année de sa mort – appartiennent au noyau essentiel du corpus philosophique occidental. À juste titre. Pour qui s'intéresse aux mécanismes de la croyance, le cas Heidegger apparaît comme un astre noir dont la seule évocation continue de complexifier l'idée que nous nous faisons de l'intelligence et de la « croyance » humaines.

Moins considérable et peut-être pas aussi flagrant, le cas du grand

10. Dans son fameux texte *Quelques Réflexions sur la philosophie de l'hitlérisme*, aujourd'hui disponible précédé d'une préface de Miguel Abensour, Rivages, 1997.

juriste et philosophe Carl Schmitt (1888-1985) n'en est pas moins troublant. Disciple de Max Weber, théoricien de la nation et de l'État catholique, chantre de l'action, Schmitt adhéra brièvement au national-socialisme à qui il fournira, au tout début des années 1930, certains de ses fondements théoriques et surtout juridiques. On a pu dire de lui qu'il fut « le » juriste du Parti ouvrier allemand national-socialiste (NSDAP). Notons que, la même année, le théologien protestant Karl Barth, qui lui était proche, fera le choix inverse. Dans un texte intitulé *Theologische Existenz heute !* (L'existence théologique aujourd'hui), il dénoncera la « mise au pas » des chrétiens par les nazis [11]. Accusé cependant dès 1936 par les nazis d'être trop libéral, trop catholique, et d'avoir conservé des amitiés juives, Carl Schmitt est exclu du parti et se retire dans sa ville natale de Westphalie. Après la guerre, il est emprisonné une année, mais bénéficie finalement d'un non-lieu accordé en 1946 par le tribunal de Nuremberg.

Sa postérité est paradoxale. Avec le recul, il est tout à la fois catalogué comme l'un des inspirateurs du nazisme et un incomparable théoricien de l'État, du principe de souveraineté et de ce qu'il appelle « l'ennemi substantiel ». Ses travaux exercent une influence non seulement à droite, mais aussi dans certains courants d'extrême gauche soucieux d'élaborer une critique radicale (et non marxiste) du libéralisme. Son œuvre, au-delà des polémiques légitimes qu'elle suscite toujours [12], bénéficiera même d'un regain d'intérêt en France au début des années 1970 et, surtout, après 1985. Une dizaine de livres de Carl Schmitt sont aujourd'hui disponibles en traduction française.

Les deux cas de Heidegger et de Schmitt ne sont mentionnés ici qu'à titre d'illustration. Ils fournissent deux exemples de fourvoiement singulier, deux configurations particulières où une « croyance » forte et folle semble comme irrationnellement *rajoutée* à une forme de génie intellectuel. Il y a là comme une idée de cataclysme intérieur, une idée de feu et d'eau, de lumières et de ténèbres mêlées. D'un point de vue philosophique, ces deux cas paraissent infiniment

11. Jean-Claude Monod, « Destin du paulinisme politique : Karl Barth, Carl Schmitt, Jacob Taubes », *Esprit*, février 2003, p. 117.

12. Voir, entre autres réquisitoires, celui d'Yves-Charles Zarka, *Contre Carl Schmitt*, PUF, 2004.

plus troublants que les dérapages régulièrement cités de tel ou tel grand intellectuel français : qu'il s'agisse des complaisances de Jean-Paul Sartre à l'égard du communisme, « horizon indépassable de notre temps », ou envers le terrorisme allemand des années 1970 et de la « bande à Baader » ; des sympathies manifestées par un Gilles Deleuze à l'endroit des mouvements palestiniens les plus extrémistes ; des enthousiasmes hâtifs exprimés par Michel Foucault à l'endroit de la révolution islamique iranienne conduite par l'ayatollah Khomeyni dans les années 1970.

Il est vrai que le même Michel Foucault, soucieux de « radicalité » sans nuance, ira jusqu'à proposer en 1972 un assez glaçant éloge de la justice populaire. Au moment du vingtième anniversaire de sa disparition, à l'automne 2004, au milieu d'un concert d'éloges, Alain Finkielkraut fut l'un des rares à briser le consensus laudatif pour rappeler, sans acrimonie, l'épisode. « Il y a un conformisme de la radicalité. Je l'ai subi et je me suis rendu compte que Foucault, qui semblait être notre maître à tous, en était lui-même victime. Il voulait être le plus radical à une époque où on se disputait la place de l'accusateur suprême. On le voit très bien dans un dialogue sur la justice populaire avec Benny Lévy (Pierre Victor à l'époque), publié dans un dossier des *Temps modernes* (« Nouveau fascisme, nouvelle démocratie », 1972). Foucault y soutient que l'établissement d'une instance neutre, le juge impartial, entre le peuple et ses ennemis est une manière de désarmer la justice populaire. Autrement dit, il fait l'apologie du lynchage, devant un Benny Lévy maoïste et médusé [13]. »

Tous des salauds ?

Ce carrefour obligé des aveux, ce trop-plein de croyances repérable ici et là, y compris chez les meilleurs esprits, tout cela semble indiquer qu'un espace existe entre une théorie et celui qui y souscrit, un interstice séparant toujours – au cas par cas – la froide rigueur d'une idéologie et la palpitante et problématique adhésion

13. Alain Finkielkraut, « L'autre Foucault », *L'Arche*, n° 559, octobre 2004.

de ses adeptes. La question éthique qui alors se pose est bien plus difficile que ne le laisseraient croire les polémiques ordinaires sur la responsabilité historique des militants politiques ou de ces « clercs » dont Julien Benda dénonçait en 1927 la « trahison ».

Cette question peut s'énoncer ainsi : peut-on juger avec autant de sévérité une idéologie dont les conséquences se sont révélées criminelles et tous ceux qui, jour après jour, y ont adhéré ? Pour prendre un exemple, peut-on dénoncer avec la même vigueur – jusqu'à les mettre sur le même plan – les crimes effectivement commis par Staline et la révérence que témoignèrent tardivement au « petit père des peuples » quelques grands intellectuels français, ou encore ces milliers de communistes anonymes qui n'ont jamais ménagé leur peine ni leur générosité pour militer ou vendre *L'Humanité* sur les marchés en plein air ? Peut-on criminaliser d'un même mouvement une idéologie désastreuse et tous ceux qui, après y avoir adhéré, lui auront été fidèles un peu trop longtemps ?

La réponse ne va pas de soi. Elle bute sur une contradiction de principe. Celle-ci : l'engagement politique et le militantisme quotidien témoignent ordinairement d'un souci du bien commun et d'un esprit de sacrifice qui inspirent spontanément plus de sympathie que l'irréprochable « sagesse » des non-engagés, des sceptiques, des indifférents ou des spectateurs de l'Histoire. C'est une lapalissade. On préférera d'instinct celui qui sort de lui-même pour assumer les périls et les défis de son temps plutôt que celui qui campe sur son quant-à-soi et préfère la circonspection. On réagit de cette façon dès qu'on visite aujourd'hui un de ces lieux mélancoliques symbolisant le reflux des grandes croyances collectives. Rien n'est plus troublant, au sujet du « cléricalisme » passé, que ces abbayes ou monastères en partie désertés où vieillissent pathétiquement des moines ou religieuses que personne ne remplacera ; ces cloîtres trop sonores, ces chapelles devenues trop vastes où l'on voit déambuler des ombres ; ces églises de village fraîchement restaurées mais sans curé ni fidèles, ces édifices précautionneusement intégrés à ce reliquaire national des croyances récusées qu'on appelle le « patrimoine ».

Dans un tout autre domaine, quiconque participe aujourd'hui à la fête de *L'Humanité*, vers la mi-septembre, aura du mal à considérer comme autant de « salauds staliniens » ou de « cons d'un type nouveau » (pour reprendre une expression de Robert Antelme[14]) les hommes et les femmes réunis ce jour-là par la fraternité prolétarienne et un attachement têtu à l'espérance historique. On aura du mal à ironiser sur ces camarades obstinés qui déambulent entre les stands, demeurent attentifs aux débats internationalistes et réchauffent leur mélancolie aux derniers rayons d'un astre mort. Seraient-ils plus « mauvais » que les autres ? Doivent-ils porter sur leurs épaules la responsabilité des crimes de Beria et des charniers de l'extrême Sibérie ? Allons donc ! La réaction qui s'impose est plutôt celle d'une forte et immédiate sympathie. C'est assez logique : l'engagement, en tant que tel, opère un tri entre les humains et, le plus souvent, fait émerger les meilleurs. Ce qui vaut pour les communistes vaut tout autant pour les mouvements d'extrême gauche des années 1970. Les plus politisés étaient rarement les plus médiocres. Ils furent parfois les meilleurs de leur génération. D'une certaine façon, ils le restent.

On souscrit donc volontiers à cette remarque qu'osait faire en 2001 le philosophe François George, moins de quatre mois après l'effet de souffle que produisit la parution en France du *Livre noir du communisme*[15]. « Dans la confusion actuelle, écrivait François George, si j'avais une chance d'être entendu, je proclamerais : haine du communisme, de ce qu'il a été et de tout ce que, en tout état de cause, il risquait d'être (rien de plus aveuglant, hélas, que l'idéal), mais estime, sympathie, gratitude pour beaucoup de communistes[16]. » S'exprimer ainsi, c'est reprendre la formule bien connue : mieux valait avoir tort avec Sartre que raison avec Aron. Une part de nous-même, dans un premier mouvement, est tentée d'y souscrire. À bien réfléchir, est-ce si simple ? Sans doute pas.

À trop révérer la sincérité d'un engagement, à ériger – indépen-

14. Je me réfère à une notation d'Edgar Morin : « C'est Robert Antelme qui avait trouvé, au temps de l'opposition culturelle, la formule définitive : le parti a créé un con d'un type nouveau », *in Autocritique* [1959], Seuil, 1991, p. 121, et « Points Essais », 1994.

15. Stéphane Courtois, Nicolas Werth, Jean-Louis Panné, Andrzej Paczkowski, Karel Bartosek et Jean-Louis Margolin, *Le Livre noir du communisme. Crimes, terreur, répression*, Robert Laffont, 2000.

16. François George, « Le syndrome français de l'accusation », *Esprit*, janvier 2001, p. 64-66.

damment du contenu même des croyances – la bonne foi des « croyants » en excuse absolutoire, on est amené insensiblement à un relativisme empoisonné. Il nous invite à respecter n'importe quelle conviction, n'importe quel engagement, pourvu qu'ils soient sincères ; à idéaliser les serviteurs d'une cause, fût-elle la pire, pourvu qu'ils soient motivés par le désintéressement et la bonne foi. Cela revient à étendre au *contenu* d'une idéologie ou d'un dogme la *probité supposée* de tous ceux qui y souscrivent. L'époque, tout à son « humanisme », est souvent tentée de procéder ainsi. Qu'importe la croyance pourvu qu'elle soit authentiquement vécue ! Derrière la générosité du propos pointe le plus redoutable des différentialismes. Celui qui accepte de congédier, mine de rien, toute référence à la vérité, ou disons à la *justesse minimale* d'une opinion. Ce différentialisme fait de l'équivalence généralisée une règle tolérante. Or, nous savons bien à quelle jobardise peut conduire cette capitulation de l'intelligence devant ce qu'il est convenu d'appeler les raisons du cœur.

Nous sommes donc prisonniers d'une contradiction. Si la diabolisation haineuse de l'ancien croyant est abjecte, son absolution de principe est absurde. Jour après jour, nous voilà condamnés à négocier modestement avec ces deux principes contradictoires. Mais comment ?

À la source du croire...

Partons d'un simple rappel : entre le fait de croire et le contenu d'une croyance, demeure toujours une distance, voire une différence de nature. *L'un et l'autre ne sont pas toujours du même ordre* ; ils n'appartiennent pas forcément à la même catégorie mentale. Autant le dogme est impératif et rationnel, autant l'assentiment qui pousse des hommes à y souscrire échappe souvent à la pure logique. En d'autres termes, *ce qui nous fait croire* n'est pas toujours directement lié à *ce que l'on croit*. Le lien entre l'un et l'autre est plus complexe qu'on ne l'imagine et, surtout, que ne l'affirment les procureurs. On peut adhérer à une croyance, on peut subitement *s'engager* pour des raisons assez étrangères, finalement, au contenu réel du dogme. Il suffit, pour s'en convaincre, de prêter attention aux raisons que donnent – et se donnent à eux-mêmes – les anciens « croyants » lorsqu'ils tentent d'expliquer rétrospectivement leur parti pris.

Jean-Pierre Vernant, quand il évoque son engagement communiste, met volontiers en avant la rationalité scientifique dont se prévalait le marxisme et qui comblait sa propre inclination pour le démontrable. Il confesse en quelque sorte avoir été abusé par une prétention scientiste qui répondait confusément à l'une de ses aspirations intimes. « Ce qui me séduisait dans le marxisme, explique-t-il, ce n'est pas seulement qu'il me rendait intelligibles les injustices choquantes, mais il me montrait les mécanismes sociaux, économiques, techniques, qui avaient produit cette situation. Ainsi les voies de la lutte étaient fondées par la raison. De la même façon que le développement des sciences physiques et chimiques donnait une maîtrise de la nature, l'essor de la sociologie pouvait nous apporter une certaine maîtrise de l'évolution sociale. [...] J'y ai cru. Je n'y crois plus du tout. » En revanche, lorsqu'il en vient à son engagement précoce dans la Résistance, il se réfère à un « réflexe » à la fois plus immédiat et plus émotif. « Pendant la guerre, dit-il, la Résistance m'a appris, d'abord, qu'il y a des moments où il n'y a pas le choix. Je l'ai vécu comme ça, je ne peux pas dire que j'ai choisi. Quand j'ai entendu le discours de Pétain, je n'ai rien choisi, j'ai su [17]. »

Paradoxe significatif : dans le premier cas, le goût du raisonnable a fait le lit de la déraison ; dans le second, c'est un tropisme émotif qui favorisa la clairvoyance et le courage.

Paul Veyne, quant à lui, n'hésite pas à mettre au premier plan une pure émotivité lorsqu'il raconte de quelle façon, venant d'un milieu plutôt marqué à l'extrême droite, il rallia en un clin d'œil le parti communiste quelques années après la Libération. Et cela, quoiqu'il ignorât à peu près tout de la dialectique marxiste. « À cause du milieu d'extrême droite dans lequel je vivais enfant, j'ai loupé la joie de la Libération, et c'est une frustration. Ce qui expliquera plus tard mon adhésion momentanée au parti communiste. En 1948, en remon-

17. Jean-Pierre Vernant, interview par Gilles Anquetil et François Armanet, *Le Nouvel Observateur*, 15-21 juillet 2004.

tant un jour le boulevard Saint-Michel, je découvre une grande sculpture représentant un ange exterminateur qui exaltait la révolte de Paris. Ce fut un choc émotionnel. Instantanément, je suis passé d'un camp à l'autre[18]. »

Le cas d'Étiemble (1909-2002) est sans aucun doute l'un des plus attachants et des plus significatifs. Non point seulement parce qu'il sut rompre dès 1938 – après un premier voyage en URSS – avec le stalinisme de sa postadolescence, mais à cause de l'énergie impitoyable avec laquelle il s'acharna, par la suite, à débusquer les ressorts de sa propre crédulité. C'est peu de dire qu'il fut sévère avec lui-même. Attendre 1938 pour consentir à ce qu'il appela le « meurtre du petit père » (Staline), cela lui sembla, après coup, coupablement tardif ! Il semble avoir eu le plus grand mal à se pardonner un tel... « retard ». Or, pour évoquer l'origine de son engagement communiste, c'est moins la « théorie » ou la puissance démonstrative du *Capital* qu'il convoque d'abord qu'une rage enfantine inguérissable : celle que lui inspirèrent dès son enfance les « bien-pensants » de Mayenne et le mépris qu'ils réservaient à sa mère modiste.

Plus tard, il revint sans cesse sur « les injustices que tout gosse [il avait] découvertes en Mayenne, pays chouan, bigot, moralement abject, cette insolence, cette rapacité des "noblios", vrais ou faux », qui rechignaient à payer les modestes factures que rédigeait le jeune boursier pour le compte de sa mère[19].

À cette humiliation originelle, Étiemble ne manquait jamais d'ajouter l'insupportable souvenir de la Grande Guerre dont les échos patriotiques marquèrent son enfance du sceau du mensonge et du « bourrage de crâne ». (Il avait cinq ans en 1914.) « Si *L'Internationale* que je chantais à dix-huit ans enchanta mon adolescence, c'est que j'avais connu le vain massacre de 1914-1918, et que j'avais compris que le patriotisme dont se gargarisait mon enfance n'était que chauvinisme ignorantin[20]. »

Décidément, la croyance et l'engagement politique ne sont pas seulement affaire d'idées. Ou, plus exactement, les effets de croyance

18. Paul Veyne, « Rome et nous », *Le Nouvel Observateur*, 29 juillet-4 août 2004.
19. Étiemble, *Le Meurtre du petit père (Lignes d'une vie II)*, Arléa, 1989, p. 11.
20. *Ibid.*, p. 303.

que ces dernières suscitent tirent leur force de ce qu'elles réveillent en nous-même tout un substrat d'émotions sédimentées. Comme dans le cas d'Étiemble, les pages les plus parlantes par lesquelles un Régis Debray évoque l'archéologie de son engagement guévariste ne sont pas celles, très théoriques et très abstraites, que rédigera l'ancien élève de Louis Althusser, à l'École normale supérieure, mais le récit du choc inexprimable éprouvé par l'adolescent voyageur qu'il était à dix-huit ans lorsqu'il trouva sur sa route, en Amérique latine, des situations de misère et des preuves vivantes de l'ignominie latifundiaire[21].

Ce discord étrange entre les mécanismes intimes d'une croyance et les contenus auxquels elle s'applique apparaît mieux encore lorsqu'on s'intéresse à ce qu'il advient *après* la décroyance ; lorsqu'on se pose la question des lendemains. Que font les « ex » de leur chagrin ? Que faisons-nous aujourd'hui de nos désenchantements ?

Les « ex » et les « anciens »

Attardons-nous justement sur le préfixe « ex ». Il est à la fois parlant et très discutable. Dans un livre magnifique où il retrace son propre itinéraire de militant trotskiste, Daniel Bensaïd, cofondateur de la Ligue communiste révolutionnaire – mais qui, lui, n'a pas abjuré –, suggère d'opérer une distinction. « La ligne de partage, écrit-il, passe [...] entre les anciens et les ex. La démarcation est celle du cynisme et du ressentiment. "Ancien" garde quelque chose d'affectueux. Le mot évoque sans regret des expériences communes, une sorte d'amicale informelle. Les anciens ne regrettent rien. Ils ne se sont ni reniés ni repentis. Quand le cœur n'y est plus, ils continuent autrement, par d'autres voix, sous d'autres formes. "Ex", au contraire, tourne sèchement la page. Les "ex" jouent un rôle auquel ils ne croient plus[22]. » Ce distinguo proposé par Daniel Bensaïd rejoint très exactement, peut-être sans qu'il le sache, celui que pro-

21. Régis Debray, *Loués soient nos seigneurs. Une éducation politique*, Gallimard, 1996, et « Folio », 2000.
22. Daniel Bensaïd, *Une lente impatience*, Stock, 2004, p. 16.

posait dès 1953 Hannah Arendt, lorsqu'elle prenait soin de faire la différence entre les « ex-communistes » et les « anciens communistes », désignant les premiers comme « une menace pour la démocratie, car ils proposaient de combattre le totalitarisme par des méthodes totalitaires[23] ».

Daniel Bensaïd partage, c'est le moins qu'on puisse dire, la méfiance de Hannah Arendt. Évoquant les formulations de Heinrich Heine, il s'en prend à ceux qui « renient même leur qualité de renégat » et, « à l'opprobre de la défection, [...] ajoutent la lâcheté du mensonge »[24]. La charge est sévère, féroce même, et pourra paraître injuste. Elle pointe en tout cas une réalité indéniable : tous les « ex » ne sont pas sortis de la croyance de la même façon. Entre l'abjuration pure et simple de celui qui rejette du jour au lendemain son ancienne foi, la mélancolie inguérissable de qui porte comme une blessure le deuil de ses illusions, la honte dissimulatrice du converti subreptice, la radicalité inversée du « croyant » dont la ferveur n'a fait que changer de signe, l'indifférence du cynique réfugié dans la dérision et l'hypocrisie du moralisateur de façade qui choisit, pour reprendre la formule d'Edgar Morin, de « compenser une vie sans principes par des principes sans vie[25] » : l'époque aura connu une gamme infinie de décroyances, chacune vécue et assumée de manière différente.

Toutes n'ont pas la même signification, mais leur extrême variété témoigne, à elle seule, de la complexité des liens entre la nature intime d'une conviction et la cohérence de son objet. Choisir d'être un « ex » plutôt qu'un « ancien » ne relève pas de l'idéologie, mais de la psychologie des profondeurs. Préférer être un « ex » sans mémoire plutôt qu'un « ancien » tenaillé par la fidélité, c'est privilégier la prudence contre l'audace, céder à la lassitude plutôt qu'au besoin de refondation. Les « ex » de ce type sont aujourd'hui légion, en effet. « Certains intellectuels revendiquent de plus en plus un statut "citoyen", sorte de cote mal taillée pour un engagé-désengagé, honteux de ses choix

23. Hannah Arendt, « Les ex-communistes » [1953], *in Penser l'événement*, Belin, 1989, p. 163-175.
24. Heinrich Heine (à propos de Schelling), *De l'Allemagne*, Gallimard, « Tel », 1999, p. 149.
25. Edgar Morin, *Autocritique*, *op. cit.*, p. 108.

anciens, et qui réduit ses ambitions à être utile plus qu'un universitaire traditionnel et prudent plus qu'un militant[26]. »

La prudence et le retrait constituent un réflexe très répandu. Dans ces cas-là, *l'après* prend l'allure du renoncement pur et simple. Il est pourtant d'autres cas de figures. Le cas le plus significatif, à défaut d'être le plus fréquent, est ce qu'on pourrait appeler *l'inversion dogmatique*. Pour avoir cru trop dogmatiquement dans un sens, on croira *de la même façon mais en sens opposé*. Avec la même détermination. Notre vie publique et médiatique connaît mille exemples d'anciens staliniens sacrifiant à un anticommunisme obsessionnel, d'anciens séminaristes ou élèves des bons pères subitement dressés contre le catholicisme et son Église, d'ex-maoïstes qui réservent dorénavant à la puissante Amérique une ferveur identiquement vétilleuse, de tiers-mondistes qu'exaspère aujourd'hui la « victimisation » des pauvres, ou des repentis d'extrême gauche subitement éblouis par la dogmatique ultralibérale. Tout se passe comme si, dans le fond, *la croyance restait structurellement la même en changeant d'objet*.

En général, lorsqu'on cite ces conversions-là, c'est parce qu'on en escompte un effet comique. On ironisera volontiers sur le parcours de Tartempion, passé sans transition du communisme à l'extrême droite ou sur Martineau, ancien stalinien, qui s'obstine désormais à traquer les moindres traces de « socialisme » dans la vie politique. Quantité de noms viennent sur les lèvres.

L'exercice est aussi réjouissant que facile. On aurait tort d'en abuser et d'en généraliser le principe. Ironiser sur les reconversions du bigot idéologique, c'est faire bon marché des douleurs, des efforts sur soi-même, du sentiment d'arrachement ou d'exil qu'implique tout effort de retour sur un passé révolu. La vraie « décroyance », il faut s'en souvenir, prend rarement l'allure d'une comédie. Le plus souvent, elle est vécue comme un drame intérieur difficilement communicable. Faut-il rappeler que certains, allant jusqu'au bout de leur désenchantement, ont choisi de disparaître avec lui ? On songe au philosophe marxiste Nikos Poulantzas (1936-1979), préférant *in fine*

26. François Laruelle, *L'Ultime Honneur des intellectuels* (entretien avec Philippe Petit), Textuel, 2003, p. 149.

le suicide à la désespérance. On se souvient encore de Nicolas Boulte, proche de la Gauche prolétarienne, devenu chauffeur routier, et qui se suicida, en mai 1975, après avoir envoyé lui-même sa notice nécrologique au *Monde*[27]. On pense aussi au jeune trotskiste Michel Recanati, dit « Ludo », responsable du service d'ordre de la LCR, qui mit fin à ses jours en se jetant sous un train en 1978, et dont le film de Romain Goupil, *Mourir à trente ans* (1982), fit la figure emblématique de toute une génération.

Le zèle des nouveaux convertis

La dérision n'est pas toujours de mise au sujet de la fin des illusions. C'est pour une autre raison qu'il faut s'interroger, au sujet de la décroyance, sur tous ceux qui passèrent sans transition d'un bord à l'autre. Le débat contemporain, en effet, s'est trouvé notablement influencé – on pourrait dire subverti – par ces virages *lof pour lof* (pour reprendre une expression maritime) qui participent de ce que la philosophe Simone Weil appelait « l'égarement des contraires[28] ». Une bonne part de la violence polémique quotidienne avec son lot d'excommunications réciproques et de haines recuites trouve sa source dans cet étrange chassé-croisé des croyances. Un ancien stalinien dénoncera le dogmatisme avec d'autant plus de colère et d'à propos qu'il l'aura lui-même pratiqué. Un prêtre défroqué ou un ancien élève de l'enseignement catholique mettra un acharnement spécifique – et d'autant plus efficace – à stigmatiser le cléricalisme qu'il l'aura vu fonctionner de près. De la même façon, il n'est pas de charges contre le capitalisme contemporain plus dévastatrices que celles qui viennent de l'intérieur, par le truchement d'un « repenti » bien informé. On songe aux fulminations antilibérales d'un Joseph Stiglitz, prix Nobel d'économie, qui fut économiste en chef de la Banque mondiale et conseiller du président américain Bill Clinton.

27. Rapporté par Hervé Hamon et Patrick Rotman, *Génération*, t. II, *Les Années de poudre*, Seuil, 1988, p. 655.
28. Simone Weil, *La Pesanteur et la Grâce*, Pocket/Agora, 2004, p. 32.

L'histoire – notamment religieuse – mais aussi le langage populaire nous enseignent qu'on ne se méfie jamais assez du zèle des nouveaux convertis. Dans plusieurs de ses livres consacrés à l'archéologie chrétienne de l'antijudaïsme, Jules Isaac rappelle que, plus d'une fois, les nouveaux convertis au catholicisme firent montre d'un acharnement particulier à l'encontre de leurs anciens coreligionnaires juifs. Il cite le cas de saint Julien, élu archevêque de Tolède, primat de l'Église d'Espagne au VIIe siècle dont le zèle a toléré sinon soutenu des rigueurs nouvelles dans la persécution[29]. Lorsqu'il utilise – pour s'en défier – l'expression « nouveaux convertis », le sens commun ne fait que relayer une longue mémoire collective, on allait dire une sagesse. Il n'est pas illogique de ranger ce zèle parmi les pathologies de la croyance ; une pathologie qui, dans les périodes de décroyance comme celle que nous vivons, génère mécaniquement quantité d'effets pervers.

On peut d'ailleurs tenter d'approfondir l'analyse en évoquant l'un des aspects de *cette pathologie du retournement*. On veut parler de cette insidieuse contamination d'un discours de dénégation par la croyance même que ce discours entend combattre. Il est des cas où l'adversaire d'un dogme particulier reste littéralement envahi par la pensée contre laquelle il se dresse. On pénètre alors dans l'infini dédale des jeux de miroirs, des symétries enchaînées et des assujettissements réciproques. On aborde à cette logique des « doubles », qui fait apparaître une troublante parenté entre les protagonistes d'un conflit de croyances qui paraissait pourtant irréductible sur le fond. Nouveau converti ou non, chacun finit par ressembler à la croyance ennemie, et cela d'autant plus qu'il combat cette dernière de manière obsessionnelle. Au-delà des invectives et des oppositions de surface, nombre de polémiques contemporaines sont gouvernées par cet irrépressible – et explosif – rapprochement des contraires.

Le théologien protestant Olivier Abel applique de manière suggestive cette analyse au domaine religieux. Il s'interroge sur la structure de deux types d'athéisme militant : la laïcité kémaliste turque et l'anticléricalisme français. L'un comme l'autre, dit-il, paraissent

29. Jules Isaac, *Genèse de l'antisémitime* [1956], Presse Pocket, 1985, p. 87.

avoir inconsciemment épousé les structures des deux religions refoulées : l'islamisme ottoman pour le premier, le cléricalisme catholique pour le second. Ces deux athéismes se sont ainsi réappropriés, malgré eux, certaines caractéristiques propres aux deux religiosités qu'ils combattent. Autoritarisme centralisé pour l'un, intolérance sourcilleuse pour l'autre, etc. « Lorsqu'on observe ce genre de phénomène, écrit Olivier Abel, on comprend que les athées de notre société sont le plus souvent des athées du catholicisme, et plus rarement des athées du protestantisme ou du judaïsme, ces différents types d'athéisme souvent ne se comprenant pas entre eux, mais sans jamais comprendre pourquoi[30]. »

Passé et présent d'une illusion

On n'ira pas jusqu'à reprocher à l'historien François Furet d'avoir exclusivement cédé à cette singulière *permutation de la ferveur*. L'ampleur de son œuvre atteste de la légitimité intellectuelle de sa démarche disons postcommuniste. Or, il n'a jamais fait mystère du rôle joué par le souvenir cuisant de ses propres « illusions » dans l'énergie infatigable qu'il mit à démystifier aussi bien le communisme que l'idée même de révolution. La férocité de ses analyses fut à la mesure de l'intensité de son ancienne foi. Une foi sur laquelle, finalement, il se sera peu expliqué à titre personnel, sinon de façon indirecte. « J'ai avec le sujet que je traite, écrivait-il en introduisant son grand livre sur le communisme, une relation biographique. Le passé d'une illusion : je n'ai qu'à me retourner vers ces années de ma jeunesse où j'ai été communiste entre 1947 et 1956. La question que j'essaie de comprendre aujourd'hui est donc inséparable de mon existence. J'ai vécu de l'intérieur l'illusion dont j'essaie de remonter le chemin à une des époques où elle était le plus répandue[31]. »

François Furet mettra principalement son intelligence et son érudi-

30. Olivier Abel, « Repenser la laïcité à partir de sa fragilité », *in L'Irrationnel, menace ou nécessité ? Dixième forum « Le Monde »-Le Mans*, Seuil, 1999, p. 153.

31. François Furet, *Le Passé d'une illusion. Essai sur l'idée communiste au XXe siècle*, Robert Laffont/Calmann-Lévy, 1995, p. 15.

tion au service d'un patient décryptage des grandes « illusions collectives » qui, selon lui, rendirent possible l'adhésion en masse au communisme. Elles seraient au nombre de six. Les trois premières concernent la première époque – léniniste – de l'aventure : illusion proprement révolutionnaire, illusion pacifiste en 1914-1918, illusion internationaliste consécutive au désastre de la Grande Guerre. Les trois dernières n'apparaissent vraiment qu'après 1924 et la disparition de Lénine : illusion d'un modèle anticapitaliste efficace, illusion de l'invention d'une démocratie de type supérieur, illusion, enfin, d'un antifascisme plus conséquent qu'aucun autre [32].

Patient à décoder les ressorts de l'« illusion » communiste et les origines de la « passion » révolutionnaire, François Furet, à la différence notable d'un Edgar Morin ou d'un Jean-Toussaint Desanti, ne réservera que peu de place à une interrogation sur les mécanismes plus intimes de sa propre croyance. Même dans les articles consacrés à la vie intellectuelle de la France d'après guerre, il demeure, si l'on peut dire, à la périphérie de lui-même [33]. À cause de cet évitement relatif, on a du mal à mesurer quelle part tint véritablement le « chagrin » personnel dans la virulence de sa critique et dans la radicalité de son « retournement ». On le regrette d'autant plus que la figure et l'œuvre de François Furet occupèrent une place prépondérante dans la vie intellectuelle française des années 1980 et que leur rayonnement joua un rôle non négligeable dans le « recentrage » du discours dominant.

Honoré par la gauche non communiste, fêté par la droite libérale « aronienne », élu à l'Académie française, il devint alors – et demeure – une des personnalités emblématiques de la grande révision postcommuniste des années Mitterrand. Il fut d'ailleurs, en 1989, la figure tutélaire d'un bicentenaire de la Révolution française, que l'Élysée voulut très consensuel. Du même coup, François Furet devint aussi, jusqu'à aujourd'hui, l'une des bêtes noires de la « gauche de gauche ». Ses adversaires de gauche reprochent à ses analyses d'être rétrospectivement habitées par un anticommunisme moins rationnel qu'il

32. J'emprunte l'analyse de ces « six illusions » au travail universitaire de l'historienne italienne Diana Pinto, cité par Pierre Grémion, « L'idée communiste dans notre histoire nationale. Une lecture de François Furet », *op. cit*, p. 213.

33. Je fais notamment référence aux articles rassemblés par François Furet et Mona Ozouf dans *Un itinéraire intellectuel*, Calmann-Lévy, 1999.

n'y paraît. Ils lui font grief, en somme, d'avoir obéi sans vraiment l'avouer à un effort de « deuil » personnel et de ne pas s'être suffisamment expliqué avec lui-même. On assimile volontiers son itinéraire à celui d'Annie Kriegel ou d'Alain Besançon, tous deux étant passés d'un engagement marxiste orthodoxe à un anticommunisme déterminé, pour ne pas dire viscéral [34]. Une différence notable, toutefois : quatre ans avant sa mort, survenue en 1995, Annie Kriegel, ancienne permanente du PC, s'interrogea, elle, sur le soubassement de ses propres croyances dans un livre de mémoires qui entremêle avec lucidité l'autocritique et l'analyse historique [35].

Si l'on s'attarde sur ces trois figures, c'est parce qu'elles illustrent la violence potentielle de tout « repentir ». Il est des cas où la *décroyance*, en effet, ne conduit pas seulement à brûler ce qu'on a adoré, mais *finit par orienter – ou réorienter – toute une vie*. Une œuvre théorique comme une carrière universitaire peuvent se bâtir sur la seule volonté d'aller jusqu'au bout d'une désillusion intérieure. Ce faisant, elles donnent sa vraie dimension et sa noblesse au repentir. En France peut-être plus qu'ailleurs, le « chagrin des ex » constitue bel et bien, depuis une quarantaine d'années, un des plus puissants ressorts de la vie intellectuelle. Sans doute explique-t-il la tonalité spécifique de cette dernière : cette indéfinissable tristesse qui surprend parfois l'observateur étranger.

Ce n'est pas tout. Les cas de François Furet, d'Annie Kriegel et d'Alain Besançon aident à comprendre pourquoi et comment nous sommes tentés de peser les mérites et la valeur d'une pensée au trébuchet des efforts d'autocritique ou même d'apostasie dont témoigne son auteur. C'est une autre manière d'accorder à la désillusion en tant que telle une valeur épistémologique. Dis-moi comment tu te repens, je te dirai ce que vaut ta parole... Au bout du compte, nombre de débats contemporains, qui se présentent comme abstraitement idéologiques, tournent autour de cette question obscure. De façon souterraine, il y est question du désaveu, de sa sincérité, de sa nécessité, de ses limites. Le contenu politique d'un tel soupçon transparaît parfois.

34. Voir notamment le pamphlet de Denis Berger et Henri Maler, *Une certaine idée du communisme. Répliques à François Furet*, Éditions du Félin, 1996.

35. Annie Kriegel, *Ce que j'ai cru comprendre*, Robert Laffont, 1991.

Un projet de reconquête

L'exemple qui vient immédiatement à l'esprit est celui de l'équivalence – acceptable ou pas – que l'on établit entre les autocritiques venues de l'extrême droite et celles venues de l'extrême gauche. Cette querelle a rebondi en Europe et surtout en France dans les années qui ont suivi l'effondrement du communisme. Elle fut relancée à droite, notamment par les auteurs du *Livre noir du communisme*, mais aussi par plusieurs essayistes – ou polémistes – comme Thierry Wolton[36]. Les uns et les autres partent du principe que le totalitarisme *rouge* fut historiquement aussi criminel que le *brun*. Ils s'indignent par conséquent du préjugé favorable dont bénéficient, envers et contre tout, les anciens compagnons de route du communisme, comparé à l'excommunication immédiate – et justifiée – qui fut le lot des intellectuels profascistes ou pronazis des années 1940. Des seconds, on exigea qu'ils disparussent du paysage, tandis qu'aux autres on ne réclama qu'une repentance minimale. Mieux encore, ces « défaillances de jeunesse » une fois confessées ne les empêchèrent pas de retrouver et d'occuper, pendant des décennies, les tout premiers rôles dans le concert intellectuel. Cette inégalité symbolique agirait toujours, et puissamment.

Or, cette différence de traitement ne serait aucunement justifiée, dès lors qu'on se place dans le cadre de la critique antitotalitaire, celle qui condamne d'un même mouvement le stalinisme et le nazisme. Éthiquement et politiquement, il ne saurait y avoir péché véniel dans un cas et péché mortel dans l'autre. Un philosophe comme Claude Lefort n'est pas le dernier à rappeler – avec insistance –, de livre en livre, la gravité fondamentale du « mensonge communiste » qui autorise et justifie le paradigme antitotalitaire. « La destruction du régime soviétique, et du modèle qu'il avait représenté pour des dizaines de millions d'hommes dans le monde, ne dispense pas d'observer qu'une atteinte a été portée aux fon-

36. Voir notamment de Thierry Wolton, *L'Histoire interdite*, J.-C. Lattès, 1998, et *Comment guérir du complexe de gauche*, Plon, 2003.

dements de toute société, que l'humanité ne sort pas indemne de cette aventure, qu'un seuil du possible a été dépassé[37]. »

Une fois de plus, ce sont les formes que prend publiquement le « chagrin » communiste (et les effets qui en découlent) qui sont mises en cause. Présentée ainsi, la querelle pourrait sembler anecdotique et déjà datée. Elle ne l'est pas. Elle affleure en réalité à tout propos. Chargée d'arrière-pensées, elle est peu à peu devenue pour la droite l'instrument de la reconquête culturelle d'un territoire et d'une légitimité qui lui furent longtemps refusés. Qu'on se souvienne, par exemple, des empoignades de 2002 sur le passé trotskiste du candidat Lionel Jospin à la présidence de la République ; qu'on pense à ce qui, au-delà des enjeux proprement judiciaires, était réellement en question derrière les polémiques concernant l'extradition du militant italien d'extrême gauche Cesare Battisti, accusé de meurtre dans son pays.

Vu de droite, en effet, il paraît pour le moins étrange que les « ex » ou les « anciens » communistes (ou « gauchistes) – qui n'ont pas forcément été très loin dans le retour sur eux-mêmes – continuent de bénéficier dans la vie publique et à l'université d'une légitimité à peu près intacte. Ils profiteraient, en vérité, d'une mansuétude de principe qui fut toujours refusée à un Pierre Boutang, un Raymond Boudon ou un Raoul Girardet, qui, eux, venaient de la droite universitaire. C'est donc à une réévaluation bien plus radicale que les tenants de la reconquête en appellent. On aurait bien tort de tenir l'affaire pour subalterne et sans avenir.

Du tragique à la palinodie

Par comparaison, il est vrai, les pugilats récurrents concernant Mai 68 semblent relativement pittoresques. Ils sont d'abord l'affaire d'une génération qui atteint l'âge de la retraite, après avoir occupé une position dominante dans la vie culturelle, politique et médiatique française. C'est dire si ce chagrin-là, ces fidélités ou ces renie-

37. Claude Lefort, « Retour sur le communisme », *Esprit*, janvier 1999, p. 34.

ments ont toujours été plus visibles et plus « bruyants » qu'aucun autre. Ils furent d'une certaine manière constitutifs de l'air du temps.

Sur le fond, et comme c'est le cas pour les anciens communistes de la génération précédente, on retrouve chez les enfants du *baby-boom* la gamme à peu près complète des postures imaginables. Elles vont de la fidélité assumée d'un Daniel Bensaïd à la reconversion intégrale d'un François Ewald, cheminant du maoïsme à la défense du patronat, en passant par tous les positionnements intermédiaires. La nomenclature englobe les attitudes qui relèvent de ce qu'on pourrait appeler la « palinodie », voire du folklore. On songe, pour ne prendre qu'un seul exemple, à l'article que publia, en janvier 2000 dans *Le Monde*, la sémiologue Julia Kristeva au sujet des engagements pro-maoïstes du groupe auquel elle appartenait dans les années 1960 et 1970. De son point de vue, il faudrait considérer ce maoïsme comme l'amorce d'une démarche antitotalitaire. « Notre intérêt pour la Chine, écrit-elle, paraît, avec le recul, comme une des nombreuses fissures dans le mur de Berlin. » On conviendra que le raisonnement est controuvé. Il suscita l'exaspération du sinologue Jean-Philippe Béja, lequel ne mâcha pas ses mots. « Une telle affirmation, rétorqua-t-il avec un peu d'emphase, sonne comme une insulte aux millions d'intellectuels, d'ouvriers, de paysans qui ont perdu leur vie dans les "étables" et les camps si nombreux dans la Chine visitée par Julia Kristeva[38]. »

On pourrait trouver mille exemples de palinodies et d'empoignades du même ordre. Pour amusantes qu'elles soient, elles n'épuisent pas la question. Concernant la décroyance particulière qui s'attache à Mai 68, on se contentera de quelques remarques. Il faut d'abord convenir que ce « deuil »-là n'a pas à assumer des souvenirs de terreurs ou de massacres, comme c'est le cas pour l'un ou l'autre des grands totalitarismes. La remarque est d'autant plus fondée en France, où, à la différence de l'Allemagne ou de l'Italie, l'extrême gauche sut résister jusqu'au bout – et même si ce fut de justesse – à la tentation terroriste. Elle fit donc preuve, jusque dans ses égare-

38. Jean-Philippe Béja, « Le parcours sans faute d'une maoïste française ou comment on réécrit l'histoire », *Esprit*, mai 2000, p. 47-48.

ments théoriques, d'une clairvoyance qu'il faut mettre à son crédit. Cette spécificité contribue à dédramatiser les choses.

Deuxième remarque : au rebours de ce que voudraient faire accroire ceux qui lui sont hostiles, l'héritage de Mai 68 est tout sauf monolithique. En d'autres termes, il ne requiert pas de désaveu global. Il nourrit au contraire une mémoire partagée qui mêle constamment, et avec quelque raison, autocritique et fidélité. Les engagements proprement politiques de l'époque – marxistes, tiers-mondistes ou révolutionnaires – ont été généralement récusés, et sans trop de nuance, par les « ex », y compris par les plus médiatiques comme Daniel Cohn-Bendit. En revanche, l'héritage libertaire continue d'être assez largement assumé, notamment pour ce qui concerne les mœurs en général et l'émancipation sexuelle en particulier.

Pour dire les choses plus simplement, un sexagénaire présenté aujourd'hui comme un « ex » de Mai 68 consentira volontiers à une autocritique de son maoïsme ou de son castrisme d'alors, mais il ne se sentira pas tenu de renoncer aux conquêtes de l'époque sur le terrain sociétal : qu'il s'agisse du féminisme, de la liberté sexuelle ou d'une critique de l'autorité. L'héritage prétendument « permissif » sera d'autant mieux revendiqué qu'il constitue un précieux « reste », un ultime marqueur de gauche, après qu'on a, pour le reste, rendu assez largement les armes au libéralisme[39]. Ce partage de la mémoire est d'autant plus spontané que la rupture de 1968 fut marquée, dès l'origine, par une extraordinaire ambivalence. À l'époque, le langage, la rhétorique, les comportements se référaient sans conteste à une mythologie révolutionnaire archaïque (la Commune, Octobre rouge, le *Potemkine*, etc.), mais la nature de la révolte ne l'était pas. Globalement, le « mouvement » agissait en quelque sorte au rebours de son propre discours. Il semblait s'enraciner dans un passé holiste et « collectiviste », alors même qu'il ouvrait la voie à l'émancipation individuelle et à l'autonomie du « moi ». Le langage était marxiste, mais le mouvement de fond était libertaire, pour ne pas dire antimarxiste. C'est en cela qu'on a pu déceler dans l'épisode de Mai 68

39. J'ai développé ce paradoxe dans *La Tyrannie du plaisir*, Seuil, 1998, et « Points », 1999.

Des bébés

Sur la génération de Mai 68 (la sienne), le chercheur et philosophe des sciences Bruno Latour (né en 1947), dont les travaux épistémologiques sont traduits en une quinzaine de langues, a écrit les pages critiques – et autocritiques – qui comptent sans doute parmi les moins complaisantes qui se puissent imaginer.

« Vienne le temps où tous ces bébés prolongés devenus *papy-boomers* passent en jugement, eux, les seuls qui n'avaient pas connu de guerre et qui, en pleine paix, quand rien ne les menaçait, ont saccagé de leurs mains, les uns après les autres, les moyens de vivre dont leurs parents les avaient gorgés dans leur enfance bénie. Qu'on les révise à leur tour, eux aussi, ces universels révisionnistes. Ils ont profité à fond du catéchisme comme de l'école, des humanités comme des sciences, de l'histoire comme de la géographie, de l'État comme de la politique, mais à leurs enfants qu'ont-ils légué ? L'autonomie.
Car c'est au nom de la sainte liberté qu'ils ont détruit les institutions qui les avaient accouchés à l'existence. Et eux qu'ont-ils enfanté ? Des mort-nés. Libres, ils le sont, leurs rejetons, libres à crever, car ils n'ont hérité que de la liberté, tandis que leurs parents indignes avaient reçu en partage ces attachements innombrables dont ils s'aperçoivent maintenant, trop tard hélas, qu'ils formaient la matrice même de l'autonomie.
[...]
Et le pire, c'est que voilà toute cette génération maintenant radotante, vieil-

une ruse de l'histoire dont le néolibéralisme, au bout du compte, fut le principal et ultime bénéficiaire [40].

Pour toutes ces raisons, la décroyance visant spécifiquement Mai 68 est à la fois différente et paradoxale. On dira qu'elle est à double-fond. Elle conjugue inlassablement le remords et la jubilation, le désaveu et la nostalgie, la gêne et le romantisme. C'est sans doute pourquoi elle entretient une connivence sans équivalent – et féconde – avec la littérature.

40. C'est l'analyse que faisait Régis Debray dans son pamphlet, *Modeste Contribution aux discours et cérémonies du dixième anniversaire de Mai 68*, La Découverte, 1978.

prolongés ?

lissante, ergotante, qui se met à regretter le passé, à soupirer sur la décadence des mœurs, la "baisse du niveau", et qui va jusqu'à souhaiter une bonne reprise en main – de l'autorité, que diable ! – et un "retour à Dieu" pour tenir la cravache ! Qu'ils s'en prennent à eux-mêmes, ces suicidaires qui suicidèrent leurs propres enfants. Une fois détruites, les institutions ne se relèvent pas plus que les rites d'initiation : rendues dérisoires, elles le restent. Et c'est dans ces ruines que leurs descendants doivent vivre. Accusés, ils diront sans nul doute qu'ils ne se sont pas rendu compte ; comme leurs parents, ceux de la guerre, ils confesseront avoir "obéi aux ordres" : "Nous ne savions pas."
Oh si ! *nous savions*. Il faudra qu'un jour elle rende des comptes notre génération gâtée, pourrie, pourrissante et gâteuse. Oui, c'est bien, je l'avoue, pour renouer le fil interrompu par ma faute, ma très grande faute, que je me suis lancé dans cette impossible mission. Mais j'ai mieux à faire que de peindre les grandeurs et misères des enfants du siècle dernier : modifier la flèche du progrès, re-comprendre le travail des sciences, récupérer le droit, recouvrer la politique, donner un sens neuf au mot d'institution, décider de ce dont il faut faire hériter ses enfants. Avoir à nouveau des enfants. Redonner un autre sens à cette longue histoire occidentale, en finir avec la modernisation. Non, je n'ai pas perdu la raison, je ne suis pas devenu "réactionnaire" en vieillissant, mais j'ai réalisé peu à peu que nous n'avions jamais été modernes. »

Bruno Latour, *Jubiler ou les Tourments de la parole religieuse*, Les Empêcheurs de penser en rond, 2002, p. 78-79.

* *
*

La littérature ? Là est peut-être le vrai point d'arrivée d'un deuil aussi général. Là s'est peut-être accomplie la vraie rédemption de ceux qui ne se consolent pas d'avoir cru, et de ne plus croire. Depuis près d'un demi-siècle, un immense corpus romanesque fut peu à peu élaboré, nourri, année après année, par tous ceux qui ne se résolvaient pas à virer simplement de bord, à abjurer sans autre forme de procès ou à se réfugier dans le cynisme faussement guilleret et la dérision acide qui habitent l'époque. Roman, théâtre, cinéma, poésie, musique :

c'est par le truchement de l'art, mais surtout par la littérature, qu'aura été le mieux énoncée cette grande douleur individuelle et collective. L'exploration de ce chuchotement magnifique reste à entreprendre. Il nous occupera longtemps encore.

Une pareille douleur, en effet, la raison raisonnante – celle des idéologues ou des philosophes – est impuissante à l'énoncer et, plus encore, à la transmettre. Sa vérité ultime aura cependant été murmurée plus que dite, dans ces livres – innombrables – qui ne prétendaient pas à la « théorie ». La littérature, il est vrai, n'a que faire du remords, de la justification ou de l'explication. Elle ne dit que l'essentiel : ce chagrin entêté qui chemine...

Chapitre 2

L'histoire en horreur

> « Les philosophes ont tout à fait raison de dire que l'on ne peut comprendre la vie qu'en se retournant sur le passé. Mais ils oublient cette autre proposition qui n'est pas moins vraie, à savoir que la vie ne peut être vécue qu'en se projetant vers l'avenir. »
>
> Sören Kierkegaard [1].

Ces chagrins, ces nostalgies blessées, ces regrets et ces convictions défuntes qui habitent notre présent, il était nécessaire d'en faire la recension. Mais on ne peut s'arrêter à une telle analyse, qui, en définitive, relève autant de la psychologie que de l'histoire des idées. L'incrédulité contemporaine participe d'un mouvement bien plus vaste ; elle trahit une cassure d'une autre profondeur. Pour aller à l'essentiel, on dira qu'elle est le produit ultime – et vénéneux – de ce très court XXe siècle, commencé en 1914 et achevé en 1989 avec l'écroulement du communisme. C'est durant ces soixante-quinze années qu'auront été, l'une après l'autre, déconstruites – « désactivées », dirait un informaticien – les représentations collectives de base qui rassemblaient encore à la veille de la Grande Guerre.

Aujourd'hui, lorsqu'on évoque ce siècle dont nous nous éloignons, on s'emploie d'ordinaire à recenser les tueries, les massacres et les tyrannies qui l'auront jalonné. D'une guerre à l'autre, d'un génocide à l'autre, d'un *Livre noir* à l'autre, nous n'en finissons pas de refaire le décompte qui se veut toujours plus exact de ces dizaines de millions de cadavres. Des plaines de la Somme aux perspectives vitrifiées d'Hiroshima, des crématoires d'Auschwitz aux fosses communes de Sibérie, des morts de l'Algérie française à ceux du Vietnam américain, tout dans ce siècle paraît se résumer en cimetières

1. *Journal* (année 1843), *in* Sören Kierkegaard, *Journal, extraits*, Gallimard, 1961.

militaires, en croix blanches ou en charniers. Y aura-t-il eu dans l'Histoire beaucoup d'époques aussi tueuses que celle-ci ? Telle est la question que, sans relâche, nous nous posons.

Elle est légitime, mais trompeuse. À trop fixer sa mémoire sur l'horreur arithmétique, on s'expose à de très hasardeuses comparaisons, et même à des surprises statistiques. Après tout, le XVIIIe siècle, qui nous paraît rétrospectivement si joyeux et si bien éclairé par les Lumières des philosophes, ne s'était-il pas achevé par une « aventure » sanglante – celle de Napoléon – dont le coût global dépassa tout de même un million et demi de morts ? Les additions ne disent jamais toute la vérité d'une séquence historique, même quand elles portent sur des cadavres. Le sang sèche vite au vent de l'Histoire, disait Charles de Gaulle. D'autres ont pu évoquer le sang des victimes comme une « substance noire qui coule dans les veines de l'Histoire[2] ». Concernant le XXe siècle, le deuil le plus durable, celui dont nous avons du mal à sortir, ne relève donc pas du quantitatif, et cela en dépit de l'énormité « objective » des chiffres. Georges Steiner ironise avec tristesse sur ce qui fait à la fois l'horreur et la vanité des comptabilités macabres, celles qui s'épuisent à additionner les exterminés de la Shoah et les soixante-quinze millions d'êtres mis à mort par Staline et Mao, sans oublier d'ajouter les victimes massacrées en Indonésie ou en Afrique ou ailleurs. « Il est presque obscène, observe-t-il, de demander qui fut le pire de Hitler ou de Staline, en quoi l'extermination délibérée de huit millions de koulaks se laisse-t-elle comparer aux camps de la mort nazis ? Le four géant que devint Dresde équilibre-t-il, en quelque sorte, ceux d'Auschwitz[3] ? »

Non, les chiffres ne disent pas tout. Les stigmates les plus ineffaçables sont d'un autre ordre que quantitatif. Ils tiennent à l'effacement méthodique de nos croyances ; ils se rapportent au processus impitoyable qui a progressivement éteint les « lumières » qui nous éclairaient auparavant.

Le philosophe Alain Badiou propose de caractériser le XXe siècle par la « passion du réel ». L'expression est assez juste, à condition d'insis-

2. François Laruelle, *L'Ultime Honneur des intellectuels*, *op. cit.*, p. 39
3. Georges Steiner, *Entretiens avec Ramin Jahanbegloo*, 10/18, 2000, p. 201.

ter sur ce qu'elle a de funeste. «La terrible passion du XXe siècle, écrit Badiou, a été, contre le prophétisme du XIXe siècle, la passion du réel. Il s'agissait d'activer le Vrai, ici et maintenant[4].» On nous rappelle que le propre de ce siècle aura été de passer à l'acte, avec tous les risques que cela suppose. Ce qui fut soumis à l'épreuve du concret – mais d'une façon mortelle –, ce sont en effet les croyances et les projets qui fondaient l'optimisme, c'est-à-dire le *credo*, des deux siècles précédents. À ce sujet n'oublions pas comme cet optimisme était puissant, on allait dire «chantant». On peut citer ce film de la réalisatrice et actrice allemande Margarethe von Trotta, *Rosa Luxemburg* (1985), qui rappelle l'enthousiasme inébranlable avec lequel les dirigeants sociaux-démocrates allemands célébraient, le 1er janvier 1900, l'arrivée d'un nouveau siècle, qui serait forcément, pensaient-ils, celui de la paix, du progrès, de la justice et de l'égalité entre les hommes.

Passion du réel ? Ce viatique hérité des Lumières, cet entrelacs d'idées généreuses et de foi humaniste auront été effectivement *pris au mot*, tout au long du siècle, par des hommes et des idéologies qu'animait une terrible *impatience*. Ici et pour de bon, coûte que coûte, en effet, mais jusqu'à l'abomination... Le XXe siècle, de ce point de vue, apparaît comme l'exercice pratique, la mise en œuvre immédiate, l'accouchement au forceps, de ce que les générations précédentes avaient simplement imaginé accomplir un jour. «Le XIXe siècle a annoncé, rêvé, promis, le XXe siècle a déclaré que lui, il faisait, ici et maintenant[5].» Hélas, il n'est pas sûr que cette *détermination*, cette volonté agissante puisse être comptée à décharge. On accepte mal l'idée que la «passion du réel» puisse rendre au XXe siècle, comme le suggère Badiou, des couleurs moins sombres, voire en réhabiliter le souvenir. Cette passion idéologique, définie par son «réalisme» très empressé, doit plutôt être jaugée à l'aune des dévastations meurtrières qui en furent la conséquence.

Entre 1914 et 1989, en effet, la volonté de mettre en œuvre «ici et maintenant» nos croyances originelles aura tout simplement abouti à la destruction de ces dernières. Elles ont été englouties dans le

4. Alain Badiou, *Le Siècle*, Seuil, 2005, p. 264.
5. *Ibid.*, p. 54.

concret, pourrait-on dire. C'est bien la hâte idéologique avec laquelle on a tenté de les *réaliser* – quitte à en tordre la signification – qui a conduit à les fracasser une à une sur le mur du réel. À la fin, la croyance cardinale elle-même, celle qu'on peut considérer comme la « mère » de nos convictions, s'est trouvée comme expulsée des consciences. On veut parler de cette *religion du progrès humain*, lointainement héritée du judéo-christianisme, puis des encyclopédistes, cette certitude que le mathématicien, philosophe et « théologien de l'Histoire » Antoine Augustin Cournot (1801-1877) avait coutume de définir par une maxime latine : *Post hoc, ergo melius hoc*. Ce qui vient après est toujours meilleur que ce qui précède.

Qui donc oserait dire cela aujourd'hui ?

La société des ébranlés

Essayons d'être plus précis. Rien n'est plus troublant que de parcourir le XXe siècle à grandes enjambées, en s'attachant à repérer, derrière chacune des tragédies historiques, quelle sorte de croyance particulière y fit naufrage. À chaque étape, en effet, une part spécifique de notre conscience fut atteinte. De proche en proche, on voit ainsi se dessiner la logique d'une *décroyance* généralisée.

La Grande Guerre, avec ses hécatombes et ses « gaspillages » humains insensés, reste l'exemple le plus immédiatement compréhensible. Certes, le désastre purement quantitatif y fut sans équivalent dans l'histoire : neuf millions de morts en Europe, trois fois plus de blessés, dont six millions d'invalides, peut-être trois millions de veuves et six millions d'orphelins. Le plus sombre bilan, pourtant, se situe au-delà des chiffres. En quatre longues années, la guerre ruina au moins trois représentations collectives essentielles : le bien commun, le concept de mesure et la raison.

Par l'idée de « bien commun », on désigne ce consentement plus ou moins spontané au sacrifice, cette acceptation par un individu des devoirs minimaux auxquels l'astreint l'intérêt du groupe, cette disposition « holiste » à l'oubli de soi. Ce réflexe quasi naturel présida à cette incroyable mobilisation générale de la fin juillet 1914. Il décida des centaines de milliers de conscrits, jeunes paysans pour la plupart, à monter sans hésiter dans les trains en partance pour une guerre que l'on imaginait « courte », et dont on pensait surtout qu'elle mettrait fin à toutes les guerres. N'était-ce pas la « der des ders » ? Il est injuste de ne voir dans cet empressement guerrier qu'une manière de fièvre nationaliste ou de paranoïa cocardière. La croyance qui se trouva mobilisée s'enracine à un autre niveau. C'est, en dernière analyse, celle qui fondait la nation comme communauté solidaire. Une communauté dont la perpétuation implique une disposition au sacrifice, voire à l'héroïsme. Ce sentiment patriotique était d'ailleurs un sentiment relativement neuf. Né en France à la fin du XVIIIe siècle, au moment où la patrie s'était imposée à l'imaginaire collectif, il avait lui-même pris le relais des anciennes dévotions communautaires d'essence religieuse. « Pourquoi autant d'hommes accepteront-ils de donner leur vie sur "l'autel de la patrie" ? Sans doute parce qu'aux sacrifices concédés correspondaient un supplément d'âme, une touche de sens trouvée dans l'appartenance au groupe social ainsi magnifié[6]. »

Or, l'écrasement des hommes dans la sanie des tranchées, l'évanouissement de régiments entiers dans des offensives déraisonnables où chaque mètre gagné se payait de mille morts, la lente et poisseuse humiliation des pilonnages d'artillerie, l'entassement des vivants et des morts dans une gadoue puante, les fusillées « pour l'exemple » de 1917, l'indifférence jouisseuse de l'arrière, tout cela revint à bafouer tout vrai courage, à ridiculiser tout patriotisme, à métamorphoser en jobardise le plus élémentaire dévouement, etc. Ce naufrage du sentiment d'appartenance collective, on le trouve exprimé dès les premiers romans de guerre, ceux d'Henri Barbusse, d'André Pézard, de Roland Dorgelès ou de Maurice Genevoix. Le thème de la « trahison » du poilu – y compris par l'épouse restée au foyer – est omniprésent dans cette littérature des années 1920. Qu'on songe seulement à la charge symbolique contenue dans *Le Diable au corps* de Raymond Radiguet. « L'image du combattant debout dans le noir, regardant attentivement un intérieur lumineux, plein de vie, ahuri

6. Dominique Pélassy (CNRS), « L'État, les citoyens et les valeurs », *Études*, octobre 1999, p. 339.

devant le bonheur complaisant de sa propre femme, illustre parfaitement ce nouveau statut de marginalité[7]. »

Ce naufrage ne concerne d'ailleurs pas seulement les soldats français ou allemands. Évoquant les soldats américains dans *L'Adieu aux armes*, Ernest Hemingway écrivait lui aussi que la Première Guerre mondiale avait discrédité jusqu'aux mots d'*honneur*, de *gloire* ou de *sacrifice*. Les hommes s'étaient « donnés », et leur don avait été cyniquement dilapidé. Les fantassins français et allemands, enterrés face à face dans la glaise et la chair putréfiée, constituaient ensemble une communauté trahie, ou mieux encore ce que le philosophe tchèque Jan Patocka (1907-1977) avait appelé une « société des ébranlés ». Il n'est pas sûr que l'on ait mesuré, à l'époque et même plus tard, ce qu'aurait de durable – et peut-être même de définitif – un tel discrédit.

En France, il est vrai, l'exaltation de la « Victoire », le lyrisme avec lequel fut rétrospectivement célébré le courage des Poilus, la religion du souvenir qui fut concrétisée, jusque dans la plus petite commune rurale, par le monument aux morts, tout cela eut un effet retardateur. Le philosophe René Girard décrit assez bien ce processus de cécité volontaire qui prédomina en France. « L'Europe s'est suicidée avec la Première Guerre mondiale. Or, un pays comme la France n'a jamais vraiment osé approfondir cette défaite. En France, [...] il y a eu une volonté d'aveuglement, pour ne pas gaspiller cette victoire. On l'avait achetée si cher. Toutes les familles avaient payé de leur chair. On s'est mis des œillères et on a essayé de ne pas penser la guerre et le sacrifice subi[8]. » Il n'empêche que ce doute affectant désormais le concept de sacrifice de soi était intériorisé. Il allait cheminer pendant de longues décennies dans les profondeurs de la conscience collective. Il allait éroder peu à peu les soubassements de l'État-nation. Le patriotisme et la nation survivront sans doute quelques décennies, mais ils ne seront plus l'un comme l'autre que des « gueules cassées ». Ils cesseront, une fois

7. Mary-Louise Roberts, « Les hommes et les femmes dans les romans de la Première Guerre mondiale », *in* collectif, *Le XXe Siècle des guerres*, Éditions de l'Atelier, 2004, p. 135.

8. René Girard, « La France doit passer par la vérité », *Commentaire*, n° 108, hiver 2004-2005, p. 924.

pour toute, de faire référence[9]. Le pacifisme des années 1930, la capitulation de Munich en 1938, la débâcle de 1940, la Collaboration elle-même peuvent être interprétés à la lumière de cette perte de confiance très particulière.

Mentionnons au passage un paradoxe : si la Grande Guerre ébranle la nation jusque dans ses fondements, elle ruine tout autant cet internationalisme fraternel qui avait enflammé les pères fondateurs du socialisme européen, et surtout français. Le ralliement de la SFIO à l'ivresse patriotique et à l'union sacrée de 1914 concrétisa la première faillite du rêve prolétarien.

* *
*

Le même constat de faillite pourrait être fait au sujet de cette confiance/croyance, un constat qui concerne *l'intelligence elle-même, cette raison maîtrisée sur laquelle les Lumières avaient fondé l'espérance historique des philosophes*. Elle aussi se trouva « mise au tombeau » entre 1914 et 1918, pour reprendre l'expression du philosophe juif Gershom Scholem (1897-1982). Que des nations de la vieille Europe, civilisées, rationalistes, démocratiques et modernes aient pu s'abîmer dans de pareilles tueries ; qu'elles aient pu se laisser engloutir dans une barbarie aussi bestiale : cela remettait en question l'idée même que l'on pouvait se faire de l'entendement humain. Sous le mince vernis de cette raison raisonnable réapparaissait en somme une manière de passion primitive qui abolissait toute confiance en l'esprit, confiance inséparable de l'idée de mesure. La passion meurtrière et la démesure des massacres ensevelissaient la raison elle-même. Symptôme modeste, mais révélateur : les historiens mettent en évidence l'effondrement, après cette guerre, de toutes les sociétés de libre-pensée qui avaient connu un essor remarquable dans les dernières années du Second Empire et au tout début du siècle. Résolument engagée en faveur de la science et du progrès, hostile au cléricalisme comme à l'irrationnel, la libre-pensée fran-

9. J'emprunte cette image à Jean-Marie Apostolidès, *Héroïsme et Victimisation. Une histoire de la sensibilité*, *op. cit.*, p. 96.

çaise, hormis dans quelques départements, ne survécut pas à cette prévalence de la furie[10]. Les années 1920 et 1930, au contraire, virent s'épanouir des mouvements artistiques et littéraires – dadaïsme, surréalisme, etc. – qui témoignaient d'une nouvelle défiance à l'endroit de la raison. En délicatesse avec l'intelligence raisonnable, on se tournait délibérément vers l'irrationnel.

Avec la Grande Guerre, l'esprit européen retournait en somme plusieurs siècles en arrière. Il renouait avec la magie et avec cette démesure – *hubris* – dont il avait cru s'émanciper depuis le XVIIIe siècle. Cette régression, cette abolition de la « limite raisonnable », n'en finirait pas de produire ses effets et de favoriser toutes les tueries et génocides ultérieurs. Quantité d'auteurs, à commencer par Raymond Aron, mettront en évidence cette irruption – ou ce retour – de la démesure et de la « haine abstraite » dans notre histoire[11]. Derrière tout cela, s'annonçaient l'accoutumance au meurtre de masse, l'indifférence à la vie, la déshumanisation de l'ennemi par la propagande, autant de « transgressions » dont c'est peu de dire qu'elles produiront des effets durables dans les décennies ultérieures[12].

Égalité tyrannique et volontarisme fou

On a souvent écrit – avec raison – que les deux principaux totalitarismes enfantés par le XXe siècle, comme la plupart des guerres ultérieures, firent écho aux désappointements directement imputables à la Grande Guerre. La révolution d'Octobre, par exemple, s'employa à réactiver le consentement au sacrifice individuel, à restaurer la « religion du progrès », à revivifier la confiance faite à la raison ou l'internationalisme prolétarien. Mais elle le fit sur le mode autoritaire et tyrannique. Comment pouvait-il en être autrement ? Une croyance morte ne peut jamais être ressuscitée que par le biais du commandement, et, en dernière analyse, de la police politique.

10. Je reprends ici les analyses de Jacqueline Lalouette, *La République anticléricale (XIXe-XXe siècle)*, Seuil, 2002, p. 228.
11. Raymond Aron, *Les Guerres en chaîne*, Gallimard, 1951.
12. Sur ce thème, on peut se référer aux travaux de l'historien Enzo Traverso, et notamment à son livre *La Violence nazie. Une généalogie européenne*, La Fabrique, 2002.

Elle doit être reformulée sous une forme contraignante, c'est-à-dire comme *idéologie*. Ce qui n'est plus intériorisé doit être imposé du dehors. Le dogme obligatoire se substitue à l'adhésion volontaire, la mise en condition vient pallier la fragilité de la croyance, l'« homme nouveau » ne peut surgir que sur les ruines de la tradition congédiée. L'espérance originelle, héritière du prophétisme juif et tournée vers l'avenir, prend de la sorte la forme d'une injonction en se voyant rebaptisée « sens de l'Histoire ». Quant au pacifisme et au rêve de fraternité, ils sont peu à peu dégradés en logomachie mensongère, comme ce sera le cas pendant la guerre froide des années 1950 à 1980 : être « pacifiste » voudra dire en réalité défendre l'URSS et le communisme. C'est ainsi que les mots deviennent menteurs...

D'une façon plus catastrophique encore, le communisme fera fond – pour la dévoyer – sur une inclination humaine encore plus ancienne que le patriotisme ou la fraternité ouvrière : *l'égalité comme projet*. Or, assez extraordinairement, cette croyance-là avait plus ou moins survécu à la Grande Guerre, y compris de manière symbolique. Les tueries de masse, il est vrai, n'avaient pas pris le temps de faire « le tri » entre les humains. Quoi de plus égalitaire qu'une attaque en masse ? Quoi de moins hiérarchique qu'un tir de mitrailleuse ? Quoi de plus équitable qu'un monument aux morts ? Or, le totalitarisme léniniste, puis stalinien, appuiera toute son entreprise idéologique sur cette aspiration égalitaire que la tradition européenne avait mis des siècles à apprivoiser, à promouvoir, puis à concrétiser – très imparfaitement – et qui palpitait encore. Ce qui était une aspiration survivante devint un dogme. Et un mensonge. C'est au nom de l'égalité et contre les « profiteurs » que les milices de Staline déporteront et assassineront entre 1927 et 1934, des millions de *koulaks* (paysans aisés). C'est pour éliminer les « ennemis de classe » que seront opérées les premières grandes purges staliniennes de 1937-1938 et envoyés vers les camps et la mort les convois de déportés, convoyages qui ne cesseront plus pendant des décennies.

Ainsi la principale désaffection à mettre au passif du communisme concerne-t-elle, d'abord et avant tout, l'égalité. C'est cette valeur qu'il profanera en la mettant au service du meurtre. Comment croire au rêve d'égalité après Staline ? Faut-il ajouter qu'aujourd'hui, alors que renaissent partout inégalité et injustice, c'est bien ce dévoiement idéologique que paient au prix fort les exclus, les perdants et les nouveaux pauvres qui dorment sur nos trottoirs ?

* *
*

Avec l'hitlérisme, c'est une autre sorte de croyance qui sera d'abord dévoyée et bientôt réduite en cendres. On peut la définir comme la confiance qu'on place dans la volonté collective. Pareille croyance, elle aussi, était fille de la tradition judéo-chrétienne et surtout des Lumières. Elle consiste à *tenir le monde pour indéfiniment réformable* et considère l'histoire humaine comme le produit d'une volonté consciente et non pas comme un processus immaîtrisé. Le volontarisme historique passe par le refus du destin – *fatum* – et se dresse contre cette idée d'inéluctabilité qui habitait, par exemple, l'imaginaire de la tragédie grecque. Or, cette croyance, le national-socialisme entreprendra de la célébrer de façon hyperbolique. Le volontarisme prométhéen auquel nous adhérions peu ou prou, il le transformera en une véritable « idéologie de la volonté ». Rien ne devait plus résister à la volonté nazie dans son ambition de remodeler non seulement le monde mais l'espèce humaine. Ce volontarisme devenu fou, cette détermination d'essence surhumaine ne devaient plus s'encombrer d'aucune sorte de limitation. Ils allaient enrôler tous les instruments, toutes les capacités humaines, y compris la science, à son service exclusif. Cette volonté voudrait être et se définirait ouvertement comme une barbarie agissante.

Rien n'illustre mieux cette fétichisation du *vouloir* que le célèbre film à la gloire du nazisme de la réalisatrice Leni Riefenstahl, mettant en scène la parade organisée par le parti national-socialiste à Nuremberg en 1934 : *Le Triomphe de la volonté*. Ce film – qui sera distribué dans le monde entier, obtiendra une médaille d'or à Venise en 1935 et sera plusieurs fois remonté (y compris par Luis Buñuel !) – est considéré aujourd'hui comme « le » film de propagande par excellence, le plus réussi de toute l'histoire du cinéma. Il a d'ailleurs éclipsé les dizaines d'autres films tournés à la même époque par les nazis. Or, pour ce film, Leni Riefenstahl a bénéficié pendant les quatre jours du congrès, non seulement de moyens de tournage considérables (trente caméras, cent vingt techniciens, des passerelles et des rails de travelling, un ascenseur de trente-huit mètres pour les prises de vue, vingt-deux voitures avec chauffeurs, etc.), mais aussi de la *collaboration d'Adolf Hitler lui-même*, dont on a pu écrire qu'il s'était mis « à la disposition de la cinéaste ».

Pour ces raisons, tout laisse à penser que le Führer en personne n'a pas été étranger au choix du titre : *Le Triomphe de la volonté*. Ce titre souligne à lui seul qu'il s'agissait de glorifier non seulement la personne du chef – sacralisée par de savants jeux de lumière – et la toute-puissance organisatrice du NSDAP, mais d'abord la volonté millénariste qui les animait l'un et l'autre. Par la force hallucinatoire des images, le volontarisme historique devient bel et bien un projet surhumain, capable de s'affranchir des contraintes et de la temporalité elle-même. Quant au Führer, il se métamorphose visuellement en *démiurge*, ce dieu architecte de l'univers que révéraient les platoniciens. Le fameux slogan du « Reich pour mille ans » ne dit pas autre chose. C'est la symbolique du volontarisme que confisquent les nazis et que, du même coup, ils salissent irrémédiablement.

Osera-t-on, après cela, évoquer le volontarisme ?

Quant à la Shoah, l'élimination de six millions de juifs, dont on mettra des décennies à comprendre la spécificité, elle récapitule en un projet unique cette perversion du volontarisme. Elle met en effet des capacités industrielles, technologiques et bureaucratiques du XXe siècle au service d'un projet extravagant : éliminer un peuple de la surface de la terre, *modifier par soustraction l'ordonnancement du monde en faisant disparaître dans la fumée des crématoires le peuple que l'on juge « en trop »*. Or, ce peuple promis à l'effacement n'est pas n'importe lequel, c'est le peuple témoin, celui qui incarne la Loi, celui dont la parole vient rappeler aux nations les limites infranchissables de la toute-puissance humaine. « Il s'agissait, écrit Paul Thibaud, d'éliminer le peuple de la Loi, non par un massacre, mais de manière planifiée, au terme d'un enchaînement d'humiliations, d'abaissements, d'abrutissements qui, à travers les personnes, déniait la mission du peuple. C'est de cette fermeture fanatique à la Loi et au Bien qu'elle désigne, que le crime tire son sens[13]. »

Peut-on penser après Auschwitz ? La question posée après la guerre prend ici son véritable sens. On songe à la réflexion d'une enfant rapportée par Etty Hillesum, une enfant internée au camp nazi de Westerbork et dont la mère vient de mourir : « Le bon Dieu comprendra peut-être mes doutes dans un monde comme celui-ci[14]. »

L'éclair d'Hiroshima

La progressive et inexorable disqualification des croyances au cours du XXe siècle, comme on le voit, fut *principalement* l'œuvre des deux grands totalitarismes – le rouge et le brun – et le produit des deux guerres mondiales. Mais cette *décroyance* emprunta aussi d'autres chemins, moins volontiers rappelés en nos pays. Le XXe siècle nous enseignera par exemple que le crime de masse – dont la Grande Guerre mais aussi, avant elle, l'entreprise coloniale, avait banalisé l'usage – peut très bien être commis *par les démocraties elles-mêmes.* L'effroi ontologique n'en sera que plus fort puisque la démocratie elle-même s'en trouvera *compromise.* C'est avec cette référence à l'esprit – la « cassure » d'une croyance – qu'il faut analyser les bombardements des villes allemandes par l'aviation alliée en 1945 et ceux d'Hiroshima et Nagasaki la même année. Inutiles en termes stratégiques, ces bombardements généralisaient en la « démocratisant » une transgression nouvelle autant que barbare, qui fait de la population civile une cible militaire à part entière. C'est peu de dire que l'idée démocratique, dans son essence, allait être éclaboussée par cette compromission.

En fait, le coût politique et moral de ces bombardements stratégiques – décidés sous le prétexte erroné de « hâter la fin de la guerre » – se révéla infiniment plus élevé que ne le prévoyaient les dirigeants américains. Ces crimes « démocratiques » voilèrent d'un

13. Paul Thibaud, « Désoccidentalisation de la Shoah », *Informations juives*, juin 2003.
14. Etty Hillesum, *Une vie bouleversée. Journal (1941-1943), Lettres de Westerbork* (avant-propos de Philippe Noble), Seuil, « Points », 1995, p. 326.

nuage persistant la victoire contre le nazisme ; ils brouillèrent les cartes et rendirent en partie inopérante la rhétorique de Nuremberg : celle qui voulait que le Mal fût jugé par le Bien. L'effet de ce soupçon fut à la fois insidieux et interminable[15]. Il minait secrètement l'édifice démocratique. Il en sapait les fondements moraux. Il affaiblissait une croyance politique inaugurale, celle qui voit dans la démocratie un refus principiel des anciennes barbaries.

Dans un très beau texte de philosophe, le regretté Dominique Janicaud, spécialiste de Heidegger, s'interroge sur la vraie signification de « l'éclair d'Hiroshima » pour l'histoire occidentale. Récusant l'analogie – proposée jadis par Michel Serres – entre Hiroshima et la chute de Troie, en 1240 avant J.-C., qui referma un chapitre de l'ancienne histoire grecque, il estime que l'holocauste nucléaire marque surtout, pour nous, un redoutable début. Avec Hiroshima, écrit-il, « le danger a basculé dans l'avenir et s'est fait total. Troie flamboyante prédit une épopée, inaugure une Histoire ; Hiroshima clôt l'histoire, annonce la menace permanente et absolue[16] ».

En termes de croyance, ce soupçon venu corroder le *credo* occidental eut des retombées considérables, aux États-Unis mais surtout en Europe, sur le climat intellectuel de l'après-guerre. S'ajoutant aux traumatismes de la décolonisation et du sous-développement, il contribua puissamment à cet immense remords, à cette « honte de soi » partout repérable durant la période 1950-1975. La jeunesse européenne ou américaine *douta activement de l'universalisme démocratique et occidental.* Elle avait du mal à souscrire à des idéaux proclamés avec force mais bafoués en même temps. C'est ce doute qui explique l'origine du fameux « sanglot de l'homme blanc[17] », cette mauvaise conscience à laquelle s'abreuvèrent les mouvements tiers-mondistes et différentialistes de l'époque. Nos démocraties et, par extension, la « civilisation occidentale » pouvaient-elles encore s'enorgueillir d'une supériorité morale si explici-

15. Rappelons qu'en 1995, dans un long article de la revue *Dissent*, le philosophe américain John Rawls réexamina une à une les justifications officielles données à ces bombardements et les jugea irrecevables. Pour Rawls, il s'agissait bien d'un crime.

16. Dominique Janicaud, *La Puissance du rationnel*, Gallimard, 1985.

17. Titre d'un livre de Pascal Bruckner, *Le Sanglot de l'homme blanc. Tiers monde, culpabilité, haine de soi*, Seuil, 1986, et « Points », 2002.

tement trahie? Des générations entières de jeunes Européens et Américains répondirent par la négative à cette question. Avec le recul, il paraît évident que la longue et tumultueuse opposition à la guerre du Vietnam ne peut être interprétée valablement sans référence à ce soupçon. On en retrouve constamment la trace dans l'actualité et les commentaires qui accompagnent aujourd'hui les conflits militaires impliquant une démocratie. Citons par exemple cette question fugitive d'un éditorialiste du principal quotidien japonais à propos de la mondialisation en général et de la guerre américaine en Irak en particulier. « Effet imprévu, écrit le journaliste, de la mondialisation, l'influence de la culture américaine est devenue la cible des déshérités, des perdants et, fatalement, des terroristes islamiques. [...] Une question cruciale se pose alors: *les États-Unis incarnent-ils toutes les valeurs qu'ils propagent*[18] ? »

Ajoutons ici que les violences d'État, les cruautés et les transgressions qui marquèrent les guerres liées à la décolonisation contribuèrent, elles aussi, à miner le *credo* fondateur de la démocratie. Une démocratie parlementaire comme la France accepta, en effet, de s'affranchir des « limites » en pratiquant la torture ou la répression indistincte dirigée contre les civils. Elle consentit également à renier les promesses faites aux supplétifs harkis en abandonnant ces derniers aux couteaux de leurs ennemis. Il est vrai qu'en faisant cela, elle obéissait encore – sans s'en rendre compte – à ce qu'il faut bien appeler la *fatalité barbare du colonialisme*, ce crime originel que certains auteurs ont su très tôt dénoncer. « Simone Weil comme Aimé Césaire, note avec raison l'essayiste helvétique Étienne Barilier, ont suggéré que le colonialisme était un nazisme d'exportation, ou, si l'on préfère, que les nazis réalisaient en Europe ce que les Européens avaient trouvé naturel de perpétrer à l'extérieur[19]. »

Ce ne sont là que des exemples. D'ordinaire, lorsqu'on les évoque, c'est presque toujours en fonction des polémiques, controverses, débats politiques qu'ils suscitèrent, à l'époque. Autrement dit, il faut

18. Yoichi Funabashi (éditorialiste à l'*Asahi Shimbun*), *Le Monde*, 29 octobre 2004; c'est moi qui souligne.

19. Étienne Barilier, *Nous autres civilisations... Amérique, Islam, Europe*, Genève, Éditions Zoé, 2004, p. 109.

compter avec cette rémanence du pugilat, qui tend à maintenir chacun au niveau le plus élémentaire de la réflexion. Tout se passe comme si l'on restait cadenassé dans son propre point de vue, uniquement obsédé de justifier ce dernier. Ainsi verra-t-on ceux qui, dans la presse, la politique ou même l'armée s'opposaient publiquement à la torture affronter interminablement ceux qui en justifiaient l'emploi au nom de la raison d'État ou du terrorisme. Confrontations mille fois répétées. S'ils sont utiles, ces débats réutilisant sans cesse les mêmes rhétoriques finissent par masquer l'essentiel.

Il faut se placer délibérément à un niveau plus distancié pour remettre ces mêmes « transgressions barbares » commises par les démocraties dans leur perspective historique, et prendre la mesure des ébranlements souterrains qu'elles ont pu ultimement provoquer. Leur principal effet au regard de l'histoire aura été *d'éroder la confiance de principe qu'on pouvait investir dans la pratique démocratique*, dans le fonctionnement de l'État et des institutions, et, en fin de compte, dans une certaine façon d'habiter l'histoire. Analysées de cette façon, ces mille et une barbaries particulières auront bien accéléré le désenchantement général. Autant de trahisons d'un principe fondateur, autant de désillusions.

La fin des valeurs « héroïques »

Ce n'est pas tout. Ces désillusions furent si nombreuses et si graves durant le XXe siècle qu'elles n'étaient peut-être que les symptômes d'un changement de culture. Plusieurs historiens en ont fait la remarque. D'une guerre mondiale à l'autre, d'un totalitarisme à l'autre, d'un remords ou d'une honte à l'autre, toute une vision du monde – et de l'homme – se serait trouvée engloutie dans le même naufrage. Ce ne sont pas seulement des « croyances » éparses que nous aurions perdues en route, mais une culture d'ensemble que nous aurions congédiée. Le monde occidental, désabusé et amer, aurait finalement rejeté cette antique « culture héroïque » dont il avait d'ailleurs commencé à s'émanciper dès le milieu du XVIIe siècle. Que veut-on dire par là ?

Platon contre la « culture héroïque »

« Le courant culturel qu'on associe à l'éthique de l'honneur est l'un des plus anciens de notre civilisation, et il existe encore aujourd'hui chez certains individus. On tient la vie du guerrier, du citoyen ou du soldat citoyen pour supérieure à la simple existence privée, consacrée aux arts de paix et au bien-être économique. La vie supérieure se signale par l'aura de renommée et de gloire qui s'y rattache ou, à tout le moins, qui s'attache à ceux qui réussissent avec brio. Mener une vie publique ou être un guerrier, c'est au moins se porter candidat à la renommée. Être prêt à risquer sa tranquillité, sa fortune et même sa vie pour la gloire est la marque d'un homme véritable ; et ceux qui ne peuvent s'y prêter sont traités avec mépris d'"efféminés".
À l'opposé, nous avons la fameuse et importante contre-position avancée par Platon. Il ne faut plus chercher la vertu dans la vie publique ou en excellant dans l'*agôn* guerrier. La vie supérieure est celle que gouverne la raison, et la raison elle-même se définit en fonction d'une vision de l'ordre dans le cosmos et dans l'âme. La vie supérieure est celle dans laquelle la raison – la pureté, l'ordre, la mesure, l'immuable – gouverne les désirs et règle leur penchant à l'excès, à l'instabilité, au caprice, au conflit.
Déjà, dans cette transvaluation des valeurs, outre le contenu de la vie bonne, si important que cela soit, quelque chose d'autre a changé. L'éthique de Platon exige ce qu'on pourrait appeler aujourd'hui une théorie, une explication raisonnée du sens de la vie humaine et de ce pour quoi une façon de vivre est supérieure aux autres. Cette exigence découle inévitablement du nouveau statut moral de la raison. »

Charles Taylor, *Les Sources du moi. La formation de l'identité moderne*, Seuil, 1998.

La culture héroïque est celle qui donne la préférence au risque, à l'audace, à la cruauté, à l'esprit de conquête, mais aussi à l'honneur et au courage physique. Dans la Grèce ancienne – celle d'avant Platon –, parallèlement au culte des morts, était pratiqué un culte des héros, à qui l'on sacrifiait des animaux de couleur claire (les animaux de couleur sombre étant réservés au culte des morts). La culture héroïque préfère Dionysos à Apollon ; elle sacrifie à la violence plutôt qu'à la prudence ; elle place les aléas du voyage avant les sécurités sédentaires ; elle goûte la rupture plus que la tradition. D'une certaine façon, *elle voit dans la guerre une opportunité bien-*

venue. La guerre, en effet, donnera sa chance à l'héroïsme et permettra à tout homme de se hisser au-dessus de lui-même. Un écrivain allemand a exprimé plus spectaculairement qu'aucun autre cette étrange vénération du combat. Il s'agit du Prussien Ernst Jünger (1895-1998), qui combattit avec les troupes de choc allemandes en 1914-1918, fut quatorze fois blessé et reçu la plus haute distinction allemande. « Alors, dans une orgie furieuse, s'exclamait Jünger, l'homme véritable se dédommage de sa continence ! Les instincts trop longtemps réprimés par la société et ses lois redeviennent l'essentiel, la chose sainte et la raison suprême[20]. »

Qu'on ne s'y trompe pas. Il ne s'agit pas là d'un romantisme d'essence germanique. Avant 1914, une sensibilité analogue était la règle en France. Elle venait de fort loin : d'un amalgame paradoxal entre la vieille tradition aristocratique et la combativité patriotique héritée de la Révolution et de Valmy (20 septembre 1792). Notre hymne national en procède : « Le jour de gloire est arrivé ! » Dès la fin du XIXe siècle, le mythe de la « grande revanche » ou celui de « la ligne bleue des Vosges » ne feront que porter au paroxysme cette culture. Publiée en 1912, une enquête sur « les jeunes gens d'aujourd'hui » montre à quel point la culture héroïque était partagée. La guerre qui s'annonce y est décrite par les garçons interrogés sur le mode enthousiaste, comme une « concrétisation de l'acte IV de *Cyrano de Bergerac* ». Elle sera l'occasion donnée à chacun de se comporter avec bravoure jusqu'au sacrifice de soi[21].

On aurait également tort de croire que ladite culture était réservée aux jeunes gens romantiques, ambitieux, mais irréfléchis. Elle pouvait aussi être partagée par les plus exigeants de ceux que nous appelons aujourd'hui les « intellectuels ». En témoigne un texte assez stupéfiant – mais c'est seulement avec le recul que nous le jugeons ainsi – rédigé en septembre 1917 par Pierre Teilhard de Chardin (1881-1955). Titré « La nostalgie du front », ce texte d'une dizaine de pages exprime, sur un ton mystique, le regret lancinant d'un permissionnaire qui se trouve, pour quelques jours, éloigné du front. Il

20. Ernst Jünger, *La Guerre, notre mère*, trad. fr. Albin Michel, 1934.
21. Je reprends ici une analyse de Jean-Marie Apostolidès, *in Héroïsme et Victimisation. Une histoire de la sensibilité*, *op. cit.*, p. 93-94

n'a qu'une hâte : y retourner. Les accents que trouve le grand philosophe et paléontologue ne sont pas très éloignés, quoique moins belliqueux, de ceux d'Ernst Jünger. « Le front, écrit Teilhard, n'est pas seulement la nappe ardente où se révèlent et se neutralisent les énergies contraires accumulées dans les masses ennemies. Il est encore un lieu de vie particulière à laquelle participent ceux-là seuls qui se risquent jusqu'à lui et aussi longtemps seulement qu'ils restent en lui. Quand l'individu a été admis quelque part sur la surface sublime, il lui semble, positivement, qu'une existence nouvelle fond sur lui et s'empare de lui[22]. »

Certes, l'auteur avait tenu à préciser dans une note liminaire qu'il n'entendait aucunement faire l'apologie de la guerre et qu'il ne sous-estimait rien des « horreurs contemplées ou vécues ». Il n'empêche que, relues à quatre-vingt-dix années de distance, ces pages nous semblent à peu près incompréhensibles, alors qu'elles n'auraient ni choqué ni même étonné un contemporain de l'auteur.

Cela signifie, en effet, que nous avons changé de culture. Cette *décroyance* s'est accomplie peu à peu, par paliers successifs, de décennie en décennie, sur toute la durée du XXe siècle. Une communauté ne change pas de culture « en bloc ». Des aspects, des bribes, des accents de l'ancienne *doxa* peuvent subsister assez longtemps ou même réapparaître dans telle ou telle circonstance. Ils peuvent demeurer vivaces dans certaines franges de la population alors qu'ils ont été rejetés dans d'autres. Les résistants de la première heure, les défenseurs de Dien Bien Phu, les étudiants révoltés de Mai 68 pouvaient ainsi, chacun à sa façon, fonder leur action sur un « reste » de culture héroïque. En 1968, pour prendre cet exemple, « les enfants du baby-boom accomplissent le rêve secret de leurs parents, c'est-à-dire l'acte *héroïque* de révolte que la génération fantôme n'avait pu, ou n'avait osé faire sous le maréchal Pétain[23] ».

Globalement pourtant, il est clair que ladite culture de l'héroïsme a disparu. Nous n'avons plus les mêmes références ni le même « absolu » que les générations antérieures. Cela devrait nous aider à

22. Ce texte a été republié dans *Études*, octobre 2001, p. 331-339.
23. Jean-Marie Apostolidès, *Héroïsme et Victimisation. Une histoire de la sensibilité*, *op. cit.*, p. 277.

comprendre à quel point il est difficile – et même vain – de porter un jugement rétrospectif sur notre propre passé. Nos sociétés européennes, en tout cas, se veulent désormais pacifiques, pour ne pas dire victimaires. Nous avons rejeté la vieille « anthropologie du sang » pour lui préférer une « anthropologie des larmes ». À une société des pères, gouvernée par la tradition et le souvenir, nous avons substitué une « civilisation des frères », dont les références sont moins absolues et surtout plus horizontales [24]. Cette grande révision anthropologique est un phénomène collectif bien plus ample et plus complexe que ce qu'on est tenté d'appeler de façon trop restrictive un changement d'opinion.

Une terre devenue fragile

Il faut ranger sans aucun doute au chapitre des changements de culture une autre sorte de *décroyance* : l'émergence progressive, à partir des années 1970, de la conscience écologique. On se trompe, en effet, lorsqu'on voit dans cette montée en puissance du sentiment écologique une simple variation de sensibilité, un « ajout » somme toute assez modeste qui serait fait à la conscience planétaire, un supplément d'âme accepté par l'opinion commune et qui rendrait celle-ci plus précautionneuse à l'égard du milieu naturel. En réalité, il s'agit d'un ébranlement très profond de notre vision du monde et, par voie de conséquence, de notre rapport collectif à l'Histoire. Il remet en cause quantité de convictions et sape une confiance qui jusqu'alors allait de soi. Il nous conduit, par exemple, à réviser à la baisse notre intrépidité industrielle, technologique, géopolitique. Or, cette intrépidité bâtisseuse était jusqu'alors constitutive de notre imaginaire collectif.

Cet ébranlement peut se dire en peu de mots. En quelques décennies, nous avons pris tout simplement la mesure de l'extrême fragilité du monde que nous habitons. Nous avons découvert que les autres humains et les autres peuples ne sont pas les seuls à être menacés par

24. *Ibid.*, p. 194.

nos entreprises et nos projets. La planète elle-même est devenue vulnérable et risque d'être atteinte par notre ambition prométhéenne de « transformation » ou d'« amélioration » du réel. Du coup, c'est l'idée même que nous nous faisons de l'activité humaine qui s'en trouve changée. Un choc mental de cette importance a déjà produit et produira demain des effets systémiques imprévisibles. Il nous contraint à changer précipitamment de cap, et de... préjugés.

On peut désigner comme début symbolique de ce changement d'optique la publication en 1979 en Allemagne d'un livre désormais célèbre du philosophe Hans Jonas intitulé *Le Principe responsabilité*[25]. Cet ouvrage, épais et austère volume de philosophie morale, rencontra un succès aussi inattendu qu'immédiat auprès du grand public. Près de deux cent mille exemplaires de ce livre proposant des réflexions plutôt sombres pour ne pas dire désespérées furent vendus en quelques années. L'auteur assumait pleinement sa vision pessimiste et même catastrophiste de l'avenir. « La prophétie de malheur, écrivait-il, est faite pour éviter qu'elle ne se réalise ; et se gausser ultérieurement d'éventuels sonneurs d'alarme en leur rappelant que le pire ne s'est pas réalisé serait le comble de l'injustice : il se peut que leur impair soit leur mérite[26]. » Hans Jonas, dans ce livre comme dans ses innombrables interventions ultérieures, ne se contente pas d'évoquer les possibles catastrophes écologiques, climatiques ou stratosphériques imaginables dans un proche avenir, il s'en prend avec force au « vide éthique » et à l'insouciance infantile qui prévalent chez nous face à des enjeux aussi décisifs. Il remet finalement en question le principe démocratique lui-même, cette irresponsabilité structurelle produite par l'alliance d'une opinion versatile avec les logiques aveugles du marché. À ses yeux, la démocratie n'est pas armée pour répondre à de telles menaces. Invoquant l'urgence, il propose de s'en remettre à des formes plus autoritaires de pouvoir qu'il appelle une « tyrannie bienveillante ». Il suggère de substituer cette dernière à l'appétit insatiable des foules hédonistes et consuméristes qui ne prennent en compte que le court terme.

C'est sur ce dernier point que ses analyses seront critiquées. Même

25. Trad. fr. Cerf, 1990, disponible en édition de poche, Flammarion, « Champs », 1999.
26. Hans Jonas, *Le Principe responsabilité*, *op. cit.*, p. 233.

bienveillante, lui a-t-on rétorqué, une « tyrannie » reste ce qu'elle est. D'ardents défenseurs de la démocratie et des droits de l'homme lui ont cherché querelle sur ce point. Or, là n'était peut-être pas l'essentiel. Au regard de la désillusion générale que nous tentons de suivre à la trace dans ce chapitre, ce que les analyses de Hans Jonas mettent principalement en cause, c'est *l'idée que nous nous faisons de notre action sur le monde*. Transformer le monde ? Améliorer le réel ? Combattre la rareté et la pénurie en promouvant l'agriculture industrielle ? De son point de vue, ces objectifs ont cessé d'être prioritaires et peut-être même légitimes. Le plus urgent ne serait plus de « transformer » le monde, mais de le « protéger ». Pour cette raison, nous devons nous défaire de nos anciennes certitudes, de notre foi dans le progrès, de notre anthropomorphisme conquérant autant qu'égoïste. En raisonnant ainsi, Jonas vise et atteint l'une de nos croyances essentielles, celle qui structure depuis des siècles ce qu'on pourrait appeler le « projet occidental[27] ».

Hans Jonas, bien sûr, ne fut pas le seul à en appeler à une critique générale de ce « projet occidental ». (Qu'on songe, chez nous, à Michel Serres ou à Edgar Morin.) Au cours des vingt dernières années, en Europe comme aux États-Unis et au Japon, des voix très nombreuses se sont élevées qui concouraient, elles aussi, à l'émergence de cette conscience écologique. Elles représentaient tout un spectre de variantes, allant du radicalisme le plus intransigeant – la *Deep Ecology* en Amérique du Nord – à des points de vue plus modérés. Livres, articles, dossiers, colloques, conférences internationales, organisations non gouvernementales, partis politiques, groupes de pression, mouvements associatifs : une riche et complexe nébuleuse théorique s'est constituée tandis qu'étaient peu à peu introduites dans le droit des prescriptions d'un nouveau genre. C'est ainsi que naît une conscience collective planétaire.

Sur le terrain du droit positif, l'application de ce nouveau *credo* a essentiellement consisté en l'introduction d'un postulat juridique nouveau : le « principe de précaution ». Dérivé du droit allemand et d'un concept – le *Vorsorgeprinzip* – apparu vers la fin des années

27. J'ai consacré à cette « croyance » un chapitre – le troisième – de *La Refondation du monde*, *op. cit.*

1970 dans le cadre de la lutte contre la pollution chimique, ce principe de précaution est devenu peu à peu une règle internationale et, bien au-delà, *un nouveau standard de jugement*. Il a rapidement été consacré par plusieurs déclarations internationales ou traités interétatiques, au point de prendre quasiment place parmi les principes généraux du droit. Il revient à faire systématiquement prévaloir la « précaution », c'est-à-dire l'abstention, dès lors qu'un risque est possible, même si la nature de ce risque n'est pas connu. C'est une règle de conduite qui érige la « retenue » au rang de vertu, et classe implicitement le renoncement dans la catégorie des « sagesses », du moins est-ce ainsi qu'elle est le plus souvent interprétée. On comprend mieux à quelle sorte d'abjuration nous invite un tel principe. Ses adversaires – productivistes ou néolibéraux – lui reprochent de « couper les jarrets », pourrait-on dire, au dynamisme industriel et à l'économie moderne elle-même. Chez nous, en France, les idéologues au service du patronat se déchaînent régulièrement contre ce principe jugé castrateur.

En termes de philosophie morale, la signification et la portée de cette nouvelle conscience dépassent de très loin ces histoires industrielles. Elles touchent à notre représentation du « projet humain » et, en dernière analyse, à l'idée que nous nous faisons du « Bien » comme projet philosophique et collectif. Le principe de précaution tend à remplacer le *projet* par – au minimum – la *prudence*. Quant au Bien, il lui préfère un concept à la fois plus modeste et moins mobilisateur : celui de moindre mal. On voit bien que cette *décroyance*-là n'est pas anodine.

Du devoir de mémoire...

Au total, une étrange question se pose : ces désillusions, ces pertes de croyance que le XXe siècle aura connues – et même provoquées – ont-elles un point d'aboutissement ? Existe-t-il un « lieu » symbolique, un territoire mental ultime vers lequel convergent ces désillusions ? Pour parler autrement, peut-on dégager, dans cette kyrielle infiniment variée de désaveux et de mises en question, un mouvement général, une interprétation d'ensemble, pour ne pas dire une leçon ?

Il me semble que oui.

Tant d'illusions évanouies, de croyances désavouées et de convictions brisées nous conduisent peu à peu *à nous défier de ce que nous étions avant-hier*. C'est avec stupeur que, dorénavant, nous regardons derrière nous. Ainsi nous étions assez fous pour croire tout cela ? Ainsi nous avons, par crédulité ou aveuglement, prêté la main aux désastres et aux violences ? Nous voilà conduits en quelque sorte à incriminer sans indulgence les hommes et les femmes que nous étions, ou plus exactement qu'étaient nos parents. Trop patriotes, trop sensibles aux musiques militaires et à l'héroïsme, trop égalitaristes, trop volontaristes, trop imprudents, trop angéliques face à la démocratie, etc. Ces réexamens en série modifient en définitive les rapports que nous entretenons avec notre mémoire. Ils transforment la représentation que nous nous faisons de notre propre passé. La désillusion, en tant que telle, nous fait douter de la tradition. Elle marque le souvenir d'un signe négatif. On a pu dire que cette incrimination obsédante du passé, présenté comme criminel, faisait des historiens les « prêtres du deuil national[28] ». À la limite, c'est avec notre aventure collective, notre généalogie, notre héritage que nous sommes pressés de rompre. Nous ne les reconnaissons plus comme « nôtres ». Nous aimerions pouvoir en rejeter jusqu'aux dernières survivances, nous voudrions passer tout cela par pertes et profits. En un mot, nous prenons progressivement en horreur notre histoire.

Or, jour après jour, l'injonction qui nous est faite va à l'opposé de ce réflexe. On nous adjure de nous souvenir. On nous demande de satisfaire au « devoir de mémoire », c'est-à-dire de regarder en face les fautes, crimes et vilenies dont regorge notre récent passé national, européen ou occidental. Ce devoir – sûrement nécessaire, en effet – nous impose une expiation jamais achevée, sans cesse incomplète, toujours insuffisante. Certes, cette expiation ne concerne pas directement nos propres fautes. Il s'agit de celles des générations précédentes. Il n'empêche ! Ces dernières – nos parents ! – représen-

28. J'emprunte cette expression à Pierre Grémion, « L'idée communiste dans notre histoire nationale. Une lecture de François Furet », *op. cit.*, p. 217.

tent, malgré tout, une société à laquelle nous continuons d'appartenir. Du même coup, voilà toute notre représentation du passé qui donne l'impression de se « dérégler ». Elle devient caricaturalement ambivalente. Elle nous conduit à songer au passé avec un mélange de nostalgie infantile (qu'on songe aux interminables commémorations médiatiques du « bon vieux temps » !) et d'horreur pure et simple. Nous nous sentons ainsi *pris en étau entre une aspiration à l'oubli et le devoir de mémoire.* Rien ne parvient à nous libérer de cet inconfort. Tout se passe comme si ce malaise devenait constitutif de notre façon d'habiter le temps.

Essayons d'être plus précis.

De prime abord, c'est évident, nous acquiesçons à ce « devoir de mémoire ». L'énormité des crimes du XXe siècle le rend nécessaire, à commencer, bien sûr, par le « trou noir » de la Shoah, pour reprendre une expression de Primo Levi. La référence à Auschwitz, cet absolu du mal, resurgit avec force dès qu'il est question de mémoire, de passé, d'histoire contemporaine. Elle constitue le vrai cœur symbolique de ce « passé qui ne passe pas » (et qui ne doit pas passer). Il nous semble juste que ce passé d'épouvante, loin de tomber peu à peu dans l'oubli, continue d'occuper massivement le présent. Nous n'y voyons pas seulement une marque de solidarité avec le peuple juif, mais le meilleur moyen – peut-être le seul – de conjurer l'innommable et de barrer la route à toutes les formes de « recommencement ». Principalement fondé sur l'horreur de la Shoah, le « devoir de mémoire » a été progressivement étendu à toutes les abominations du siècle. Lui aussi est devenu un *principe* et une injonction. On voit mal comment il pouvait en être autrement. Sauf à imaginer une mémoire sélective qui, parmi les tragédies, choisirait d'oublier celles qui peuvent l'être. Absurde !

Se souvenir, donc. Et sans complaisance.

... à l'obligation d'oubli

Les choses, hélas, ne sont pas aussi simples. L'histoire humaine, par définition, implique *aussi* que les hommes soient en mesure d'oublier, c'est-à-dire d'effacer délibérément de leur imaginaire les souvenirs abominables qui les empêcheraient de vivre ensemble. Le rapport à l'histoire est gouverné par cette complexité fondatrice, cette dialectique subtile et sans cesse négociable entre mémoire et oubli. Dans le passé le plus lointain, on trouve mille situations historiques dans lesquelles le « devoir d'oubli » a prévalu sur le « devoir de mémoire ». Dans tous ces cas, il était fait interdiction de diffamer le passé au nom du présent, afin que ne fût jamais totalement rompu le fil d'Ariane de la transmission. Prenons un premier exemple.

Quatre siècles avant J.-C., dans la Grèce antique, un accord avait été conclu sous l'archontat d'Euclide (403 av. J.-C.), période pendant laquelle la démocratie fut rétablie après la chute de l'empire athénien et le renversement de la tyrannie des Trente. En 404, en effet, le pouvoir tyrannique de l'oligarque Critias fut défait par la révolte de quelques centaines de citoyens conduits par Thrasybulle. L'installation de la démocratie et la réconciliation furent scellées au cours d'une cérémonie sur l'Acropole. Pour permettre le passage de la *stasis* (guerre civile) à l'*homonoia* (concorde), une amnistie fut décidée. Elle enjoignait à chacun l'oubli du passé et réclamait de tous une *amnésie volontaire*. Amnistie et amnésie allaient de pair. Les deux étaient présentées comme des devoirs impératifs. Or, le souvenir des crimes qu'il s'agissait d'oublier était encore très vif : selon certaines sources, les Trente auraient massacré, en moins d'un an, quelque mille cinq cents hommes sur une population totale de quarante mille citoyens mâles. La formulation de l'accord d'amnistie était néanmoins on ne peut plus claire : « Il est interdit de reprocher à qui que ce soit son passé[29]. »

Plus explicite encore est l'exemple de l'édit de Nantes (avril 1598) venant après l'édit de Boulogne (juillet 1573) pour mettre fin aux tueries dont les protestants avaient été principalement victimes. Rappelons au passage à quel point ces tueries avaient été effrayantes, et dans tout le royaume. Les pires d'entre elles, les massacres dits de la Saint-Barthélemy, ordonnées de façon plus ou moins explicite par Charles IX en 1572, avaient abouti au meurtre de plus de trente mille

29. Cité par Nicole Loraux, *La Cité divisée. L'oubli dans la mémoire d'Athènes*, Payot, 1997, p. 11-40.

personnes. Ces violences avaient été accompagnées de sauvageries collectives indescriptibles, mêlant l'hystérie meurtrière des foules – y compris des enfants – à l'exécution délibérée d'un programme d'élimination. À l'époque, déjà, on avait pu voir à Paris des foules catholiques se précipiter au carnage, encouragées par le tocsin de l'église Saint-Germain-l'Auxerrois !

La brutalité de ces massacres avait été telle que leur souvenir allait hanter la mémoire française pendant de longues décennies. C'est pour cette raison que l'édit de Nantes – un des plus beaux textes juridiques de notre histoire – assigne à chacun un « devoir d'oubli ». Il le fait de façon suggestive, dès les premières lignes du premier article : « Que la mémoire de toutes choses passées d'une part et d'autre, depuis le commencement du mois de mars 1585 jusqu'à notre avènement à la couronne, et durant les autres troubles précédents et à l'occasion d'iceux, demeurera éteinte et assoupie, comme de chose non advenue. » Mais le texte ne s'arrête pas là. Dans son deuxième article, il fait de ce devoir une obligation juridique dont le non-respect pourra être sanctionné pénalement. Il est proprement « défendu » de se souvenir. « Défendons à tous nos sujets de quelque état et qualité qu'ils soient, précise ledit article, d'en renouveler la mémoire, d'attaquer, injurier ni provoquer l'un l'autre par reproche de ce qui s'est passé, pour quelque cause et prétexte que ce soit, en disputer, contester, quereller ni s'outrager ou s'offenser de fait ou de parole[30]. »

Qu'on ne s'imagine surtout pas que cet impératif paradoxal – oublier tout en se souvenant – soit lié à des périodes révolues de notre Histoire. Aujourd'hui, quantité de tragédies débouchent, une fois la paix revenue, sur la même contradiction. C'est le cas dans l'ex-Yougoslavie et surtout au Rwanda, à mesure que la période du génocide (1994) s'éloigne dans le temps. C'est aussi le cas dans certaines provinces du Liban comme la montagne du Chouf où druzes et chrétiens doivent aujourd'hui cohabiter dans des villages qui furent ensanglantés par des massacres communautaires. L'auteur de ces lignes a visité ces villages. La gorge serrée. Tout le monde

30. Cité par Pierre Chaunu, « Les jumeaux "malins" du IIe millénaire », *Commentaire*, n° 81, printemps 1998.

aujourd'hui sait « qui a tué qui », mais cette mémoire est comme interdite, sous peine de barrer toute perspective d'avenir commun. Dans ces communautés rurales, en effet, tout le monde se connaît. Nul n'ignore, dans chaque camp, le nom des assassins d'hier. Certains de ces assassins sont d'ailleurs redevenus, entre-temps, policier, maire ou même ministre. Mais les plaies sont à vif, et de part et d'autre. Chacun se trouve donc confronté à cette alternative : se souvenir ou oublier. Une alternative littéralement insoluble. Oublier, en effet, n'est pas humainement possible. Il y a eu trop de sauvageries, trop de sang et de larmes... Mais cultiver la mémoire ne l'est pas non plus. Se souvenir obstinément, réclamer vengeance, ce serait rendre toute vie commune et tout avenir impraticables ; ce serait engager chaque village et chaque famille dans un terrifiant processus de vendetta qui, pour des générations, laisserait actifs les mécanismes même de la guerre civile.

Quant à espérer un « jugement » rétrospectif, une réhabilitation pacificatrice par le droit, comment cela serait-il possible dans un pays où chaque communauté a du sang sur les mains et où certains officiels d'aujourd'hui – et certains juges – appartenaient hier au camp des assassins ? Plusieurs romans de l'écrivain libanais Elias Khoury évoquent magnifiquement ce drame de l'oubli à la fois impossible et nécessaire[31].

Ces exemples nous rappellent que ni la mémoire ni l'oubli *ne peuvent être absolutisés*. Toute société humaine a besoin de *conjuguer les deux*. Elle ne peut se contenter d'enregistrer pieusement la tradition, en s'en réclamant de façon aveugle, sous peine de se pétrifier dans l'immobilité (ce qui est parfois le cas). À l'inverse, elle ne peut entretenir durablement avec ce même passé une relation qui ne serait que de honte, de déni ou d'amnésie. En d'autres termes, elle ne peut ni congédier son histoire ni accepter d'être écrasée sous le poids de celle-ci.

Un peuple cesse d'exister en tant que tel quand on l'ampute de son passé. Tout le drame de la colonisation peut être interprété à la lumière de cette évidence anthropologique. « En nous réchauffant au

31. Voir notamment d'Elias Khoury, *Un parfum de paradis*, Arléa, 1992.

double rayonnement de notre passé et des choses présentes qui en constituent une image transposée, écrit Simone Weil, nous pouvons trouver la force de nous préparer un avenir. Il y va du destin de l'espèce humaine. [...] La perte du passé, c'est la chute dans la servitude coloniale[32]. »

À l'inverse, la transformation du passé en une mythologie sacrée c'est-à-dire incritiquable – démarche qui est le propre du nationalisme –, sert le plus souvent à justifier les violences collectives, à préparer les guerres de conquête et les crimes de masse. On l'a compris à la fin des années 1980, après la chute du communisme, lorsqu'on a vu renaître en Europe de l'Est ou dans les Balkans une mémoire furieuse, obsédée par les questions de frontières ou par les « grandes batailles du passé ». Cette mémoire subitement revendiquée, après avoir été interdite, provoqua la résurrection des micronationalismes agressifs.

Une leçon est à tirer de ces exemples. L'équilibre entre mémoire et oubli doit faire l'objet d'une quête permanente, d'un effort constant et d'une démarche critique. Cet équilibre doit être sans cesse établi, réajusté ou restauré. *Toute la question est de savoir si, à cause des folies du XXe siècle, cet équilibre n'a pas été irrémédiablement rompu.*

Plus jamais ça !

Cette question nous invite à réfléchir à la logique implicite qui préside au projet d'unification européenne. Cela peut paraître incongru, mais c'est ainsi. Depuis le début et à travers l'action déterminée des pères fondateurs (Jean Monnet), le projet européen est animé par la volonté (très légitime) du « plus jamais ça ». Le « ça » désignant évidemment les guerres et les violences qui, pendant des siècles, ont jeté les nations du vieux continent les unes contre les autres. Mais le « ça » renvoie également aux funestes compétitions monétaires, à ces dévaluations compétitives auxquelles la création de l'euro a mis fin.

32. Simone Weil, « À propos de la question coloniale dans ses rapports avec le destin du peuple français », *in Écrits historiques et politiques*, Gallimard, 1960, p. 364-378.

Elles constituaient autant de « guerres pacifiques », ou des guerres continuées par d'autres moyens, financiers et non plus militaires. Ainsi est-ce une immense volonté pacificatrice, inédite dans l'Histoire, qui sous-tend la construction européenne et lui confère une grandeur indiscutable. Cette volonté désigne, mais en creux, la nature du projet : une paix durable, délibérément et démocratiquement choisie entre les nations. Ce n'est qu'un projet « négatif », certes, mais il est noble.

Par nature, il repose sur une idée de *conjuration* du passé. Il passe par une instruction « à charge » de celui-ci. Le passé, celui des États-nations, n'a produit que violences et carnages. Sa condamnation doit être sans appel. Mieux encore, le saut qualitatif dans une fédération ou une confédération européenne implique, pour chaque nation concernée, une réécriture critique de sa propre histoire, un renoncement volontaire aux anciens « démons », une démarche ouvertement pénitentielle. L'Europe, en effet, se présente non seulement comme la possibilité de recouvrer une souveraineté politique mise à mal par la mondialisation économique, mais surtout comme une *rédemption*. Ses défenseurs les plus convaincus, avec une indéniable éloquence, annoncent l'entrée de tous les États-membres dans une « seconde histoire » de l'humanité, selon l'expression de Jean-Marc Ferry [33], ou, à tout le moins, dans un nouvel âge démocratique, caractérisé par la coopération, la paix perpétuelle, la prospérité et le règne du droit. C'est ainsi que se définit lui-même l'idéalisme européen. De prime abord, il emporte la conviction. Un peu moins dès qu'on approfondit la réflexion.

L'avènement de cette « seconde histoire » exige la répudiation ou, au minimum, le dépassement de l'ancienne. C'est la raison pour laquelle les nations candidates à l'union deviennent soucieuses de « fuir leur passé national ». Elles se placent dans une logique où la mémoire doit servir de repoussoir, c'est-à-dire inviter paradoxalement à l'oubli. Paul Thibaud n'a pas tort de comparer ce « saut » métapolitique à celui qui voulut faire succéder le Nouveau Testament à la Torah, la nouvelle alliance à l'ancienne, le christianisme au

33. Jean-Marc Ferry, *La Question de l'État européen*, Gallimard, 2000.

judaïsme. La différence est néanmoins évidente. Les premiers chrétiens – et surtout Paul de Tarse – présentaient l'ancienne alliance comme « inaccomplie ». La nouvelle alliance entendait donc s'inscrire dans la « fidélité » à l'ancienne, dont elle ne ferait qu'accomplir la promesse. C'est toute la signification du fameux *verus Israël* (véritable Israël) qu'affirmaient incarner les chrétiens[34] des premiers siècles.

Dans le cas de cette « seconde histoire » (européenne) qui succéderait à l'« ancienne histoire » (nationale), la logique est différente. L'histoire nationale, celle du passé, n'est pas considérée comme inaccomplie, mais comme criminelle. Il ne s'agit pas de la « dépasser », mais de l'abolir. Que chaque nation fasse repentance, *en tant que nation* ! Que nous apprenions, en somme, à prendre l'Histoire en horreur. Toute l'ambiguïté du projet européen et les difficultés de sa mise en œuvre se situent ici. Elles tiennent à cette redoutable rupture d'équilibre entre mémoire et oubli, entre fidélité à la tradition et examen critique de celle-ci, entre valorisation par un peuple de son histoire et capacité de reconnaître les crimes qui l'alourdissent, etc. Mais pourquoi cette rupture d'équilibre serait-elle « redoutable » ? Parce qu'aucun peuple – on l'a rappelé plus haut à propos de la colonisation – ne peut congédier sa propre histoire, sauf à renoncer à toute incarnation comme « sujet historique ». Les débats autour de cette « Europe puissance » à laquelle on renoncerait peu à peu au profit d'une « Europe du libre-échange » n'ont pas d'autre objet. De même que les critiques adressées à l'Europe par les intellectuels néoconservateurs américains qui reprochent à cette dernière de se croire déjà installée dans un « paradis posthistorique » et de se comporter en conséquence[35], c'est-à-dire avec passivité et mollesse.

En d'autres termes, la *décroyance* finale à laquelle nous inviterait une vision intégriste de l'Europe risque de transformer le processus

34. Je m'inspire ici des analyses de Paul Thibaud, « L'Europe interpellée », *Esprit*, juillet 2003.

35. Je me réfère aux thèses de Robert Kagan, ancien haut fonctionnaire du département d'État américain et chercheur au *Carnegie Endowment for International Peace* à Bruxelles. Elles ont été exprimées dans son fameux article publié dans *Policy Review*, n° 113, juin-juillet 2002. Version française dans *Commentaire*, n° 99, automne 2002.

européen lui-même en *sortie de l'Histoire*. Cette possible sortie se dissimule déjà derrière une complexification interminable des « procédures » qui finissent, au bout du compte, par tenir lieu de projet. Là est bien le malaise. Là est la difficulté.

Autant la regarder en face.

Chapitre 3

Nous avons vidé la mer...

> « Mais comment avons-nous fait cela ? Comment avons-nous pu vider la mer ? »
>
> Friedrich Nietzsche [1].

Comme les premières notes d'une aubade, une gaieté inattendue a envahi l'air du temps durant les deux dernières décennies du XXe siècle. Oui, une gaieté tenace qui sembla gagner la société tout entière. Un air de fête... Avec mille variantes, elle chantonnait un refrain simple : nous ne sommes pas en deuil de la croyance, nous sommes délivrés d'elle. Ce n'est pas la même chose. Au bout du compte, nous avons bien vidé la mer, comme l'écrivait Nietzsche dans ce fameux aphorisme du *Gai Savoir* qui annonce la « mort de Dieu », mais rien ne justifie pour autant la déploration ou le chagrin. Pourquoi devrions-nous interpréter comme un naufrage ce qui libère notre esprit des tyrannies assassines de l'Histoire, du faux sérieux des idéologies, du poids des morales, de l'autorité des institutions, des religions et des dogmes ? Serait-il désespérant d'être rendus au bonheur immédiat, à la légèreté du quotidien, à la fantaisie changeante de la vie et aux « plaisirs minuscules » ?

Jean-François Lyotard et les philosophes de la postmodernité diagnostiquaient la fin des « méta-récits », c'est-à-dire des croyances collectives. Soit. Pourquoi ne prendrions-nous pas cela comme une bonne nouvelle ? Après tout, ce vide désigne un espace de liberté, une grande terre en friche. Les « ex » ont du chagrin, les héros sont fatigués, sans aucun doute, mais on peut très bien renoncer à vivre

1. *Le Gai Savoir*, aphorisme 125. (Notons que certaines traductions proposent une formulation différente : « Comment avons-nous pu boire la mer jusqu'à la dernière goutte ? »)

en héros. « Le bonheur, écrivait Michel de Certeau, surgit d'une perte radicale. Un soleil brille au fond du puits[2]. » Perte radicale ? Les années 1980 voient éclore, partout en Europe et en Amérique du Nord, une manière de désenchantement joyeux qui entreprend de désigner tous les anciens *credo* et la *croyance* en général comme autant de servitudes dont nous serions enfin émancipés. Durant cette période, sans qu'on y prenne garde, l'échelle des valeurs s'inverse. La conviction ou la foi – qu'elle soit religieuse, politique ou patriotique – *n'est plus définie comme une vertu mais comme un handicap*, une survivance à peine pittoresque. Elle mérite, au mieux, indulgence et sourire. Elle évoque ces enlisements pathétiques dans lesquels aura pataugé tout le XXe siècle. « Dans les années 1980, le pacifisme et l'antimilitarisme travaillent si bien le vieux continent que l'objection de conscience se voit reconnue comme un droit. Il ne se trouve plus alors en Europe de l'Ouest qu'un jeune homme sur deux pour envisager de se battre pour son pays. [...] Partout en Europe, le patriotisme est une valeur à la baisse : 30 % seulement des Européens citent la défense de leur pays parmi les causes qui méritent le sacrifice[3]. »

Le patriotisme n'est là qu'un exemple. L'heure est au doute assumé, à la circonspection, à la défiance moqueuse. On ne nous y reprendra plus ! Nous ne serons plus les jobards de la patrie, les dévots des lendemains qui chantent ou les pénitents de la Sainte Trinité. Après les désillusions du XXe siècle, à la fin, la croyance en tant que telle est renversée de son piédestal. On lui préférera la pulsion, le désir, le savoir vérifiable, le cynisme aimable ou l'intérêt tout nu[4]. Oui, l'intérêt ! N'est-il pas plus accommodant que la croyance, qui veut, elle, combattre quand l'intérêt, plus pacifique, préfère négocier ? Pour nos sociétés qui ont su apprivoiser le *vide*, ladite croyance prend désormais l'allure d'un hobby un peu désuet, une manie singulière et inoffensive, un tic attendrissant face au grand dehors qui, lui, avisé et réaliste, *ne croit plus en rien.*

2. Michel de Certeau, *La Fable mystique*, Gallimard, 1982.
3. Dominique Pélassy (CNRS), « L'État, les citoyens et les valeurs », *Études*, octobre 1999, p. 339-340.
4. Voir le chapitre 8 du *Goût de l'avenir*, *op. cit.*

Quant au croyant, il est perçu dorénavant comme un être amoindri, qui semble avoir renoncé à une partie de ses attributions. C'est un homme singulier, amputé volontaire d'une fraction de son esprit et de son entendement, part qu'il a préféré confier à l'autorité d'un dogme, d'un catéchisme ou d'un appareil. Comment pourrions-nous avoir un échange véritable avec un éclopé de cette sorte ? Tout échange n'est-il pas biaisé par avance, pour ne pas dire même empêché, par la « captivité mentale » dans laquelle il se tient ? Discute-t-on de liberté avec un séquestré volontaire ? Au mieux, on respecte son choix avant de prendre le large. Oui, l'échelle des valeurs s'est inversée. Le *plein* est en disgrâce ; le *vide* a pris le pouvoir.

Plutôt que de porter le deuil, on fera la fête !

L'ère du vide

Péripétie minuscule mais symptomatique : au début des années 1980, à quelques mois d'intervalle, deux livres paraissent en France, qui portent presque le même titre : *L'Ère du vide*, du sociologue Gilles Lipovetsky, et *La Société du vide* d'Yves Barrel[5]. Tous deux font le même constat. Mais si le premier se veut jubilatoire, le second est tenaillé par une sombre inquiétude. Or, c'est la gaieté insistante de Lipovetsky qui est entendue, à telle enseigne que son *Ère du vide* fait aussitôt symbole. Il capte et met en forme la sensibilité du moment. (Le constat alarmé de Barrel, quoique mieux réfléchi, plus consistant et plus sérieusement prémonitoire, sera à peine remarqué par les médias de l'époque.)

C'est ainsi. L'heure n'est pas au *lamento*. Certains journaux de l'ancienne presse libertaire des années 1960 font même de ce changement de ton un programme rédactionnel. *Actuel*, le mensuel jadis psychédélique mais métamorphosé de Jean-François Bizot, annonce que le temps est venu de l'optimisme et du « positivement correct ». Quant à la croyance politique, elle vient justement de connaître, en France, son dernier soubresaut avec l'arrivée de la gauche au

5. Gilles Lipovetsky, *L'Ère du vide. Essai sur l'individualisme contemporain*, Gallimard, 1983, et Yves Barrel, *La Société du vide*, Seuil, 1984.

pouvoir (1981), puis son renoncement presque instantané (1983) à ses rêves eschatologiques. À l'Est, le communisme est encore là, mais voilà une décennie – depuis le triomphe international de Soljenitsyne en 1975 – qu'il ne rayonne plus. Il survit, aphasique et antédiluvien, dans la stagnation brejnévienne et la corruption des apparatchiks. Bientôt, il implosera piteusement. Quant aux « grands hommes », en qui s'incarnaient hier encore les croyances collectives et l'exercice de la volonté dans l'histoire – pour le meilleur comme pour le pire –, ils ont disparu au bon moment. Staline, Mussolini ou Hitler, Mao Zedong ou Ho Chi Minh, de Gaulle ou Churchill n'ont pas été remplacés, pas plus que les croyances qu'ils avaient su mettre en mouvement.

Sur le terrain des idées, la place est nette. Celui qui personnifiera dorénavant l'époque sera le sceptique ou le mécréant. Il lira Cioran ou Nietzsche, plutôt que Marx ou Althusser. Il sera désinvolte et sans illusion. Il aura d'abord le goût de la dérision et de l'ironie. On songe à cette remarque hautaine, consignée par les frères Goncourt dans leur journal à la date du 24 mai 1861 : « La crédulité est un signe d'extraction : elle est peuple par essence. Le sceptique à l'esprit critique est l'aristocrate de l'intelligence[6]. » On pense surtout à la personnalité du philosophe qui, durant ces années-là, va disparaître mais occupe encore tout le paysage : Michel Foucault, mort en 1984. En général, lorsqu'on évoque la place considérable que tient alors Foucault, on met en évidence – ou en question – sa restauration de l'antimétaphysique nietzschéenne, sa détestation du dogme marxiste, son goût trop impétueux pour la radicalité, etc. On insiste moins, en revanche, sur l'appétence joyeuse, le rire sonore, la bonne humeur bondissante de l'homme. On a tort.

Cette simple image rompait de manière saisissante avec l'archétype traditionnel du philosophe, reclus dans son sérieux et sa tour d'ivoire. Foucault était l'homme qui pense et qui doute, mais qui rit en même temps. Il aimait les concepts et la fête. Blandine Kriegel, qui fut son élève et resta proche de lui, a bien évoqué la séduction exercée par ce « concertiste virtuose », qui « s'entraînait toujours et

6. Edmond et Jules de Goncourt, *Journal*, Robert Laffont, « Bouquins », 2004.

encore pour trouver au bout de l'ascèse, la souplesse, au bout de la peine, le délié, au bout du labeur, la facilité, et au bout de la pesanteur, la grâce[7] ». À la différence des autres, ce philosophe était aérien et facétieux. Michel Foucault, on l'a dit, voulait réconcilier l'individualisme libertaire avec le structuralisme, mais il savait surtout conjuguer les rigueurs diurnes du travail philosophique avec le strass de la nuit. Ce maître-là s'amusait. Un comble ! C'est peu de dire qu'il « collait » à son époque. Si, un jour, il ne devait rester de Foucault que l'étourdissante gaieté de son rire, ce ne serait pas négligeable.

Le temps n'est plus à la pesanteur. En politique, on ne s'engagera plus jamais comme autrefois. Aux idéologies « dures » des décennies précédentes, aux contraintes austères de l'*engagement* sartrien, succède un protohumanisme émotionnel et médiatique. On a renoncé à changer le monde, mais on est prêt à chanter dès demain pour l'Éthiopie. La fête caritative, la générosité swinguée, le « sans-frontières » et l'humanitaire ont supplanté le grand soir de la Révolution guévariste. Aux damnés de la terre, on apportera maintenant du riz et des antibiotiques. Les artistes viendront devant les caméras dénoncer l'injustice du monde. Ils en feront des chansons. Ce nouveau rapport à l'Histoire fonctionne dans le registre de l'immédiateté, du pragmatisme et du spectaculaire. Il n'est plus politique mais cathodique. On songe moins aux lendemains qui chantent qu'à l'urgence du ravitaillement en eau potable. Aux combats héroïques contre les latifundiaires d'Amérique latine ou contre les bourgeoisies compradores[8] d'Extrême-Asie, on préférera l'éradication de la rougeole en Afrique et la distribution de couvertures.

Au-delà de ces apparences fréquemment décrites, ce qui frappe dans cette nouvelle posture, c'est *sa faible teneur en croyance*, le côté allégé (au sens diététique) de sa philosophie, son extrême modestie normative. Cela lui permet d'être efficacement rassembleuse et toujours « sympa ». Elle n'implique, pour ceux qui la choisissent, que des convictions minimales, un peu d'ironie et une

7. Blandine Kriegel, *Michel Foucault aujourd'hui*, Plon, 2004, p. 100.
8. Très utilisée dans les années 1970, cette expression désigne les membres de la bourgeoisie autochtone des pays du Sud enrichis dans le commerce avec les étrangers.

« ontologie faible » (en italien *pensiero debole*), pour rependre l'expression du philosophe turinois Gianni Vattimo [9].

Cette expression, *pensiero debole*, mérite quelques commentaires. Elle décrit assez bien le nouveau statut dont bénéficie alors la croyance, ou du moins ce qu'il en reste. Chacun respectera d'autant mieux la croyance de l'autre que cette dernière, au fond, n'engage pas à grand-chose. Politique, religieuse ou philosophique, la conviction n'est pas beaucoup plus qu'un attribut – superficiel et provisoire – de l'identité. Elle marque encore une vague préférence, une originalité qui s'affiche, mais sans superbe ni prosélytisme. Elle est mode comme le *piercing*. Il ne viendrait pas à l'idée de la combattre ni même de la contredire. L'arme de ce croyant-là est chargée à blanc.

Chez nous, il est vrai, nul ne risque plus la prison ou le peloton d'exécution pour une affaire d'opinion ou d'engagement politique. On s'exposera, au pire, à quelques désagréments médiatiques vite oubliés. Le désenchantement de l'époque accouche ainsi d'une tolérance naturelle et plutôt débonnaire. C'est mon choix, c'est le sien... La croyance n'est plus un sujet qui fâche. Comme l'écrit avec justesse Henri Madelin, la croyance a été plongée dans un immense bain d'épuration. « [On] la loue encore pour ce qu'elle apporte de merveilleux au temps de l'enfance ; mais justement, devenir adulte, c'est quitter ces royaumes enchanteurs, c'est habiter un univers qui n'a plus besoin, pense-t-on, de références ultimes, de paroles non conformes, de symboles dépassés [10]. »

Dans nos sociétés riches, ce vide normatif autorise une nouvelle disposition au bonheur personnel, un « souci de soi », un consumérisme décomplexé qui ne veut plus s'encombrer d'aucun tourment historique. Le temps est venu, dit-on, des tribus urbaines, des sports de glisse, des sauts à l'élastique, des concerts rock et des festivités nomades. On s'occupera moins de la grande Histoire ou de la grande philosophie, et davantage de son *ego*. Moi d'abord ! Plutôt que de

9. Voir notamment de Gianni Vattimo, *La Fin de la modernité. Nihilisme et herméneutique dans la pensée postmoderne*, Seuil, 1987. Dans cet ouvrage, l'auteur problématise le concept d'« ontologie faible » qu'il avait évoqué dans ses livres précédents.

10. Henri Madelin, *Si tu crois. L'originalité chrétienne*, Bayard, 2004, p. 33.

prétendre changer le monde, on tâchera d'en profiter. On se promènera avec un *walkman*. On n'ironisera plus sur ce qui était auparavant considéré comme des frivolités petites-bourgeoises : l'épanouissement corporel, le frisson du plaisir, la mode, la musique, la diététique, etc. On redonnera toute leur place à l'apparence, au *look*, au règne de l'image, à l'exhibition de l'intimité, en attendant la grande dérive des médias vers le *reality show*.

Lipovetsky proposa un néologisme pour définir ce nouvel état d'esprit. « Jouir, dit-il, s'éclater, s'épanouir. Tout de suite. Vivre au présent et non plus en fonction du passé et du futur. C'était le nouvel air du temps que j'ai alors qualifié de "néonarcissisme" [11]. »

Ce dernier n'est pas seulement à la mode, il fait loi.

Le projet d'être soi-même

De quoi, au juste, est constitué ce narcissisme ? La réponse est claire : d'un refus de la normativité sous toutes ses formes, et de la croyance, d'un rejet conséquent du tragique. Ces deux ruptures sont la suite directe des grands reflux idéologiques et institutionnels du XXe siècle. Il est devenu incongru, pour ne pas dire ridicule, d'en appeler à une norme ou à une règle imposée d'en haut en vertu d'une orthodoxie. La chose est tout simplement inconcevable. Pendant un siècle, il est vrai, on a beaucoup obéi à ce principe. La machinerie sociétale, c'est-à-dire le mécanisme capable de produire de la symbolisation collective, s'est grippée. Ni les théories, ni les catéchismes, ni les cultures catégorielles (syndicales, ouvrières, religieuses ou autres) ne sont plus en mesure d'imposer une vulgate. Il paraîtrait extravagant de discourir encore de dogme, d'autorité, de programme politique ou de « religion vraie ».

Loin de s'en émouvoir, on s'en réjouit. Pourquoi pas ?

Les institutions sont à bout de souffle. Qu'il s'agisse des églises, de l'école, de la famille, des partis politiques ou de l'État lui-même, elles ont cessé de concrétiser le lien social en édictant des croyances

11. *Télérama*, 10 mars 2004.

communes. Ces institutions survivent, certes, et gardent même une petite part de leur prestige d'antan, mais elles ont perdu ce pouvoir d'*instituer*, qui était leur vocation étymologique. On y reviendra. Les grandes communautés religieuses sont le plus directement frappées par ce reflux de l'institution. L'Église catholique, avec sa hiérarchie et ses commandements, l'est plus qu'aucune autre. Son langage devient inaudible. Il bute sur quelques obstacles quasiment infranchissables : un nouveau rapport au temps (la « culture de l'impatience » et l'évitement de l'histoire) qui déprécie la longue durée, l'aménagement individualiste de la croyance (ce qui est bon pour toi ne l'est pas forcément pour moi) et puis cette étrange « autospiritualité », pratique solitaire et « bricoleuse » qui se passe dorénavant des rituels, de la liturgie et donc de l'institution ecclésiale[12].

Un phénomène comparable se produit, toute proportion gardée, dans le domaine politique et syndical. Les partis traditionnels voient fondre l'effectif de leurs militants. La cartographie électorale de la France, à peu près immuable depuis André Siegfried, maître fondateur de la science politique française (1875-1959), perd son pouvoir explicatif. Ce qui prévaut maintenant, c'est le vote nomade, l'engagement ponctuel, la mobilisation au coup par coup. Les électorats sont devenus mouvants et imprévisibles. Ces comportements sont conformes au nouvel état d'esprit qui préside à ce qu'on prend l'habitude d'appeler la « démocratie d'opinions ».

Le nouveau Narcisse, quant à lui, se veut parfaitement autonome dans ses choix, ses croyances « faibles », ses adhésions et même ses identités. Il n'est pas seulement nomade dans sa vie quotidienne, il l'est aussi dans sa façon de penser et de croire. Son idéal ne se définit plus par des mots comme foi, sacrifice ou conviction. Il met plutôt en avant l'irréductible singularité de chacun et veut en assurer l'épanouissement. Le néonarcissisme en appelle donc au principe d'*authenticité*. Ce mot devient essentiel et suffisant. Le « Bien » consiste à être soi-même, le plus complètement possible. Rater sa vie, à l'inverse, c'est *oublier de devenir ce que l'on est* ou échouer dans cette tentative. « Être sincère envers moi-même signifie être

12. Je m'inspire ici d'une analyse de Jean-François Barbier-Bouvet, « Connaissance, méconnaissance et ignorance religieuses aujourd'hui », *Esprit*, octobre 2004, p. 73-76.

fidèle à ma propre originalité, et c'est ce que je suis seul à pouvoir dire et découvrir. En le faisant, je me définis du même coup. Je réalise une potentialité qui est proprement mienne. Tel est le fondement de l'idéal moderne de l'authenticité ou de l'épanouissement de soi[13]. »

Une telle quête d'authenticité est, par hypothèse, rétive à l'idée de norme, de tradition ou de représentation collective. Une norme, un interdit, une morale, voire une simple opinion majoritaire, sont autant d'obstacles qui bloquent mon cheminement vers ce « vrai moi » devenu le but de l'existence. Le néonarcissisme est donc transgresseur par vocation. Il récuse les normalités, aussi bien sexuelles que langagières, culturelles que médicales. L'authenticité libertaire redonne au contraire toute leur légitimité aux marges et aux déviances. Il ne saurait en être autrement. C'est là, et nulle part ailleurs, que se trouvent les authenticités empêchées ou interdites. On pense encore, évidemment, à Michel Foucault. Il fut plus réceptif que tout autre à cet insaisissable air du temps, celui que Hegel évoquait en parlant de « l'esprit caché, encore souterrain, qui n'est pas encore parvenu à une existence actuelle, mais qui frappe contre le monde actuel ». Des prisons aux hôpitaux ou aux minorités sexuelles, Foucault identifia cet « esprit caché » mieux et plus vite que quiconque.

Il est absurde de ramener ce changement d'état d'esprit au sempiternel « héritage de Mai 68 » ou encore de l'anathématiser en n'y voyant que pur égoïsme. En réalité, si ce vertigineux rétrécissement de la croyance et cette ruine des représentations collectives sont les produits d'un « héritage », c'est celui du siècle entier et du processus de *décroyance* qui s'y est développé. Ajoutons, en reprenant Charles Taylor, que ce très narcissique besoin d'authenticité est aussi porteur d'une tolérance naturelle, d'un « libéralisme de la neutralité » qui n'invitent pas forcément à la moquerie.

13. Charles Taylor, *Le Malaise de la modernité* [1992], Cerf, 2002, p. 36-37. Ce texte reprend un cycle de conférences intitulé *The Malaise of Modernity*, diffusé par Radio Canada, en 1991.

L'homme sans gravité

Ce qui frappe, en revanche, c'est l'extraordinaire faculté d'essaimage qu'aura eue ce nouveau paradigme. D'abord sur le terrain du langage, avec l'émergence d'une rhétorique médiatique passe-partout, dont la vanité et le creux font sourire ; mais aussi, de façon plus concrète, dans une infinité de domaines où des pratiques nouvelles s'imposent qui, toutes, procèdent du même postulat. Dans le monde du travail, on invente un management personnalisé, fondé sur l'initiative et censé favoriser l'épanouissement professionnel du salarié. Dans l'univers scolaire, la grande réforme pédagogique réévalue à la baisse le principe d'autorité en faisant place à l'autonomie imaginative des élèves. Concernant la famille, un concept finit par s'imposer, celui qu'Irène Théry a appelé le « démariage[14] ». Il est fondé sur l'aspiration de chaque époux à un bonheur individuel que le mariage doit aider et non point empêcher. Si tel n'est pas le cas, alors la rupture du lien s'impose aussitôt au nom de l'authenticité, valeur fétiche. Le mariage moderne devient, de fait, plus incertain et moins durable, mais c'est paradoxalement parce qu'on lui demande « plus ». La famille n'est plus perçue comme une institution contraignante, mais comme l'expression d'un lien toujours révocable. Partout, en somme, on entend tirer les conséquences du rejet des croyances collectives et de l'autorité, au profit du « choisi » individuel.

Le deuxième principe qui caractérise le néonarcissisme, c'est le refus du tragique, la dédramatisation systématique, la déculpabilisation. On ne veut plus porter sur ses épaules la violence de l'Histoire, ni le fardeau de la mauvaise conscience. On estime en avoir fini avec les disciplines collectives. On applaudit sans réserve au *crépuscule du devoir*[15]. Du même coup, le concept de plainte, de revendication prend toute la place. La souffrance fait scandale. Toute douleur mérite d'être affichée. Chacun devient membre d'une

14. Irène Théry, *Le Démariage*, Odile Jacob, 1993.
15. Gilles Lipovetsky, *Le Crépuscule du devoir. L'éthique indolore des nouveaux temps démocratiques*, Gallimard, 1992.

sorte de *communauté du traumatisme*, réunie dans une même protestation victimaire. L'homme nouveau qui émerge du long processus de *décroyance*, note le psychanalyste et psychiatre Charles Melman, éditorialiste à la revue *Passages*, obéit en définitive à une « nouvelle économie psychique » qui ne passe plus par « le partage d'un refoulement collectif, ce qu'on appelle les us et coutumes, mais au contraire par le ralliement à une sorte de fête permanente où chacun est convié »[16].

Des croyances folklorisées

« Les affirmations de sens font aujourd'hui figure d'un "reste" dont on aurait désinfecté les champs scientifiques. Mais exclues des laboratoires, elles entrent dans les circuits de l'exploitation commerciale. À une rationalisation du savoir semble correspondre une folklorisation des vérités d'antan. Les convictions s'amollissent, perdent leurs contours et se retrouvent dans le langage commun d'un exotisme mental, dans une *koinè* de la fiction : elles s'accumulent dans la région où l'on *dit* ce qu'on ne *fait* plus, là où se théâtralisent les requêtes qu'on ne parvient plus à *penser*, là où se mêlent des "besoins" variés, encore irréductibles, mais tous dépourvus de représentations *croyables*. Le christianisme se voit affecter une place dans cette population de "valeurs" métamorphosées en légendes par nos sociétés du spectacle. »

Michel de Certeau, *La Faiblesse de croire*, Seuil, 1987, p. 183.

C'est, au sens plein du terme, un *homme sans gravité* qui entend d'abord se vouer à la *jouissance*. Ce dernier substantif est ici entendu dans son acception psychanalytique. Sous la plume du lacanien, le mot jouissance ne désigne pas le « plaisir » mais une addiction jamais satisfaite, un « trop » boulimique, celui auquel se référait Lacan dans sa fameuse phrase : « Le prolétaire est serf non pas du maître, mais de sa jouissance. »

En d'autres termes, la « nouvelle économie psychique » qui gouverne l'hédonisme contemporain pourrait, à y regarder de près, apparaître

16. Charles Melman, *L'Homme sans gravité. Jouir à tout prix*, entretiens avec Jean-Pierre Lebrun, Denoël, 2004, p. 225-226. C'est à Melman que j'emprunte l'expression « communauté du traumatisme ».

comme un marché de dupes, voire comme une ruse assez diabolique de la normativité. Nul besoin de réfléchir longtemps pour s'en convaincre. Le nouveau management, par exemple, est *aussi* une façon différente, plus retorse, d'exercer l'autorité, au point d'installer une « barbarie douce [17] » dans la vie quotidienne des entreprises. La nouvelle pédagogie scolaire, en sapant le processus éducatif, peut produire des formes inédites de ségrégation. Quant au « démariage », il n'est pas sûr que les femmes émancipées, mais désarmées par cette nouvelle logique de répudiation, n'en soient pas les premières victimes. Charles Melman, comme beaucoup d'autres, insiste sur ce possible malentendu.

Cet homme nouveau et « sans gravité » paraît bénéficier, écrit-il, d'une « existence que, d'une certaine façon, on pourrait juger affranchie, libérée, mais qui s'avère, d'un autre côté, extrêmement sensible aux suggestions. L'absence de repères, de liens avec un Autre, corrélatifs d'un engagement du sujet, le rend extrêmement sensible à toutes les injonctions venues d'autrui [18] ». La nouvelle économie psychique, en d'autres termes, porte en elle la menace d'une sujétion nouvelle, d'autant plus redoutable qu'elle est invisible. L'individu libéré des injonctions de l'Histoire, de la religion ou des idéologies s'expose – *via* les médias, la publicité, le conformisme consumériste – à un « Autre » différent, mais peut-être aussi manipulateur que l'ancien. Vivant sa libération fraîche et joyeuse sur un mode fantasmatique, il n'est parfois qu'un captif qui n'aperçoit plus les barreaux de sa cage.

Avec certains auteurs comme Christopher Lasch ou Alan Bloom, Charles Taylor ne dit pas autre chose lorsqu'il observe que l'obsession de l'authenticité risque toujours de se retourner contre elle-même. En refusant de se situer par rapport à un horizon collectif de questions essentielles, en récusant par avance l'histoire, la nature, le lien, la société, les croyances communes, le Narcisse contemporain s'emploie à détruire « les conditions dans lesquelles cet idéal d'authenticité peut se réaliser ». En d'autres termes, « l'authenticité ne

17. Jean-Pierre Le Goff, *La Barbarie douce. La modernisation aveugle des entreprises et de l'école*, La Découverte, 1999.
18. Charles Melman, *L'Homme sans gravité*, *op. cit.*, p. 156.

s'oppose pas aux exigences qui transcendent le moi : elle les appelle »[19]. De son côté, le juriste et psychanalyste Pierre Legendre se réfère à une formule de Martin Heidegger pour mieux caractériser cet individu « sans gravité » des années postmodernes : il suggère de l'appeler *l'homme évidé*, et souligne que ce nouveau « conformisme antinormatif » fabrique des handicapés artificiels. Il y voit une « forme de détresse inédite et paradoxale ». À ses yeux, il y a là un « équivalent totalitaire qui va de pair avec l'effondrement de la pensée[20] ».

Il faut retenir des quelques notations qui précèdent que cette postmodernité incrédule des années 1980 suscita dès l'origine des réserves, des doutes et des critiques. On ironisa même parfois sur « les illusions du désillusionnement », pour reprendre une expression de Marcel Gauchet. Ces mises en garde ne furent pas entendues.

On préféra continuer la fête.

La pensée du nombre

Le fait d'avoir « vidé la mer » entraîne des conséquences d'un autre ordre. Pour en comprendre la portée, il faut impérativement élargir l'angle de vue. La nouvelle défiance à l'endroit du « croire » collectif, cette volonté attentive d'évacuer la problématique de la croyance, de passer au large, ne transforme pas seulement notre rapport à l'Histoire, à la tradition ou aux institutions. À trop se défier des contenus, on finit par s'en remettre, faute de mieux, à tout ce qui relève de la *procédure*. On s'en tient à des méthodes et dispositifs prétendument neutres. Une perception purement procédurale du monde remplace peu à peu toute intention volontariste.

Indifférent aux fins ultimes, hostile par principe aux visées téléologiques (qui s'intéressent à la finalité), on se rabat précautionneusement sur le descriptif, l'instrumental, le juridique, le quantitatif, le technique, le mesurable, l'urgent, etc. La *décroyance* accouche d'un

19. Charles Taylor, *Le Malaise de la modernité*, *op. cit.*, p. 26.
20. Ces formules sont reprises d'une interview de Pierre Legendre publiée dans *Le Figaro littéraire* du 25 février 2004.

minimalisme résigné. Les moyens deviennent leur propre fin, et le discours dominant nous invite non plus à penser mais à compter, à mesurer, à évaluer. Dans notre rapport au temps, c'est la même chose : *l'essentiel cède la place à l'urgent*, avec tous les risques que cela comporte, risques qu'Edgar Morin a évoqués : « À force de sacrifier l'essentiel pour l'urgent, on finit par oublier l'urgence de l'essentiel[21]. »

Plus significatif encore : puisque dans une société comme dans une vie humaine, « ce qui compte » engage un certain rapport à la vérité, c'est-à-dire à la croyance, on préférera s'intéresser exclusivement à « ce qui *se* compte ». L'ajout du pronom « se » fait toute la différence. Il faut voir là un procédé d'évitement de la conviction et de la querelle. Tout se passe comme si l'on réalisait pour de bon le vieux projet de Gottfried Wilhelm Leibniz (1646-1716) qui rêvait d'une mathématique universelle, et à qui on attribue cette exclamation prodigieuse, passée depuis à la postérité : « Ne disputons plus, calculons[22] ! »

Calculer. N'est-ce pas ce qu'on a pris l'habitude de faire partout ? Ne voit-on pas que notre culture contemporaine est de moins en moins fondée sur le *textuel* et de plus en plus sur le *nombre* ? La préférence donnée aux procédures et aux comptages permet d'ailleurs d'effacer, croit-on, ou de débusquer, ce qu'il pouvait rester de croyance. Le calcul ne se niche-t-il pas au cœur des sentiments et des actions les plus nobles ? Rabattre l'interprétation sur le quantitatif donnerait donc accès à une vérité cachée. D'où ce choix du *nombre* ou du *procédural* comme ultime paradigme. Pour apprécier la généralité du phénomène, il faut rassembler quantité de réflexions éparses, de diagnostics souvent portés, mais qui concernent des domaines si différents qu'on a du mal à percevoir qu'ils s'inscrivent dans un même système de pensée.

Le premier exemple qui vient à l'esprit est celui de l'économie politique. Aux temps des pères fondateurs du libéralisme, comme Bernard de Mandeville, Jean-Baptiste Say ou Adam Smith, c'est-

21. *Le Figaro*, 13-14 septembre 2003.

22. J'emprunte cette évocation de Leibniz à Serge Latouche, *Décoloniser l'imaginaire. La pensée créative contre l'économie de l'absurde*, Parangon, 2003, p. 31.

à-dire, au XVIIIe siècle, la réflexion économique était une des branches de la philosophie morale. Elle était principalement habitée par le souci des fins ultimes, de l'objectif désigné, au service duquel elle voulait se mettre. Aujourd'hui, et singulièrement depuis la disgrâce des théories régulatrices de John Maynard Keynes (1883-1946), *l'économie politique s'est mathématisée*. Elle est devenue une annexe non plus de la philosophie mais de la science mathématique. Les fins poursuivies – qui postulaient un choix subjectif, une croyance – ne paraissent plus de sa compétence. Le marché y figure comme une instance d'ajustement. Ce dernier mot parle de lui-même. Ajuster, c'est parfaire, ou discipliner dans le meilleur des cas, un processus mécanique ; ce n'est pas *choisir* une direction, ni définir un objectif.

Le vocabulaire courant – maximiser, optimiser, etc. – porte trace de cette rétractation conceptuelle. Cela signifie que l'économie politique s'attache à mesurer et à améliorer jour après jour les performances d'un appareil national ou mondial de production. Elle a cessé de s'interroger sur la nature des projets. Elle n'est plus dans le croire ou le prescriptif, mais dans l'analytique. Dès lors, l'économie politique se définit comme une science « dure », susceptible d'être formalisée et mise en équation. Elle s'en remet à des « lois naturelles » aussi implacables que celle de la gravitation universelle, des lois auxquelles chacun serait contraint d'obéir sauf à verser dans la déraison.

Une telle pensée du *nombre* débouche sur une approche de l'économie réelle qui, pour l'essentiel, évacue le non quantifiable, c'est-à-dire ce qui a trait au but, aux fins humaines ou sociétales. En égrenant quotidiennement les taux de croissances ou les indices boursiers, on en vient à confondre les performances de l'instrument avec les objectifs qu'il est censé servir. Ceux-ci, en vérité, sont comme sortis de l'épure. Ils ne sont plus évoqués ni questionnés. Quels bénéfices collectifs ? Quels bénéficiaires ? Quels dégâts ? Quelle sorte de développement ? Autant de problématiques qui ne seront plus prises en compte[23]. Cet autisme économétrique rappelle irrésistiblement une parabole chinoise, celle de l'imbécile qui s'hypnotise sur le doigt

23. Je m'inspire ici des analyses de l'économiste René Passet, *L'Illusion néolibérale*, Fayard, 2000.

désignant la lune, au lieu de regarder la lune. Il est vrai que s'interroger sur les fins de l'économie exigerait une réflexion préalable sur la « croyance » – ou l'idéologie – invisible qui agit sous le couvert d'une science qui n'est « dure » qu'en apparence[24].

Le plus révélateur n'est pas tant cette dérive réductionniste que la facilité avec laquelle elle a été collectivement acceptée. Si nos sociétés contemporaines ont intériorisé aussi vite cette pensée du nombre, c'est qu'elle s'accordait avec l'esprit du temps. Le nombre fait partie des choses qui restent au bout de la *décroyance*, après qu'on a « vidé la mer ». Sur le terrain de l'économie, le calcul nous dispensera de croire.

Et de penser. Faut-il rappeler que, dans plusieurs textes bibliques – et notamment dans l'Apocalypse de Jean –, la « bête » qui menace l'homme ne porte pas de nom, elle est désignée par un nombre, en l'occurrence le chiffre 666. La métaphore est claire, la « bête », c'est ce qui réduit l'homme à un numéro, à un chiffre, à une fonctionnalité[25].

Entre régulation et gouvernance

Le deuxième exemple a trait à la politique. S'il est un deuil que nous portons encore en ce domaine, c'est bien celui du volontarisme. Le discours dominant a pris son parti d'une impossibilité que l'on dit avérée : celle de changer le monde ou, comme on disait jadis avec superbe, d'améliorer la création. Cette vaillance face à l'Histoire est désormais rangée au chapitre des vieilles lunes ou des idéologies mortifères du passé. Il n'est plus sérieux d'y croire. La formule « un autre monde est possible » passait autrefois pour une évidence. Elle est interprétée aujourd'hui comme l'indice d'un populisme protestataire et marginal. On voit le chemin parcouru...

« Un parti politique moderne, même de gauche, ne peut plus avoir pour visée de transformer la société. La société se transforme d'elle-

24. Voir plus loin, chapitre 5.
25. Exemple cité par Henri Madelin, *Si tu crois. L'originalité chrétienne*, *op. cit.*, p. 118.

même selon des modalités complexes[26].» Choisi entre mille autres, ce constat, formulé par un intellectuel reconnu, proche du député européen Daniel Cohn-Bendit, exprime le point de vue dominant. À droite comme à gauche – en dépit des dénégations rituelles de fin de congrès –, le volontarisme politique est passé de mode. Il provoque, dans le meilleur des cas, un réflexe de défiance. C'est logique. Lui aussi participait du subjectif, de la détermination, de la croyance. Pour changer le monde, il faut préalablement *croire que cela est possible*. Or, cette foi minimale n'est plus à l'ordre du jour, du moins en Europe.

Le vocabulaire politique porte trace de cette éviction. On ne reviendra pas sur les expressions les plus convenues de la nouvelle vulgate («Il n'y a pas d'alternative»; «On ne peut faire autrement»; «Les contraintes sont telles...», etc.) qui révèlent toutes une asthénie de la volonté[27]. Le fait est que, depuis deux décennies, le discours le plus souvent entendu en Europe est celui-là. Il prend acte de la nouvelle impotence, réelle ou fantasmée, de l'action politique, c'est-à-dire de la démocratie. La démocratie, par essence, postule une dose minimale de volontarisme et une capacité de se projeter dans l'avenir. Or, l'un et l'autre sont défaillants. L'économiste Jean-Paul Fitoussi consacre l'essentiel de sa réflexion à ce qu'il appelle la rhétorique de la résignation. «Il existe dans les vieilles démocraties occidentales, observe-t-il, une tendance à une régression paisible de la démocratie. [...] En Europe, le marché est considéré comme chose trop sérieuse pour être laissée sous l'empire du politique[28].»

Ainsi a-t-on parlé, en vrac, de l'hégémonie du marché, de la dépossession démocratique, de la dépréciation de l'avenir, du manque de desseins collectifs, etc. Le bavardage politique contemporain a comme intégré cette protestation d'impuissance. Il n'est pas illégitime de voir en celle-ci une des figures les plus significatives de la *décroyance*. Comme pour la pensée du nombre évoquée ci-dessus, les traces de ce renoncement sont partout repérables dans le vocabulaire en vigueur.

26. Zaki Laïdi, «La gauche naufragée», *Libération*, 17 juillet 2003.
27. J'ai développé ces remarques dans *Le Goût de l'avenir*, *op. cit.*
28. Jean-Paul Fitoussi, *La Démocratie et le Marché*, Grasset, 2004, p. 7.

Que l'on songe à la fortune subite du substantif *régulation*. Emprunté à la physique et à la physiologie, il suggère une action de contrôle ou d'amélioration à la marge. Transposé sur le terrain politique, il exclut toute idée de transformation ou d'invention. Il exprime un volontarisme au rabais. C'est un vocable modeste, qui se proclame respectueux du réel. On *régule* au lieu de changer. Ce n'est pas tout. Appliquée au fonctionnement d'une société, la *régulation* s'oppose métaphoriquement à la *réglementation*. Elle fait ainsi l'économie du normatif, ou plus exactement prétend le faire. En lieu et place de la norme édictée (et disciplinaire), elle propose un *mécanisme* neutre, dépourvu de jugement de valeur. Pour prendre un exemple dans la vie quotidienne, un îlot directionnel routier s'inscrit dans la régulation tandis qu'un feu alterné à l'ancienne mode relève de la réglementation, voire de la contrainte. Certes le distinguo est assez spécieux, dans la mesure où le fonctionnement correct du rond-point présuppose malgré tout l'existence d'une règle de priorité, mais celle-ci ne sera plus affichée. La nuance a son importance.

On peut raisonner de la même manière à propos du mot *gouvernance*, hier inemployé et devenu aujourd'hui un vrai tic langagier, que ce soit en politique internationale (« la gouvernance mondiale ») ou en politique intérieure (« la bonne gouvernance »). Or, ce qui fait sens, c'est la nuance terminologique entre « gouvernance » et « gouvernement ». À l'origine, le vocable de « gouvernance », qui sonne comme du vieux français, s'appliquait à certains types de bailliages de l'Ancien Régime. Aujourd'hui, il fait implicitement référence à des procédures négociées, à des mécanismes juridiques, à des ajustements *a minima*. Les procédures indolores et « objectives » sont préférées à la claire énonciation et à la mise en œuvre déterminée d'un projet politique. Ce glissement sémantique correspond lui aussi à une mise à distance de la croyance.

Historien du droit, professeur au Collège de France, Pierre Rosanvallon est l'un de ceux que ce vocable ne convainc pas. « Il y a aujourd'hui, écrit-il, toute une apologie douteuse de la "gouvernance", comme nouvelle appellation d'un gouvernement qui suffirait à tout, qui pourrait remplacer la politique par les procédures disséminées de la gestion, laissant la place à un seul acteur lui-même diffus, la société civile internationale, réunissant à la fois sous sa bannière les champions du marché et les prophètes du droit[29]. »

L'Europe comme procédure

Cette mise à distance du contenu au profit des procédures et des dispositifs est particulièrement spectaculaire dans la lente et laborieuse mise en œuvre de l'unification européenne. Le choix inaugural fait par les pères fondateurs – unifier d'abord l'économie – nous a accoutumés à voir reléguées à l'arrière-plan les questions proprement politiques et, partant, celles qui touchent au contenu du projet, aux valeurs communes, aux croyances à offrir en partage. Hormis les croyances « négatives » (ne plus faire la guerre), il est rare qu'on s'appesantisse sur la nature exacte des valeurs qu'on entend mettre en commun. La liberté ? La prospérité ? Cela reste un peu vague. Un héritage commun réclamerait d'être plus précisément défini, aussi bien sur le terrain social que dans les domaines diplomatique, éducatif, bioéthique, etc. Pensons-nous vraiment, nous Européens, de la même façon ?

Plutôt que d'avoir à approfondir ces questions de contenu – forcément redoutables car c'est là que se manifestent les dissemblances –, on préfère s'attacher aux *procédures*, à telle enseigne que ces dernières occupent tout l'espace. Bien sûr, on ne peut les tenir pour négligeables. La réalisation et l'institutionnalisation d'un rassemblement de nations, acte volontaire sans équivalent dans l'Histoire, réclame une inventivité juridique à la mesure du projet. L'édifice procédural qu'il s'agit de bâtir s'apparente donc, par hypothèse, à une « usine à gaz ». On peut comprendre le soin tatillon et l'énergie qu'exige son édification. Certes, tout cela est vrai. Il n'empêche que, sur cet élan initial, s'est greffé un véritable fétichisme juridique et réglementaire, caractérisé par l'incontinence législative et la prolifération réglementaire.

À cause de lui, le projet européen semble avoir été submergé par

29. Pierre Rosanvallon, « Le déficit démocratique européen », *Esprit*, octobre 2002, p. 94-95.

un édifice procédural buissonnant et labyrinthique, dans lequel se sont littéralement égarées les questions de fond et les convictions prétendument communes. Les textes, directives, traités ou constitutions périodiquement soumis aux élus (ou, plus rarement, aux citoyens) sont à l'image de cette superfluité procédurale. Ils sont en général interminables, jargonnants et illisibles. Les débats qu'ils suscitent donnent vite un sentiment d'irréalité. Ils portent sur des textes logorrhéiques que personne n'a lus ou des procédures kafkaïennes dont nul ne comprend les tenants et les aboutissants. Ne surnagent en définitive que les arrière-pensées, ou encore des motivations politiciennes sans vrai rapport avec l'Europe elle-même. Le philosophe François George a raison de déplorer l'insuffisance de cette inclination purement procédurale. « Le juridisme ne suffit pas, ce qu'on peut opposer à l'actuelle construction européenne. Car si grands que soient les dangers de la fusion, le droit demeure le langage de la séparation – c'est au moment du divorce qu'on compte les petites cuillères. Le droit arbitre, il ne réunit pas en profondeur[30]. »

Dans chaque pays européen, faute de mieux, on se détermine pour des raisons nationales ou chichement provinciales, faute d'avoir eu accès au *sens* des choses. Dans le meilleur des cas, la seule « croyance » sollicitée sera de pur principe : oui à l'Europe. On en restera, au fond, au stade de cette bonne intention globale, c'est-à-dire de la pensée magique ou du pur moralisme. L'Europe, il est vrai, est le seul sujet à propos duquel le scepticisme s'apparente au mal. Autant le sceptique est valorisé par la *doxa* contemporaine, autant l'*eurosceptique* sera montré du doigt. La « croyance » en l'Europe ne se discute pas, elle se présuppose. Seules les procédures peuvent être objets de débats. Convenons que ce rétrécissement pose problème.

Il est vrai qu'en de très rares occasions des questions seront soulevées, malgré tout, qui touchent au contenu, c'est-à-dire à la *politique*. Ce fut le cas, par exemple, du débat sur les « fondements religieux » de la culture européenne, ou de l'adhésion de la Turquie. Notons que, dans les deux cas, ces questions de fond ont paru faire

30. François George, « Le syndrome français de l'accusation », *Esprit*, janvier 2001, p. 67

scandale. Elles réintroduisaient dans le ronron consensuel des procédures l'ingrédient explosif de la *croyance*. Il parut urgent à tout le monde de refermer au plus vite le couvercle. « L'Europe est occupée de s'organiser, de se représenter, de se féliciter d'être, elle s'adore elle-même et, pour cette raison, ne sait ni se circonscrire ni se définir[31]. » Or, les questions de ce type, pour délicates qu'elles soient, sont les seules qui, en faisant débat, puissent *engager* pour de bon les citoyens, c'est-à-dire mettre en mouvement la *délibération démocratique*.

À cette promesse – et à ce risque –, on préfère la glose juridique sans commencement ni fin, et la routine inoffensive des procédures. L'Europe, dépourvue de croyances et de projet clair, semble se résigner à ne plus être *qu'une institution qui fait d'elle-même son propre but*. Elle escompte du fonctionnalisme qu'il tienne lieu de volonté collective. Et elle ensevelit les interrogations sous le fatras des textes. L'Europe devient un immense dispositif de contournement de la croyance. Seule cette absence à soi-même et ce renoncement à l'Histoire lui permettent d'être consensuelle.

Devant l'Europe aussi, on a vidé la mer... Le refus fracassant de la Constitution, exprimé le 29 mai 2005 par les Français, témoignait – aussi – d'un vertige collectif devant ce vide.

Le temps des experts

Il est une autre façon de congédier la croyance, ou de la contourner : on s'en remet à l'*expertise* et aux *experts*. Procédant ainsi, on convoque un corpus de références qui, pense-t-on, est indemne de toute subjectivité. L'expertise se rattache, non point au croire mais au savoir. Du moins est-ce ainsi qu'elle se présente. Avant même d'être écouté, le discours de l'expert rassure parce qu'il offre une garantie. Il permet de quitter les territoires toujours incertains de la conviction ou du témoignage, pour accéder au sol plus ferme de la connaissance. L'expertise est aussi froide que la conviction est

31. Paul Thibaud, « L'Europe interpellée », *Esprit*, juillet 2003, p. 32.

chaude. Elle ne brûle ni n'enflamme. Elle éteint la passion. Elle n'a pas à convaincre puisqu'elle constate. Le factuel dont elle est dépositaire tiendra la place du vrai. Pour cette raison, l'expertise se dit étrangère à tout prosélytisme, à toute ruse, à toute éloquence, puisqu'elle *va de soi*. Elle possède l'incomparable faculté de dissoudre pacifiquement les divergences, d'arbitrer sans éclat de voix les pires conflits, de surplomber sans effort toute « guerre des dieux », pour reprendre la formule de Max Weber.

C'est à la lumière de ces brèves remarques qu'il faut interpréter le recours quasi obsessionnel à l'expertise dans nos sociétés. La tendance est nouvelle. Qu'il s'agisse des audits et diagnostics pratiqués dans la vie des entreprises, des consultations de « sages » requises par les décideurs politiques, des comités innombrables dont la fonction est d'arbitrer des chicanes : partout on voit proliférer les experts auxquels s'en remettent – parfois de façon aveugle – les institutions et les responsables. Un recours aussi systématique manifeste autre chose qu'une simple volonté de s'informer avant de décider, qui serait légitime. L'appel à l'expert finit par trahir un rêve inavoué de *défausse*, d'esquive symbolique devant la gravité d'un choix, de dérobade devant l'impératif d'énonciation. L'expert, à la limite, permet de sauter l'étape de la décision et tout ce qu'elle implique de subjectivité, c'est-à-dire de croyance assumée. L'expertise vient d'ailleurs, elle relève d'un autre domaine, vaguement stratosphérique, où nulle responsabilité n'est plus en cause. Elle appartient à l'univers de l'évidence. Ou de la fausse évidence...

C'est surtout en matière judiciaire, comme on le sait, que la présence de l'expert est devenue envahissante. Les magistrats sont les premiers à le reconnaître et, quelquefois, à s'en inquiéter. Rien qu'en France, quelque treize mille spécialistes assermentés interviennent dans la procédure à la requête des juges, et leur nombre ne cesse de croître. Pourquoi ? D'abord, et de leur propre aveu, parce que si les magistrats réclament si souvent le secours des experts, c'est qu'ils agissent dans des sociétés où la norme éthique est devenue improbable, problématique, mal définie, voire récusée dans son principe. Lors d'un procès (touchant par exemple à des affaires de mœurs), on aura tendance à demander implicitement au magistrat *un peu plus qu'il ne peut donner*. On attend de lui qu'il redéfinisse la norme, c'est-à-dire, au bout du compte, le bien et le mal. Or, en théorie, il n'est là que pour dire le droit. Embarrassé par cette demande qui voudrait faire de lui une sorte de moraliste thaumaturge, le magistrat est tenté de s'adresser à l'expert, c'est-à-dire à une connaissance immanente que l'on prétend indemne de tout parasitage normatif.

La présence de l'expert permet d'alléger, ou même de réduire à un pur automatisme, la pesanteur intimidante de l'*intime conviction.* L'arrivée massive des experts dans les salles d'audience trahit ainsi un désir implicite : bannir tout ce qui peut relever de la conviction, de la croyance, de la pure responsabilité éthique. Certes, officiellement, l'expert n'intervient jamais que pour donner un avis, lequel avis peut être contradictoirement discuté devant le tribunal. Dans la pratique, la qualité et la rationalité supposées des « hommes de l'art » colorent leurs interventions d'une aura de scientificité qui impressionne les jurés. À travers eux, n'est-ce pas la science elle-même qui parle ?

Or, ces dernières années, en France comme ailleurs, ont vu se multiplier dans les prétoires des scandales judiciaires remettant en cause cette neutralité paradigmatique. Ces incidents sont particulièrement fréquents dans les affaires de mœurs, domaine où le constat factuel est toujours difficile à démêler du jugement normatif. Des erreurs judiciaires flagrantes ont été commises sous l'influence d'expertises maladroitement conduites et trop aveuglément entérinées. Le cas le plus flagrant restera sans doute celui du procès d'Outreau au terme duquel, en juillet 2004, sept accusés furent innocentés après avoir passé près de quatre ans en détention préventive.

L'affaire fut assez grave pour qu'un groupe de travail fût constitué sous l'égide du ministère de la Justice. Or, en consultant le long rapport de ce groupe, rendu public en février 2005, on s'aperçoit que *près de la moitié des développements est consacrée au rôle, au statut, au recrutement et à la déontologie des experts*. Une des préconisations (à la section 4 du rapport) consiste à « supprimer le terme crédibilité de toute expertise[32] », c'est-à-dire à ne plus faire fond sur

32. Ce rapport est consultable dans son intégralité sur le site du ministère de la Justice : <www.justice.gouv.fr/publicat/JMOutreau>.

la crédibilité « scientifiquement » présumée d'un témoignage. On conviendra que la formulation parle d'elle-même. Elle attire l'attention sur un malentendu fondamental au sujet du statut cognitif de l'expertise. Assimiler celle-ci à une vérité révélée, c'est se tromper sur l'incomplétude de toute connaissance, c'est oublier qu'aucune expertise, en quelque domaine que ce soit, n'est indemne de subjectivité. C'est négliger la part de croyance (c'est-à-dire de préjugés, de préférences inconscientes, d'inclination latente) qui demeure nichée au cœur même de la démarche scientifique[33]. C'est commettre un contresens épistémologique en prétendant évacuer une fois pour toute la question du croire.

Il n'est pas si facile que cela de vider la mer.

L'empire du droit

La relégation du concept de croyance entraîne aussi des conséquences d'une tout autre nature. En démonétisant les catégories anciennes comme l'engagement, le volontarisme politique ou le projet, on valorise par contrecoup le *juridique*. Quand la norme disparaît, la « règle » prend la place. Quand la morale est rejetée, le code retrouve son empire. Quand le prêtre et le moraliste s'effacent, le juge s'avance, jusque dans les réduits de l'intimité. On a souvent décrit cette prolifération sans limite de la règle de droit, des procès civils ou des demandes d'indemnisation, qui est la caractéristique de toute société anomique. On a beaucoup dénoncé la dangereuse émergence d'un « ordre pénal » répressif en lieu et place de l'ancien ordre moral. C'est ce qu'on a appelé – pour s'en alarmer – la *pénalisation de la république*, ou même l'*imbécillité pénale*[34]. En réalité, le jeu de bascule entre la croyance et le droit est encore plus décisif.

Il aboutit à faire du droit lui-même un pur mécanisme, une technique sans « point de vue » ni fondements anthropologiques. Le droit, pense-t-on, n'engage aucun jugement de valeur, il est ontologiquement neutre. En matière pénale, les criminologues parlent

33. Voir plus loin, chapitre 6.
34. Voir *Le Goût de l'avenir*, *op. cit.*, chapitre 3.

aujourd'hui de « justice reconstructive » et de « peine neutre ». Cela veut dire que le droit se présente comme émancipé de la subjectivité culturelle et, *a fortiori*, de la morale. Il est, pourrait-on dire, mathématisé. C'est un universel abstrait, comme le sont l'algèbre et la géométrie. Il n'est plus obligatoirement incarné ni relativisé par des présupposés ou des particularismes. L'épurement fait de lui un absolu. Il est donc considéré comme applicable, indifféremment, à tous les hommes de la terre.

Une interprétation aussi purement instrumentale du droit favorise – et justifie – la concrétisation d'une utopie planétaire : *l'avènement d'un droit mondial unifié*. C'est ce qu'on appelle parfois la mondialisation des droits de l'homme ou de la démocratie. Celle-ci devient la nouvelle utopie de ce début de siècle et, déjà, la *doxa* à laquelle se réfère la nouvelle diplomatie occidentale. Les intentions qui inspirent cette entreprise sont, dans leur principe, irréprochables. Il est souhaitable, en effet, de ne pas abandonner le processus de mondialisation aux seules forces du marché, aux seuls rapports de forces économiques et militaires ni à l'impunité des dictatures qui excipent du principe de « souveraineté nationale ». Le respect des droits de l'homme, les limites apportées à la domination, la défense des peuples contre les crimes de leurs propres tyrans : tout cela doit être garanti par un système judiciaire mondialisé, lui-même au service d'un « droit mondial » en cours d'unification.

On rejoint le projet kantien de paix perpétuelle, mais cette fois de manière concrète, codifiée et bientôt sanctionnée. En d'autres termes, la défense des droits de l'homme ne doit pas en rester au stade de l'homélie ou de la Déclaration universelle (comme celle de 1948). Elle doit entrer dans l'âge adulte : celui du droit et de la contrainte, y compris pénale. Le fameux droit d'ingérence ou la création d'une juridiction pénale internationale n'ont pas d'autre visée.

Un tel usage, extensif et agissant, du principe d'universalité n'est possible que si l'on accepte de relativiser les particularismes, les différences culturelles, les anthropologies locales. On estime que c'est maintenant possible. Ces dernières ne sont, après tout, que des phénomènes de croyance, des points de vue sur le monde, qui ont été, de génération en génération, énoncés et mis progressivement en forme par la tradition. À propos des anciens pays communistes, le philosophe américain Michael Walzer a écrit de très belles pages sur la ténacité de la mémoire et la force de la transmission. « J'imagine, écrit-il, ces dizaines de milliers de personnes âgées chuchotant leurs confidences à leurs petits-enfants, chantant des airs populaires et des berceuses, répétant d'anciennes légendes[35]. » Mais le même Walzer ne sous-estime pas le potentiel de violence et d'oppression que recèlent les mêmes traditions, toujours tentées de se dresser contre l'universalité des droits de l'homme. Il paraît d'autant plus logique de réclamer qu'elles capitulent devant cet universel que la « croyance », en tant que telle, aura été mise à distance.

Sans forcément y penser, on raisonne de la sorte quand on dénonce l'oppression des femmes dans le monde musulman, le travail des enfants dans les pays d'Asie, le système des castes en Inde ou les mutilations sexuelles imposées aux petites filles en Afrique orientale. Spontanément – et à juste titre – nous n'acceptons pas qu'une prétendue « tradition anthropologique » aide à justifier l'injustifiable. On agit de même lorsqu'on refuse qu'on puisse justifier l'oppression d'un peuple entier en invoquant la « coutume », un principe dynastique, ou je ne sais quelle disposition naturelle à la servitude. Ce *vide* occidental de la croyance, que nous interprétons comme une garantie de liberté, nous voudrions donc, très logiquement, l'exporter et l'universaliser au bénéfice de la terre entière. Le droit, dans sa neutralité même, ne correspond-il pas à une *libération* ?

Les intentions sont donc, en effet, irréprochables.

Examinées d'un peu plus près, les choses se révèlent moins simples.

Vidons la mer des autres !

Après avoir vidé notre mer, nous voudrions en quelque sorte assécher celle des autres. Après nous être libérés des croyances, des morales, des idéologies et des religions, nous aimerions en délivrer

35. Michael Walzer, *Morale maximale, Morale minimale* [1994], traduit de l'anglais par Camille Fort, Bayard, 2004, p. 99, p. 102-103.

le monde entier. Après avoir parachevé notre « déracinement » pour nous installer dans l'universel, nous projetterions d'aider tous les peuples à en faire autant. L'unification mondiale du droit viendra corriger et pacifier à point nommé la querelle des « différences ».

Certes, ce résumé est un peu forcé. Il aide néanmoins à comprendre la vraie nature de la difficulté, et surtout la violence des réactions que, du repli identitaire et religieux au terrorisme religieux, cette utopie suscite en retour. Pour simplifier, disons que ladite utopie se heurte d'abord à une contradiction de principe, puis à une ambivalence factuelle.

C'est produire de l'irréel...

Sur la nécessité personnelle du déracinement mais aussi sur la faute que représente toujours le déracinement autoritaire de l'autre, sur cet « universalisme paradoxal », les définitions les plus justes sont sans doute celles que donnait Simone Weil. Les voici.

« Il faut se déraciner. Couper l'arbre et en faire une croix, et ensuite la porter tous les jours.
Il ne faut pas être *moi*, mais il faut encore moins être *nous*.
La cité donne le sentiment d'être chez soi.
Prendre le sentiment d'être chez soi dans l'exil.
Être enraciné dans l'absence de lieu.
Se déraciner socialement et végétativement.
S'exiler de toute patrie terrestre.
Faire tout cela à autrui, du dehors, est de l'ersatz de décréation.
C'est produire de l'irréel.
Mais en se déracinant on cherche plus de réel. »

Simone Weil, *La Pesanteur et la Grâce*, *op. cit.*, p. 91.

La contradiction est facile à formuler. En congédiant les différentes anthropologies qui constituent la diversité du monde, en rétrogradant celles-ci au statut de folklore ou de *pathos* villageois, on se condamne à ne plus raisonner que dans le cadre d'un universalisme abstrait. Or, ce dernier n'est irréprochable que parce qu'il est inatteignable. Il n'est incritiquable que parce qu'il reste une vue de l'esprit.

En revanche, il est toujours déraisonnable de vouloir absolutiser, ici et maintenant, ce qui doit demeurer un *horizon*. Cela revient à vouloir *remplacer un terrorisme identitaire par un universalisme cannibale*[36], c'est-à-dire à opposer à l'erreur son image inversée. Certains auteurs, pourtant peu suspects d'ethnicisme ou de différentialisme, jugent qu'il s'agit là d'un pur délire. Leur critique, même outrancière, mérite d'être entendue. « Ne peut-on parler de "délire d'universalité" à propos des discours portant aussi bien sur l'état de la planète que sur la justice mondiale ? Comment nommer autrement que "délire" le programme d'une société-monde réglée par la gestion technique (voire la vidéosurveillance), dont une variante est l'idéal d'une citoyenneté universelle et de son futur État planétaire, fantasme particulièrement présent chez les intellectuels en France[37] ? »

On rétorquera que, dans les faits, les cultures particulières sont déjà largement unifiées. Sauf pour quelques peuplades reculées de la Papouasie-Nouvelle-Guinée, toutes les grandes traditions du monde sont assez largement occidentalisées, c'est-à-dire universalisées. C'est l'objection qu'oppose, par exemple, le philosophe iranien Daryush Shayegan aux thèses de Samuel Huntington sur le choc des civilisations. Un siècle et demi après la révolution industrielle survenue en Occident, la modernité qui en est sortie s'est largement répandue, estime-t-il, sur toute la surface de la terre. « C'est pourquoi, écrit Shayegan, nous n'avons plus aujourd'hui une histoire indienne, chinoise, japonaise ou iranienne – j'entends une histoire spécifique indépendante du réseau planétaire dans lequel elle s'insère –, mais une histoire universelle. [...] Lorsqu'on parle de civilisations non occidentales, comme le fait Huntington, il faut nécessairement les inclure dans l'immense réseau de modernité qui, pour autant que je sache, n'a épargné aucun coin de la terre[38]. »

La remarque est juste, mais jusqu'à un certain point seulement. Si aucune des grandes cultures non occidentales n'est indemne de la

36. L'expression est de Serge Latouche, *Décoloniser l'imaginaire*, *op. cit.*, p. 106.
37. Denis Duclos, *Société-Monde, le temps des ruptures*, La Découverte-Mauss, 2002, p. 216-217.
38. Daryush Shayegan, « Le choc des civilisations », *Esprit*, avril 1996, p. 40-41.

contagion universaliste, cela ne signifie pas que lesdites cultures aient disparu pour de bon dans un « grand tout ». C'est même le contraire. En Inde, au Proche-Orient et – surtout – en Asie, chacune d'entre elles paraît aujourd'hui en quête d'une synthèse spécifique, d'un métissage, d'un tricotage, d'un croisement entre tradition et modernité, *d'une reformulation de l'universel selon des modes et d'un langage qui lui soit propre.* Au regard de ces démarches, l'universalisme abstrait qui récuse dédaigneusement la permanence des anthropologies *est forcément identifié à une agression.*

Une politique de marché noir ?

Venons-en à l'ambivalence factuelle. Sur le terrain, dans la vie quotidienne, dans la poussière des villes, le discours sur l'unification mondiale du droit n'est pas vraiment perçu comme universaliste. Paradoxalement, on y voit d'abord, dans le meilleur des cas, un message lui-même particulariste, c'est-à-dire spécifiquement occidental. Et cela, quoi qu'il s'en défende. Dans le pire des cas, on y repère une ruse stratégique, un discours d'accompagnement de la mondialisation économique et financière. La particularité essentielle de ce discours tiendrait à sa façon d'avancer masqué, porteur d'une idéologie invisible. Il ne serait, pour ainsi dire, qu'une réactualisation de l'ancien projet colonial du XIXe siècle qui instrumentalisait l'universalité chrétienne pour la mettre au service de la conquête. Aujourd'hui, pour résumer, le projet babélien de mondialisation de la démocratie *via* un dispositif juridique planétaire servirait en réalité l'intérêt des entreprises multinationales et, au bout du compte, des pays riches.

Cette interprétation est en partie abusive. Les juristes qui travaillent à l'élaboration d'un droit mondial, ceux qui militent en faveur d'une juridiction pénale internationale, ceux qui prônent l'ingérence face aux régimes totalitaires ne sont pas les serviteurs de Coca-Cola ou de Microsoft. La meilleure preuve, c'est que les États-Unis, superpuissance censée piloter la mondialisation à son bénéfice, voient d'un très mauvais œil ces initiatives. La thèse d'un

« complot », délibérément ourdi dans les *think tank* de Washington ou Chicago, n'a donc pas beaucoup de sens. En revanche, la perception du projet de droit mondial unifié comme relevant d'une entreprise étroitement occidentale, *cette perception-là est très largement répandue.*

Reste à comprendre pourquoi.

La première raison tient sans aucun doute à l'arrogance dogmatique de son expression. En se drapant dans une prétention à l'universalité, la mondialisation des droits de l'homme se désigne elle-même comme supérieure. Elle affirme surplomber les particularismes comme si elle procédait d'une *essence*, celle du savoir ou de la raison. Cette *essence*, déconnectée de tout particularisme, l'autoriserait à toiser les diverses traditions culturelles comme s'il s'agissait de croyances naïves ou de superstitions appelées à disparaître. L'universalité abstraite dont elle se réclame en invoquant le droit ou la morale naturelle la mettrait à l'abri de toute critique. Cette arrogance, parfois involontaire, laisse transparaître une « mauvaise foi », au sens sartrien du terme, c'est-à-dire une méconnaissance de soi-même.

En réalité, cette prétention à l'universalité n'est pas vraiment fondée. Qu'elle le veuille ou non, « la justice internationale, rappelle la sociologue Chantal Delsol, demeure noyée dans la particularité qu'elle désire ardemment surplomber. Ce n'est pas le règne de la loi universelle qui s'impose ici, mais celui des particularités occultes. Car il s'agit là d'un pouvoir humain, et personne ne peut le dépasser, nous ne pouvons que l'oblitérer ou le dissimuler, à grand peine d'ailleurs. La justice qui veut s'affranchir de la politique est encore de la politique, mais une politique de marché noir, qui ne se dit pas et se dissimule sous les habits de la morale universelle[39] ».

Entre le terrorisme des identités et le cannibalisme universaliste, nous en sommes encore à chercher le vrai chemin.

* *
*

39. Chantal Delsol, *La Grande Méprise. Justice internationale, gouvernement mondial, guerre juste...*, La Table ronde, p. 79-80, p. 81.

Ainsi, par l'effet d'une étrange ruse de la raison, une entreprise se réclamant des Lumières, de glissade en glissade, risque de contrevenir finalement à l'héritage de celles-ci. Les Lumières, en effet (qu'on pense à Montesquieu !), n'entendaient pas abolir les différences, mais assurer leur respect raisonné ; elles ne prétendaient pas congédier les croyances, mais en garantir la diversité ; elles ne se réclamaient pas de la toute-puissance idolâtrique d'une certitude, mais d'une capacité critique à la fois modeste et tenace[40]. Au total, rien n'est plus redoutable qu'une religion qui s'ignore. Rien de plus pernicieux qu'un dogme qui se croit vérité.

Si, comme on l'annonce partout, la postmodernité s'achève, l'explication du phénomène tient en peu de mots. Nous pensions avoir vidé la mer et nous découvrons avec surprise qu'elle s'est emplie à nouveau. Nous pensions en avoir fini avec la croyance et nous voilà désarmés devant la superstition. Nous pensions avoir expulsé les dieux, voilà que reviennent au milieu de nous... les idoles.

40. J'ai tenté d'approfondir cette réflexion dans *La Trahison des Lumières*, Seuil, 1995.

Deuxième partie

LE RETOUR DES IDOLES

« La Raison, avec majuscule, est une foi ; la laïcité a été une religion ; des idées peuvent tenir la place de Dieu ; la magie donne consistance à une vision que nous croyons empirique des choses... »

Edgar Morin*.

* *Dieu existe-t-il ?*, Fayard, 1973, p. 90.

Non, la mer n'est pas vide. Elle est pleine, elle déborde même, comme au temps des plus hautes eaux et des marées de fort coefficient. Cela paraît stupéfiant, mais c'est ainsi. En basculant dans le XXIe siècle et le IIIe millénaire, la *décroyance* a donné l'impression de reculer elle-même jusqu'à se dissoudre, comme si elle n'avait été qu'une illusion de plus. Nous nous frottons les yeux. La postmodernité, à mieux la regarder, n'est pas aussi sceptique et agnostique qu'on l'imagine, et surtout qu'on le proclame. Elle est encore moins « athée ». C'est tout le contraire.

Elle paraît colonisée par une infinité de croyances, plus naïves que les anciennes idéologies et plus dogmatiques que les vieilles religions monothéistes du passé ; des croyances si rudimentaires et si closes sur elles-mêmes qu'il faut plutôt parler de *crédulité*, au sens qu'en donne Littré : croire trop facilement. « La libération au moins partielle de l'individu n'a pas placé celui-ci devant le "rien" du nihilisme philosophique, mais au contraire devant un "trop" [1]. »

Un trop ? La boucle aurait-elle été simplement bouclée ? Serions-nous repassés subrepticement de la croyance à la crédulité ? Aurions-nous accompli, en aveugle, ce parcours à reculons ? L'hypermoderne, par des voies détournées, se serait-il métamorphosé en hyper-archaïsme ? Une chose est sûre : au-delà de ce qu'on appelle trop vite le « retour du religieux », on constate une prolifération d'adhésions à la magie, de superstitions enfantines, d'intégrismes étroits, d'activisme sectaire, de fétichismes pittoresques. Ces crédulités aux mille discours envahissent aujourd'hui l'air du temps de leurs clameurs, et les murs de leurs graffitis.

1. Gérard Mendel, *Construire le sens de sa vie. Une anthropologie des valeurs*, La Découverte, 2004, p. 122.

Sur les talons du prêtre ou du rabbin, le mage ou le chaman s'est avancé. Dans les édifices en ruine des convictions collectives bivouaquent des ferveurs sauvages. Au grand reflux des idées succède un mascaret d'émotions, d'horoscopes et de gris-gris. L'époque se voulait lucide, la voilà extralucide. Cela semble inimaginable.

Toutes ces crédulités, bien sûr, ne sont pas de même nature. Il y aurait quelque mauvaise foi à les placer dans le même sac. Un distinguo s'impose avant plus ample réflexion.

Certaines de ces crédulités, bien spécifiques, ont l'étrange particularité de se méconnaître et de *se méprendre sur leur propre statut*[2]. Elles appartiennent à une première catégorie et se retrouvent, sans le savoir, dans une sorte de bal costumé. Elles s'imaginent émancipées du «croire», elles n'en sont qu'un déguisement. Technoscientifiques, économiques ou philosophiques, elles se revendiquent avec ardeur comme de purs *savoirs*, mais ignorent la *croyance* qui les habite au plus profond d'elles-mêmes. Elles réclament un statut de pure rationalité, alors qu'elles demeurent gouvernées par des logiques et des «préférences» qui relèvent bien plus du subjectif que du cognitif. *Elles croient savoir, mais ne savent pas qu'elles croient*[3]. Cette méconnaissance est assez redoutable. À cause de cela, en effet, ces croyances qui s'ignorent se dispensent de toute interrogation véritable sur elles-mêmes. Leur dogmatisme, si l'on ose dire, est d'une réelle bonne foi. Et leur danse, au bal des croyances, est un pas de deux involontaire. Ces faux savoirs se rencontrent principalement sur le terrain de l'économie, de la politique et de la science. On y reviendra.

D'autres crédulités, en revanche, témoignent d'un saut délibéré – et revendiqué – dans l'irrationnel. Ce sont des croyances au premier degré et sans complexe. Loin d'ignorer leur statut, elles s'en réclament. C'est en frissonnant de bonheur qu'elles dialoguent avec le mystère, le ténébreux ou «l'impossible». Cartomanciennes, marabouts, paranormal, tables tournantes, extraterrestres, ésotérismes divers : ces superstitions, aussi anciennes que la création du monde,

2. Voir *Le Goût de l'avenir*, *op. cit.*, chapitre 8 : «Entre savoir et croyance».
3. J'emprunte cette formule à Alain Besançon, qui l'employait à propos du scientisme de Lénine.

ont été remises au goût du jour, repeintes à neuf, mais elles remplissent aujourd'hui la même fonction « consolatrice ». Leur resurgissement à l'heure de l'informatique, des nanotechnologies ou de la génétique est révélateur d'un manque, d'un besoin inassouvi, d'une dimension – spirituelle, poétique ou simplement intuitive – qui fait défaut à notre postmodernité.

On pense à *la brutale détente d'un ressort qui aurait été trop comprimé*. Les choses se passent comme si notre prétention au rationnel et au scepticisme intégral, pour avoir voulu aller jusqu'au bout d'elle-même, avait provoqué cet étrange choc en retour. Les crédulités contemporaines ne seraient qu'un effet miroir, un phénomène de symétrie par lequel l'individu désarrimé de tout « croire » collectif, de toute institution organisatrice des croyances, adhérerait solitairement à n'importe quel *credo*, pourvu qu'il soit impératif et nimbé de ténèbres.

Le théologien protestant Olivier Abel n'a sûrement pas tort de voir dans ces comportements l'effet indirect d'une *décroyance* collective trop impérieuse. « Nous voyons aujourd'hui comment le sobre usage des instruments, la critique des superstitions se retournent dans cette rationalité instrumentale qui écrase toutes les cultures mais renforce justement le magique, la gadgétisation du religieux. [...] L'Occident en vient ainsi à détester ce qu'il avait souhaité le plus, et ce pourquoi il avait tant sacrifié. C'est pourquoi la raison y est fragile, comme démoralisée[4]. »

En ce sens, la nouvelle prolifération de pensées magiques s'inscrit exactement dans l'analyse que faisait Marx de la religion, qualifiée par lui d'« opium du peuple ». Dans les trois lignes – rarement citées – qui précédaient la fameuse expression, Marx évoquait au sujet de la religion, « le soupir de la créature accablée, l'âme d'un monde sans cœur ». La crédulité revenue aujourd'hui peut être interprétée, elle aussi, comme un « soupir ». Elle est même un sanglot ravalé. Elle s'apparente à ces « croyances combleuses de vide, adoucisseuses des amertumes » qu'évoquait Simone Weil pour les rejeter par principe[5].

4. Olivier Abel, « Repenser la laïcité à partir de sa fragilité », *in L'Irrationnel, menace ou nécessité*, *op. cit.*, p. 149.
5. Simone Weil, *La Pesanteur et la Grâce*, *op. cit.*, p. 58.

Les psychanalystes usent d'un autre langage pour faire, en fin de compte, le même constat. Toutes ces crédulités et ces adhésions volontaires – à une secte, par exemple – révèlent un formidable besoin de normativité que la « société du vide » n'est plus en mesure de satisfaire. Elles expriment une « plainte », et doivent être interprétées comme telles. Le psychanalyste lacanien Charles Melman, cité au chapitre précédent, formule un diagnostic sans nuance : « Les sectes, écrit-il, offrent à la demande populaire ce que nos démocraties et nos organisations politiques ne peuvent plus proposer mais dont elles conservent la nostalgie : un maître ! Voilà ce qu'elles offrent : un maître, un patron, c'est-à-dire un guide – un *Führer* en allemand. Quelqu'un qui vous permet de ne plus vous confronter au doute, au choix, à la responsabilité, qui vous soulage de l'existence. Vous n'avez plus qu'à suivre, qu'à obéir. Fini le libre arbitre, vous devez vous en remettre entièrement et pleinement aux commandements prescripteurs [6]. »

* *
*

Dans les deux catégories évoquées ci-dessus – crédulités qui s'ignorent ou magies revendiquées –, se manifeste en tout cas *une pareille rémanence, têtue, de la croyance, la persistance d'un invariant humain qu'il serait impossible d'éliminer*. Il ferait corps avec le processus d'hominisation. Il serait une dimension irréductible de l'humanité de l'homme.

Ce qui frappe en effet dans cette réapparition – ou ce « retour » – des idoles, c'est que le phénomène n'est pas relégué dans les marges du social et de la pensée. *Il est situé en leur centre*. Il n'est pas un ajout, mais devient un constituant, dans tous les sens du terme. Au rebours de ce qu'on affirme trop hâtivement, ces crédulités ne sont pas l'apanage d'êtres incultes et de minorités analphabètes ; elles ne sont pas seulement le produit de l'ignorance ou de l'obscurantisme. *C'est au cœur des territoires de la connaissance, chez les esprits les*

6. Charles Melman, *L'Homme sans gravité. Jouir à tout prix*, *op. cit.*, p. 207.

mieux éclairés, voire par la bouche des savants qu'elles s'expriment à l'occasion. Le problème qu'elles posent ne peut donc être résolu par le recours à l'ironie ou le haussement d'épaules.

Il y a là une antinomie dont le moins qu'on puisse dire est qu'elle mérite d'être questionnée avec un peu de minutie.

Chapitre 4

De la croyance à la crédulité

« Méfiez-vous des faux prophètes ! »
Matthieu 7,15.

Commençons par quelques indications purement factuelles. Donner des chiffres ? Sur le chapitre de la crédulité, on n'a que l'embarras du choix.

Rappelons d'abord que plusieurs sondages réalisés en France au début des années 2000 ont révélé une surprenante inclination des adolescents de dix-huit à vingt-quatre ans pour l'irrationnel en général. À plus de 52 %, ils croiraient à l'existence de rêves prémonitoires ou à la télépathie ; 30 à 35 % d'entre eux accorderaient du crédit à la prédiction des voyantes, aux tables tournantes ou à l'envoûtement. Commentant, en novembre 2002, ces chiffres inattendus, un chercheur du CNRS, Guy Michelat, écrivait : « Les croyances au paranormal se développent surtout parmi ceux dont les croyances religieuses s'effritent. C'est beaucoup le cas chez les jeunes par rapport aux plus âgés [1]. »

Un autre rapport officiel, réalisé au printemps 2004 par l'inspection générale de l'Éducation nationale (IGEN), et remis en juillet de la même année au ministre, mettait en évidence des évolutions préoccupantes au sein des établissements scolaires. Ce rapport jugé « accablant » ne visait pas les superstitions proprement dites, mais tentait d'évaluer la montée d'une « demande » religieuse chez les jeunes scolarisés. Or, cette demande, dont le rapport indique qu'elle

1. Sondage réalisé pour le journal *Phosphore* en novembre 2002. Guy Michelat est l'auteur de deux articles de fond sur cette question : « L'essor des croyances parallèles », *Futuribles*, janvier 2001, et « Les Français et les para-sciences », *Revue française de sociologie*, janvier-mars 2002.

est devenue massive, correspond à une interprétation de plus en plus idolâtre et identitaire du religieux.

Les adolescents interrogés ne demandent pas tant d'être informés sur le contenu spirituel des grandes traditions, mais réclament *le droit d'en afficher les signes*. Leurs revendications concernent les prescriptions alimentaires, l'aménagement des horaires en fonction des fêtes religieuses, l'installation de lieux de prière quand ce n'est pas la légitimation du créationnisme [2] le plus étroit. Toutes ces demandes ont comme caractéristique d'être principalement axées sur les formes, les rituels, la gestuelle ou la dogmatique propres à chaque religion, et cela au détriment de l'intériorité ou de la réflexion théologique. *C'est une approche fétichiste de la croyance*, approche qui rabat en quelque sorte la foi vers la superstition. On est bien dans les parages de la crédulité.

Sur ce terrain, il est vrai, les adolescents ne sont pas les seuls concernés. Rien qu'en France, *on évalue à cinquante mille le nombre d'astrologues et de « voyants »* qui vivent assez confortablement de leurs talents supposés. Dans l'édition française, le secteur regroupant les ouvrages d'ésotérisme et d'occultisme réalise à lui seul plus de 20 millions d'euros de chiffre d'affaires annuel. Ce chiffre progresserait d'environ 10 % par an. « Dans son ensemble, écrit l'auteur d'une enquête sur le sujet, le marché des "arts divinatoires" est estimé à 3,2 milliards d'euros ! Pour donner une idée, cette somme dépasse et de loin le chiffre d'affaires de *toute* l'édition [3]. »

De façon plus concrète, on peut se référer aux résultats d'une enquête publiée dans les *Cahiers de chirurgie* à la fin des années 1980 et reprise par le magazine *L'Expansion*. Les auteurs de cette enquête évaluaient déjà à quelque 3,5 milliards d'euros (21,3 milliards de francs) le chiffre d'affaires des « voyants » français. Cette somme représentait, à l'époque, *le triple des dépenses de consultation des médecins généralistes*, et à peu près l'équivalent des crédits publics alloués, la même année, au ministère de la Recherche [4]. Belle revanche statistique et financière de la superstition...

2. Les créationnistes, hostiles au principe évolutionniste de Darwin, veulent continuer à expliquer la création du monde en se référant à la Genèse.

3. Mohammed Aïssaoui, *Le Figaro*, 30 décembre 2004.

4. Chiffres cités par Frédéric Méridien, *Ma sorcière bien-aimée : spirites et magiciens*, Hermé, 1991.

On pourrait ajouter que le réflexe assez nouveau qui consiste à voir ou à chercher du sacré partout est la variante «douce» d'un même besoin de magie et de mystère. «Cette torsion des esprits, note une sociologue des religions, prend parfois l'allure d'une torsion du bâton dans l'autre sens. On ne voyait plus – sous la domination du paradigme de la perte religieuse des sociétés modernes – de la religion nulle part. On découvre désormais du « sacré » partout: des manifestations sportives aux concerts de rock, rien n'échappe à la problématique devenue envahissante du "retour du religieux"[5].»

Des rebouteux dans le cyberespace

Aujourd'hui, bien sûr, c'est sur l'internet que s'étend de façon ahurissante ce «continent noir» de la crédulité. La consultation de n'importe quel moteur de recherche – au moyen d'entrées comme «voyance», «paranormal» ou «occultisme» – permet d'y découvrir une multitude de sites, le plus souvent payants, qui proposent consultations à distance, initiations ésotériques, conseils matrimoniaux, retours d'affection, désenvoûtement ou vente d'amulettes. Exemple choisi au hasard: tel site de «voyance en direct par téléphone» affichait en ces termes, début 2005, son offre globale, tarifée 0,34 euro la minute:

«Vous voulez savoir si vous allez rencontrer le grand amour ou retrouver l'amour perdu? Gagnerez-vous une grosse somme d'argent aux jeux ou votre procès en cours? Allez-vous réussir vos examens, trouver un travail ou un logement? L'enfant que vous désirez tellement finira-t-il par arriver? Aurez-vous la force d'arrêter de fumer? Votre santé va-t-elle s'améliorer? Votre horoscope personnalisé? Nos voyants mettent leurs dons à votre service et répondent en direct à toutes vos questions pour que vous puissiez prendre votre destin en main[6].»

On aurait tort d'imaginer que ces industries de la naïveté restent

5. Danièle Hervieu-Léger, «La religion, mode de croire», *op. cit.*, p. 149.

6. Certains «portails» proposent des listes de sites spécialisés dans la voyance. Par exemple celui-ci: <http ://www.francesurf.net/search.asp ?q=voyantes>

un phénomène marginal. Pour la seule entrée « occultisme », le moteur de recherche Google *donnait au printemps 2005 plus de deux cent mille références disponibles*. Pour l'entrée « paranormal », cette quantité faisait plus que doubler pour atteindre quatre cent trente mille résultats. Ces chiffres, bien entendu, sont partiellement trompeurs dans la mesure où tous les sites recensés ne correspondent pas à une offre « active », ni même à un prosélytisme avéré. Il n'empêche qu'à eux deux les mots « occultisme » et « paranormal » totalisent un nombre de références *supérieur à l'ensemble des livres – toutes catégories confondues – virtuellement disponibles en France*. Tout porte à penser que la superficie cybernétique de ce « continent noir » ne fera que s'étendre davantage dans les années qui viennent. Si de tels chiffres peuvent être enregistrés, c'est bien qu'une puissante *demande* leur correspond. On serait imprudent si on ne s'interrogeait pas sur la nature exacte de cette *demande*.

Le fait-on ? Pas vraiment. Il n'est même pas sûr qu'on ait mesuré l'ampleur du phénomène. Quelques dizaines de minutes de navigation sur la « toile » suffisent néanmoins pour voir surgir de nulle part, à portée de clavier, un univers fantasmagorique, avec son langage, ses affinités tribales, ses parcours balisés, ses fidèles, ses marchands et ses secrets ; un prolifique caravansérail qui semble surajouté à ce réel « banal » dans lequel évoluent nos activités humaines. Cela se passe dans une société développée des années 2000, au cœur d'un vieux continent qui a vu naître Descartes et Spinoza, Kant et Darwin, Newton et Einstein. C'est bien la face cachée de notre modernité, l'émergence éruptive, en son sein, d'un bloc d'antimatière ou de déraison ordinaire. Un phénomène de cette importance déborde largement les questions relativement accessoires (foulard islamique, crucifix à l'école, port de la kippa, etc.) qui mobilisent l'opinion.

C'est aussi, étrangement, un immense sujet que l'on ne traite pas toujours avec le sérieux qui s'impose. Il y a là une simple « chose » mal définie et qui ne mériterait pas d'être prise en compte. Le contraste est grand, en tout cas, entre l'énergie combative toujours prête à se dresser – au nom du rationnel – contre ce qu'il reste de cléricalisme catholique, juif ou musulman (ou contre l'action des sectes), et l'indifférence désinvolte qu'on réserve à ce magma de crédulités individuelles venues des tréfonds et diffusant les métastases de l'obscurantisme[7].

La lecture de tous ces textes, professions de foi, racolages, invocations laissent pourtant entrevoir *in concreto*, dans la réalité des campagnes et des villes, une sorte de pays bis avec ses rebouteux, ses jeteurs de sort, ses sorciers, ses allées et venues furtives, son économie souterraine, ses codes et ses non-dits. Il y a là une nappe de brume indéfinissable, un horizon de flou et d'ombres noires qui est comme l'arrière-plan de nos sociétés calculatrices et cultivées. Or, ni la sociologie ordinaire, ni les débats de tous les jours, ni *a fortiori* la réflexion politique ou philosophique sérieuse ne s'attardent à ce détail ou à ce folklore. Mais s'agit-il d'un détail ? N'est-ce là que du folklore ? Nous savons bien que non. Il faut y voir, en vérité, une immense question qui touche au statut de la pensée.

Certes, les médias évoquent régulièrement ce renouveau de l'occultisme ou du satanisme, mais c'est le plus souvent sur un ton à la fois sensationnel et léger, celui dont on use pour évoquer ce qu'on appelait jadis, en bibliophilie, les *curiosa*, c'est-à-dire ces ouvrages insolites et inclassables, de nature érotique ou fantastique. Les médias brodent volontiers sur le pittoresque inénarrable de telles crédulités. Il leur arrive même d'insister sur la liberté de croyance qu'elles incarnent, liberté qu'il s'agit, malgré tout, de protéger. La confusion règne. En général, le commentaire implicite de ces dossiers ou reportages est clair : pareilles choses anecdotiques et « amusantes » ne portent pas à conséquence. Comme ne porteraient pas à conséquence la vogue persistante du paranormal dans les séries télévisées et les rendez-vous radiophoniques, dans la littérature de gare ou le cinéma. Le roman *Da Vinci Code* pulvérise le record des ventes en 2004-2005 ? Soit. Va-t-on s'alarmer pour cela ? Les superstitions de cette sorte n'ont-elles pas existé de tout temps ? Des voix s'élèvent ici et là, au nom de l'intelligence, et crient casse-cou, mais elles demeurent isolées et peu entendues.

Pour donner un seul exemple de cette légèreté, l'agence d'information *Associated Press*, dans une dépêche datée du 24 octobre

7. On consultera avec profit un dossier intitulé « La pensée magique », dans *Res Publica*, n° 32, février 2003.

2004, signalait que, au nom de la liberté religieuse, la marine britannique avait accordé à l'un de ses officiers le droit d'être officiellement enregistré comme «satanister». L'intéressé, un certain Chris Hammer, âgé de vingt-quatre ans, déclarait s'être converti neuf ans auparavant en lisant la *Bible sataniste* de l'Américain Anton Szandor La Vey, fondateur, le 30 avril 1966, aux États-Unis, de «L'Église de Satan». Or, comme le rappelle l'auteur d'une enquête critique sur l'essor des mouvements satanistes, cette date du 30 avril n'avait pas été choisie au hasard: c'est celle de la mort d'Adolf Hitler[8].

De fait, les liens entre le satanisme (une cinquantaine de groupes répertoriés en France) et l'extrême droite néonazie semblent établis. Ce lien ne parut guère émouvoir l'amirauté britannique, ni d'ailleurs les médias qui ont rapporté l'information en la cataloguant parmi les «brèves» insolites. La Mission interministérielle de vigilance et de lutte contre les dérives sectaires estime pourtant, dans plusieurs de ses rapports, que le satanisme est devenu un phénomène inquiétant. «Aujourd'hui érigé en phénomène de mode et filon commercial, juge-t-elle, le romantisme noir dont les adeptes du diable représentent la frange extrême et la plus subversive devient plus qu'une simple *tendance*, un emblème de génération.»

L'ère du Verseau

Beaucoup plus pacifique et même souriante est cette immense et foisonnante galaxie de croyances, groupes et pratiques qu'on rattache au *New Age* californien[9]. Mêlant l'astrologie au chamanisme, les nouvelles technologies au panthéisme écologique, les sagesses bouddhistes au consumérisme américain, la spiritualité authentique à l'hédonisme pansexuel, la contre-culture féministe et libertaire au tantrisme ou au yoga, ce vaste mouvement est apparu au tout début

8. Paul Ariès, *Satanisme et Vampirisme*, Golias, 2004. Voir aussi les ouvrages de l'historien des religions Jacky Cordonnier, et, notamment, *Dérives religieuses*, Chronique sociale, 2003.

9. Le terme *New Age* a été introduit en 1967 par David Spangler, l'un des premiers animateurs de la communauté écologique et mystique de Findhorme, fondée en 1962 en Écosse.

des années 1980, après la parution du livre fondateur de Marilyn Ferguson, *Les Enfants du Verseau*[10]. L'auteur s'était déjà fait connaître par deux livres à succès, l'un sur les mystères du cerveau et l'autre sur l'ère du Verseau qui, pour les astrologues, devait succéder à celle des Poissons[11]. Dans ce troisième ouvrage, vaste panorama de la contre-culture californienne, elle proposait un nouveau paradigme pour exprimer une nouvelle vision de l'univers. Elle y mêlait une réflexion vulgarisée sur les disciplines technoscientifiques émergentes (neurosciences, informatique, cognitivisme, etc.) à l'évocation des grandes figures du prophétisme contemporain, qu'il s'agisse de Jung, de Teilhard de Chardin ou de Gandhi. L'auteur se réclamait surtout, face à l'avenir, d'un optimisme lyrique. « Après un âge d'obscurité et de violence – les Poissons –, nous pénétrons, écrivait-elle, dans un millenium d'amour et de lumière, l'ère du Verseau, le temps de la vraie libération de l'esprit. » Or, chronologiquement, l'ère des Poissons ne désigne rien d'autre que l'ère chrétienne. Dans un autre passage du livre, elle ajoutait pour justifier la nécessité d'un nouveau paradigme : « Ce n'est que par un nouvel état d'esprit que l'humanité peut se régénérer, et notre capacité pour un tel changement est naturelle. » Cet optimisme, pacifiste et un peu illuminé, ne comptera pas pour rien dans le succès, immédiat et déconcertant, du mouvement.

La démarche de Marilyn Ferguson participait d'une sensibilité qui s'était manifestée dès 1961, quand deux étudiants, Mike Murphy et Richard Price, tous deux diplômés de l'université de Stanford, créèrent à Esalen, près de Big Sur, entre Los Angeles et San Francisco en Californie, un centre de rencontres où se retrouvèrent bientôt des artistes, des scientifiques ou des psychothérapeutes réputés pour leurs recherches sur le cerveau, l'épanouissement corporel, et ce qu'on appela rapidement le « potentiel humain ». Par certains côtés, le *New Age*, mouvement de réveil à la fois dynamique et composite, renouait avec l'ésotérisme très en vogue au XIXe siècle et, plus loin-

10. Marilyn Ferguson, *Les Enfants du Verseau*, trad. fr. Calmann-Lévy, 1981. Maintes fois réédité, ce livre est disponible au format de poche, J'ai lu, 1999.

11. Selon une théorie astrologique, le Soleil changerait de signe zodiacal toutes les 2 160 années environ. L'ère des Poissons, commencée au début du Ier siècle de notre ère, devrait être relayée par l'ère du Verseau vers l'année 2160.

tainement encore, *avec la tradition gnostique des premiers siècles de notre ère.* Comme chez les premiers gnostiques, en effet, s'exprimait là une passion nouvelle pour la « connaissance », notamment celle qu'apportaient depuis peu la mécanique quantique, les théories du chaos, le principe d'incertitude de Heisenberg, l'épistémologie cybernétique de Gregory Bateson et du groupe de Palo Alto, etc.

La dimension gnostique du mouvement – du moins à ses débuts – ne fait aucun doute. S'y manifeste, paradoxalement, un goût pour le mystère allié à une passion pour le savoir. Il y donc là une volonté de syncrétisme théologico-scientifique, et même une aspiration au « concordisme », démarche qui prétend réconcilier science et spiritualité, par exemple en prouvant l'existence de Dieu. On trouve ainsi chez les adeptes du *New Age* un mélange de crédulité et de science parfaitement en accord avec l'époque. On peut tout à la fois s'intéresser aux neurosciences le plus en pointe, tout en pratiquant le *channeling* (réception médiumnique de messages venus d'ailleurs), le dialogue avec l'ange, la transcommunication ou la régression vers les vies antérieures. On mêle sans complexe la rationalité technologique et le sacré, ou, pour être plus précis, le *cybersacré.* En effet, c'est par le canal de l'internet que certains groupes s'efforcent, aujourd'hui encore, d'entrer en communication avec... les anges.

Concernant la filiation gnostique, le philosophe Michel Lacroix, qui assimile le *New Age* à un « cimetière de l'esprit », estime que, pour ses adeptes, « ce n'est pas la foi qui sauve. Ce n'est pas non plus la grâce divine. C'est, avant tout, le savoir. La véritable spiritualité est affaire de connaissance, et cette dernière a une vertu salvatrice[12] ».

Le *New Age* conjuguait, plus concrètement, la révolution technologique symbolisée par la création de la Silicon Valley près de San Francisco, l'aspiration au bonheur d'une Amérique sortie – depuis avril 1975 – de la guerre du Vietnam, et une insatisfaction d'essence spirituelle face au matérialisme de la société de consommation. À tout cela, s'ajoutait la prise de conscience des risques nouveaux menaçant Gaïa, la terre mère et nourricière, qu'il fallait protéger et honorer

12. Michel Lacroix, *L'Idéologie du New Age*, Flammarion, 1996. On trouvera également une approche synthétique de la question dans le « Que sais-je ? » de Jean Vernette, *Le New Age*, PUF, 1993.

en lui reconnaissant des « droits ». Cette appellation – Gaïa –, qui allait connaître un succès planétaire, était empruntée à la *Théogonie* d'Hésiode qui, au VIIe siècle avant J.-C., décrivait la Terre comme une femme « aux larges flancs, assise sûre à jamais offerte à tous les vivants ».

Le *New Age* s'inscrivait enfin dans un grand mouvement de redécouverte des sagesses et traditions orientales – ce qui était déjà le cas de la Société théosophique du XIXe siècle –, mais aussi des religions préchrétiennes, du chamanisme ou de l'ufologie (observation des OVNIs et curiosité pour les extraterrestres). Tout au long des années 1980 et 1990, le *New Age* allait connaître une extraordinaire expansion planétaire, tout en se ramifiant en une multitude de groupes, tendances, réseaux et sous-réseaux. Ces tendances, fort diverses, allaient de la diététique améliorée et de la culture bio aux crédulités millénaristes et, parfois, à la démarche sectaire. Leur succès mondial s'accompagna d'un foisonnement de publications, livres, journaux, revues et maisons d'édition spécialisées. Auréolé d'un flou assez providentiel, le *New Age* rencontra un tel succès que nombres de thèmes, d'expressions, de vocables qui en étaient issus se trouvèrent bientôt incorporés dans le langage publicitaire et médiatique le plus courant.

Protéiforme et proliférant, le *New Age* devenait peu à peu constitutif de l'air du temps. C'est ce que Edgar Morin appelait jadis, de façon assez prémonitoire, la « californisation du monde [13] ».

Du New Age *au* Next Age

Cette effervescence qui joue à la fois sur une soif de connaissance et une curiosité souvent infantile est-elle dangereuse ? Pour les défenseurs du rationalisme issu des Lumières, comme pour les grandes Églises constituées, cela ne fait aucun doute, encore que l'extrême diversité du mouvement rende difficile un jugement abrupt. Son pacifisme résolu, son hostilité de principe à l'endroit des dogmes imposés

13. Edgar Morin, *Journal de Californie*, Seuil, 1970.

d'en haut, sa disposition au bonheur individuel, tout cela inspire même *a priori* une certaine sympathie. À la réflexion, pourtant, le point de vue s'infléchit. Le *New Age* est porteur de « signes » et de réflexes qui n'invitent pas forcément à l'indulgence.

Nombre de sociologues des religions, de psychiatres ou de philosophes ne dissimulent pas leur inquiétude devant ces manifestations très modernes de crédulité. C'est le cas de la Québécoise Marie-France James, vice-présidente du Centre d'information sur les nouvelles religions, installé à Montréal, qui établit un parallèle entre certains groupes du *New Age* et des mouvements ésotériques plus anciens comme la Synarchie ou les Rose-Croix, dont l'idéologie antidémocratique était manifeste[14]. D'autres chercheurs mettent en évidence le caractère hasardeux, la « rupture épistémologique » qui consiste à mettre rigoureusement sur le même plan l'expérience ésotérique et la connaissance scientifique, la raison et la mystique, la rationalité et l'émotif. Il y a là un *principe d'équivalence* qui menace aussi bien la raison que la croyance. Cette idée d'équivalence contreviendrait de façon caricaturale au fameux « principe de NOMA » (non-empiétement) cher au paléontologue américain Stephen Jay Gould, principe qui conduit à respecter la frontière qui sépare obligatoirement la science et la religion, le savoir et le croire, dont les statuts épistémologiques sont respectables mais incompatibles.

Les analyses les plus longuement argumentées et les plus sévères à l'égard du *New Age* sont celles qui viennent des Églises constituées, et surtout de l'Église catholique. La mémoire catholique, il est vrai, a été nourrie pendant deux mille ans des souvenirs du combat incessant contre les hérésies, les sectes et les dissidences, en particulier celles des gnostiques. (On recensait une centaine d'hérésies au temps de saint Augustin !) L'institution romaine est donc spontanément encline à prendre très au sérieux – ou même au tragique – l'apparition d'une nouvelle « hérésie », en qui elle croit reconnaître celles du passé. À Rome, le « défi » du *New Age* a fait l'objet de plusieurs réunions, rapports et déclarations spécifiques. En février 2003, par exemple, le Conseil pontifical pour la culture et le Conseil pour le

14. Marie-France James, *Les Précurseurs de l'ère du Verseau*, Montréal, Éditions Paulines & Médiaspaul, 1998.

dialogue interreligieux ont présenté conjointement un document «provisoire» comprenant un avant-propos suivi de neuf longs chapitres et intitulé «Jésus-Christ, le porteur d'eau vive. Une réflexion chrétienne sur le *New Age*».

Dans ce texte critique, le *New Age* est interprété comme un «retour du gnosticisme», qui s'inscrit dans une longue tradition de pensée mythique et magique, tradition qui se réfère elle-même à un passé préchrétien. Il faut donc y voir un phénomène régressif, mais surtout une «mauvaise réponse» apportée à une crise profonde, et bien réelle celle-là, qui affecte la culture occidentale. Tout en condamnant ce mouvement, les rédacteurs reconnaissent un «authentique sentiment religieux chez les personnes influencées par le *New Age*». Ce texte, largement diffusé dans les milieux chrétiens en 2003 et 2004, a fait l'objet de nombreuses réunions et discussions. En juin 2004, par exemple, une rencontre internationale de trois jours consacrée au *New Age* a été organisée, au Vatican, par la Commission interdicastère de réflexion sur les sectes et les nouveaux mouvements religieux. À l'évidence, l'Église catholique prend la chose très au sérieux.

Or, cette dramatisation, pour compréhensible qu'elle soit venant de Rome, n'est peut-être pas – ou plus – justifiée. Au cours des dix dernières années, en effet, le *New Age* a connu une évolution, voire une crise très significative. Si l'on en croit certains observateurs, on serait passé d'un millénarisme utopique et communautaire à un repli individualiste. Les premiers adeptes, convaincus de l'imminence d'une entrée dans l'ère du Verseau, se seraient lassés, au fond, de ne rien voir arriver. Ils se seraient curieusement trouvés dans une position analogue à celle des premiers chrétiens, notamment des communautés auxquelles s'adressait Paul de Tarse, et qui pensaient vivre des temps apocalyptiques annonçant la *parousie* (la fin du monde et le retour du Christ). L'entrée dans l'ère du Verseau tardant à venir, on serait passé du «tous ensemble» au «chacun pour soi». Au *New Age* aurait succédé le *Next Age*[15].

15. J'emprunte cette analyse au père Joseph-Marie Verlinde, auteur d'un long article sur le *New Age* dans la revue *Esprit et Vie*, de janvier 2003. Docteur ès sciences, d'origine belge, Joseph-Marie Verlinde a également publié un ouvrage réunissant ses conférences

Ce renoncement à la transformation du monde et cette rétractation vers « l'épanouissement de soi » correspondraient à l'éclatement annoncé de la nébuleuse qui, aujourd'hui, se résume à une sensibilité diffuse plutôt qu'à un mouvement au sens propre du terme. Cette nouvelle donne rendrait du même coup excessives les craintes manifestées ici ou là.

Sauf sur un point.

La sensibilité *new age* peut encore se révéler dangereuse, estiment certaines associations, dans la mesure où elle peut « préparer » ses adeptes à effectuer un pas supplémentaire vers l'ésotérisme en adhérant à une secte identifiée. Elle constituerait donc une sorte de culture préparatoire naturelle, un substrat culturel propice au développement du discours sectaire. À ce titre, l'évolution du mouvement vers un individualisme nettement marqué ne serait pas aussi rassurante qu'on l'imagine. Individualisée, moins communautaire et moins militante, la sensibilité *new age* ne serait plus guère partagée que par des adeptes isolés, livrés à eux-mêmes, offerts à toutes les tentations communautaristes compensatoires, plus crédules et vulnérables que jamais.

Les sectes de leur côté auraient appris à utiliser, ou même à infiltrer, la nébuleuse à des fins prosélytes. Elles y feraient prospecter leurs missionnaires ou leurs « rabatteurs », pour reprendre la terminologie des militants antisectes. On trouve ce type d'analyse, par exemple, dans les colonnes de la revue *Bulles*, émanation de l'Union nationale des associations de défense des familles et de l'individu (UNADFI).

Reste à savoir ce qu'est réellement une secte.

Les sectes : un combat incertain

Cette extrême – et très paradoxale – vulnérabilité de nos sociétés postmodernes aux formes de magie ou de croyances irrationnelles explique en grande partie *l'embarras qui accompagne toute réflexion sérieuse sur les sectes*. En droit, la lutte contre ces dernières est sérieusement organisée et codifiée. Des institutions spécialisées, des

---

de carême : *Le Christianisme au défi des nouvelles spiritualités*, Presses de la Renaissance, 2002.

associations, des missions parlementaires, notamment la Mission interministérielle de lutte contre les sectes, créée en 1998, en ont désormais la charge. Ladite mission est venue remplacer un « Observatoire » à qui l'on reprochait son manque de fermeté. La lutte s'est donc sensiblement durcie et se mène de façon quotidienne à visage découvert. En outre, un énorme effort de documentation a été accompli depuis une vingtaine d'années. Le phénomène est maintenant assez convenablement cerné et la documentation ne fait plus défaut[16].

Dans la sphère médiatique, le discours antisecte s'est durci lui aussi jusqu'à devenir virulent. Cela semble indiquer qu'on n'établit aucun lien entre les crédulités qui sont jugées « pittoresques » et les sectes que l'on considère comme dangereuses. À propos de ces dernières, on parle de « pieuvre », de « décervelage », de « danger fatal », de « nouvel esclavage », avec une unanimité aussi troublante que trompeuse. Dans l'ensemble de l'Europe, en effet, la réflexion théorique et l'élaboration de critères à propos des sectes, tout cela bute sur des contradictions. Elles exigeraient une analyse plus circonspecte et mieux réfléchie. Qu'est-ce qu'une secte ? Comment la distingue-t-on d'une Église ? Sur quoi peut-elle fonder sa légitimité institutionnelle ? Au nom de quoi la condamner dans une société dite « ouverte » ? Comment combattre les sectes tout en respectant la liberté de croyance inscrite dans la Constitution ? Ces questions dérangeantes alimentent une guérilla incessante entre les sectes qui refusent d'être classées dans cette catégorie et les associations qui les combattent. Cette guérilla débouche régulièrement sur le terrain judiciaire.

Elle est tout sauf paisible.

Il est vrai que certains textes législatifs visant les sectes et votés à la hâte sous la pression de l'opinion se fondent sur des notions attrape-tout comme la « manipulation mentale » (inscrite dans la loi du 12 juin 2001) qui pourrait s'appliquer, à la limite, à n'importe quelle Église constituée, au premier mouvement associatif venu, voire à un club sportif soucieux de conditionner ses joueurs pour qu'ils gagnent. Le

16. On pourra se faire une idée de la richesse de la documentation disponible sur les sectes et du nombre très élevé de publications récentes en consultant le site bibliographique de l'Union nationale des associations de défense des familles et de l'individu (UNADFI) : <http ://www.unadfi.com/bibliographie/biblio3_4.htm>.

même concept de « manipulation mentale » pourrait encore être transposé dans le domaine de l'économie et des affaires et appliqué, par exemple, aux méthodes de conditionnement de leurs cadres ou vendeurs par les entreprises adeptes du nouveau management. Pensons aux séances de motivations, aux sauts à l'élastique, aux jeux de rôles, etc.

Ajoutons que la lutte contre les sectes s'effectue en ordre dispersé à l'échelle du vieux continent. En dépit de quelques vagues directives communes, les États membres de l'Union européenne n'ont ni les mêmes critères d'appréciation, ni par conséquent les mêmes règles. La question sectaire est à ranger, elle aussi, parmi les non-dits et les *dissensions* de l'Union européenne. Elle est l'objet d'un désaccord encore plus radical entre l'Europe et les États-Unis (et le Canada), où l'on n'accepte pas de criminaliser quelque croyance que ce soit.

Ces désaccords ne doivent pas surprendre. Autant le combat contre les activités frauduleuses, ou même criminelles, de certaines sectes ne soulève guère de difficultés ontologiques, autant la réflexion devient fort difficile dès lors qu'on entreprend d'analyser en profondeur ces processus de « servitude volontaire », c'est-à-dire d'adhésion libre et individuelle à une croyance codifiée[17]. Des adhésions fascinées qui peuvent conduire, rappelons-le, jusqu'au suicide collectif.

Concernant les pratiques, les criminologues et les pénalistes ont déblayé le terrain sans trop de difficultés. Les psychiatres et les psychologues, en revanche, ont plus de mal à identifier avec la même clarté ce qui relève de la mise en condition, de la manipulation mentale ou sexuelle, de la violence psychique, de l'addiction provoquée, etc. Sur tous ces chapitres, une société démocratique prétendument pluraliste, tolérante, voire indifférente à la croyance, qu'elle relègue au domaine privé, se trouve prise au piège de ses propres principes. Comment pourra-t-elle mener, elle qui récuse toute idée de croyance collective ou de religion officielle, le combat contre les sectes ? *Comment engager en définitive contre les sectes une lutte qui ne soit pas*

17. Sur ces questions, parmi l'abondante littérature disponible, on lira avec profit l'ouvrage d'Anne Fournier et Catherine Picard, *Sectes, Démocratie et Mondialisation*, PUF, 2002, ou celui de Nathalie Lucas et Frédéric Lenoir, *Sectes, Mensonges et Idéaux*, Bayard, 1998.

elle-même sectaire ? Ces dernières n'appliquent-elles pas, au fond, le principe de privatisation et d'individualisation des croyances ?

Certaines d'entre elles, d'ailleurs, ne font pas que cela. Elles affirment prendre au mot le projet très postmoderne d'épanouissement de soi, de libération psychique, d'écologie intégrale et de panthéisme, projet qui s'accorde avec la sensibilité dominante. Certaines sectes, comme l'Église de scientologie fondée par Ron Hubbard, prétendent s'inscrire dans ce nouveau rapport au monde qu'annonce l'ère du Verseau. À tort ou à raison, elles se sentent en totale harmonie avec cette postmodernité qui a émergé après le déclin des grandes croyances institutionnelles, et même grâce à lui. Au nom de quoi la société moderne, qui se prétend « anomique » (sans normes morales imposées), peut-elle combattre des sectes de cette nature ?

La contradiction n'est pas si facile à surmonter. Pour certains observateurs, c'est cet embarras qui explique la violence du débat entre les sectes et la société démocratique. « L'une des raisons de la fureur antisecte vient sans doute de là : elles tranchent sur les idées et les pratiques dominantes de nos sociétés ouvertes et tolérantes, qui sont incapables de les contrer sans se contredire elles-mêmes. Pluralisme et libertés individuelles, tolérance et relativisme se doivent de laisser vivre, croître et s'exprimer des forces et des groupes bâtis sur d'autres valeurs. Le cas des sectes n'est pas foncièrement différent, sur ce point, de groupements politiques qui prospèrent en démocratie, tout en condamnant la démocratie[18]. »

Les sectes sont bel et bien devenues « le » problème emblématique de la société moderne. Elles renvoient en effet à celle-ci, et de plein fouet, la question irrésolue du pluralisme, de la croyance collective et de la croyance tout court. Le nombre et le succès des sectes signalent bien, en creux, l'intensité du besoin de croire et la persistance, dans les sociétés les plus modernes, d'une crédulité instinctive qui laisse le champ libre à toutes les manipulations. Les espoirs que l'on fondait sur l'émancipation individuelle et la liberté de jugement se voient là battus en brèche. Confiée au libre arbitre de chacun, détachée de tout encadrement institutionnel, l'aspiration à la croyance fait de chacun

18. Jean-Louis Schlegel, « Les sectes à l'âge démocratique », *Études*, décembre 1999, p. 604.

une proie facile. Le conditionnement des esprits, souvent flagrant dans le cas des sectes, se retrouve dans bien d'autres domaines.

L'homélie publicitaire

Prenons comme exemple la notion de « manipulation mentale » inscrite dans la loi de juin 2001. On peut en retrouver trace un peu partout. Cette appétence pour le merveilleux, le mystérieux, le « signe » ou le marquage symbolique flotte autour de nous. Les raisons qui poussent nos contemporains vers les sectes les prédisposent à quantité d'autres *consentements* dociles. Ces consentements ne relèvent pas, en théorie, de la crédulité, mais, dans la pratique, ils n'en sont pas éloignés. L'esprit critique abdique plus souvent, et plus facilement qu'on ne le croit, devant des « offres » intéressées qui représentent, pour reprendre une expression de Régis Debray, autant « d'imbécillités toniques [19] ».

C'est le cas de la publicité, ou plus exactement de ce qu'on pourrait appeler la *liturgie publicitaire*. Dans les sociétés avancées, la publicité emploie maintenant des techniques très élaborées et s'appuie sur une connaissance toujours plus fine des ressorts psychologiques qui déclenchent l'acte d'achat. Appliquant des méthodes de marketing sans cesse plus « intelligentes », ses promoteurs en viennent à construire un environnement psychique qui n'est pas si éloigné du sacré et du culte. Comme on le sait, il s'agit moins de vendre des « produits » au sens concret du terme que des symboles. Intrinsèquement, les produits de différentes marques sont à peu près équivalents. Ce n'est donc pas – ou pas seulement – sur leurs qualités comparées que se jouera la concurrence, mais sur l'immatérialité des symboles représentés par les marques. Les publicitaires, pour le compte des entreprises clientes, s'efforceront par conséquent d'élaborer ou de valoriser une imagerie pieuse, destinée à capter l'adhésion – irrationnelle – du consommateur.

19. Régis Debray et Jean Bricmont, *À l'ombre des Lumières. Débat entre un philosophe et un scientifique*, Odile Jacob, 2003, p. 173.

Une bonne partie du commerce quotidien se ramène ainsi à un subtil enchevêtrement de codes et de symboles, ample réseau, déployé comme un filet pour prendre les clients et usagers au piège de leur propre crédulité. Or, si la compétition entre les marques fait rage et s'apparente à une nouvelle « guerre des dieux », le dispositif publicitaire en lui-même fait l'objet d'une dévotion globale. Il est le *deus ex machina*. Il préside à notre bonheur. Il célèbre notre prospérité. On considère en outre – à tort – qu'il symbolise tout à la fois la modernité sociale et la liberté individuelle. À ce titre, il s'apparente à une religion séculière. Il assure en quelque sorte l'homélie permanente (au sens de « commentaire » de l'Évangile) de la consommation de masse. Il est notre nouveau catéchisme ou, plus exactement, une nouvelle machinerie mystificatrice, destinée à produire du consentement. Or, une telle machinerie se fonde sur la crédulité supposée des « fidèles ». Personne n'est autorisé à chuchoter pendant la prédication.

Face à de nouveaux dispositifs d'essence cléricale, la résistance, la lucidité combative, la réflexion critique – celle des mouvements « antipubs » – peinent à triompher de la piété ambiante. Un nouvel activisme antipublicitaire est pourtant apparu au tout début des années 2000. Il a déjà produit des réflexions et des livres de qualité [20]. Il a ses propres références et ses théoriciens. Il a tenté quelques actions ou campagnes de sensibilisation. Mais il se heurte à forte résistance. Le discours publicitaire en tant que tel est devenu une *doxa* aussi douce que contraignante. Il n'est jamais de bon ton d'en dénoncer le principe. Il est malséant de s'en prendre à la publicité, comme il était malvenu, jadis, de se démarquer d'une religion ou d'une foi majoritaire. La publicité, en tant qu'idéologie invisible, bénéficie encore d'une adhésion mimétique dont la quasi-unanimité impressionne. Les dissidents, dans ce cas particulier, ne peuvent jamais espérer autre chose que des victoires partielles, marginales ou différées.

Cela ne doit pas nous empêcher d'être attentif à ce qu'ils disent. Le plus remarquable, dans cette contre-offensive encore très minori-

20. Citons quelques titres, parmi les plus novateurs : Naomie Klein, *No Logo*, Babel, 2002 ; Dominique Quessada, *La Société de consommation de soi*, Verticales, 1999 ; Florence Amalou, *Le Livre noir de la pub*, Stock, 2001 ; Paul Ariès, *Putain de ta marque*, Golias, 2003 ; François Brune, *De l'idéologie aujourd'hui. Analyse, parfois désobligeante, du « discours » médiatico-publicitaire*, Parangon, 2004.

taire, c'est que les critiques les mieux argumentées de l'idéologie publicitaire sont celles qui proviennent de l'intérieur même du système. Il est vrai qu'il y a là une constante dans l'histoire des idées, des partis politiques ou des Églises : les plus fortes dénonciations ont en général pour auteurs des dissidents « de l'intérieur », bien informés et connaissant mieux que personne les procédés en usage au cœur de la forteresse. Il n'y a pas d'anticléricalisme plus violent que celui d'un prêtre en rupture ou d'un ancien élève des « bons pères ». Il n'y a pas adversaire politique plus farouche qu'un militant qui a changé de bord. Les contempteurs de l'idéologie publicitaire, de ses méthodes et de sa vanité se recrutent souvent dans les agences de publicité elles-mêmes. Qu'on se souvienne de l'impétuosité roborative du livre *99 Francs* de Frédéric Beigbeder, ancien publicitaire devenu romancier[21].

On rangera dans cette catégorie, bien qu'il soit seulement « professeur de marketing à l'école de management de Lyon », le sémiologue Benoît Heilbrunn. Dans des analyses à l'emporte-pièce, il n'hésite pas à dénoncer ce qu'il appelle le « fascisme des marques ». Le mot est-il trop fort ?

À ses yeux, les messages publicitaires fondés sur les marques fonctionnent selon une rhétorique binaire (ancien contre nouveau, branchés contre ringards, etc.) qui appuie en réalité un discours monolithique destiné à « mettre au pas » le langage et à empêcher toute dénégation. « Le pouvoir idéologique des marques est donc d'obédience politique en ce qu'il vise à canaliser le désir de façon à instaurer une sorte de désir commun se substituant à la coexistence de désirs additifs séparés et spécifiques. Il s'agit donc, ni plus ni moins, d'une totalitarisation des esprits et des corps qui vise à promouvoir un système dont on ne peut s'extraire car il englobe de façon dialectique tout argument et son contraire[22]. »

La charge est peut-être outrée. Elle vient cependant à point nommé nous remettre à l'esprit une vérité simple : la crédulité est une proie offerte à des idéologies ou à des conditionnements infiniment plus diversifiés qu'on ne le croit. Il est bien d'autres cléricalismes que

21. Frédéric Beigbeder, *99 Francs*, Grasset, 2000, et « Folio », 2004.
22. Benoît Heilbrunn, « Le fascisme des marques », *Le Monde*, 24 avril 2004.

celui d'Église. L'exemple de Voltaire est éclairant sur ce point. Lui, l'infatigable ennemi de « l'infâme », lui l'adversaire vigilant de tout catéchisme, trouvait malgré tout des intonations terriblement dévotes pour célébrer les vertus quasi religieuses de l'argent et la grandeur inégalée de la Bourse de Londres. « Entrez à la Bourse de Londres, cette place plus respectable que bien des Cours ; vous y voyez rassemblés les députés de toutes les nations pour l'utilité des hommes. Là, le juif, le mahométan et le chrétien traitent l'un avec l'autre comme s'ils étaient de la même religion, et ne donnent le nom d'infidèle qu'à ceux qui font banqueroute[23]. »

La tyrannie de l'efficacité

Une question de principe reste posée : la crédulité contemporaine serait-elle plus forte que par le passé ? Par l'effet d'un extraordinaire coup du sort, la *décroyance* et la *désillusion* généralisées, loin de nous rendre plus lucides, auraient-elles fait de nous des humains plus vulnérables encore, et plus crédules que ne le furent les générations précédentes ? Le sentiment – illusoire – d'avoir rompu avec les prodiges consolateurs de la religion ou de l'idéologie nous aurait-il conduit à baisser la garde et ferait-il de nous des êtres plus *désarmés* encore ?

Ce qui est sûr, c'est que, renvoyé à la sphère privée, réduit à n'être plus qu'une option individuelle, le besoin de croyance s'est trouvé livré à lui-même, désarrimé de toute discipline argumentative, de tout contrepoids ou encadrement collectif. Il est désormais solitaire face aux tentations qui l'habitent et aux pathologies qui le guettent. Toujours prêt à succomber à la *crédulité*, il est confronté à des discours et à des transcendances inédites, c'est-à-dire à des pièges, qu'il n'a pas appris à déjouer. C'est dans cette perspective qu'on doit réfléchir aux techniques nouvelles de conditionnement des esprits, à la façon dont la parole elle-même peut se trouver aujourd'hui manipulée. Si on ne le fait pas, on risque de s'épuiser à

23. Voltaire, *Lettres anglaises*, Pauvert, 1964. Sur la dévotion de Voltaire à l'endroit de l'argent et des « affaires », voir Pierre Lepape, *Voltaire le Conquérant. Naissance des intellectuels au siècle des Lumières*, Seuil, 1994, p. 48-49.

combattre des idoles depuis longtemps édentées en négligeant de s'attaquer à celles, très carnassières, qui nous entourent.

Dans cette réciprocité vertigineuse qui oppose, tout en les réunissant, le besoin de croire et l'esprit critique, il importe que soient définis une sorte de règle du jeu, un principe de surplomb, une référence minimale. Ce pourra être une certaine idée du vrai et du faux, un recours à l'expérimentation scientifique, la convocation de «preuves», la cohérence d'une délibération, mais surtout, en définitive, la probité d'une parole. La confrontation – y compris intime – entre la croyance et le doute implique une confiance préalable: celle qu'on accorde au langage lui-même, aux codes qui le fondent, aux principes qui lui donnent sa pertinence, etc. Cette nécessité de structurer l'argumentation correspond à une discipline de l'esprit à laquelle on accordait jadis de l'importance: la rhétorique. Dans son acception première, la discipline ainsi nommée régit l'art de bien parler, mais aussi de bien argumenter. Pour Aristote, l'un de ses plus anciens défenseurs, elle est une «dialectique des vraisemblances». Aujourd'hui le mot n'est plus guère employé que dans un sens ironique. On parle de rhétorique pour qualifier un discours ennuyeux, trop solennel ou même vide de sens. Or, c'est sa signification originelle qu'il nous faudrait réapprendre. Pourquoi?

Parce que toute parole tend aujourd'hui à ne plus obéir qu'à une seule règle: celle de l'efficacité. Un discours sera jugé à ses résultats, et non aux détours et procédés qu'il utilise. Le langage, en somme, n'a plus vraiment de référent académique ou rhétorique. Sa légitimité et même sa *vérité* seront mesurées à l'aune de son efficacité. Peu importe, dès lors, qu'il soit cynique ou manipulateur. L'essentiel est qu'il triomphe, que ses «fruits» soient immédiatement palpables. Dans cette optique, nul ne reprochera au discours public, quel qu'il soit, de tirer avantage de la *crédulité* ambiante. Qu'il s'agisse de la politique, de l'économie, de l'appareil médiatique ou même du prétoire, le principe organisateur de la parole, c'est désormais ce discret cynisme axé sur les seuls *résultats*.

Le sociologue Philippe Breton, auteur de plusieurs ouvrages sur la manipulation de la parole, emploie une formule bienvenue pour évoquer la vulnérabilité de nos contemporains, dont la crédulité est laissée sans défense face à la généralisation du discours cynique. « À une intense liberté d'expression, écrit-il, correspond une très faible "liberté de réception". Lorsqu'elle n'obéit que très peu à des normes, la liberté d'expression se réduit à être un instrument de pouvoir au service des puissants, de ceux, en tout cas, qui ont les moyens institutionnels ou financiers d'influencer sans limite l'opinion. » Insistant sur les conséquences du culte moderne de l'efficacité, il ajoute : « Transposé dans le domaine de la parole pour convaincre, le souci d'efficacité fait préférer le recours à des techniques de raccourci, d'évitement du détour argumentatif, de la mobilisation de tout ce qui permet d'obtenir un résultat immédiat, sans le risque que l'auditoire puisse être tenté par un choix alternatif. Il est souvent plus efficace, au moins à court terme, de manipuler que d'argumenter[24]. »

* *
*

On voit bien où nous conduirait une réflexion plus approfondie sur la parole manipulée. Elle nous aiderait à mieux comprendre la vulnérabilité à laquelle nous expose notre ignorance – plus abyssale que jamais – des lois et logiques qui président aux échanges entre les hommes. Deux éléments sont d'ores et déjà à retenir : le premier a trait à cette relation en miroir entre les nouvelles crédulités bien particulières qui prévalent dans les sociétés modernes et les formes de manipulation, elles aussi particulières, qu'elles rendent possibles. Les unes et les autres, à l'évidence, sont symétriques. Voilà bien l'une des pistes que doit suivre quiconque entend défendre – ou même sauvegarder – une vraie liberté de pensée. Disons qu'au sujet du conditionnement des esprits, la situation est radicalement différente de ce qu'elle était au XXe siècle, dans ces « temps de fer » de l'idéologie. La manipulation n'a pas disparu, mais les lignes de front ont bougé.

24. Philippe Breton, « Plaidoyer pour une nouvelle rhétorique. Les normes du convaincre dans l'espace public », *Études*, juin 1998. Du même auteur, on lira avec profit *La Parole manipulée*, La Découverte, 1997.

Le second élément tient à l'ambiguïté constitutive de l'individualisme contemporain. Présenté comme une liberté sans équivalent dans l'Histoire, gage de lucidité et d'autonomie du jugement, il aboutit quelquefois au résultat inverse. Il rend imaginables d'autres servitudes. En ouvrant la voie, sans aucun garde-fou, à toutes les formes de croyance, il laisse éclore du même coup toutes les variantes pathologiques de celle-ci, des plus crédules aux plus dangereuses. Émancipée de tout lien collectif et de toute institution inscrite dans la durée, la croyance devenue crédulité est guettée, au bout du compte, par sa propre folie.

Quelques crédulités devenues folles

Les fondamentalismes ou intégrismes contemporains sont une parfaite illustration de ce péril. C'est dans cette optique qu'on peut tenter d'y réfléchir à nouveaux frais. Pour ce faire, il faut d'abord se déprendre des analyses trop simples, celles qui se fondent sur l'idée d'un pur et simple « retour du religieux ». D'ordinaire, ces fondamentalismes intolérants – et surtout celui qui affecte l'islam – sont interprétés comme une régression vers la tradition, une marche en arrière vers les origines fondatrices, favorisée par une relecture littérale du Coran. Il s'agirait en somme du resurgissement au cœur de la modernité d'une religion inaugurale, auprès de laquelle les croyants seraient invités à se ressourcer.

On chercherait, en d'autres termes, à réactiver une tradition communautaire perdue, ou trahie. Le phénomène, à ce titre, serait comparable – en plus violent – à ces purs conservatismes religieux que sont, par exemple, les amish en Pennsylvanie ou les vieux croyants (en russe : *starovery*), ces communautés issues du schisme qui divisa l'Église russe au XVIIe siècle. Le fondamentalisme musulman exprimerait en quelque sorte un rejet de la modernité, et de l'individualisme qui en est le trait marquant.

Cette vision simplificatrice ne correspond pas à la réalité. Si l'on en croit les spécialistes occidentaux de l'islam, *le phénomène fondamentaliste est au contraire un pur produit de la modernité et de l'atomisation individualiste qui l'accompagne*. Loin de s'inscrire dans la continuité ou la nostalgie d'une tradition, il correspondrait à une rupture avec cette dernière. Du moins en va-t-il ainsi pour les groupuscules terroristes, qu'ils se réclament du salafisme (du mot *salaf*, prédécesseur ou ancêtre, qui désigne les compagnons de Mahomet) ou du wahhabisme (doctrine fondée par Abd al-Wahhab au XVIIIe siècle). Cette volonté « intégraliste » de se réapproprier une tradition fait illusion. Les groupes en question sont apparus, en réalité, dans le contexte d'un islam décomposé par la modernité. La plupart des activistes qu'on y trouve sont d'abord passés par un stade d'occidentalisation et d'émancipation personnelle. Nombre d'entre eux ont fait leurs études aux États-Unis ou en Europe. Ils ont une interprétation individualiste de la religion, se révèlent mobiles, capables de passer d'un groupe à l'autre. Ils interprètent l'appartenance à une communauté comme le produit d'un choix volontaire, et non d'un héritage.

En un mot, ce ne sont pas des traditionalistes mais des révoltés dont l'action violente et l'isolement groupusculaire se rapprochent plus de ceux de l'extrême gauche terroriste allemande ou italienne des années 1970 que de la nostalgie coranique des vieillards d'Égypte ou d'ailleurs qui fument le narguilé entre deux appels à la prière. Ce phénomène, en somme, relèverait plus d'une idéologie sommaire que de la religion proprement dite, et plus de la *crédulité* sauvage que de la croyance domestiquée par la tradition et la théologie.

Un des chercheurs qui ont le plus clairement théorisé ce « fondamentalisme moderne » assez déroutant est sans aucun doute le Français Olivier Roy. Dans ses ouvrages ou ses articles, il insiste constamment sur le lien entre ces groupuscules et le processus de mondialisation qui accélère la décomposition des grandes traditions et des communautés d'origine. Il s'agit là, paradoxalement, d'une pathologie individualiste de la croyance, d'une *crédulité* sans ancrage. « Par définition, écrit-il, ce néofondamentalisme intéresse les déracinés et donc [en France] une frange de la seconde génération d'immigrés. Mais aussi, et également par définition, il convertit parmi les non-musulmans qui se sentent aussi déracinés (rebelles

La fascination pour l'islam

« Je prendrai d'abord le cas de la majorité des Français laïcs et libre-penseurs : tant que la laïcité a été un combat et un idéal, elle donnait sens à la vie de ceux qui combattaient l'Église catholique (principalement). Mais depuis que la laïcité, la république, l'agnosticisme sont bien installés, cela ne représente plus beaucoup d'intérêt ! Or, ceci s'accompagne, dans notre société contradictoire, de faits majeurs : il n'y a plus guère de morale (au sens large d'un devoir être et pas seulement d'un conformisme), on ne croit plus rien. On ne se trouve pas de sens élevé, car gagner de l'argent ou s'obséder de vitesse ne suffit pas à donner sens à la vie. Mais que le lecteur ne se méprenne pas : je n'accorde aucune valeur aux idéologies (dont je sais à quel point elles peuvent devenir dangereuses – nazisme, communisme), mais je me borne à constater qu'aucune société ne peut plus subsister sans un ensemble de croyances communes et sans une idéologie qui donne une raison de rester ensemble. Et tout d'un coup arrive par miracle une croyance forte [l'islam], avec tout le corpus qui donne un sens : vérité proclamée, rites, morale spécifique, absolu des comportements, intransigeance... Comment ne pas être attiré par ce trop-plein de richesse venant combler notre vide. Évidemment, les intégristes font peur ; mais il y a maintenant autour de nous tant de musulmans pieux et d'agréable commerce – après tout, pourquoi pas ? [...] De quoi sortir de la monotone querelle hégélienne ! »

Jacques Ellul, *Islam et Judéo-christianisme*, rééd. PUF, 2004, p. 46-47.

sans causes, minorités raciales, jeunes « Blancs » de banlieues qui ont connu la galère avec leurs copains issus de l'immigration et redevenus *born again*)[25]. »

Les analyses d'Olivier Roy conduisent à interpréter le discours des groupuscules islamiques les plus radicaux non point comme un « retour » à la tradition, mais au contraire comme un enjambement de celle-ci, une évacuation de l'acquis théorique et réflexif accumulé pendant plusieurs siècles. En définitive, il ne s'agit pas vraiment de « renouer » les fils d'une transmission, mais de rompre délibérément avec elle. On cherchera moins à retrouver une religion, au sens collectif et wébérien du terme, qu'à effectuer un saut immédiat et brutal

25. Olivier Roy, *La Laïcité face à l'islam*, Stock, 2005. Du même auteur et sur le même sujet, voir *L'Islam mondialisé*, Seuil, 2002.

vers une religion imaginaire, une religion « autre » qui n'a d'islamique que le nom. Si ces jeunes déracinés – et livrés en tant que tels à la *crédulité* – mettent obsessionnellement en avant le référent et les « signes » ou les « fétiches » islamiques, leur comportement ne peut faire illusion. Ils sont et restent partie prenante d'une sécularisation générale dont l'islamisme radical n'est que le sous-produit.

Un autre spécialiste de l'islam, le Tunisien Abdelwahab Meddeb fait la même analyse, en termes plus crus. « Cet islam militant, écrit-il, s'imagine différent en cultivant la distinction du costume et de la relation entre les sexes, alors que, consumériste, il partage la même temporalité instantanée et erratique du zapping et du digital [...] cet aveuglement entretient [chez ces militants] l'illusion qu'ils sont les contemporains de leur prophète, alors qu'ils ont perdu tout lien matériel avec le passé[26]. »

* *
*

Le plus intéressant dans ce type d'analyse est qu'elle est peu ou prou applicable à d'autres formes de religiosités « intégralistes » ou activistes, qu'elles soient catholiques, protestantes, juives ou hindoues. On y invoque d'autant plus bruyamment la « tradition » qu'on a rompu avec elle en se détachant des institutions qui, tant bien que mal, la transmettaient. On est loin, en tout cas, de la problématique mille fois répétée du « retour de la religion ». La croyance a bien cédé la place à la *crédulité*. Du coup, une question se pose : est-on encore dans la religion ?

Ce n'est pas sûr.

26. Abdelwahab Meddeb, « Europe, les conditions de l'universel », *Esprit*, janvier 2004, p. 10.

Chapitre 5

L'économie saisie par le cléricalisme

> «Tout est dans le mot "rentabilité": cela est-il rentable, demande-t-on à chaque coin de rue. La réponse est négative. Aucune pensée, aucune poésie dignes de ce nom n'ont été rentables, ne serait-ce qu'une seule fois. Au contraire, elles ont toujours basculé dans le déficit.»
>
> Georges Steiner [1].

Quelle est donc la nouvelle vérité d'Évangile ?

Depuis l'effondrement final du communisme – d'abord en 1989, puis en août 1991 avec l'échec du «putsch» conservateur de Moscou –, nous sommes, dit-on, définitivement sortis de la croyance idéologique. La société ouverte et l'économie de marché sont présentées comme une victoire non seulement de la liberté, mais aussi de la simple raison et de l'agnosticisme idéologique. On affirme avoir évacué le subjectif au profit du vérifiable. L'économie est redevenue l'affaire des gens sérieux. Le descriptif a triomphé du dogme, le réel a pris sa revanche sur sa «reconstruction» fantasmatique. Au total, la simple vérité a gagné la partie contre un long mensonge idéologique (soixante-quinze années !) générateur de pénuries, de crimes et de tyrannies. Nous voilà enfin réunis dans le «cercle de la raison», et principalement occupés à ce que Montesquieu appelait le *doux commerce*.

Le discours économique courant, celui du libéralisme, est imprégné de cette certitude. Il a pour lui la force de l'évidence. Il ressortit au savoir et non plus à la croyance. Il va de soi. Il est justifié par ses résultats quantifiables, ses succès, ses indices de croissance, etc. Il fonctionne *pour de bon*, là même où les idéologies du XXe siècle échouaient pathétiquement. Les derniers débats encore envisa-

1. *Entretiens avec Ramin Jahanbegloo*, 10/18, 2000, p. 173.

geables concernent les méthodes et les techniques de gestion. Ils portent sur le savoir-faire macro-économique, à l'exclusion de toute interrogation sur le système lui-même. Ainsi se présente à nous cette nouvelle ère de l'histoire humaine que Francis Fukuyama proposait d'appeler la « fin de l'Histoire ». Certes, ni les violences collectives ni les guerres n'ont disparu – et les attentats du 11 septembre 2001 sont venus le rappeler. Il n'empêche ! De Shanghai à Chicago et de Madrid à Moscou ou Téhéran, on peut bien être dans la rivalité de puissance, on ne peut plus être dans le *désaccord* idéologique fondamental. Les « lois » intangibles de l'économie de marché recueillent, répète-t-on, l'assentiment de tous. Et parmi elles, une variante et une seule du capitalisme.

Pour le dire autrement, une théorie économique particulière a triomphé d'une façon si écrasante qu'elle a comme effacé les théories concurrentes et s'est érigée en une *science* omnipotente. L'école néoclassique américaine victorieuse a littéralement expulsé du paysage les trois autres paradigmes économiques qu'étaient le déterminisme révolutionnaire, l'hétérodoxie réformiste et le positivisme institutionnel. Le vide une fois fait, on est *entré en certitude* comme on entre en religion. Il n'y a plus quatre (ou cinq) approches possibles de l'économie, il n'y a qu'une *vérité*, et elle est néoclassique ou néolibérale[2].

Voilà, très sommairement résumée, la *doxa* du XXIe siècle, certitude majestueuse à laquelle seuls les rêveurs, les menteurs, les terroristes, les ignorants ou les Nord-Coréens refuseraient encore de rendre les armes. La plupart des polémiques quotidiennes et des affrontements politiciens, le jeu périodique des alternances gouvernementales dans nos pays : tout cela paraît se dérouler sous le surplomb de cette vérité à la fois révélée et démontrée. Bien sûr, nous débattons et nous polémiquons, parfois avec rudesse, mais c'est toujours à l'ombre de cette *transcendance* aussi peu contestable que pouvait l'être, au XVe siècle la toute-puissance de Dieu ou, au temps d'Homère, l'existence avérée des centaures. Sauf pour les rares hérétiques et, bien entendu, les fous.

2. Je m'inspire ici des analyses proposées par Alain Cotta et Coralie Calvet, *Les Quatre Piliers de la science économique*, Fayard, 2005.

* *
*

Les mots et les références qui précèdent ne sont pas choisis au hasard. À regarder les choses d'un peu plus près, la prétendue « évidence » surplombante n'en est pas vraiment une. Ou, plus exactement, elle ne relève ni du savoir, ni de la preuve, ni même de la Révélation. Elle constitue en elle-même un *effet de croyance*, d'autant plus ambigu qu'il s'ignore. Osons même dire que cette « évidence », à force de s'être affermie, n'est plus très différente d'une religion séculière, avec ses articles de foi, ses liturgies et ses ferveurs, sa langue d'Église, sa providence, sa catéchèse, son clergé, ses intégrismes et ses hérésies. Faire ce rapprochement, ce n'est certes pas contester l'efficacité de l'économie de marché (qui est bien réelle), ni faire appel à je ne sais quelle nostalgie bureaucratique ou collectiviste. Ce n'est pas non plus refuser à cette croyance-là son honorabilité et sa cohérence. C'est simplement nommer les choses pour ce qu'elles sont, et attribuer à un discours et à une pratique leur vrai statut épistémologique. C'est rappeler que sous la trop fameuse « force de l'évidence » se dissimulent des croyances qui méritent d'être respectées mais aussi soupesées, discutées, appréciées *comme n'importe quelles autres croyances*. Sur le terrain de l'économie aussi, le travestissement d'une croyance en « savoir » est toujours une violence faite au libre examen et à l'intelligence.

Plus encore. À mesure que nous nous éloignons de la chute du communisme, plus le discours libéral – cette nouvelle « idéologie du monde » – assoit son empire, plus semble décidément opératoire, au sujet des croyances qu'il recèle, *une réflexion d'essence théologique*. Les catégories conceptuelles et les modes de raisonnements propres à la théologie se révèlent fort utiles à défaut d'être suffisants. Ils fournissent des modes d'analyse rodés au cours des siècles. Ces méthodes réflexives nous aident à débusquer les dérives dogmatiques ou irrationnelles d'un discours, les effets de croyance logés au cœur d'une description « scientifique » de l'économie. Elles nous permettent de construire une critique qui se révèle parfois plus efficace que les critiques « sociale » et « artiste » du capitalisme, pour reprendre les catégories novatrices de Luc Boltanski[3].

En un mot, il n'y a pas seulement de la *croyance*, il y a bien du *religieux* au sens fort du terme dans le nouvel esprit du capitalisme.

Un marxisme blanc

Au premier stade de l'analyse, on relève d'abord une singulière ressemblance entre la croyance libérale d'aujourd'hui et la vulgate marxiste d'hier dont elle a triomphé. Cela paraît surprenant, mais c'est ainsi. Par l'effet d'un transfert inavoué, le libéralisme a repris à son compte – en modifiant à peine leur formulation – les principaux articles de foi du communisme réel. Il est devenu une sorte de marxisme blanc. Cette réappropriation souligne, au fond, *la gémellité troublante entre ces deux types de croyance et d'idéologie.* Énoncé de cette façon, le constat risque de faire sursauter. Dans leur approche respective du réel et de l'Histoire, la parenté entre communisme et libéralisme n'est pourtant pas niable[4].

Pour être plus précis, on dira que le néolibéralisme a repris à son compte au moins sept postulats, sept croyances qui structuraient jadis l'idéologie communiste. Or, ces croyances se sont révélées à ce point controuvées qu'on peut métaphoriquement les assimiler à sept péchés capitaux. Bornons-nous à énumérer lesdits « péchés ».

Le premier d'entre eux, c'est l'économisme, c'est-à-dire la conviction que l'économique prime sur la politique, à telle enseigne que la logique du marché l'emporte au final sur celle de la démocratie. Dans la rhétorique marxiste, on disait que « les infrastructures commandent aux superstructures ». Les néolibéraux, en considérant l'économie de marché comme « le » principe organisateur du social, ne disent pas autre chose. Or, s'il est une leçon que nous aurions dû retenir de l'échec du communisme, c'est qu'une société moderne ne peut absolument pas être gouvernée en vertu d'un seul principe.

3. Luc Boltanski et Ève Chiapello, *Le Nouvel Esprit du capitalisme*, Gallimard, 1999.
4. J'ai abordé cette question sous un angle différent dans *La Refondation du monde*, *op. cit.*

L'économisme libéral porte en lui cette même hérésie réductionniste, cette même croyance tenace, bien qu'elle soit régulièrement démentie par l'Histoire [5]. La croyance discutable, en l'occurrence, ce n'est pas d'accorder une certaine importance à l'économie (elle en a une, incontestablement), c'est de lui conférer un rôle de surdétermination, d'en faire une loi première, voire unique. Or, c'est bien à cette dérive que cède le discours dominant. « [L'économisme] est plus que jamais hégémonique dans la compréhension des phénomènes sociaux et des phénomènes anthropologiques au sens large. L'*homo oeconomicus* est posé comme la clef évidente de l'explication de la totalité des phénomènes humains [6]. »

Cette importance décisive accordée à l'économie, faut-il le rappeler, est non seulement une représentation collective assez récente, mais c'est aussi une aberration. *Toute société humaine résulte d'un équilibre entre des principes et des logiques contradictoires*, un équilibre sans cesse remis en question et provisoirement retrouvé. Le rêve d'unicité explicative est, en lui-même, une renonciation à penser la complexité humaine.

La deuxième croyance, déjà évoquée dans les pages qui précèdent, c'est justement *la prétention à la scientificité*. Bien qu'elle soit plus que discutable, on retrouve cette idée un peu partout. L'économie, dit-on, est une science. Ceux qui le contestent sont dans la déraison. Quant au marché, il est présenté comme un processus aussi « naturel » que le mouvement des astres ou celui des marées, alors qu'il s'agit d'un processus « social » qui a besoin du substrat d'une société humaine pour exister et fonctionner. Voilà qui nous renvoie une fois encore à la vulgate marxiste qui parlait de « socialisme scientifique » ou de « vérité » du marxisme. Les économistes libéraux qui cèdent à ce travers savent-ils qu'ils s'expriment, au fond, comme le faisait Lénine lorsqu'il affirmait : « La théorie de Marx est toute-puissante parce qu'elle est vraie [7] » ?

Pour prendre un exemple, citons Anne Krueger, ex-directrice adjointe

5. Charles Taylor, *Le Malaise de la modernité*, *op. cit.*, p. 116.
6. Marcel Gauchet, *in* Marcel Gauchet et Paul Valadier, *Héritage religieux et Démocratie*, *op. cit.*, p. 22.
7. Lénine, *Les Trois Sources et les Trois Parties constituantes du marxisme* [1913].

du Fond monétaire international (FMI) en 2004. Cette dame affirmait volontiers que la mondialisation libérale n'est rien d'autre qu'un phénomène naturel et irrésistible, stimulé et défini par les révolutions technologiques. À ses yeux, les critiques visant un tel processus ne sont pas plus sérieuses qu'un «jeu». Ses propos valent d'être rapportés car ils reflètent un état d'esprit fort répandu. «Les révolutions technologiques (communication, "science de la vie" et, plus récemment, nanotechnologies) occupent en effet dans le cosmos mental des mondialisateurs la place qu'occupaient le progrès historique ou le "développement des forces productives" dans le marxisme de cuisine d'il y a un siècle[8].»

Derrière cette prétention à la scientificité se cache l'intention – consciente ou inconsciente – de *mettre au pas le sujet démocratique et la politique elle-même*. La référence à un mécanisme «naturel», à une loi quasi scientifique, revient à congédier peu ou prou la volonté humaine et la capacité d'agir sur le cours des choses. «La prétendue scientificité de l'économie "pure" a le mérite de provoquer des effets de vérité favorables au libéralisme: il existerait une nature économique vraie, prouvée par la science, aussi indépendante de la volonté des hommes que la course des étoiles[9].» Voilà une autre façon de désarmer, voire de disqualifier la démocratie que Marx disait «bourgeoise» ou «formelle». Le vocabulaire a changé, mais la logique est analogue.

Les Tables de la Loi

Troisième croyance jumelle: celle qui consiste à reporter inlassablement au lendemain les résultats bénéfiques, l'infatigable *promesse* eschatologique d'une société délivrée de la rareté et du malheur. À l'«avenir radieux» ou aux «lendemains qui chantent» annoncés jadis par les idéologues du marxisme, correspond aujourd'hui le

8. Peter Niggli, *La Mondialisation, et après... Quel développement au XXIe siècle ?*, Lausanne, Communauté de travail des associations d'entraide suisses, 2004, p. 40. C'est cet auteur qui cite les propos d'Anne Krueger.

9. Jean-Claude Liaudet, *Le Complexe d'Ubu ou la Névrose libérale*, *op. cit.*, p. 191.

bonheur promis par les tenants de la dérégulation et de la privatisation planétaire. La société libérale mondialisée est évoquée comme la future cité heureuse, qui sera offerte aux individus quand ils seront délivrés de l'État parasite et du fisc. Cette croyance – naïve – affleure partout dans les discours néolibéraux, et même s'ils se défendent de toute visée téléologique. Le néolibéralisme, sans se l'avouer, *réinvente ainsi le sens de l'Histoire hérité de Hegel.*

En outre, raisonner de cette façon implique que l'on se réapproprie une quatrième croyance, disons une façon de raisonner, qui fait partie elle aussi de l'héritage communiste : l'indifférence à l'égard des faits, la capacité de *résister aux leçons du réel*, la manière impavide avec laquelle on affirme des choses que les réalités « têtues » ne cessent de démentir. Les communistes fervents, on s'en souvient, expliquaient les dysfonctionnements des démocraties populaires en répétant qu'elles n'étaient pas « assez » communistes. Les théoriciens du libéralisme répètent à peu près la même chose : si les résultats attendus des politiques de dérégulation et de privatisation ne sont pas au rendez-vous, c'est parce qu'on n'a pas assez dérégulé et privatisé. La symétrie des discours est frappante. « La prédominance des visions de court terme et l'instabilité des marchés qui en résulte éventuellement, écrit un économiste français parmi les plus radicalement libéraux, proviennent non pas d'un défaut du capitalisme, mais d'un défaut de capitalisme [10]. »

Voilà une antienne qui nous rappelle quelque chose.

Le plus embarrassant – et le plus commode – dans cet argument ressassé, c'est que ni sa véracité ni sa fausseté ne peuvent être démontrées. Sa vérification, en effet, est sans cesse renvoyée vers le futur, et indéfiniment. Ainsi répète-t-on aujourd'hui, sans crainte d'être contredit, que la pauvreté dans le monde, l'inégalité qui s'accroît, le chômage de masse sont imputables à un excès de réglementation et de « rigidités ». Face à la perplexité de ceux qui ne trouvent pas dans la réalité des signes convaincants de la justesse d'une telle analyse, on rétorque qu'un effort est encore nécessaire, puisqu'il subsistera toujours, ici ou là, des « entraves au commerce ».

10. Pascal Salin, *Libéralisme*, Odile Jacob, 2000, p. 193.

Un pareil postulat sans contradiction ni vérification possibles, cette théorie sur laquelle le simple bon sens n'a plus de prise, permet à ses adeptes libéraux d'aujourd'hui – comme c'était le cas pour les marxistes –, d'écarter avec condescendance les critiques mécréantes ou, pire, « incompétentes ». L'aplomb naturel, le dédain à l'endroit des contradicteurs, c'est d'ailleurs le cinquième préjugé commun aux deux idéologies. On trouve là des accents et une suffisance qui trahissent ce même agacement qu'on rencontrait, jadis, chez les idéologues marxistes toujours prompts à invoquer les Tables de la Loi, en l'occurrence les œuvres complètes de Marx, Lénine ou Feuerbach. L'homme de foi a toujours du mal à accepter l'incrédulité d'autrui. Surtout si la foi en question est si compacte qu'elle ne laisse plus le moindre interstice, le moindre « jeu » nécessaire à la délibération. Or, comme le rappelle Marcel Gauchet, « c'est à une véritable intériorisation du modèle du marché que nous sommes en train d'assister – un événement aux conséquences anthropologiques incalculables, que l'on commence à peine à entrevoir[11] ».

Le sixième préjugé commun, d'essence religieuse, c'est le fait d'attribuer à une minorité d'avant-garde la tâche d'éclairer la route, de conduire les masses vers leur propre bonheur. Dans les sociétés communistes, cette fonction était dévolue aux dirigeants du parti – voire à son infaillible secrétaire général – dont la clairvoyance ne souffrait aucune discussion. Aujourd'hui, les « élites » sont censées jouer un rôle comparable. Elles seules, dit-on, sont vraiment informées ; elles seules connaissent la destination finale et l'itinéraire approprié. Remettre en cause leur fonction ou leur compétence, c'est se rendre coupable de démagogie ou d'obscurantisme. Ce n'est donc pas exprimer un point de vue différent – comme c'est la règle en démocratie –, mais commettre une faute morale, pour ne pas dire un péché. Dans la vulgate libérale, le « populiste » a remplacé l'ennemi de classe ou le contre-révolutionnaire dont l'omniprésence supposée hantait le discours communiste.

Il reste une septième croyance, dont la similitude avec l'ancienne foi communiste est criante : l'espérance révolutionnaire elle-même.

11. Marcel Gauchet, *La Religion dans la démocratie*, Gallimard, 1998, p. 87.

Dans les sociétés développées du XXIe siècle, la pensée libérale *a fait sienne l'idée de révolution*, la volonté de faire du passé (à peu près) « table rase ». L'appel inlassable au *changement*, le thème obsessionnel de la *transformation*, tout cela se présente officiellement comme une démarche réformiste. En réalité, son essence est révolutionnaire. Il s'agit bien d'en finir avec l'ancien monde, celui de l'État-nation, de la protection sociale, de la Loi préférée au contrat, de la solidarité collective, des institutions encadrant l'individu et donnant sens à sa vie, etc. Le discours libéral est toujours tenté de désigner ces réalités d'hier comme des « archaïsmes » à éliminer, ou comme des « idées vagues [12] » sans doute sympathiques mais irréalistes.

En faisant fond sur l'individu désaffilié, en tablant sur le comportement supposé rationnel de l'*homo oeconomicus*, les libéraux se trouvent conduits à remettre en cause la plupart des vieilles structures collectives d'encadrement – État, partis, syndicats, etc. – qui faisaient écran entre l'individu et le marché. Sur ce point, les envolées moralisatrices de la droite libérale ne peuvent faire illusion. Charles Taylor a raison de le relever pour ce qui concerne les États-Unis : « La droite conservatrice américaine, écrit-il, se fait l'avocate des communautés traditionnelles quand elle s'en prend à l'avortement libre et à la pornographie ; mais, dans la politique économique, elle promeut cette forme sauvage de capitalisme qui a contribué plus que tout à la dissolution des communautés traditionnelles, a engendré une atomisation qui ne reconnaît ni frontières ni allégeances [13]. »

Dans sa version intégriste, le libéralisme est donc à la fois révolutionnaire et libertaire. L'expression libéral-libertaire dit bien ce qu'elle veut dire : la révolution a changé de camp [14]. On notera que, par contrecoup, le conservatisme a lui aussi changé de camp. Lorsqu'elle s'emploie à sauver les « acquis sociaux » et à freiner l'avancée du rouleau compresseur libéral, la gauche devient *stricto sensu* conservatrice. Face à l'impétueux appel au changement, elle est pro-

12. L'expression « idées vagues » revient régulièrement sous la plume des tenants du libéralisme radical pour qualifier le point de vue de leurs adversaires keynésiens.

13. Charles Taylor, *Le Malaise de la modernité*, *op. cit.*, p. 101.

14. On retrouvera cette analyse dans le court et corrosif essai de Jean-Claude Michéa, *Impasse Adam Smith : brèves remarques sur l'impossibilité de dépasser le capitalisme sur la gauche*, Climats, 2002.

gressivement ringardisée et tétanisée. Ses membres sont considérés comme de « vieux croyants » ou des catholiques du XVIe siècle, maîtres d'œuvre de la contre-Réforme.

Un clergé et des liturgies

Les connotations très religieuses du discours et des pratiques économiques ne tiennent pas seulement à leur ressemblance globale avec l'ancienne vulgate marxiste-léniniste. Elles sont rendues plus saisissantes encore par l'existence d'un clergé et d'une liturgie, par l'usage d'une langue d'Église et de *récitations* rituelles, inlassablement répercutées dans les médias, par l'emploi d'instruments d'évaluation et d'évocation hermétiques et propres à intimider les fidèles.

Le clergé économique est nombreux et divers. Il y a le « haut clergé » des grands patrons et *tycoons* multinationaux, nouveaux cardinaux de l'Église séculière, périodiquement réunis dans des « conciles » comme celui de Davos en Suisse. Il y a aussi – et surtout – le « bas clergé » en ses mille et une congrégations. Ses membres sont d'abord les managers d'entreprise, les consultants, les agents de développement, les agents-produit dûment chapitrés et pratiquant, en interne, une infatigable catéchèse. Le clergé compte également ses prédicateurs médiatiques et ses « manipulateurs de symboles », qui invitent les foules à communier dans une même célébration du CAC 40, à faire reculer le dragon de l'inflation ou à mener la croisade contre les « blocages » perpétués par les manigances des païens ou des infidèles.

Pour prolonger la métaphore ecclésiale, on pourrait ajouter que, assez curieusement, de nombreuses grandes écoles de commerce ou *business school* dispensent un enseignement économique si fortement inspiré par l'idéologie néoclassique dominante qu'on pourrait les assimiler à des établissements confessionnels dont les professeurs appartiendraient au nouveau clergé. L'imprégnation « idéologique », c'est-à-dire cléricale au sens où nous l'entendons ici, du nouvel enseignement économique est parfois dénoncée par les économistes eux-mêmes. À cause de cette cléricalisation insidieuse, les étudiants n'apprennent de leurs professeurs qu'une version univoque et tronquée de la réflexion économique, un peu comme les collégiens de jadis qui, dans l'enseignement catholique, étaient empêchés de lire Voltaire, Sade ou Nietzsche. À cause de cela, « le défaut de culture d'une très grande majorité des étudiants [en économie] est manifeste et des plus inquiétant pour eux [15] ».

D'un point de vue formel et grammatical, les membres du haut et du bas clergé de l'économie sont puissamment réunis par l'emploi d'une rhétorique, d'un vocabulaire, d'une syntaxe aussi immuables que l'étaient jadis, pour les catholiques pratiquants, les formules latines intériorisées et récitées durant la messe dominicale. Le discours économique contemporain, comme les prêches religieux de jadis, réemploie sans cesse les mêmes paralogismes destinés à emporter la conviction (« le capitalisme est dans la nature de l'homme ») ; les mêmes formules sans appel (« trop d'impôt tue l'impôt » ; ou « les choses sont ce qu'elles sont ») ; les mêmes objurgations rédemptrices (« la concurrence est une loi de la vie » ; « les meilleurs l'emporteront » ; « le risque est inhérent à l'existence sur terre » [16]).

Ces formules, ces récitations, ces hymnes et ces versets finissent par constituer un « grand récit » de substitution, une nouvelle source de symbolisation dont les eaux ruissellent peu à peu dans l'ensemble de la société, exactement comme le faisait jadis la culture religieuse dans l'inconscient collectif. « C'est [...] une sorte de matrice narrative, un pli secret de l'imaginaire qui tord la vision commune de la vie et du monde. Il est présent en filigrane dans de multiples livres, discours et articles de presse. Et aussi subtil que soit son lien avec la grande histoire et les péripéties du quotidien, ce conte opère. Il inspire les pratiques d'une multitude d'agents qui dictent le rythme des sociétés contemporaines. Il est joué en public : les actes des célébrités du jour, les opérations des multinationales, de nombreuses décisions étatiques en constituent une mise en scène [17]. »

15. Alain Cotta et Coralie Calvet, *Les Quatre Piliers de la science économique*, *op. cit.*

16. J'emprunte une partie de ces références à Jean-Claude Liaudet, *Le Complexe d'Ubu ou la Névrose libérale*, *op. cit.*, p. 104-105.

17. Yvan Mudry, *Adieu l'économie*, Labor et Fidès, 2003, p. 29.

Les dieux de l'économie

«Les dieux de l'économie sont des dieux évidents. Si évidents dans leur caractère de dieux réels et véritables que généralement il ne nous vient pas à l'esprit de les qualifier de “faux”. Ce sont des dieux trop véritables pour être facilement remis en question. Leur identité se cache dans le fonctionnement de l'économie. Ce sont des dieux si évidents et si vrais que leur présence ne se remarque pas. Personne ne les a vus marcher dans la rue, mais ils sont dans la rue, dans les maisons, et surtout dans le commerce et toutes les institutions économiques.
Ce sont des dieux qui se possèdent, auxquels on peut rendre un culte, de la façon la plus naturelle. L'économie, dans le fond, consiste en cela: la naturalisation de l'histoire. Il s'agit de faire apparaître comme naturel ce qui est le produit historique de l'action humaine. [...] Dénoncer des dieux trop apparents, parler d'idolâtrie sur le terrain de l'économie (comme sur d'autres terrains), c'est dissiper l'évidence. C'est mettre en lumière ces dieux-là afin que tous puissent percevoir enfin la fonction qu'ils remplissent dans le système d'oppression. C'est quelque chose de bien plus sérieux que de se déclarer athée. Être anti-idolâtre signifie montrer que les idoles sont violentes et cruelles. Cela suppose que l'on porte de l'intérêt à ceux qui sont victimes des violences et des cruautés pratiquées au nom des idoles. Mais c'est aussi supposer que tout cela n'intéresse en aucune façon ceux qui sont protégés par les idoles, ceux qui les créent à leur image et ressemblance et qui, pour cela même, ont tant besoin d'elles. Les idolâtres se sentent menacés dans leur pouvoir lorsqu'on dénonce leurs idoles. C'est alors qu'ils contre-attaquent. Ils vont même jusqu'à dire que ceux qui combattent leurs idoles ne sont que de dangereux athées. Bien sûr qu'ils sont “athées”, mais “athées” par rapport à ces idoles, rien de plus.»

Hugo Assmann et Franz J. Hinkelammert, *L'Idolâtrie de marché. Critique théologique de l'économie de marché*, Cerf, 1993.

La nouvelle religiosité économique, avec ses hymnes, ses psaumes et ses béatitudes, possède la capacité – très cléricale – d'ensorceler le langage lui-même en imposant à la conscience collective des aphorismes ou des formules *sacralisées*, c'est-à-dire qu'on ne prendra plus la peine de soumettre à la critique sémantique. Ces rituels langagiers, variables selon les époques, deviennent «paroles d'Évangile», au point que chacun les répète comme on marmonnait autrefois une prière. Certains sont absurdes, mais cela importe peu: on obéira à la formule faussement attribuée à Tertullien : « *Credo quia absurdum* » (« Je crois parce que c'est absurde[18] »).

Citons, à titre d'illustration, deux exemples de formules ritualisées et proprement stupides, qui appartiennent à la rhétorique économique la plus courante. Premier cas, les théoriciens de la mondialisation utilisent *ad nauseam* l'expression « gagnant-gagnant », censée prouver la justesse d'un accord ou d'une déréglementation, formule dont on n'ose plus relever l'inanité. Or, imaginons qu'un individu armé d'un revolver menace un autre en lui disant « la bourse ou la vie ». Si ce dernier obtempère en tendant son portefeuille, il s'agit bien d'un « contrat » gagnant-gagnant : l'un obtient de l'argent, l'autre sauve sa vie, la situation des deux s'en trouve améliorée[19].

Deuxième exemple : il a trait à ce qu'on appelait, dans un chapitre précédent, la *pensée du nombre*, et plus précisément à l'utilisation quasi obsessionnelle du concept de « moyenne ». Cette référence à une moyenne revient sans cesse non seulement dans le discours économique courant, mais plus largement dans la vision du monde qu'il promeut. La plupart des réalités, qu'il s'agisse de la richesse des nations, de l'inégalité entre individus, de l'espérance de vie, des taux de mortalité, des succès ou des échecs d'une politique économique, des risques écologiques ou industriels prévisibles, dans tous ces cas de figure – et dans bien d'autres encore –, on raisonnera en termes de *moyenne statistique*.

Ce mode d'approche du réel et de la vie, nous l'avons tous peu ou prou intériorisé, à telle enseigne qu'il nous paraît aller de soi. Or, il peut très bien fonder des raisonnements dont l'incohérence n'est pas difficile à démontrer. Le sociologue allemand Ulrich Beck en apporte la preuve à l'aide d'une parabole amusante, mais riche de significations. Imaginons, dit-il, deux hommes qui possèdent deux pommes.

18. Formule qu'on cite presque toujours de façon incorrecte. La phrase exacte dit : « Le Fils de Dieu est mort : il faut le croire parce que c'est inepte (*credibile est quia ineptum est*). Il est ressuscité après avoir été enseveli : c'est certain parce que c'est étonnant, est-ce assez pour ne pas y croire ? Au contraire, c'est assez pour y croire d'autant plus (*atquin eo magis credendum*) » (Tertullien, *De carne Christi*, 5, 4, et *De baptismo*, 2, 2). Ce n'est donc pas une profession de foi antirationaliste, mais l'adaptation d'un type d'argument rhétorique courant, déjà analysé par Aristote.

19. Cité par Jean-Claude Liaudet, *Le Complexe d'Ubu ou la Névrose libérale*, *op. cit.*, p. 220.

L'un d'eux mange les deux pommes. On pourra dire que, *en moyenne*, chacun des deux a mangé une pomme. Or, ajoute-t-il, « transposé à la répartition de l'alimentation à l'échelle mondiale, l'énoncé serait le suivant : *en moyenne*, tous les hommes de cette terre mangent à leur faim[20] ».

Bien entendu, pointer ici et là des impérities de vocabulaire ou des sottises manifestes ne signifie pas que *tout* le discours soit faux. L'économie politique reste une discipline du savoir, à la fois utile et pertinente. Les exemples ci-dessus nous aident simplement à comprendre ce que peuvent produire des effets de croyance, ou la fétichisation insidieuse d'un raisonnement qui se trouve ainsi dérobé à l'examen. On en fait un dogme religieux, un *canon* ou un *mantra* (formule sacrée du brahmanisme). Après la contre-révolution néoclassique et antikeynésienne du début des années 1980 en Grande-Bretagne et aux États-Unis, « le *mantra* désormais à la mode est bien que le "jeu du marché", s'il n'est pas "étouffé" par des interventions politiques, donne les meilleurs résultats économiques et sociaux pour tous[21] ».

Ce *mantra* avait – et a toujours – pour lui la force du sacré.

* *
*

Une autre caractéristique permet de rapprocher le cléricalisme économique des discours apologétiques d'autrefois : *la vieille thématique d'une vérité assiégée par les hérésies*. Paradoxalement, l'orthodoxie libérale, alors qu'elle est dominante, se présente volontiers comme minoritaire, menacée de toutes parts, tenue en suspicion par les « ennemis de la raison » ou par les « collectivistes » inexpugnables. « Il faut du courage pour être libre, assure l'économiste Pascal Salin, mais il faut aussi du courage pour être libéral dans ce monde de fausses valeurs, d'alibis douteux, de compromis idéologiques, de mimétisme intellectuel et de démagogie politicienne où l'humanisme

20. Ulrich Beck, *La Société du risque. Sur la voie d'une autre modernité* [1986], traduit de l'allemand par Laure Bernardi, Aubier, 2001, rééd. Flammarion, « Champs », 2003, p. 45.
21. Peter Niggli, *La Mondialisation, et après...*, *op. cit.*, p. 39.

libéral est ignoré, déformé, caricaturé jusqu'à la haine[22].» On retrouve là une dérive cléricale classique : celle d'une parole prétendument fragile, héroïque même dans sa défense de la vérité, et que mettent en péril les bataillons toujours reconstitués de l'obscurantisme.

Chez nous, la plupart des apologistes du néolibéralisme commencent par proclamer leur insigne faiblesse et affirment n'énoncer que des paroles dissidentes. Ils décrivent nos sociétés modernes comme autant de terres d'évangélisation, qui seraient encore aux mains des barbares, des fonctionnaires fainéants, des jacobins obstinés et des keynésiens nostalgiques. Plus concrètement, les chefs d'entreprise seraient à leurs yeux continûment menacés dans leur personne par les assauts des petits juges irresponsables, porte-parole du ressentiment plébéien et prompts à inculper les glorieux entrepreneurs au nom de «l'abus de biens sociaux[23]». C'est contre cette pesante adversité que prétendent se dresser les prédicateurs en invitant les foules à méditer sur la splendeur de la vérité (*veritatis splendor*[24]) économique.

Bien sûr, il y a une part de stratégie dans cette invocation grandiloquente des périls et des ténèbres alentour, mais on doit y voir aussi une croyance – ou une autosuggestion – véritable. Le pape Urbain II qui, en novembre 1096, au concile de Clermont-Ferrand, appelait à la croisade *croyait sincèrement* que les menées des «infidèles» ou des «Sarrasins» menaçaient non seulement les lieux saints de Jérusalem ou les remparts de Constantinople mais la chrétienté dans son ensemble. Après l'effroi du 11 septembre 2001 on a pu, de la même façon, désigner les intellectuels d'Égypte ou du Pérou, les conducteurs de *rickshaws* de Calcutta, les rappeurs de Lagos ou les petites marchandes de soupe de Hanoï – tous circonspects à l'égard des croisades américaines – comme autant de complices des ennemis de la «civilisation». Face à eux, l'extension planétaire du marché et du «consensus de Washington» est présentée comme permettant une conversion aussi libératrice que pouvait l'être le ralliement des Vandales ou des Wisigoths au message évangélique.

22. Pascal Salin, *Libéralisme*, *op. cit.*, p. 500.

23. Le même Pascal Salin s'oppose à la criminalisation de l'abus de biens sociaux dont l'appréciation devrait être laissée, selon lui, aux seuls actionnaires. Voir *Libéralisme*, *op. cit.*, p. 117.

24. Titre de l'encyclique du pape Jean Paul II d'août 1993.

La thématique obsessive de la citadelle assiégée, qu'il s'agisse du cléricalisme d'Église, du stalinisme des années 1930 ou des discours libéraux d'aujourd'hui est génératrice des mêmes sortes de fantasmes et d'intolérance. C'est une pathologie de la croyance.

La mondialisation comme transcendance

On objectera que la «religion» de l'économie n'en est pas vraiment une car elle est dans la pure immanence. Elle est séculière, matérialiste et sans référence à un quelconque au-delà. Elle n'a donc rien à voir avec le divin ou le sacré. En est-on si sûr? Est-on certain que le dogme économique ne fait appel à aucune transcendance, à aucune *hétéronomie* capable de justifier «d'en haut» la croyance et la pratique des fidèles? À bien y réfléchir, on peut se demander si la référence psalmodique à la mondialisation ne joue pas très exactement ce rôle-là, et si cette dernière n'est pas devenue une transcendance de rechange.

Entendons-nous bien. On ne parle pas ici de la mondialisation – ou «globalisation», comme disent les Anglo-Saxons – en tant que processus objectif, lié à l'internationalisation des échanges et aux différentes révolutions technologiques qui rendent cette dernière possible. De ce point de vue, la mondialisation est, en effet, une réalité tangible qui doit être prise pour ce qu'elle est. L'ignorer reviendrait à un déni du réel. Il n'en va pas de même pour *la mondialisation en tant que discours, symbolique, injonction.* Dans ce dernier cas, elle apparaît comme une sorte de *deus ex machina*, une «force» impérative, située à l'extérieur de nos sociétés, en un lieu indéfinissable. Elle est invoquée comme une puissance vague mais irrésistible qui nous commande d'ouvrir davantage nos frontières, de réduire nos dépenses publiques, d'entrer en compétition pour attirer les capitaux, de défaire nos systèmes de protection sociale, de pratiquer une politique monétaire et fiscale de «monnaie saine» (*sound money*), de privatiser les entreprises publiques, de renoncer à l'omnipotence de l'État, etc.

Seul le fait de provenir d'un «ailleurs», d'être reçue comme un message émis par une extériorité transcendante, permet à cette injonction de balayer les résistances et les peurs locales. Les disciplines qu'elle exige sont décrites comme tombant littéralement du ciel, dotées d'une essence suprahumaine qui les soustrait aux objections venues d'ici-bas. Ces divers commandements s'apparentent aux tables du décalogue que Moïse brandit sous les yeux de son peuple à sa descente du mont Sinaï. Confrontés à une puissance de cette nature, les États-nations et leurs parlements n'en peuvent mais, tout comme les institutions chichement humaines que sont les syndicats, les partis ou les universités. Résiste-t-on à ce qui vient du Très-Haut ? On ne saurait le faire qu'en se mettant en état de péché, en s'excluant de l'Alliance. Cela explique que la plupart des exhortations missionnaires touchant à la mondialisation soient truffées de propos moralisateurs. C'est du Bien par opposition au Mal qu'il s'agit. On n'est plus dans la politique ni même, à proprement parler, dans l'économie. On est bel et bien sur le territoire du sacré.

Le Très-Haut en question invite donc – avec un brin de fermeté – les sociétés humaines à entrer dans le grand tout babélien de la mondialisation, nouvelle Terre promise où coulent le lait et le miel. Alors, immanquablement, les pauvres deviendront plus riches, les illettrés apprendront à lire, les malades seront soignés et la violence du monde s'apaisera. Tel est le message subliminal, la « bonne nouvelle » qui court derrière les textes, analyses, proclamations officielles consacrés à la mondialisation. Telle est la nouvelle utopie sinaïtique dont se moquent avec quelque raison les mécréants d'aujourd'hui, à l'instar du philosophe et psychanalyste slovène Slavoj Zizek, ancien dissident du monde communiste et surnommé le « Marx Brother » par le *New York Times*. « À la fin des années 1990, remarque-t-il, tout le monde a dit que la fin du communisme signifiait la mort de l'utopie et que maintenant on entrait dans le monde du réel et de l'économie. Je pense exactement l'inverse. Ce sont les années 1990 qui ont été la véritable explosion de l'utopie. Cette utopie capitaliste libérale qui était censée absurdement résoudre tous les problèmes[25]. »

Si la promesse portée par cette utopie est à ce point mirifique, c'est qu'elle implique, au préalable, de très coûteux sacrifices. Le

25. Interview recueillie par Aude Lancelin, *Le Nouvel Observateur*, 11-17 novembre 2004.

Très-Haut de la mondialisation *est d'abord un dieu punisseur.* Le paradis promis pour demain est donc à la mesure des sacrifices demandés aujourd'hui ici-bas. Le bonheur infini qui est annoncé sanctifie par avance les souffrances qui nous permettrons de le *mériter.* À cause de cela, les sempiternels débats concernant la mondialisation (est-elle un bien, est-elle un mal ?) n'ont pas grand sens *si l'on omet d'y réintroduire le concept de croyance.* Pour qui est puissamment habité par cette foi millénariste, les sacrifices et les souffrances d'aujourd'hui sont justifiés. Ils *valent le coup* d'être vécus et endurés. Pour le mécréant, en revanche, ils apparaissent comme insupportables et, qui plus est, répartis de manière très injuste. L'essentiel du débat se ramène donc à une querelle quasi théologique. La rationalité calculatrice n'a plus grand-chose à faire dans tout cela. C'est bien de transcendance qu'il s'agit.

Une vallée de larmes

Il faut que cette foi soit entière, en effet, pour survivre à la traversée d'une telle vallée de larmes. Pour s'en tenir à des évaluations à peu près objectives, la mondialisation se révèle extraordinairement destructrice, en tout cas pour les moins chanceux. On se contentera de donner ici quelques indications provenant toutes de sources officielles et institutionnelles, c'est-à-dire peu suspectes de distorsions politiques.

Un des rapports les plus critiques sur les effets « inégalitaires » de la mondialisation émane de la Banque mondiale elle-même. C'est celui – fort connu – de Branko Milanovic, qui porte sur la période 1988-1993. Dans sa conclusion, ce rapport constate qu'à travers le monde le 1 % de population le plus riche a désormais un revenu égal à celui des 57 % les plus pauvres, autrement dit que moins de 50 millions de riches reçoivent autant que 2 milliards 700 millions de pauvres. Plus troublant encore, la différence entre les revenus moyens des 5 % les plus riches et des 5 % les plus pauvres a très nettement augmenté durant la période, passant de 78 à 114[26].

26. Branko Milanovic, « True world income distribution, 1988 and 1993 », *World Bank Policy Research Working Paper.* Disponible sur l'internet : <http ://www.worldbank.org/poverty/inequal/abstract/recent.htm>.

En février 2004, le Bureau international du travail (BIT) a publié de son côté une étude mettant en évidence – à côté des aspects positifs –, les effets négatifs, voire catastrophiques, de la mondialisation. Fruit du travail mené pendant deux ans par une commission de vingt-six membres, présidée par deux chefs d'État en exercice (la Finlandaise Tarja Halonen et le Tanzanien Benjamin William Mkapa), ce rapport est fondé sur la consultation de quelque deux mille décideurs et acteurs sociaux à travers le monde. Sans remettre en cause le *principe* de la libéralisation des échanges, il note une aggravation notable des inégalités, de la précarisation et, plus surprenant, un ralentissement paradoxal de la croissance. Entre 1985 et 2000, celle-ci n'a été supérieure à 3 % par an que dans seize pays en développement ; elle a été inférieure à 2 % dans cinquante-cinq pays pauvres, et négative dans vingt-trois d'entre eux.

Insistant sur l'augmentation des inégalités entre pays et à l'intérieur de chaque pays, le rapport cite le cas des États-Unis. En 2000, 17 % du revenu brut y a été accaparé par 1 % de la population. Un tel déséquilibre dans le partage n'avait jamais été enregistré depuis les années 1920. Dans le *New York Times* du 20 octobre 2002, l'économiste Paul Krugman montrait déjà que cet écart n'avait cessé de se creuser depuis vingt ans. Entre 1989 et 1997, le revenu national a augmenté de 66 % aux États-Unis, mais le revenu médian – celui d'une famille du milieu de la distribution – de 10 % seulement, et il a même baissé dans le cas des 20 % des ménages les plus pauvres[27].

Cette explosion inimaginable des inégalités, aussi bien à travers le monde que dans les pays riches, n'est pas seulement dénoncée par les mouvements altermondialistes. Il est absurde de n'y voir qu'un « fantasme » des militants de gauche ou d'extrême gauche. Elle fait l'objet de sévères critiques jusque dans les milieux et chez les économistes libéraux. Ainsi, l'Américain Edward Lawler, professeur de gestion à la Marshal School of Business de l'université de Caroline du Sud pouvait déclarer tout de go en 2002, dans les colonnes de l'hebdomadaire *Business Week* : « Nous sommes revenus aux serfs et aux seigneurs du Moyen Âge. » Il évoquait le fait que les PDG de

27. Cité par Michel Husson, *Les Casseurs de l'État social. Des retraites à la Sécu : la grande démolition*, La Découverte, 2003, p. 114.

365 des plus grosses entreprises publiques nord-américaines avaient gagné en moyenne 13,1 millions de dollars cette année-là, soit 531 fois plus que leur employé moyen[28].

On pourrait multiplier à loisir les références comparables. Cela n'aurait pas grand sens tant la cause paraît entendue. À côté des inégalités quantifiables, il conviendrait d'ailleurs de prendre en compte d'autres paramètres comme les écarts – qui se creusent – entre précaires et non-précaires, entre salariés du public et salariés du privé, entre jeunes et vieux, entre diplômés et non diplômés, etc. Toutes ces évolutions imputables au moins en partie à la mondialisation entraînent, dans les pays riches comme dans les pays pauvres, des phénomènes de « désocialisation » aux conséquences imprévisibles à moyen terme. « Les nouvelles inégalités et la frustration qu'elles déclenchent trouvent leur source dans le malaise nouveau d'une civilisation industrielle qui ne l'est plus, d'un monde du travail qui se précarise, d'une identité personnelle qui fait décliner sur un mode individuel les difficultés d'insertion dans une société qui se dérobe sans cesse à ses membres[29]. »

Au vu de tout cela, on comprend mieux qu'un recours à une manière de transcendance et à une foi proprement religieuse soit nécessaire pour emporter sinon l'adhésion, du moins la résignation docile des peuples. Seule la *croyance*, l'acceptation du *mystère*, la confiance accordée au *puissant* permettent d'avancer sur ce chemin semé d'épines et peuplé de risques. Seule la *foi qui sauve* permet d'expliquer l'étrange consentement collectif au sacrifice de soi-même et – surtout – des autres.

La foi en la transcendance de la mondialisation, au surplus, est une foi idolâtrique, au sens théologique du terme. Pourquoi ? Parce que la mondialisation, en réalité, ne tombe pas du ciel. *Elle est aussi le produit de décisions humaines, gouvernementales, politiques et juridiques.* On songe à l'ouverture des frontières, à la libéralisation des échanges, à la libre circulation des capitaux, etc. Ces décisions

28. Cité par Anthony Arnove, « Marx au pays de l'oncle Sam », *Le Nouvel Observateur*, hors série n° 52, *op. cit.*, p. 20.

29. Jean Bensaïd, Daniel Cohen, Éric Maurin, Olivier Mongin, « Les nouvelles inégalités », *Esprit*, février 2004, p. 35.

auraient très bien pu ne pas être prises. La «divinité» qui en est le produit – la mondialisation – est d'abord une fabrication des hommes, c'est-à-dire une *idole* à proprement parler.

Un libertarien conséquent

On a évoqué jusqu'ici ce qu'avait de proprement religieux et idolâtre la nouvelle orthodoxie libérale. Pour la commodité du raisonnement, on a présumé qu'il s'agissait d'un bloc indistinct de certitudes, d'une religion à peu près monolithique. En réalité, comme c'est le cas pour toutes, il existe une gamme assez variée de cette croyance, qui va de sa version la plus ouverte à la plus «intégraliste» (pour reprendre l'expression utilisée par Olivier Roy au sujet de l'islam[30]). Cette religion séculière compte, elle aussi, ses modérés, ses laïcs, ses sympathisants circonspects de même que ses théoriciens intransigeants. Si les propos de ces derniers méritent d'être examinés d'un peu plus près, c'est parce que, dans leur excès, *ils laissent transparaître de façon plus visible les croyances qui les fondent.*

Il faut d'ailleurs reconnaître aux libéraux «intégristes» (on les appelle *libertariens* aux États-Unis) un vrai mérite : ils vont jusqu'au bout de leurs idées et avec une exigence intellectuelle indéniable. Leurs analyses sont intelligemment construites et déterminées. Elles témoignent en général d'une cohérence et d'une aspiration à l'exhaustivité qu'on ne retrouve pas toujours chez les libéraux plus modérés, ceux que la prudence ou la timidité arrête à mi-parcours. En langue française, quiconque veut se pencher avec sérieux sur les thèses et la vision du monde d'un libéral conséquent dispose des écrits de Pascal Salin, professeur d'économie à l'université Paris-Dauphine et cofondateur de l'Institut Turgot. Dans un épais ouvrage théorique sobrement intitulé *Libéralisme*, Pascal Salin expose sans faux-fuyants la *Weltanschauung* (conception du monde) qui nourrit la pensée libérale, du moins dans sa version «fondamentaliste». Il inscrit explicitement son analyse dans la tradition des grands *liberta-*

30. Voir, plus haut, chapitre 4.

riens que sont le Français Frédéric Bastiat (1801-1850), qui fut député des Landes, le Belge Gustave de Molinari (1819-1912), l'Autrichien Friedrich August von Hayek (1899-1992), l'Américaine Ayn Rand, fondatrice de l'école dite objectiviste et – surtout – le juriste anarcho-capitaliste Murray Rothbard, auteur influent de *L'Éthique de la liberté*[31].

Comme ses prédécesseurs, Pascal Salin est hostile *non seulement à l'État tel qu'il est, mais au concept même d'État*, que Bastiat décrivait déjà comme une « grande fiction par laquelle chacun s'efforce de vivre aux dépens des autres ». Salin reformule cette idée d'une manière plus brutale en écrivant : « L'État est l'ennemi qu'il faut savoir nommer[32]. » Pourquoi l'ennemi ? Parce que l'État n'est pas seulement parasite et coûteux, il « représente l'émergence de la contrainte, c'est-à-dire la négation de la liberté ». À la différence des libéraux modérés qui réclament un « recul », un amaigrissement ou une « réforme » de l'État afin de le rendre moins dispendieux, Salin et les libertariens prônent sa suppression pure et simple. À leurs yeux, l'État et la contrainte qu'il incarne symbolisent cette volonté d'agir sur le cours des choses, d'orienter le destin d'une collectivité, volonté que Hayek appelait – pour s'en moquer – le *constructivisme*. Or, ce volontarisme qui gouverne l'histoire occidentale depuis deux mille ans est jugé naïf et dangereux par les libertariens.

Pour eux, l'évolution d'une société obéit à des mouvements anthropologiques profonds sur lesquels il est vain – et surtout attentatoire au libre arbitre – de prétendre agir. La puissance organisatrice du marché, cette « main invisible » d'Adam Smith qui règle les échanges entre les hommes, leur semble infiniment plus efficace qu'un projet collectif imposé d'en haut par le biais de la contrainte étatique avec ses lois et codifications diverses. Tirant les conséquences de cette analyse, Salin se montre extraordinairement méfiant *à l'égard de la démocratie elle-même* ou, plus exactement, ce qu'il nomme « l'absolutisme démocratique ». Ce dernier sera toujours tenté, en effet, de contrecarrer le libre jeu du marché en « mettant en œuvre des poli-

31. Traduction française publiée aux Belles Lettres, 1982. L'intégralité de cette version est disponible sur l'internet : <http ://membres.lycos.fr/mgrunert/ethique.htm>.
32. Pascal Salin, *Libéralisme*, *op. cit.*, p. 70.

tiques de répartition» ou de redistribution (entre riches et pauvres) qui correspondent toujours, ajoute-t-il, à «un jeu à somme négative, c'est-à-dire à une destruction de richesse[33]».

Quant à la social-démocratie fondée sur l'État-providence, elle lui paraît être l'abomination de la désolation. Le moins qu'on puisse dire est que, sur son sujet, il ne mâche pas ses mots. «À ceux qui sont aveugles à son instabilité et à sa banqueroute intellectuelle, la social-démocratie apparaît peut-être comme la fin de l'Histoire, mais elle n'est pas la fin de l'homme. Elle lui offre seulement le spectacle de la surenchère démagogique, des réseaux d'influences, des intrigues, souvent même de la corruption et du triomphe de la médiocrité[34].»

Plus généralement, Salin se dit opposé non seulement à l'impôt, mais à la plupart des réglementations imposées par la loi. Il pourfend la limitation de vitesse sur les routes ou la législation antitabac (p. 284), dénonce la criminalisation du racisme (p. 247) ou le contrôle de l'immigration (p. 253). Citant Murray Rothbard, il va jusqu'à *remettre en cause la nécessité d'un droit pénal*. Dans une société parfaitement libre, le code pénal n'a aucune raison d'être. Dans une telle société, en effet, «il ne peut pas y avoir d'autre exigence que celle qui consiste à réparer les torts que l'on a faits à autrui et c'est bien cela qui devrait constituer la seule sanction de la responsabilité. Cette nécessité de la réparation existe, qu'il y ait faute ou non, que les torts faits à autrui résultent de l'acceptation de risques "excessifs" ou de tout autre circonstance[35]».

En d'autres termes, il faut évacuer l'idée de «faute» et raisonner uniquement en termes de préjudice et d'indemnisation, autant d'échanges quantifiables que le marché peut régler de façon quasi automatique. Récusant à la fois l'État et la redistribution, jugeant inutiles la plupart des lois, Salin rejette évidemment l'idée qu'il puisse y avoir des biens «collectifs». Comme tous les libéraux, il prône donc la privatisation de tout ce qui était jusqu'alors géré collectivement, et, à ses yeux, de façon irresponsable et incompétente: services publics, hôpitaux, écoles, etc. Seule une réappropriation pri-

33. *Ibid.*, p. 112-113.
34. *Ibid.*, p. 24.
35. *Ibid.*, p. 319.

vée lui semble en mesure de restaurer un principe essentiel – et individuel par essence : la responsabilité.

Il va cependant infiniment plus loin que les libéraux bon teint dans cette logique de privatisation. Pour ne prendre qu'un exemple, il lui semblerait judicieux de privatiser les routes d'un pays, afin d'en assurer un meilleur entretien, tout en rendant caduques des réglementations aussi coercitives que le code de la route. « Dans un système de voies privées, il n'y a pas gratuité, interdictions, limitations et amendes : on paie au "juste prix"[36]. » Les technologies modernes, ajoute-t-il, permettent aujourd'hui de calculer avec exactitude ce juste prix, en fonction de l'usage précis que fait de ladite route chaque automobiliste devenu « consommateur ».

Quatre croyances originelles

On aurait tort de prendre les quelques exemples cités ci-dessus pour des provocations amusantes ou, au mieux, folkloriques. De telles recommandations prennent appui sur une vision cohérente du monde et, donc, sur un ensemble de *croyances* fortes. Ce sont ces croyances, plus religieuses que proprement philosophiques, qu'il s'agit de repérer et de questionner. La première, dont l'évocation revient constamment sous la plume de Pascal Salin, table *sur l'existence d'une « nature humaine » intangible*, concept qui n'est plus guère accepté aujourd'hui. Cette « nature » est ainsi faite que tout homme aspire à la liberté et à la propriété. Or, « c'est la grandeur d'une société libre – c'est-à-dire d'une société sans contrainte – que de permettre à l'homme d'agir conformément à sa nature[37] ».

La deuxième croyance tient à l'extraordinaire capacité propre à l'échange des biens : ce simple commerce a l'avantage de « produire » une valeur subjective supplémentaire qui s'ajoute à la valeur des différents biens échangés. Chaque protagoniste juge en effet que l'objet qu'il obtient vaut « plus » que celui qu'il cède. Il y a donc bien « création » de valeur. De même, dans le cadre d'une entreprise,

36. *Ibid.*, p. 284.
37. *Ibid.*, p. 68.

des hommes et des femmes poursuivant des buts différents – chacun agissant donc en « égoïste » – finissent par produire une richesse spécifique qui vient s'ajouter à ce que les uns et les autres obtiennent en rétribution de leur travail. Dans les deux cas, Salin parle du « miracle de l'échange », don mystérieux venant du dieu caché derrière la « main invisible » évoquée par Adam Smith.

Ces deux croyances – nature humaine et « miracle » de l'échange – en postulent deux autres. D'abord la bonté et la rationalité originelles de l'homme. Dans l'univers des libertariens, ni les passions mauvaises, comme l'envie ou la domination, ni les pulsions irrationnelles n'entrent vraiment en ligne de compte. Tout se passe comme si elles n'existaient pas. Qu'on laisse les hommes échanger librement par l'entremise du marché et tout s'équilibrera de façon pacifique. Ultime croyance : les individus commerçant librement dans la société libérale idéale paraissent comme « donnés à eux-mêmes » à leur naissance. Ils surgissent *ex nihilo* dès leur venue au monde et, quoique les libertariens s'en défendent, ne paraissent aucunement le résultat d'une « construction » généalogique, juridique et sociale. La société est présentée comme « immédiate à elle-même », et n'a pas besoin des médiations politiques, sociales et juridiques pour s'*instituer* en tant que société[38].

Cette vision de l'homme et de la société comme pures émergences était déjà présente chez l'un des grands ancêtres de la pensée libérale : l'Anglais devenu américain Thomas Paine (1737-1809), étrange personnage qui fut d'abord valet de ferme, puis matelot, fabricant de corsets, comptable au Trésor, percepteur, surveillant dans un collège et journaliste en Amérique, avant d'écrire un ouvrage fameux en 1791 : *Les Droits de l'homme*. Paine, déiste et même théologien mais férocement antichrétien[39], parlait lui aussi de la « constitution naturelle de l'homme » ; il réclamait déjà l'abolition de l'État et l'éviction de la politique au profit du marché : « À partir du moment où le gouvernement formel est aboli, écrivait-il, la société commence à fonctionner[40]. »

38. J'emprunte cette réflexion à Zaki Laïdi, *Le Sacre du présent*, Flammarion, 2000, p. 174.

39. Il dénonça « l'imposture des prêtres » et consacra les quinze dernières années de sa vie à la théologie et à l'apologie du déisme.

40. Thomas Paine, *Les Droits de l'homme*, présenté par Claude Mouchard, Belin, 1987.

Renouant avec cette vision, Pascal Salin rejette carrément le concept – trop volontariste – d'État-nation. Il croit en revanche à l'existence de ce qu'il appelle les «nations spontanées [41] », communautés humaines rassemblant des individus reliés par une langue, une culture ou une religion communes. L'État-nation est accusé de détruire ces «nations spontanées» (on dirait particularistes, ethniques ou communautaires), comme il a détruit les langues régionales en France au XIXe siècle. On est ici à l'opposé de la conception de la nation comme «volonté» et comme «adhésion», conception multiculturaliste chère à Ernest Renan et aux défenseurs de l'idéal républicain.

* *
*

Ces quatre croyances originelles mises en avant par les libertariens comme Pascal Salin – nature humaine, miracle de l'échange, bonté de l'homme, autonomie inaugurale de l'individu – laissent évidemment perplexe l'homme du XXIe siècle. Nous ne sommes pas loin d'y voir une théorie loufoque ou un fantasme sectaire. Nous avons quelques raisons de nous méfier des sociétés sans État, livrées à la sauvagerie des clans. Nous doutons du pacifisme naturel des «nations spontanées», telles qu'elles ont été récemment incarnées par ces micro-nationalismes belliqueux, réapparus à l'Est après l'effondrement du communisme. Nous nous méfions pareillement de ces communautés ethniques ou identitaires qui, chez nous, se renforcent à mesure que l'État recule. Nous avons enfin beaucoup de mal, dans un contexte mondial marqué par l'iniquité, l'arrogance des plus riches et la précarisation des plus faibles, à faire aveuglément confiance au marché pour établir un partage harmonieux des richesses entre les hommes [42].

Reste à savoir pourquoi une théorie libérale aussi «religieuse» renaît aujourd'hui. Une des raisons est sans doute à trouver dans ce grand processus de *décroyance* analysé au début de ce livre [43]. Une

41. Pascal Salin, *Libéralisme*, *op. cit.*, p. 234.
42. De façon involontairement comique, Pascal Salin reconnaît à la dernière page de son livre, qui en compte cinq cents, qu'il n'a pas voulu traiter du thème de la «justice sociale», expression qu'il n'écrit d'ailleurs qu'en l'assortissant de guillemets.
43. Voir, plus haut, chapitre 2.

des croyances disqualifiée par le XXe siècle, rappelons-le, est celle qui table sur le volontarisme politique et social, volontarisme qui a été instrumentalisé et bafoué par les deux grands totalitarismes stalinien et nazi. Or, c'est en réaction contre ce volontarisme ainsi disqualifié que Hayek écrivit en 1944 (la date est importante) son livre le plus connu, *La Route de la servitude*. Le constructivisme ayant été à la source du désastre totalitaire, mieux valait y renoncer et faire confiance au « processus sans sujet » du marché pour conduire les sociétés humaines.

Pascal Salin se réclame explicitement de Hayek. Il écrit de façon significative que ce dernier « a montré la profonde communauté de pensée entre les vrais extrémismes de droite et de gauche, c'est-à-dire entre le communisme et le nazisme, auquel seul le libéralisme peut véritablement être opposé [44] ». En évoquant une « communauté de pensée », il songe évidemment au volontarisme. On choisira donc de congédier la démocratie « volontariste » pour lui préférer le marché, exactement comme on jette un bébé bien vivant avec l'eau de son bain.

Comment laïciser l'économie ?

Il ne s'agit donc point de nier l'importance de l'économie, mais d'en laïciser la description et la pratique. La démarche urgente consiste à s'émanciper de ce religieux-là et du fétichisme qui l'accompagne, comme nos sociétés modernes ont su le faire à propos des religions constituées. Pour se libérer du fétichisme, sans doute faut-il commencer par s'extraire autant que possible de la logique marchande, vision unidimensionnelle et appauvrie de l'existence humaine. Ce principe d'accumulation constitue le principal ressort du piège. Un ressort dont nous sous-estimons la puissance destructrice. Dans le film d'Oliver Stone, *Wall Street* (1988), on peut lire sur le T-shirt qu'arbore l'un des personnages, le *raider* Gordon Gekko : « Celui qui a le plus de jouets à sa mort a gagné. » Voilà qui définit assez bien la sottise propre à cette marchandisation du monde

44. Pascal Salin, *Libéralisme*, *op. cit.*, p. 31.

qui table sur la boulimie consumériste de chaque agent économique.

Ce vertige de tous n'est rendu possible que par l'enivrement de chacun. L'idolâtrie collective implique une ébriété individuelle que l'appareil publicitaire mondialisé ne cesse d'entretenir ou d'intensifier. Face à cette forme très régressive de religiosité, les réflexions réellement dissidentes sont celles qui s'apparentent – toute proportion gardée – à ce qu'on appelait jadis *l'exorcisme*. Elles se situent bien au-delà de la politique, et visent la superstition marchande en son cœur. On songe, par exemple, aux innombrables recherches sur la gratuité et le don, recherches anthropologiques qui connaissent depuis peu un succès révélateur dans les sciences humaines. En témoigne cette réflexion de l'anthropologue Marcel Hénaff, interlocuteur privilégié de Claude Lévi-Strauss : « La marchandisation universelle – qui revendique une ouverture illimitée – est en train d'accoucher d'un monde de plus en plus restreint et étriqué, culturellement homogène et intellectuellement plat. Est-ce là le fabuleux destin de l'*homo sapiens sapiens* ? Résister à cette imbécillité planétaire devient un impératif catégorique pour notre espèce[45]. »

Ce délire de marchandisation intégrale est d'autant plus « imbécile » que, dans la réalité de la vie sociale ordinaire, l'écrasante majorité des échanges entre les hommes sont encore non marchands. Une société humaine et même une économie en équilibre ne peuvent exister qu'à ce prix. Il faut impérativement une forte proportion de non-marchand et de non-rentable pour qu'une société humaine perdure. Et, Dieu merci, c'est encore le cas, y compris dans les pays développés. Dans un ouvrage à la fois provocant et stimulant, un des animateurs du mensuel français *Alternatives économiques* rappelle que le fonctionnement du marché lui-même est impossible si n'existe pas un tissu très dense de relations non marchandes, un « substrat » que ledit marché est incapable de créer[46]. Pour « faire société », la règle doit donc être le non-marchand et l'exception la marchandisation. Prétendre inverser les choses est une idée sotte.

45. Marcel Hénaff, « De la philosophie à l'anthropologie. Comment interpréter le don ? », *Esprit*, février 2002, p. 157. On lira aussi de Marcel Hénaff, *Le Prix de la vérité. Le don, l'argent, la philosophie*, Seuil, 2002.

46. Guillaume Duval, *Le libéralisme n'a pas d'avenir*, La Découverte, 2003.

La résistance, à ce niveau, passe par une dissidence intellectuelle bien plus fondamentale que ne le laissent accroire les pugilats politiciens ordinaires. Dans le maelström historique et anthropologique qui marque le changement de millénaire, les choses essentielles semblent passer en dehors du champ politique traditionnel, à un autre niveau, selon d'autres modalités. Les mille et une dissidences qui apparaissent un peu partout depuis une quinzaine d'années, ces réseaux insaisissables sur lesquels court une parole *en rupture* laissent entrevoir un « quelque chose » qui s'apparente à une profonde recomposition de la croyance, une décolonisation de l'imaginaire, une lente et difficile « déséconomisation des esprits [47] ».

La laïcisation de l'économie est largement engagée, mais elle l'est encore de manière invisible, en dessous de la ligne de flottaison, pourrait-on dire, de l'appareil médiatique et politique. Elle emprunte la voie associative, circule et foisonne sur l'internet, se cherche de façon confuse et contradictoire dans les mouvements altermondialistes, bouillonne plus souterrainement dans les universités occidentales. Nul ne sait de quelle manière elle émergera pour de bon – avec ou sans violence – dans le champ démocratique. Il arrive fréquemment – et c'est un signe – que cette volonté de dissidence et de recomposition apparaisse chez les économistes eux-mêmes, effarés par le réductionnisme conquérant de leur propre discipline. Ainsi un professeur de sciences économiques à l'université Paris X pouvait-il écrire fin 2004 : « L'enjeu du futur n'est pas directement dans l'innovation technologique, dans la dévotion au travail et au progrès, propres au modèle productiviste, il est dans l'invention d'un style de vie, d'un certain rapport à l'économie, à sa logique mercantile et utilitariste, aux objets techniques. L'imaginaire à promouvoir serait alors celui d'une "sortie" de l'hégémonie de l'économie [48]. »

Une telle « sortie » correspond bien à une entreprise de laïcisation de l'économie, à une mise à distance de cette religion-là, avec ses pompes et ses œuvres. Il suffirait de renouer avec cette clairvoyance

47. J'emprunte ce néologisme au Manifeste du réseau pour l'après-développement (RAD), cité par Serge Latouche, *Décoloniser l'imaginaire. La pensée créative contre l'économie de l'absurde*, Parangon, 2003, p. 18.

48. Michel Henochsberg, « L'imaginaire européen est qualitatif », *Libération*, 22 décembre 2004.

minimale, déjà présente chez Aristote, qui mettait en garde contre la *chrématistique*, c'est-à-dire la frénésie d'accumulation d'objets et de profit pécuniaire qui se substitue catastrophiquement au souci de « bien vivre ». Les modalités de sortie du fétichisme économique sont encore imprévisibles. Nul ne sait comment pourrait être promulgué l'équivalent d'une « loi de séparation entre l'Église économique et l'État démocratique ». On peut imaginer que cela correspondra à un renversement de l'équilibre des pouvoirs, à une réhabilitation paradoxale de la politique par les citoyens eux-mêmes. Depuis des siècles, mais surtout depuis les Lumières, l'urgence démocratique consistait principalement à défendre la liberté du citoyen contre les empiétements du pouvoir régalien, puis républicain. La démocratie avait pour mission de nous « protéger » du politique.

La logique est peut-être en passe de s'inverser du tout au tout. Face à la toute-puissance du marché, face aux divers acteurs qui maîtrisent la logique marchande, face au catéchisme impérieux de la marchandise, il est possible que le pouvoir politique ait besoin d'être défendu par... les citoyens. Une chose est sûre : la refondation démocratique serait la seule façon de mettre notre liberté de penser à l'abri du sacré[49].

49. Je m'inspire ici d'une analyse de l'économiste Jacques Généreux, *Une raison d'espérer. L'horreur n'est pas économique, elle est politique*, Pocket/Agora, 2000, p. 164.

Chapitre 6

Science avec croyances

> « Qui donc, de nos jours, croit – à l'exception de quelques grands enfants qu'on rencontre encore justement parmi les spécialistes – que les connaissances astronomiques, biologiques, physiques ou cliniques pourraient nous enseigner quelque chose sur le sens du monde, ou même nous aider à trouver les traces de ce sens, si jamais il existe. »
>
> Max Weber[1].

Les cathédrales de la science, dit-on parfois, se dépeuplent aussi vite que les cathédrales religieuses. La remarque est jolie. Elle n'évoque cependant que la moitié du trouble étrange qui affecte aujourd'hui notre rapport à la science. Ce trouble peut être décrit en se référant à *deux mouvements simultanés et contradictoires*.

Premier mouvement : une désaffection grandissante de l'opinion – et de la jeunesse – à l'égard de la science. Cette désaffection est spectaculaire en Europe. Elle est inquiétante. Nos facultés se vident, nos laboratoires manquent de moyens, notre recherche est traitée en parent pauvre. Quant à l'opinion, elle est animée par la crainte, quand ce n'est pas par l'effroi, devant les catastrophes qui, du sang contaminé à la « vache folle », aux pollutions industrielles ou aux accidents nucléaires, occupent l'actualité depuis une vingtaine d'années. Ajoutons que les sciences les plus nouvelles, notamment la génétique, font lever plus de peur que d'espérance. Le vieux thème de l'apprenti sorcier refait surface et, *a priori*, la rationalité expérimentale est désormais placée en position d'accusée.

Cette défiance instinctive n'est pas sans conséquences. Elle affaiblit le statut même de la connaissance dans la cité. Elle sape les

1. « Le métier et la vocation du savant », *in Le Savant et le Politique*, 10-18, 2002.

assises du « débat raisonnable ». Il devient paradoxalement difficile de défendre la science devant cette montée des doutes, des refus irrationnels ou des obscurantismes avérés que l'on évoquait dans les chapitres qui précèdent. La raison est effectivement assiégée de tous côtés.

Mais, dans le même temps, un mouvement rigoureusement contraire s'amplifie lui aussi : *le retour d'un scientisme qu'on imaginait disparu depuis un siècle* ; la résurrection de discours savants à prétention « totalisante » qui, à nouveau, emplissent l'air du temps. Pour ceux qui tiennent cette position, la rationalité scientifique demeure le principe fondateur de la modernité. Or, ladite rationalité, ajoutent-ils, s'assigne pour tâche de déchiffrer et d'expliquer la *totalité* du réel. Du côté de ce dernier, il reste sans doute de l'inconnu – et même beaucoup –, mais rien qui soit par principe inconnaissable, ni en physique, ni en biologie, ni en astronomie, ni en aucun autre domaine. Les avancées de la science expérimentale, quoi qu'on pense, invalideront l'un après l'autre les autres modes d'appréhension du réel. La science repoussera toujours plus loin les frontières du connu, et il n'est pas impossible qu'elles les atteignent un jour *pour de bon*. C'est affaire de patience, de travail, de moyens et d'ambition.

On reconnaît-là une certaine orthodoxie rationaliste dont le sociologue Jules Monnerot disait jadis qu'elle consiste en « un système d'idées qui rejette tout ce qui lui est étranger[2] ». Les tenants de cette conception impériale de la science demeurent convaincus, comme l'étaient leurs prédécesseurs du XIXe siècle, que les *croyances* humaines et à plus forte raison les religions ne sont que les bouche-trous provisoires de notre ignorance. Ils considèrent que le *savoir*, en investissant sans cesse de nouveaux territoires, fait reculer le *croire* à mesure. Entre la croyance et le savoir, existe donc à leurs yeux une dissymétrie fondamentale : la croyance est forcément seconde, elle est par définition résiduelle. *On croit parce qu'on ne sait pas encore*. Les religions appellent « mystère », disent-ils, ce que la raison n'a pas encore été capable de comprendre. La vocation du

2. Jules Monnerot, *Confluence*, n° 3, septembre 1954, repris dans « Qu'est-ce que le religieux ? Religion et politique », *op. cit.*, p. 44.

savoir, fondé sur le doute actif et l'expérience, est d'éliminer progressivement le croire, en dissipant les supposées énigmes dont il se nourrit. Les dieux, les religions et les croyances n'ont qu'à bien se tenir. Les périmètres où ils se logent seront grignotés. Les zones d'ombre dans lesquelles ils se réfugient seront tôt ou tard éclairées *a giorno* par les lumières de la connaissance[3]. C'est là tout le sens, ajoutent-ils, du progrès humain.

Exprimée à voix haute ou simplement présupposée, cette conception à la fois exigeante et immodeste de la démarche scientifique est redevenue une des composantes de l'esprit du temps. « Un vieux fond indéracinable de scientisme reste présent dans les esprits, confirmé par chaque nouvelle découverte. Les objections philosophiques, les craintes devant les conséquences ne suffisent pas à supprimer complètement l'idée que la connaissance du monde progresse, et met en cause les représentations traditionnelles[4]. » La démarche science interprétée de cette façon élève à nouveau entre le *savoir* et le *croire* un mur à jamais infranchissable. L'un est exclusif de l'autre. C'est le point de vue qu'exprime par exemple avec netteté le très matérialiste physicien Jean Bricmont, professeur à l'université de Louvain en Belgique. « Ce que comprenaient bien les penseurs des Lumières, écrit-il, mais qui a été en partie oublié depuis lors, c'est que l'approche scientifique (en y incluant la connaissance ordinaire) nous donne les seules connaissances objectives auxquelles l'être humain a réellement accès[5]. »

* *
*

Défiance populaire à l'égard de la science et triomphalisme scientifique : les deux mouvements contraires sont aujourd'hui concomitants. On pourrait même avancer qu'ils se renforcent l'un l'autre, comme c'est souvent le cas lorsque les antagonismes sont aussi par-

3. Voir *Le Goût de l'avenir*, *op. cit.*

4. François Euvé, *Science, Foi, Sagesse. Peut-on parler de convergence ?*, Éditions de l'Atelier, 2004, p. 37.

5. Jean Bricmont, « Science et religion : l'irréductible antagonisme », *Dogma*, en ligne sur l'internet : <dogma.free.fr/txt/JB-Science01.htm>.

faitement symétriques. De fait, nombre de débats sur la science qui sont répercutés aujourd'hui dans les médias ont repris ce ton vindicatif et même querelleur qu'ils avaient vers le début du XXe siècle. Chaque camp se prétend assailli par l'autre. Aux « spiritualistes » ou aux croyants qui dénoncent l'arrogance scientiste, répondent certains scientifiques qui fustigent la bigoterie cléricale et l'affront qu'elle inflige à l'intelligence. Les premiers se plaignent du nihilisme de la modernité dominée par la rationalité instrumentale. Les seconds s'alarment de la persistance d'une pensée magique faisant obstacle au progrès. On fait du même coup injonction au public de choisir entre « Dieu et la science », entre croyance et savoir.

Le désaccord est d'autant plus vif que nul ne peut l'arbitrer vraiment. Il est indécidable. Il y aura toujours assez d'inconnu ou d'incomplétude pour justifier le recours à une transcendance. On trouvera toujours assez de crédulité ignorante dans nos sociétés et du côté des religions instituées pour légitimer un plaidoyer en faveur de la raison critique. La meilleure façon d'échapper à la vanité de cette polémique est sans doute de poser le problème d'une tout autre manière. On ne se demandera pas si le *savoir* s'oppose ontologiquement au *croire*, mais plutôt *si la science elle-même n'est pas pénétrée de croyances*. On essaiera de débusquer au cœur même de la démarche scientifique la prolifération de convictions subjectives, de foi irraisonnée, d'émotions, de passions qui lui permettent d'avancer mais qui risquent à tout moment de dogmatiser le discours scientifique. On tentera par là même de comprendre comment la science s'y est prise, de siècle en siècle, pour gérer son propre rapport à la croyance.

Posée de cette façon, la problématique devient éclairante au sens le plus fort du terme. Elle nous fait obligation de nous ressouvenir, au moins de façon cursive, des grandes étapes, des principaux « moments » qui ont marqué l'histoire des sciences, dans les relations qu'entretenaient celles-ci avec la croyance ou la foi, notamment religieuse. C'est sans doute la meilleure façon de replacer dans sa vraie perspective, et donc de relativiser, un antagonisme entre croire et savoir, qui nous paraît – bien à tort – irréductible.

On peut découper très grossièrement cette immense histoire de la raison scientifique en trois grands « moments » : d'abord une très longue période d'alliance plus ou moins stable avec le religieux, ensuite une volonté d'affranchissement radical aux XVIIIe et XIXe siècles, enfin une remise en cause au XXe siècle, y compris par la science elle-même, des ambitions «totalisantes» qui l'habitaient au cours des deux siècles précédents[6]. Cette dernière période, qui coïncide, en gros, avec le XXe siècle, est marquée par la tentative de rétablir entre le croire et le savoir des rapports moins conflictuels que *dialogiques*. Dans la logique d'un panorama historique ainsi retracé, la question finale est de savoir si nous ne sommes pas, aujourd'hui, à l'orée d'un quatrième moment qui, sous couvert de modernisme, nous renverrait vers le passé.

Une «étincelle» théologique ?

Rappeler que la science a pu entretenir de durables relations d'alliance avec la religion, voilà qui peut surprendre *a priori*. Nous nous souvenons plus volontiers des épisodes tragiquement conflictuels: qu'il s'agisse de la condamnation par l'Église de Galilée en 1633, ou de l'immolation le 17 février 1600 de l'ex-dominicain Giordano Bruno, brûlé vif à Rome sur ordre de l'Inquisition, après qu'on lui eut arraché la langue pour les «affreuses paroles qu'il avait proférées». Dans notre mémoire collective, ces manifestations d'obscurantisme clérical occupent toute la place. Elles effacent en quelque sorte les traces d'une réalité qui, sur la longue durée, fut bien différente. En fait, un lien étroit a bien existé pendant des siècles entre la science et les différents monothéismes, juif, catholique, protestant ou coranique.

Cette *alliance* singulière s'est manifestée sous plusieurs formes.

De la première, on peut dire qu'elle est inaugurale. En posant le principe d'un Dieu unique et en le situant hors du monde, le monothéisme (déjà présent chez Platon) *désacralise le réel et ouvre la voie à son étude empirique, expérimentale par la raison humaine.* C'est la fameuse «étincelle» théologique qui, en destituant la nature

6. Sur cette question, on lira avec profit le livre du philosophe François Châtelet, *Une histoire de la raison. Entretiens avec Émile Noël*, Seuil, «Point Sciences», 1992.

de sa divinité panthéiste, rend possible la démarche rationaliste. Si l'on reste convaincu, comme l'étaient les anciens Grecs, que l'océan, les entrailles de la terre ou les forêts sont autant de demeures du divin et que les corps célestes figurent des dieux véritables, éternels et incorruptibles, alors leur étude « scientifique » est exclue. Elle serait même sacrilège.

La science véritable ne pourra naître qu'après la proclamation – très subversive – d'une vérité nouvelle : les mouvements des astres, ceux des marées ou des volcans ne sont pas réglés par la fantaisie de quelques divinités mais par des *lois* dont il est possible de démontrer la cohérence et même l'unicité. Le grand scientifique et philosophe des sciences que fut Pierre Duhem (1861-1916) rappelait que, pour qu'il fût possible de concevoir une telle pensée, « il fallait que les astres fussent déchus du rang divin où l'Antiquité les avait placés, il fallait qu'une révolution théologique se fût produite. Cette révolution sera l'œuvre de la théologie chrétienne. La science moderne a été allumée par une étincelle jaillie du choc entre la théologie du paganisme hellénique et la théologie du christianisme[7] ».

Cette description d'une science expérimentale littéralement née du monothéisme a été formulée et reformulée tout au long de notre histoire. Par exemple par Nietzsche, dont l'exclamation du *Gai Savoir* mérite d'être relue : « C'est encore et toujours une *croyance métaphysique* sur quoi repose notre croyance en la science – et nous autres qui cherchons aujourd'hui la connaissance, nous autres sans dieu et antimétaphysiciens, nous puisons encore *notre* feu à l'incendie qu'une croyance millénaire a enflammé, cette croyance chrétienne qui était aussi celle de Platon, la croyance que Dieu est la vérité, que la vérité est divine[8]... » Le même constat fut exprimé, sous une autre forme, par quantité de scientifiques. Un savant comme le Belge Ilya Prigogine (1917-2003), prix Nobel de chimie en 1977, la reprenait à son compte en y ajoutant une remarque d'importance.

7. Pierre Duhem, *Le Système du monde. Histoire des doctrines cosmologiques de Platon à Copernic*, Hermann, 1954, t. II, p. 453.

8. Nietzsche, *Œuvres philosophiques complètes*, vol. V, *Le Gai Savoir*, Gallimard, p. 238.

La représentation monothéiste d'un Dieu omniscient et tout-puissant situé hors du monde a favorisé une conception ambitieuse, voire absolutiste de la science elle-même pour ce qui concerne l'ici-bas. Elle se nourrit de l'hypothèse – que Prigogine conteste – selon laquelle un point de vue scientifique « absolu » était lui-même possible. C'est à ses yeux cet arrière-fond métaphysique et « totalisant » de la science classique, disons celle de Kepler et de Newton, qui a pu conduire celle-ci, on le verra, à se cléricaliser jusqu'à devenir elle-même religieuse. Cela permettait à un Albert Einstein, ardent défenseur d'une « religion cosmique », de tenir le raisonnement suivant : « Reconnaissons à la base de tout travail scientifique d'une certaine envergure une conviction bien comparable au sentiment religieux, puisqu'elle accepte un monde fondé en raison, un monde intelligible ! Cette conviction, liée à un sentiment profond d'une raison supérieure se dévoilant dans le monde de l'expérience, traduit pour moi l'idée de Dieu[9]. » En d'autres termes, l'un des principaux dangers qui menacent la démarche scientifique, ce n'est pas seulement le religieux qui s'opposerait à elle, mais bien plutôt *la religion qui l'habite*, du moins quand elle se dogmatise.

La deuxième forme qu'a prise, au cours des siècles, l'alliance inaugurale entre la science et le monothéisme, c'est le rôle joué dans la recherche scientifique par les institutions religieuses, les hommes d'Église ou les moines. Cette évidence historique est le plus souvent oubliée aujourd'hui, après avoir été largement chassée des esprits par les querelles anticléricales qui ont accompagné *de facto* le mouvement des Lumières. Il est pourtant clair qu'en Europe, aux XIIe et XIIIe siècles, l'essentiel du savoir scientifique s'élaborait et se transmettait dans les écoles monastiques puis dans les universités médiévales d'inspiration chrétienne. « C'est à l'aube du XIIIe siècle que, dans le cadre de la chrétienté, naissent les universités ; grâce à l'action de la papauté, elles vont favoriser le progrès des sciences en facilitant la circulation des idées et des chercheurs[10]. » Les églises,

9. Albert Einstein, *Comment je vois le monde* (trad. fr.), Flammarion, 1979, p. 231. J'emprunte cette citation à Pierre Thuillier, *La Revanche des sorcières. L'irrationnel et la pensée scientifique*, Belin, 2001, p. 140.

10. Philippe Capelle et Henri-Jérôme Gagey, « Une tradition universitaire de rencontre entre foi et raison », *Esprit*, octobre 2004, p. 54.

quant à elles, offrirent l'hospitalité de leurs bâtiments aux observations astronomiques de l'époque médiévale. Quant au rôle particulier joué par les moines, il est souligné par le philosophe et mathématicien britannique Alfred North Whitehead (1861-1947) qui écrit: «L'alliance de la science et de la technologie, par laquelle le savoir est maintenu en contact avec les "faits irréductibles et obstinés", doit beaucoup au penchant pratique des premiers bénédictins[11].»

Ajoutons, comme le fait sans se lasser le paléontologue américain Stephen Jay Gould, que d'innombrables ecclésiastiques ont été de très grands savants. Citons à titre d'exemples le dominicain Albert le Grand (1193-1280), inspirateur de Thomas d'Aquin; l'évêque et géologue Nicolas Sténo au XVIIe siècle; le physiologiste italien Lazzaro Spallanzi qui réalisa en 1777 les premières fécondations artificielles; l'abbé Henri Breuil (1877-1961), grand spécialiste de l'art pariétal; le chanoine belge Georges Lemaître (1894-1966), cofondateur de la cosmologie moderne et qui fut le premier à introduire, en 1927, la théorie de l'atome primitif et du «big bang» ou encore le jésuite français Pierre Teilhard de Chardin (1881-1955), paléontologue et philosophe, dont l'œuvre suscite aujourd'hui un regain d'intérêt[12].

Une telle liste pourrait être encore enrichie.

Grands savants et alchimistes

C'est la troisième forme d'alliance entre savoir et croyance, entre science et mysticisme, qui est toutefois la plus significative, la plus troublante et – peut-être – la moins connue du grand public. On veut parler des accointances singulières entretenues par quelques-uns des fondateurs de la science moderne avec ce qu'il faut bien appeler les pensées mystiques ou ésotériques. Au regard du rationalisme contemporain, il y a là une antinomie si dérangeante qu'on préfère la passer sous silence. Elle n'est pas dans la logique – réductionniste et conflic-

11. François Euvé, *Science, Foi, Sagesse. Peut-on parler de convergence ?*, *op. cit.*, p. 104.

12. Je m'inspire ici, tout en les précisant, des références données par Stephen Jay Gould, *Et Dieu dit: « Que Darwin soit ! »*, préface de Dominique Lecourt, trad. fr. Seuil, 2000.

tuelle – de notre conception de la raison et du religieux en général.

Passe encore que Georges Dumézil (1898-1986), grand spécialiste du sanskrit et des civilisations indo-européennes, se soit intéressé aux prophéties de Nostradamus, au point d'écrire sur ce sujet un livre qui fit scandale[13] ; passe encore que Pierre et Marie Curie, découvreurs de la radioactivité et prix Nobel de physique en 1903, aient marqué un vif et actif intérêt pour les séances de spiritisme, comme beaucoup de scientifiques de leur époque. On pourra toujours voir dans ces curiosités incongrues une de ces excentricités auxquelles cèdent parfois les plus grands savants. En réalité, l'histoire des sciences fournit d'autres exemples bien plus significatifs qui semblent indiquer que *certaines formes de croyances ont pu jouer un rôle, inspirateur ou opératoire, dans la démarche proprement scientifique*. Ils suggèrent qu'à certains moments de son histoire la science a eu besoin, pour franchir une étape, d'en revenir assez mystérieusement à un « en deçà » d'elle-même. Ils viennent brouiller, en quelque sorte, cette frontière entre croire et savoir que nous imaginons plus tranchée qu'elle n'est en réalité.

Revenons d'abord sur le « cas » du dominicain Giordano Bruno, dont nous avons rappelé plus haut qu'il avait été brûlé sur ordre de l'Inquisition. À cause de son martyre – et à juste titre – Bruno incarne dans notre mémoire la raison persécutée par l'ignorance, le savant matérialiste, nourri de la pensée d'Épicure, de Lucrèce et de Démocrite, mais finalement vaincu par le dogmatisme obtus du grand Inquisiteur catholique. La réalité est un peu différente. Certains historiens contemporains, parmi lesquels l'Anglaise Frances Yates, ont mis en évidence la place qu'occupaient dans la culture et la vision du monde de Giordano Bruno les très anciennes traditions ésotériques, magiques et kabbalistiques[14]. Celui qu'on appelait le Nolain (il était né à Nola en Italie) a sans aucun doute permis à la science des XVIe et XVIIe siècles de progresser, et son grand livre, *Le Banquet des cendres*, reste un texte scientifique de première

13. Georges Dumézil, *Le Moyne en gris dedans Varennes*, Gallimard, 1984. En anglais, voir aussi du même auteur, *The Riddle of Nostradamus. A Critical Dialogue*, John Hopkins University Press, 1999.

14. Frances A. Yates, *Giordano Bruno and the Hermetic Tradition*, Londres et Chicago, 1964. Trad. fr., *Giordano Bruno et la Tradition hermétique*, Dervy, 1997.

importance. Il n'empêche que Giordano Bruno était tout sauf le rationaliste pur et dur que nous imaginons.

Le cas du grand physicien, mathématicien et astronome anglais Isaac Newton (1642-1727), quelques décennies plus tard, est assez comparable. Certes, on savait depuis longtemps que le découvreur de la gravitation universelle, celui dont l'œuvre constitue un tournant majeur dans l'histoire des sciences, était aussi un fervent chrétien et manifestait un vif intérêt pour la théologie. Il écrivit d'ailleurs, à la fin de sa vie, un ouvrage sur *Les Prophéties de Daniel et l'Apocalypse de saint Jean*, qui ne fut publié qu'après sa mort. On ignorait cependant, jusqu'à une date relativement récente, que Newton s'intéressait passionnément à l'alchimie, au point de l'avoir lui-même pratiquée.

C'est en 1931, en effet, un peu plus de deux siècles après la mort de Newton, que l'économiste anglais John Maynard Keynes fit par hasard l'acquisition, lors d'une vente aux enchères, d'une masse de manuscrits alchimiques dont on découvrit vite que l'auteur n'était autre que Newton. Cette découverte fit scandale, tant l'image de Newton correspondait à celle d'un esprit rationaliste. L'interprétation qu'il convient d'en faire continue de prêter à controverse, et notamment celle qu'en fit Keynes. Ce dernier, en effet, impressionné par cette « révélation », n'hésita pas à présenter Newton comme « le dernier des magiciens, le dernier des Babyloniens et des Sumériens, le dernier grand esprit à avoir regardé le monde visible et intellectuel avec les mêmes yeux que ceux qui avaient commencé, il y a un peu moins de dix mille ans, à constituer notre patrimoine intellectuel[15]. »

Les exemples de Bruno et de Newton sont parlants, mais ils ne sont pas les seuls. On pourrait tout aussi bien citer le cas du grand astronome danois Tycho Brahé (1546-1601), féru d'astrologie, ou du pieux protestant wurtembergeois Johannes Kepler (1571-1630), l'un des plus célèbres astronomes de tous les temps, qui gagna un moment sa vie en rédigeant, avec le plus grand sérieux, des horoscopes. On

15. Pour les « cas » de Bruno et de Newton, je m'inspire des réflexions de Blandine Kriegel, « Tous kabbalistes ! », *in L'Irrationnel, menace ou nécessité*, *op. cit.*, p. 287-288, et de Pierre Thuillier, *La Revanche des sorcières. L'irrationnel et la pensée scientifique*, *op. cit.*, p. 35-43.

pourrait encore citer, à la même époque, le mathématicien et physicien originaire de Pavie Jérôme Cardan (1501-1576), qui fut accusé d'hérésie par le légat pontifical pour avoir écrit lui aussi – et vendu – quantité d'horoscopes dont l'un... du Christ. Esprit génial, dont l'œuvre a marqué l'histoire des mathématiques, Cardan était fermement convaincu, il est vrai, de l'intervention irrationnelle des démons dans la marche du monde.

Qu'on ne s'imagine pas non plus que ces sortes d'accointances furent propres à la Renaissance. Quelques siècles auparavant, un des plus grands savants du Moyen Âge, le philosophe anglais Roger Bacon, par ailleurs moine franciscain, avait largement révolutionné les mathématiques et la philosophie du langage. Il était en même temps très versé dans l'alchimie et l'astrologie. Mieux encore, dans l'un de ses « préambules » passés à la postérité, l'*Opus maius* (1267), il accorde un grand crédit à des récits évoquant des dragons volants et des devins installés dans la lointaine Éthiopie.

* *
*

Ces convergences surprenantes entre raison et déraison, entre science expérimentale et pensée magique, entre savoir et croyance montrent qu'historiquement la science occidentale a fait continûment alliance non seulement avec les grandes religions monothéistes, mais aussi avec des traditions ou des magies plus archaïques encore. La science, dans sa progression, paraît bien avoir été comme stimulée par certaines croyances « magiques ». On verra plus loin qu'elle l'est encore. De même, la frontière entre l'archaïque et la modernité n'est pas si rectiligne que ne le disent les rationalistes d'aujourd'hui. L'archaïque est porteur de rationalités inaccomplies, et le moderne est hanté par des archaïsmes qui s'ignorent. Il est clair, comme le rappelle fort à propos le philosophe et historien des sciences Pierre Thuillier, que certaines étapes de la recherche scientifique exigent au premier chef de la rationalité pure, du calcul et de l'expérimentation. Mais il n'est pas moins vrai que le strict rationalisme qui se manifeste de nos jours « risque fort de dissimuler la profondeur et la multiplicité des relations qui unissent le monde de la science à celui de la religion, pis encore à celui de la magie. Des penseurs peu suspects l'ont noté depuis longtemps : les concepts et les théories scientifiques plongent souvent leurs racines dans les croyances et les spéculations apparemment [...] les plus fantastiques[16] ».

Pour compléter la remarque, on peut dire que c'est aujourd'hui notre propre interprétation de la rationalité, notre déni instinctif du croire qui nous inclinent à décrire rétrospectivement les grands savants du passé comme des rationalistes intransigeants et des matérialistes farouches. Ils nous empêchent d'imaginer une seule seconde que, par exemple, la Kabbale et, à travers elle, la réconciliation entre la sagesse juive et la morale chrétienne, aient pu contribuer au renouvellement de la physique à la Renaissance.

Avec cette ancienne alliance entre croire et savoir, on était loin des oppositions frontales autant que féroces qui allaient se manifester au moment des Lumières, puis s'aggraver au XIXe siècle.

La guerre des deux « Églises »

Le passage de l'alliance productive à l'affrontement pur et simple entre croyance et savoir correspond à ce qu'on appelle d'ordinaire *la séparation entre théologie et philosophie*. Cette émancipation progressive de la philosophie est un processus historique complexe qui caractérise les « deux modernités » : celle des XVIe-XVIIe siècles et celle des XVIIIe-XIXe siècles. Amorcé par René Descartes, qui rompt avec la scolastique (mais pas avec le christianisme), le divorce entre savoir et croyance permet, dans les deux siècles qui suivent, de jeter les bases d'une philosophie individualiste et rationaliste dans laquelle la science occupe la première place. Cette dernière se propose de procurer à l'homme la véritable connaissance et le contrôle absolu de la nature. Elle met à distance la métaphysique et assigne à la raison la tâche de décrypter l'ordre du monde.

De Diderot à Condorcet, de Montesquieu à Rousseau ou Voltaire, de Locke à Kant, les Lumières européennes – au-delà des contradic-

16. *Ibid.*, p. 4.

tions irréductibles qui les traversent – privilégient une vision du réel fondée sur la raison critique. Dans une telle vision, la croyance occupe une place de plus en plus réduite. Certes, les philosophes des Lumières ne se réclament pas tous de l'athéisme batailleur d'un baron de Holbach ou d'un Condorcet, mais ils opposent volontiers – comme le fait Voltaire dans son *Micromegas* en 1752 – *les désaccords inhérents à la métaphysique à l'unanimisme naturel de la science mathématique*. Les métaphysiciens et les théologiens peuvent bien discourir à l'infini sur leurs interprétations qui relèvent du *croire ;* tous les hommes, en revanche, s'accordent immédiatement pour *savoir* que deux et deux font quatre.

En deux mots, la croyance divise quand le savoir rassemble. Le *savoir* est annonciateur de paix alors que le *croire* porte en lui la discorde. Cet optimisme scientifique invite chacun à s'éloigner, au bout du compte, de la demeure du théologien pour lui préférer le cabinet du philosophe, puis le laboratoire du savant. Une véritable passion pour l'expérimentation, le calcul, la mesure traverse ces deux siècles. D'abord mises à distance, la métaphysique et la part de croyance qu'elle implique seront bientôt congédiées pour de bon. Si le XVIIIe siècle est encore largement imprégné de déisme ou de fidéisme, le XIXe se voudra scientiste et résolument antireligieux.

Pour des courants comme celui de la libre-pensée, qui s'épanouit à ce moment-là, deux visions du monde s'opposent désormais, que rien ne saurait réconcilier : l'une, fondée sur les avancées de la philosophie et les progrès de la science, est tournée vers l'avenir, l'autre reste figée dans la croyance, le dogme et la piété. Les libres-penseurs volontiers prosélytes s'assignaient donc un but : « Convaincre le plus grand nombre de renoncer aux « superstitions », aux « préjugés » de la foi, de rallier la cause lumineuse et émancipatrice de la raison et de la science [17]. » À l'époque, plusieurs percées scientifiques viennent conforter la confiance quasi exclusive qu'on place dans la raison : la thermodynamique du précurseur Nicolas Sadi Carnot (1796-1832), puis de Julius von Mayer et James Prescot Joule, en 1847, la théorie de l'évolution de Charles Darwin, en 1859, la bactériologie avec

17. Jacqueline Lalouette, *La République anticléricale (XIXe-XXe siècle), op. cit.*, p. 228.

Louis Pasteur, vers 1870, etc. Les hommages solennels ou les funérailles nationales que la République réserve à ses savants – Louis Pasteur, Marcelin Berthelot ou Claude Bernard – disent bien où la communauté nationale situe désormais ses priorités.

C'est au cours de ces quelques décennies marquées par d'extraordinaires découvertes que s'impose l'idée que la science expérimentale est capable de fournir une vision complète, unifiée et définitive du monde sensible. « Organiser scientifiquement l'humanité, tel est le dernier mot de la science humaine, écrira Renan, telle est son audacieuse mais légitime prétention[18]. » Cette explication totale, dorénavant à portée de notre intelligence, ne laisse plus aucune place à la croyance, à la métaphysique et à la religion. Cette dernière, juge-t-on, est définitivement détrônée par la science ou, plus exactement, par une « Église de la science ».

L'expression n'est pas une simple formule rhétorique. Elle a été employée et mise en pratique par le zoologiste allemand Ernst Heinrich Haeckel (1834-1919), inventeur du mot « écologie » et farouche adversaire de toutes les religions. « Là où commence la religion, disait-il, la science finit. » On ne saurait prononcer plus clairement le divorce entre science et croyance. Or, ce même Haeckel fondera effectivement une Église de la science, vouée au culte de la raison, et qui gardera des adeptes jusqu'à la mort de son créateur. C'est donc à Haeckel qu'on se réfère souvent lorsqu'on évoque le « scientisme » sans nuance qui prévaut au milieu du XIXe siècle. Ce scientisme est à la source de l'anticléricalisme virulent de l'époque. Ses diverses manifestations instaurent un véritable état de guerre entre science et religion, entre savoir et croyance, état de guerre totale dont témoigne la publication, entre 1866 et 1873, du *Grand Dictionnaire universel du XIXe siècle*, de Pierre Larousse, véritable monument antireligieux édifié à la gloire du savoir. Un traité ardemment positiviste comme *L'Intelligence*, publié par Hippolyte Taine en 1870, en est un autre signe, d'autant plus notable que la popularité de ce « maître à penser » naturaliste est alors immense, aussi bien en France qu'en Angleterre.

À cette offensive anticléricale, où les scientifiques, *et notamment*

18. Ernest Renan, *L'Avenir de la science*, écrit en 1849 mais publié en 1890, disponible en collection de poche, Garnier-Flammarion, 1999.

les médecins, jouent un rôle décisif, répond, du côté de l'Église catholique, une crispation qu'on peut, à juste titre, qualifier d'obscurantiste. Le fameux *Syllabus*, publié par Pie IX, le 8 décembre 1864, en annexe de l'encyclique *Quanta Cura*, qui rejette en bloc les « idées modernes », comme les croisades d'un Louis Veuillot, directeur, pendant quarante ans, du quotidien *L'Univers*, donnent une idée du caractère régressif de cette clôture cléricale de la pensée.

Pendant quelques décennies, la guerre des mots et des idées, mêlée de haine et d'injures, ne connaîtra pas de répit. Elle marquera durablement l'histoire, la culture et la politique françaises. « L'image des "deux France" qui se dénigraient et se détestaient, sans véritablement se connaître, n'est pas un mythe[19]. »

La revanche des philosophes

L'opposition résolue entre science et croyance, c'est-à-dire l'option positiviste dominera durablement l'histoire de la pensée moderne. Dans les faits, elle est toujours vivante. De façon très paradoxale, cependant, ce rationalisme intégral *se trouve miné en profondeur depuis la fin du* XIX*e siècle*. À cet égard, un décalage étonnant est perceptible entre le tumulte continué des querelles publiques – laïcité, question scolaire, séparation de l'Église et de l'État, etc. – et les ébranlements épistémologiques qui affectent dans ses tréfonds le statut de la pensée scientifique. On peut dire que les bases du projet prométhéen de la science – « tout expliquer » – commencent invisiblement à s'effriter dès le début du XXe siècle, et peut-être même avant. Si la « guerre des deux Églises » bat toujours son plein sur la place publique, l'hégémonie de la science n'est déjà plus aussi marquée. Lentement, difficilement, une nouvelle alliance, un rapport dialogique et dialectique entre le *croire* et le *savoir* s'instaurent à nouveaux frais. Au bout du compte, pour tonitruant qu'il fût, le pugilat, rigidement scientiste d'un côté et bêtement clérical de l'autre, n'aura été que de courte durée, du moins si on le rapporte à une histoire de la raison calculée en siècles ou en millénaires. Il

19. *Ibid.*, p. 14.

n'aura représenté qu'une parenthèse de moins d'un siècle. C'est peu.

Cet effritement de la rationalité «totalisante» s'amorce en tout cas dès la fin du XIXe siècle sous le double effet d'une contre-offensive de la philosophie et de nouvelles avancées de la science elle-même. (Sans compter la critique littéraire dite «romantique», menée contre le scientisme par un Chateaubriand, un Baudelaire et quelques autres.) Sur le terrain de la philosophie, un des premiers à mener véritablement l'offensive n'est pas un philosophe mais un mathématicien, sans doute le plus prestigieux de son époque: Henri Poincaré (1854-1912). Fils d'un médecin de Nancy, Poincaré ne s'en tiendra pas aux mathématiques mais construira parallèlement une œuvre philosophique importante, qui refonde l'interprétation des sciences au XXe siècle. Dans deux ouvrages publiés consécutivement, *La Science et l'Hypothèse* (1902) et *La Valeur de la science* (1905), il dénie à cette dernière sa capacité supposée d'appréhender véritablement le réel sans le recours à des axiomes, à des conventions ou même à des intuitions, c'est-à-dire à des croyances. Les modèles scientifiques qu'élabore l'esprit humain ne sont précisément pour lui *que des modélisations.* Entre la connaissance et la réalité tangible, un espace demeure, que la science à elle seule n'est pas en mesure de combler. Les mathématiques, par exemple, ne nous disent rien des «choses» elles-mêmes, mais seulement des rapports logiques qui les unissent.

Avec celle de Poincaré, l'offensive antipositiviste la plus conséquente est celle du philosophe Henri Bergson (1848-1941). Un de ses exégètes contemporains décrit ainsi l'apport – considérable – que l'on doit à l'auteur du célèbre *Essai sur les données immédiates de la conscience* (1889). «Contre l'explication mécaniste du positivisme, [Bergson] défend l'idée que la vie est une "imprévisible création de formes", une continuité du jaillissement traversant les règnes du minéral jusqu'à l'humain, selon une "division" de l'élan vital originel en deux axes divergents, l'instinct et l'intelligence. L'instinct, tourné vers le continu et le mouvant, et l'intelligence, orientée vers le discontinu et l'immobile, sont pour Bergson le produit d'un même élan créateur, celui de la vie elle-même [20].»

20. Dominique Combe, «La "gloire" de Bergson», *Études*, octobre 2004, p. 351.

Le « spiritualisme » de Bergson (pour reprendre l'expression qu'affectionnent aujourd'hui encore ses adversaires) marque une rupture radicale avec la pensée matérialiste qui triomphait auparavant. Bergson redonne toute leur place à l'intuition, à la durée, au « moi profond », à l'élan vital, à la capacité infiniment créatrice de l'humain. Il réhabilite ce qu'on pourrait appeler la complexité anthropologique, qui n'a plus grand-chose de commun avec les causalités mécaniques désignées par la science classique. Au bout du compte, Bergson rapatrie spectaculairement dans le champ de la pensée des concepts comme celui de transcendance, de mystique et même d'amour divin. Professeur au Collège de France, membre de l'Académie des sciences puis de l'Académie française, lauréat du prix Nobel de littérature en 1927, Bergson, immensément célèbre dans le monde entier, exerce sur l'histoire de la pensée de l'entre-deux guerres une influence sans beaucoup d'équivalent avant lui. Sa philosophie devient, sans conteste, la pensée dominante de l'époque, et surtout de l'entre-deux-guerres.

Une autre critique philosophique de la science sera conduite aussi vigoureusement par le fondateur de la phénoménologie, Edmund Husserl (1859-1938), pour qui seule la philosophie – la « science des sciences » – permet d'accéder à des réalités comme celles de « l'être », inatteignables par la voie scientifique[21]. L'offensive sera reprise et amplifiée par Martin Heidegger, qui s'emploie à prolonger la réflexion de Husserl. Pour Heidegger, la science ne peut jamais connaître que l'*étant*, tandis que l'*être*, c'est-à-dire l'essentiel, lui échappe. Or, parmi tous les *étants*, la créature humaine est la seule qui soit capable de s'interroger sur l'*être*. C'est en ce sens qu'il faut interpréter l'exclamation si souvent citée de Heidegger « la science ne pense pas », phrase qui lui fut reprochée[22]. En disant cela, Heidegger – comme il le précisera lui-même – voulait simplement souligner le fossé infranchissable séparant la démarche scientifique de la quête philosophique ou éthique.

21. Voir notamment Edmund Husserl, *La Crise des sciences européennes et la Phénoménologie transcendantale*, Gallimard, 1976.

22. Prononcée dans un cours donné en 1952 à l'université de Fribourg-en-Brisgau, la phrase complète était celle-ci : « La science ne pense pas, et ne peut pas penser ; et c'est même là, ajoute-t-il, sa chance, je veux dire ce qui lui assure sa démarche propre et bien définie. »

En vérité, et quoiqu'il ne fût ni « croyant » ni « religieux » à proprement parler, Heidegger réfute les prétentions scientistes de telle façon qu'il rouvre subrepticement la porte à la théologie. Certains auteurs d'aujourd'hui, comme Marcel Gauchet, n'hésitent pas à voir en lui le « plus grand théologien laïque du XXe siècle[23] ».

On est loin du positivisme des années 1850.

L'irruption de l'incertitude

Cette revanche historique de la philosophie, voire de la théologie, et ce recul subséquent du positivisme étroit ne peuvent être compris sans que l'on fasse référence aux transformations prodigieuses que connaît, durant cette période, la science elle-même. Dès la fin du XIXe siècle, en effet, se dessinent des bouleversements de la démarche scientifique qui vont bientôt changer la « donne » du débat entre savoir et croyance. Bien que ces transformations soient aussi diverses que complexes et résistent à toute simplification, prenons le risque d'en définir les grandes lignes.

De la physique quantique, évoquée depuis longtemps mais formulée en 1900 par le physicien Max Planck, théorisée ensuite par Wolfgang Pauli, Erwin Schrödinger ou Werner Heisenberg, à la théorie de la relativité d'Albert Einstein, dont la première formulation date de 1905, puis à la révolution cybernétique, aux découvertes concernant l'électromagnétisme, en passant par les « théories du chaos » ou les « structures dissipatives » d'Ilya Prigogine, sans oublier les neurosciences, l'informatique ou l'astrophysique, des interprétations nouvelles font peu à peu leur apparition, qui remettent en cause la science traditionnelle héritée de Newton, de Laplace et de Lamarck. À la prévisibilité du calcul scientifique, se substituent les « relations d'incertitude » de Werner Karl Heisenberg. Au déterminisme et à la stricte causalité, succèdent l'idée de hasard et la « théorie des jeux » élaborée par John von Neuman ou encore « les systèmes auto-organisateurs » du cybernéticien Heinz von Förster. Contre l'idée

23. *Le Nouvel Observateur*, décembre 2004.

d'un univers en équilibre, s'imposent les notions de non-équilibre, d'indécidabilité, ou encore le fameux principe d'incomplétude du mathématicien et philosophe Kurt Gödel[24]. À la stabilité supposée de l'univers, on préfère les concepts de « mobilité » et de « processus aléatoires ».

Changement plus décisif encore : à l'image traditionnelle d'un savant s'efforçant de déchiffrer la réalité, tout en lui demeurant extérieur, répond *l'hypothèse d'une interaction permanente entre l'observateur et l'objet observé.* Le chercheur fait bel et bien partie de la réalité qu'il observe, laquelle se voit transformée du fait même de l'observation. En clair, pour un biologiste ou un physicien, déchiffrer le réel c'est agir sur lui. Cela signifie que l'univers observable n'est pas « donné » au départ de manière intangible, mais qu'il est perpétuellement – et de manière indécidable par avance – *en construction.* Les concepts d'indécidabilité et d'incomplétude indiquent que la science ne peut trouver sa source en elle-même. Le scientifique, quoi qu'il fasse, est partie prenante à cette construction du réel, avec ses présupposés, sa subjectivité, ses postulats, les concepts et théories qu'il a forgés, ses méthodes, en un mot avec ses *convictions.* « Il n'y a aucune opposition entre la démarche rationnelle de la science et l'émerveillement devant le monde, que l'on associe plus volontiers à la poésie. L'activité scientifique, la démarche du chercheur n'ont pas pour but de présenter le tableau figé et glacial d'une nature mécanique, elles possèdent une dimension authentiquement créatrice[25]. »

C'est peu de dire que pareil changement de paradigmes ruine les anciennes conceptions de la science. Le savant se voit délogé de la place quasi transcendante qu'il occupait. Il n'est plus ce « dieu » séculier, universel et tout-puissant dominant un monde stable dont il décrypterait en toute objectivité les lois immuables l'une après l'autre. La connaissance scientifique, à l'instar de toutes les activités humaines, est *inséparable d'un projet* qui, seul, peut la rendre opératoire, comme l'avançait le philosophe français Gaston Bachelard

24. Précisons que ce principe d'incomplétude, strictement mathématique, est trop souvent invoqué à tort et à travers. On lui fait parfois dire ce qu'il ne dit pas.

25. François Euvé, *Science, Foi, Sagesse. Peut-on parler de convergence ?*, *op. cit.*, p. 43.

(1884-1962) dès son premier livre : *Essai sur la connaissance approchée* (1927)[26]. À la limite, ce sont les idées de science, de réel et de sens qui se voient entièrement transformées et redéfinies. On parlera plus volontiers de « processus », de « mouvement », de « dynamique », d'« émergence », etc. Le temps lui-même n'est plus ce paramètre neutre qui intervenait dans les expériences. En se complexifiant, il acquiert une autre dimension qui brouille les frontières entre passé et futur, mais aussi entre temps et espace (Einstein). Il faudrait évoquer également les travaux du mathématicien français René Thom (1923-2002) et sa « théorie des catastrophes » ou encore l'immense domaine de la médecine, terre d'élection pour toutes les formes nouvelles de confrontation entre croyance et savoir scientifique.

On peut dire de ces nouveaux concepts qu'ils fracturent la stricte « clôture » positiviste, celle qui prétendait isoler la science des autres approches humaines de la réalité. On considère aujourd'hui que, tout au contraire, c'est l'ouverture de l'esprit, notamment à l'incertain, qui est la condition même de la connaissance scientifique. C'est ce qu'écrivaient Ilya Prigogine et Isabelle Stengers au milieu des années 1980, en introduction d'un ouvrage qui fit quelque bruit : « Nous voulons montrer que les sciences mathématiques de la nature, au moment où elles découvrent les problèmes de la complexité et du devenir, deviennent également capables d'entendre quelque chose de la signification de certaines questions exprimées par les mythes, les religions et les philosophies ; capables aussi de mieux mesurer la nature des problèmes propres aux sciences dont l'objet est l'homme et les sociétés humaines[27]. »

* *
*

Depuis plusieurs décennies, cette révolution protéiforme de la science fondamentale a donné lieu à quantité d'extrapolations « spiritualistes » pas toujours très sérieuses. Certains ont cru y voir une confirmation de la démarche d'inspiration gnostique propre au *New*

26. Gaston Bachelard, *Essai sur la connaissance approchée*, Vrin, 2000.
27. Ilya Prigogine et Isabelle Stengers, *La Nouvelle Alliance*, Gallimard, 1986, p. 69.

Age. D'autres ont échafaudé des analyses frôlant la pure mystique, analyses qui se donnaient pour tâche de redécouvrir Dieu ou la sagesse bouddhiste dans le secret des molécules ou dans l'agencement hélicoïdal de l'ADN. À la faveur des nouvelles théories scientifiques un fatras de discours a été produit qui participe en général de ce qu'on appelle le «concordisme». Ce mot désigne, comme on le sait, les éventuelles retrouvailles entre science et religion, la première venant valider les intuitions spirituelles de la seconde. Syncrétisme non seulement absurde mais aussi dangereux pour la science que pour la religion[28].

Pour ce qui concerne la réflexion sur la croyance, qui est l'objet de ce livre, ce qu'il faut retenir de cette vaste révolution épistémologique, c'est qu'elle rend obsolète le propos dédaigneux – et scientiste – qui organisait la guerre entre *savoir* et *croyance*, comme s'il y avait entre l'un et l'autre un antagonisme indépassable. Elle réévalue la place qu'occupe la croyance dans l'aventure humaine. Il est vain, assurément, de vouloir reléguer ladite croyance dans les derniers et ombreux territoires que le savoir n'a pas encore conquis. Faire cela, en effet, reviendrait à négliger l'interpénétration et l'interaction qui, comme on le pense maintenant, les réunit de façon consubstantielle. Le savoir scientifique est lui-même, pour une bonne part, constitué de croyances, de même que la pure raison, pour émerger, prend paradoxalement appui sur l'émotion[29].

C'est ainsi, nous semble-t-il, que doit être compris ce troisième et réjouissant «moment» de l'histoire des sciences que l'on vient de décrire à grands traits. Tout le problème est de savoir si ce «quatrième moment» n'est pas, déjà, en train de nous faire rebrousser chemin.

28. J'ai analysé – et critiqué – le concordisme dans *Le Principe d'humanité*, Seuil, 2002.

29. C'est ce que démontre le neurologue Antonio R. Damasio, *L'Erreur de Descartes. La raison des émotions*, Odile Jacob, 1995.

La science subvertie par la technologie

Pour tenter d'analyser de quoi pourrait être fait ce « quatrième moment », il faut introduire des éléments de réflexion non plus vraiment sur la science, mais sur la technique, ou plutôt sur ce qu'on a pris l'habitude d'appeler la *technoscience.* Tout semble indiquer, en effet, que, si les prétentions « totalisantes » font insidieusement retour, c'est en empruntant ce chemin, ou ce détour. Mais quel détour, au juste ?

Les faux prestiges de l'objectivité

« La "foi" chrétienne n'est pas la seule à se présenter sous les espèces d'une *croyance* : il en est d'autres qui peuvent fort bien, comme elle, soumettre leurs fidèles respectifs à un subjectivisme paré des faux prestiges de l'Objectivité. Le cas limite est celui de quelques scientistes égarés dans notre siècle et dont la croyance prétend se fonder sur le déterminisme historique, de sorte que les hommes n'auraient plus qu'à attendre que la dialectique produise sans eux leur propre humanité. Marx avait déjà dit, au siècle précédent, ce qu'il convient d'en penser.

Si la contestation "athée" peut avoir un sens, c'est dans la mesure où elle reproche à tous les dieux, *indifféremment*, de détourner les hommes du long travail de la vérité en leur proposant une Vérité d'emblée réalisée, qui les attend quelque part – au Ciel ou sur la Terre, mais de toute façon "à la fin des temps", à la fin de l'Histoire, à la fin des fins...

Je me serais donc très mal fait comprendre si j'avais moi-même – à force de manier de redoutables expressions du genre "reconnaissance de l'homme par l'homme", "humanité réalisée" ou "synthèse finale" – prêté le flanc à de telles interprétations. Mais j'espère avoir au contraire suffisamment dit et redit, sous des formes diverses, ma conviction qu'aucune reconnaissance, aucune *rencontre*, n'est possible entre les hommes sur la base d'un Sens qui serait déjà là et qu'il leur suffirait d'accepter : car ce Sens absolu, prétendument valable pour tous, ne le serait en réalité pour aucun d'entre eux. »

Francis Jeanson, *La Foi d'un incroyant*, *op. cit.*, p. 158-159.

De nombreux auteurs contemporains ont insisté sur la tentation qui hante en permanence l'univers scientifique, et qui pousserait la Connaissance avec une majuscule à se dévoyer en rationalité instrumentale. C'est cette dérive qu'évoque Jürgen Habermas dans son livre critiquant une science et une technique devenues « idéologie [30] ». Le même constat a été fait par des auteurs comme Cornelius Castoriadis, Michel Serres, Dominique Janicaud, Jacques Ellul, Lucien Sfez, Ulrich Beck et bien d'autres. Tous dénoncent la même rétrogradation insidieuse de la science, pure « passion de connaître », en une technoscience instrumentalisée par des logiques d'efficacité industrielle ou technique qui lui étaient autrefois étrangères. Le sociologue québécois Michel Freitag a beaucoup écrit sur cette question. Pour lui, il se produit une sorte de technicisation des sciences. Celles-ci ne s'attachent plus prioritairement « à percer les mystères de la nature, mais s'intéressent plutôt à tous les effets spécifiques qu'il devient possible de produire méthodiquement à travers des interventions technologiques. Leur souci véritable n'est plus la nature elle-même, mais la prévision probabiliste des effets de nos interventions, l'efficacité autocontrôlée de nos savoir-faire. L'objet des sciences se referme ainsi de plus en plus sur l'univers des artefacts dont nous maîtrisons technologiquement la production [31] ».

Ce *technologisme*, qui envahit et domine de plus en plus les sciences naturelles, pour reprendre l'expression de Freitag, correspond à un triomphe de l'utilitarisme économique et financier, qui prend le pas sur les motivations originelles de la recherche. La science en tant que telle se transforme en une infinité de « sciences pratiques », plus préoccupées par leurs résultats exploitables que par l'ambition de connaître. C'est en ce sens que la nouvelle rationalité peut être qualifiée d'« instrumentale ». Les sciences, par ce biais, se mettent délibérément au service d'un système qu'elles contribuent elles-mêmes à produire. L'obsession de la maîtrise l'emporte alors

30. Jürgen Habermas, *La Technique et la Science comme idéologie*, trad. fr. de Jean-René Ladmiral, Gallimard, 1990.

31. Michel Freitag, « Les savoirs scientifiques entre transcendance et instrumentalisation », *Anthropologie et Sociétés*, vol. n° 1, 1996. p. 170.

sur la volonté de savoir, à telle enseigne que le phénomène techno-scientifique prend la forme d'une circularité refermée sur elle-même.

Les sciences informatiques constituent, à ce propos, un cas limite et un exemple parfait. Pour Freitag, l'informatique, devenue, avec la biologie, l'une des sciences dominantes, ne parle pas vraiment du réel, « elle traite de ce qu'elle produit », c'est-à-dire de sa propre cohérence opératoire. « L'objet dont elle parle est une pure production humaine » ; il « transforme l'agir humain en systèmes autorégulés » [32]. Cet arraisonnement de la science par l'utilitarisme technicien lui paraît contrevenir au projet émancipatoire des Lumières, en même temps qu'il délabre les grandes institutions (universités, académies, etc.) qui régissaient autrefois la production du savoir en garantissant en quelque sorte sa « gratuité ».

De façon assez remarquable, un chercheur français du CNRS, Michel Blay, philosophe et historien des sciences, rejoint presque point par point les analyses du sociologue de Montréal. En oubliant, écrit-il, les impératifs désintéressés de l'ancienne *theoria* (recherche de la vérité), en voulant d'abord se présenter comme une nouvelle « poule aux œufs d'or », « la science, de geste de pensée, se réduit à ses espaces d'autonomisation spécialisés, renonce à elle-même et devient pur outil d'appropriation de la nature ; pur outil pour créer des marchandises et des innovations techniques aboutissant au règne généralisé de l'ingénierie. L'humanité perd avec la mémoire de ses gestes originels créateurs le sens de sa tâche, qui est de se construire comme humanité, comme liberté » [33].

En se laissant ainsi gouverner par une logique instrumentale et utilitariste, la science succombe aux impératifs financiers et marchands. Dans nos sociétés industrielles, les industries de pointe s'appuient sur des techniques nouvelles (microélectronique, informatique, biotechnologie, etc.) qui sont « formatées » dans ce but. Nous sommes en présence non plus de sciences au sens traditionnel du terme, mais, comme le remarque Ulrich Beck, « de synthèses de science et d'industrie d'un genre nouveau, d'"*industries du savoir*",

32. *Ibid.*, p. 172.
33. Michel Blay, *La Science trahie. Pour une autre politique de la recherche*, Armand Colin, 2003, p. 135-136.

d'exploitations et d'applications organisées des résultats et des investissements scientifiques [34] ».

Dans cette nouvelle configuration technoscientifique, les croyances qui habitent et meuvent la démarche scientifique deviennent clairement identifiables. Ce sont celles qui ont déjà colonisé la réflexion économique et que l'on décrivait au chapitre précédent : culte du marché, privatisation généralisée, rentabilité à court terme, etc. Prise en main par la technique et ses superstitions, la science dans son principe et dans sa définition court le risque de ne plus être que la servante de l'argent et de la « pensée du nombre ». Ce risque n'est pas imaginaire. On ne reviendra pas ici sur l'instrumentalisation de la science par le marché, y compris en amont, dans le choix des grandes orientations [35]. Constatons simplement que, parmi les chercheurs, les inquiétudes que fait naître une telle évolution quant au devenir de la recherche scientifique sont sans cesse plus nombreuses.

Dans un petit livre récent, un scientifique américain décrit fort bien les mécanismes par lesquels la recherche tombe sous la coupe des grandes industries, notamment pharmaceutiques ou agroalimentaires. Il montre aussi comment les logiques du brevet, de la rentabilité et du profit réduisent à peu de chose la liberté créatrice du chercheur, au risque de démolir la science elle-même [36].

Un retour au XIX*e siècle ?*

La transformation de la science académique en une « technoscience » au service du marché fait surgir un autre risque qui, celui-là, n'est presque jamais évoqué : le retour d'un rêve de totalisation scientiste. Il avait à peu près disparu, comme on l'a vu plus haut, et voilà qu'il revient « par la fenêtre », pourrait-on dire, c'est-à-dire par le truchement de la technologie. Pour s'en convaincre, qu'on réfléchisse au sens de cette proclamation ahurissante, incluse dans un

34. Ulrich Beck, *La Société du risque*, *op. cit.*, p. 372.

35. J'ai consacré un chapitre à cette question dans *La Refondation du monde*, *op. cit.*

36. Sheldon Krimsky, *La Recherche face aux intérêts privés*, traduit de l'américain par Léna Rosenberg, préface d'Isabelle Stengers, Les Empêcheurs de penser en rond, 2004.

document américain très officiel : quand les technologies du XXIe siècle convergeront, l'humanité, grâce à elles, pourra enfin atteindre un état marqué par « la paix mondiale, la prospérité universelle et la marche vers un degré supérieur de compassion et d'accomplissement ». Le document en question, qui date de juin 2002, annonçait le lancement d'un vaste et coûteux programme interdisciplinaire baptisé *Converging Technologies*, et mieux connu sous l'abréviation NBIC. La convergence en question est celle des nanotechnologies (N), des biotechnologies (B), des technologies de l'information (I) et des sciences cognitives (C). On remarquera qu'il n'est plus question de « sciences » mais de « technologies », glissement sémantique qui n'est pas neutre[37].

Quelle est l'utopie qui inspire ce projet technoscientifique ? C'est un vieux rêve datant du XIXe siècle : trouver enfin, grâce à la science, une explication globale, complète, irréfutable, qui permettrait à l'homme de comprendre la marche de l'univers et sa propre destinée ; mettre au point une « théorie » explicative qui couvrirait tout le champ du réel et ne laisserait plus aucun espace dans l'ombre de l'ignorance ; assurer du même coup la victoire définitive et absolue du *savoir* sur le *croire*. Avec d'autres mots, d'autres motivations, on retrouve le dogme positiviste à prétention « englobante » qui s'était imposé durant quelques décennies au milieu du XIXe siècle, avant d'être mis à mal par la critique philosophique et l'apparition de nouveaux paradigmes scientifiques. Ce dogme néoscientiste, cette *croyance*, refait son apparition en plaçant tous ses espoirs dans les nouvelles technologies.

Un physicien américain, Steven Weinberg, prix Nobel de physique 1979, s'est fait le héraut de cette hypothèse d'une « théorie ultime » qui parviendrait à unifier les différentes branches du savoir, théorie « dont la validité, dit-il, serait sans limites, et qui serait parfaitement complète et cohérente ». Weinberg, pour cela, fait l'apologie d'un projet expérimental pharaonique, imaginé en 1982 par des physiciens, et qui permettrait une avancée décisive dans la physique des particules. Cet instrument, d'une taille et d'un coût

37. Je m'inspire ici d'un texte de Jean-Pierre Dupuy, « Quand les technologies convergeront », *Futuribles*, n° 300, septembre 2004.

démesurés, est connu sous le nom de « super-collisionneur supraconducteur ».

Il s'agit d'un tunnel ovale d'environ quatre-vingt-cinq kilomètres de circonférence dans lequel « des milliers d'aimants supraconducteurs guideraient deux faisceaux de particules électriquement chargées, les protons, dans des directions opposées, et ce plusieurs millions de fois tout autour de l'anneau, tandis qu'ils seraient accélérés jusqu'à atteindre une énergie vingt fois supérieure à celle des accélérateurs actuels. En plusieurs points de l'anneau, les protons des deux faisceaux seraient amenés à entrer en collision plusieurs centaines de millions de fois par seconde, et d'énormes détecteurs, dont certains pèseraient des dizaines de milliers de tonnes, enregistreraient ce qui se passerait[38] ». Cette énorme machine devait d'abord permettre aux Américains de surpasser les scientifiques du vieux continent qui, avec le Conseil européen pour la recherche nucléaire (CERN), et le laboratoire pour la physique des particules, détenaient – depuis 1954 – un monopole sur le terrain des hautes énergies.

Situé à Ellis County, au Texas, le chantier du super-collisionneur – dont le coût initial était estimé à huit milliards de dollars – a bel et bien été ouvert en avril 1986 et une partie des travaux réalisés : vingt-cinq kilomètres du tunnel principal avaient été creusés dans la couche crayeuse qui, au Texas, s'étend sous Ellis County ; les bâtiments étaient achevés et on avait déjà installé l'équipement nécessaire à l'accélérateur linéaire ; les travaux du tunnel de cinq cent soixante-dix mètres abritant le propulseur basse énergie étaient terminés. Fin 1993, cependant, le Congrès américain jugea le projet trop aléatoire et trop coûteux, et décida de l'abandonner.

Pour Steven Weinberg, cet abandon du super-collisionneur, dicté par un utilitarisme étroit, est une fâcheuse péripétie politico-administrative. Dans son esprit, il ne remet pas en question la validité de la « théorie ultime ». L'énergie un peu enfantine et la flamme qui semblent animer le vénérable prix Nobel de physique, tout cela donne à rêver.

38. Steven Weinberg, *Le Rêve d'une théorie ultime* (titre original *Dreams of a Final Theory*, Panthéon, 1992), traduit de l'américain par Jean-Paul Mourlon, avec la collaboration de Jean Bricmont, Odile Jacob, 1997, p. 239.

« Ma propre hypothèse, écrit-il, est qu'une théorie fondamentale ultime existe, et que nous sommes capables de la découvrir. [...] Comme il serait étrange qu'elle soit découverte de notre vivant ! La découverte des lois ultimes de la nature marquerait dans l'histoire intellectuelle de l'humanité la discontinuité la plus vive depuis les débuts de la science moderne au XVIIe siècle[39]. »

Autant l'enthousiasme de Weinberg force la sympathie, autant la naïveté dogmatique dont il témoigne dans certaines pages de son livre laisse perplexe. Il pourfend allégrement toute critique philosophique ou anthropologique de la science (p. 171) ; pourfend sans ménagement les réticences qu'inspire la « théorie ultime » à certains de ses collègues physiciens, comme Briand Pippard (p. 50) ; propose avec entrain un « éloge du réductionnisme » (p. 58-59) ; s'en prend avec véhémence à Thomas Kuhn et à son concept de « paradigme » jugé trop relativiste (p. 167) ; défend bec et ongles la parfaite « objectivité du savoir scientifique » – qu'il oppose à tout le reste – avec des accents dont le moins qu'on puisse dire est qu'ils sont datés. Quant à sa façon d'évacuer la « question religieuse », disons avec indulgence qu'elle est sans malice : « Il est difficile, écrit-il, de ne pas se demander si nous trouverons une réponse à nos questions les plus profondes, un signe quelconque des agissements d'un Dieu intéressé, dans une théorie fondamentale ultime. Je pense que non[40]. »

* *
*

On n'a cité le vaillant défenseur de la « théorie ultime » qu'à titre d'illustration d'un phénomène plus général : la réapparition ici et là, dans le champ technoscientifique, d'une ambition totalisante, d'un projet unitaire d'essence incontestablement cléricale. Ce projet renoue, en effet, avec ce « monisme » que revendiquait au XIXe siècle un Ernst Haeckel (cité plus haut), créateur d'une Église de la science. Pour Haeckel, le monisme signifiait qu'il n'existait pas de limite assignable entre les règnes végétal, animal et humain,

39. *Ibid.*, p. 209.
40. *Ibid.*, p. 218.

et qu'en conséquence une science « totale » était à notre portée[41].

Un tel scientisme ressuscité est repérable dans les disciplines comme la biologie ou l'informatique. En biologie, par exemple, la pensée du « tout génétique » qui prévalait dans les années 1980 était si dogmatique qu'elle a pu être assimilée à une véritable « religion du gène ». Ladite religion, en fait, ressemble beaucoup à la très ancienne et pittoresque « phrénologie », élaborée à la fin du XVIIIe siècle par Franz Gall, qui attribuait un caractère spécifique et déterminant à tel ou tel aspect de la boîte crânienne (la fameuse « bosse des maths » !). Aujourd'hui, la plupart des généticiens sont revenus du « tout génétique », mais, de l'aveu de certains biologistes, cette religion conserve de nombreux adeptes dans les laboratoires de biotechnologie. Si l'on en croit un professeur de biologie moléculaire à l'université de Caen, « le paradigme du réductionnisme génétique n'est plus le bon, mais il domine encore[42] ».

La même remarque pourrait être faite au sujet de l'informatique et de l'internet, que les prosélytes de la *World Philosophy* et du cyberespace investissent d'une signification « totale » proprement religieuse. Faut-il d'ailleurs rappeler qu'une part de la terminologie informatique (« ordinateur », « icône ») a été empruntée à la théologie. Un philosophe comme Jean-Michel Besnier trouve là un motif d'inquiétude, et on peut le comprendre. Il dénonce la dérive « magique » qui accompagne la montée en puissance des fameuses TIC (technologies de l'information et de la communication) et milite pour ce qu'il appelle une laïcisation de l'internet[43].

Ces quelques exemples et cette rémanence têtue du scientisme semblent confirmer le constat qu'on a tenté d'illustrer dans les pages qui précèdent : *les croyances propres à la science, comme toutes les autres croyances, ne sont jamais à l'abri du fondamentalisme*. Elles le sont d'autant moins qu'elles se dissimulent, en toute bonne foi, derrière le paravent du *savoir*.

41. Ernst Haeckel avait publié deux ouvrages pour défendre cette idée : l'un en 1902, *Le Monisme, lien entre la religion et la science* ; l'autre, paru en 1920, un an après sa mort, *Le Monisme, profession de foi d'un naturaliste*.

42. Gilles-Éric Séralini, *Génétiquement incorrect*, Flammarion, 2004, p. 169.

43. Jean-Michel Besnier, « Laïciser l'internet », *Raison publique*, n° 2, avril 2004, p. 41-49.

Une certaine frivolité

Sur les mille et une croyances clandestines qui traversent les territoires de la science, foisonne toute une littérature d'autant plus intéressante à lire que l'humour et la parodie y sont souvent présents. On s'amuse beaucoup lorsqu'on débusque enfin, derrière la solennité du propos « savant », telle superstition, telle frivolité ou telle passion, tel engouement trop humain. La sociologie des laboratoires de recherches, à laquelle se sont intéressés quelques auteurs, révèle, dans le fonctionnement même de la science fondamentale, tout un jeu de paramètres dont la plupart n'ont rien de rationnel. On aurait tort de négliger le rôle qu'ils jouent dans les avancées – ou les reculs – d'une Connaissance majuscule. La théorie scientifique le plus en vogue est souvent celle qui correspond le mieux à l'air du temps ou qui est « la plus utile au pouvoir dominant[44] ». Éditorialiste du mensuel *Pour la science*, le mathématicien bordelais Didier Nordon a écrit sur le sujet des pages aussi drôles que bien informées. « Quiconque a fréquenté des théoriciens, rappelle-t-il, a vu la mode y régner comme partout, futile et tyrannique, et les engouements vers de nouveaux sujets de recherche naître et mourir dans les laboratoires au gré des humeurs des patrons ou des rumeurs sur les occasions à saisir d'urgence[45]. »

D'autres ont mis en évidence l'influence qu'exercent sur l'activité scientifique fondamentale la simple quête de célébrité médiatique, les rivalités personnelles, les jeux de puissance de pays à pays, les phénomènes d'autocongratulation, le cérémonial mondain des congrès, la « chasse au scoop » à laquelle sacrifient les publications scientifiques les plus prestigieuses. Certains chercheurs ont été les premiers à confesser l'importance que revêtait à leurs yeux la beauté formelle d'une théorie ou le plaisir de nature poétique que procure le fait de l'élaborer. Cette émotivité et ces effets de croyances, perceptibles dans la façon de raisonner des scientifiques, apparaissent en pleine lumière lorsque certains d'entre eux, à la télévision, sont invi-

44. Gilles-Éric Séralini, *Génétiquement incorrect*, *op. cit.*, p. 33-34.
45. Didier Nordon, *L'Intellectuel et sa croyance*, L'Harmattan, 1990, p. 102.

tés à donner leur avis sur des sujets qui débordent du cadre très précis de leur discipline, ou encore à juger du travail de leurs collègues.

Un ancien président de la Cité des sciences et de l'industrie, Roger Lesgards, ne prend guère de précautions pour s'en moquer. « Brusquement, écrit-il, la réaction affective prend le pas sur la raison. Plus question de rationalité scientifique, de démonstration rigoureuse, de preuve incontestable, l'irrationnel est roi. Certes, [les chercheurs] ne sont pas les seuls à se comporter ainsi. Mais je pense que ce passage de la raison à la passion est plus fort dans cet univers de la recherche scientifique que dans la moyenne de la population[46]. »

* *
*

Les chercheurs, en somme, sont des hommes (ou des femmes). Ils sont tout aussi « sages » (*homos sapiens*) que « fous » (*homo demens*). La science, de ce point de vue, est une activité humaine. Pour eux comme pour elle, les passions demeurent et les croyances, folles ou apprivoisées, sont bien là. La raison scientifique mérite d'être protégée de la déraison qui, quelquefois, l'assiège.

46. Roger Lesgards, « Ralentir, mot piégé », *in L'Irrationnel, menace ou nécessité*, *op. cit.*, p. 19.

Chapitre 7

La grand-messe médiatique

> «La technique n'a pas appelé sur nous de pire malédiction qu'en nous empêchant, fût-ce pour une seconde, d'échapper au présent.»
>
> Stefan Zweig[1].

La question médiatique ne se ramène nullement aux problèmes déontologiques du journalisme, ni aux concentrations monopolistiques des entreprises de presse, ni même au poids des logiques de rentabilité dans la production de l'information. Le phénomène est d'une tout autre ampleur. Lorsqu'on parle des «médias» – et Dieu sait si c'est le cas depuis une vingtaine d'années –, on évoque une réalité massive, protéiforme, et qui assoit chaque année un peu plus son hégémonie. Par l'un de ses aspects, au moins, le phénomène n'est pas sans rapport avec celui du marché ou des technosciences: l'appareil médiatique, tous moyens confondus, s'apparente lui aussi à un processus sans sujet, sur lequel même les acteurs qui opèrent en son sein – les journalistes en l'occurrence – ont peu de prise. Presse écrite, télévision, radio et internet: la machinerie planétaire ainsi constituée obéit à des mécanismes et à des causalités qui sont largement hors contrôle. Le phénomène, à la limite, devient autoréférentiel. Il se boucle sur lui-même. Son mode de fonctionnement s'impose à ceux-là mêmes qui s'imaginent, jour après jour, le piloter. Le choix d'un sommaire, la hiérarchisation des informations ou le traitement particulier d'un événement se décident en fonction de critères – concurrence, impact publicitaire, imitation – qui ne relèvent plus vraiment, ou plus seulement, de la délibération rédactionnelle. Nombre de décisions se prennent sous l'emprise d'une contrainte globale de plus en plus forte.

1. *Le Monde d'hier* [1941], Belfond, 1993, p. 465.

Cette autonomie procédurale du médiatique rend d'autant plus ambiguë, et difficile à contrer, l'influence qu'il exerce sur nos sociétés avancées. Or, cette influence est aujourd'hui sans précédent historique. De la course à l'audience aux compétitions publicitaires, de la «chasse au scoop» aux unanimités lyncheuses, de la tyrannie symbolique des images à l'émotivité diffuse qui gouverne la télévision, des effets d'annonce en matière politique à la transparence imposée sur le terrain judiciaire: toute la réalité sociale donne aujourd'hui l'impression d'être, pour une bonne part, *reconfigurée par le médiatique.*

L'expression est à prendre au plein sens du terme. Prenons quelques exemples. La politique n'a pas seulement déserté les préaux d'école ou les travées du Parlement pour émigrer vers les studios de télévision. Elle a été contrainte de se soumettre aux règles langagières et rhétoriques qui prévalent dans les médias (petites phrases, séduction, raisonnements simplifiés, exposition personnelle, registre émotif, etc.). Son statut s'en est trouvé transformé, en même temps qu'était rompu l'équilibre traditionnel des pouvoirs. Le rapport de force entre le politique et le médiatique s'est largement inversé au bénéfice du second. On se réfère d'ailleurs à cette métamorphose lorsqu'on emploie la formule «démocratie d'opinion». Qu'est-ce à dire? Que la démocratie d'autrefois ne mettait pas en concurrence des opinions? Bien sûr que non. L'expression désigne de façon imprécise une mutation de la démocratie moderne: les opinions dont elle organise maintenant l'affrontement ne sont plus celles qu'étudiait jadis la science politique à travers la géographie électorale et la recension des «familles» politiques. Les opinions que produit aujourd'hui, et recycle en permanence, l'appareil médiatique sont à la fois individualisées et nomades.

La justice, de son côté, n'a pas été soumise à la seule curiosité investigatrice du journalisme. Elle a vu ses règles et son rythme de fonctionnement se modifier sous l'emprise du «spectacle», qu'il s'agisse du secret de l'instruction, rendue obsolète, ou du *tempo* judiciaire, dorénavant assujetti à l'urgence, voire à l'immédiateté, du moins quand il s'agit d'une affaire d'importance, et qui sera médiatisée. De la même façon, le fonctionnement du système scolaire a été changé sous l'influence de ce *continuum* informatif et distractif qui concurrence l'école du dehors et met en échec le projet pédagogique. Le médiatique, proliférant et tentateur, se pose en rival du maître – ou des parents – et vient chambouler l'ordonnancement de ce qu'on appelait jadis la *transmission* et l'*éducation*. Le principe d'autorité magistrale a été perdu en chemin.

La vie économique n'est pas en reste, qui se trouve soumise à une visibilité permanente et placée sous un éclairage capable de modifier jusqu'au fonctionnement des grandes entreprises : vedettariat des dirigeants, versatilité des actionnaires sous l'influence des médias, investigation du journalisme à la recherche de « secrets », pression des agences de cotation ou de *rating*, mouvements d'opinion soudains, etc. Dès qu'elle atteint une certaine taille, et quoi que fassent ses dirigeants, une entreprise est désormais dans – et sous – le feu des médias. Nul ne peut s'abstraire de cette contrainte d'un type nouveau.

Le même raisonnement pourrait être tenu à propos de l'édition et, à travers elle, de la vie intellectuelle, dont c'est peu dire qu'elle se trouve bousculée par les nouvelles règles du jeu médiatiques et promotionnelles, guère favorables à la réflexion fondamentale ou à la littérature exigeante.

Où que l'on tourne son regard, il n'est pas un seul secteur qui ne soit aujourd'hui hors d'atteinte de cet empire médiatique, *dont la particularité est qu'il est sans empereur*, c'est-à-dire mu d'abord par des mécanismes et des automatismes avant de l'être par des intentions calculatrices. Voilà de quoi il est question lorsqu'on parle à son propos de « processus sans sujet ». Le médiatique *obéit d'abord à ses propres pesanteurs*. Ses commandes ont été partiellement soustraites à la volonté des acteurs. On se trouve placé devant l'émergence d'une réalité massive, tyrannique, moins facile à définir qu'on pourrait le croire. Dès lors, on ne s'étonnera pas du nombre grandissant de publications, livres, colloques, dossiers, thèses universitaires ou programmes de recherche qui font du « médiatique » un sujet d'études, de polémique ou de réquisitoire. L'analyse de cette « chose » sans vrais contours ni équivalent est en passe de devenir une nouvelle discipline du savoir, une science sociale à part entière.

* *
*

Le « médiatique » étant ainsi resitué, on aurait tort de n'y voir qu'une technique de communication d'un genre nouveau, qu'une méthode plus ou moins critiquable de description du réel, qu'un pur système d'échange de ces biens immatériels que sont les informations ou les distractions. En apparence, c'est vrai – et comme le mot l'indique – les médias ne sont qu'une « médiation » instrumentale, qui n'est pas porteuse en elle-même de subjectivité. *A priori*, ladite médiation se borne à mettre en relation et en concurrence une infinité de subjectivités particulières, qu'elles soient de nature politique, morale, idéologique, culturelle, artistique, etc. Lieux de rencontres et de débats, les médias ne seraient que l'*agora* moderne sur laquelle se nouent et se dénouent les relations humaines. En cela, ils ne seraient porteurs d'aucune croyance qui leur soit propre. L'*agora* médiatique serait même plurielle par définition et agnostique par essence.

À y regarder de plus près, les choses se révèlent sensiblement différentes. En réalité – et comme pour l'économie et la technoscience évoquées dans les chapitres précédents –, le médiatique est régi lui aussi par des effets de croyance. Une forme de cléricalisme y est à l'œuvre. Une religion spécifique y est repérable. En d'autres termes, on dira que la machinerie médiatique produit de la *croyance* en continu. Ces croyances ont ceci de commun avec celles qui rôdent sur les territoires de l'économie ou de la technique qu'elles sont en général inconscientes d'elles-mêmes. Elles sont pour ainsi dire ingénues, situées en deçà du prétendu mensonge ou de la manipulation délibérée qu'on impute le plus souvent à tort aux responsables des médias. Un militant comme Daniel Bensaïd le concède volontiers. « Les effets de déformation et d'occultation qui en résultent, écrit-il, ne relèvent pas de la machination ou du complot. L'inconscient médiatique est autrement subtil. En dépolitisant le fait accompli, la production de l'information fabrique de l'opinion à haute dose. »

Ces opinions, c'est-à-dire ces croyances, sont d'autant plus singulières – et difficiles à cerner – qu'elles se déploient dans l'*innocence*.

En outre, leur nature est très particulière. Le religieux qui prévaut sur le terrain médiatique et les croyances qui y foisonnent ne sont comparables à rien d'autre. On est en présence d'un croire atypique, d'une forme *sui generis.*

Une polyphonie de l'insignifiance

Les premières caractéristiques de ces croyances sont faciles à identifier : la fluidité, la légèreté éphémère, une extraordinaire fugacité. Le médiatique fonctionne dans la « culture du flux », par opposition à la « culture du stock », qui est celle de l'école, du livre et de la tradition. Les croyances qui habitent l'univers de la communication sont changeantes, immédiates, amnésiques, insaisissables. Elles sont faites de sincérités successives, d'opinions effaçables, de points de vue approximatifs et révisables. C'est ce qui fait de cet empire virtuel un univers vibrionnant, pailleté, phosphorescent et pour ainsi dire radioactif. Un observateur des médias, par ailleurs physicien au Commissariat à l'énergie atomique, Étienne Klein, suggère une terminologie appropriée pour définir cette métamorphose de la croyance : il parle de sa dégradation en simple « engouement ». Pour le Littré, le mot désigne les « sentiments favorables et excessifs que l'on conçoit sans grande raison pour quelqu'un ou quelque chose ». La définition correspond assez bien à ces convictions à la fois sincères et sans cohérence ni durée, qui, additionnées, finissent par constituer la *rumeur médiatique*, une rumeur impérieuse – voire dogmatique –, mais dont la consistance n'est pas évidente.

Comme tous les engouements, ils allient donc la force d'expression et la fragilité des contenus, le parler gros et le penser petit. Ils sont bien plus proches, en cela, de la crédulité que de la conviction. « Peut-être ne s'agit-il, après tout, ajoute Étienne Klein, que d'une simple affaire de prolifération : à force de se singer, de s'autocélébrer, à force de promouvoir la vétille comme épopée du genre humain, les formes modernes de la communication se transforment en une vaste *polyphonie de l'insignifiance*. Reste que nul message élaboré, construit, raffiné ne parvient plus à transpercer le bruit de fond ambiant[2]. » Superficielles et « zappeuses », lesdites croyances s'accordent en tout cas avec l'esprit de l'époque, celui que décrivait l'historien et philosophe américain Christopher Lasch, disparu en 1994, quand il parlait de « l'obsolescence imminente de l'ensemble de nos certitudes » et du « sentiment de non-permanence » qui en résulte[3].

Les croyances produites par l'appareil médiatique sont par hypothèse provisoires. Ce sont des emportements de chaque jour, des subjectivités à court terme et de courte portée. La façon brutale avec laquelle ils s'affichent ne peut masquer leur caractère « indéfiniment provisoire ». Ils sont indexés, en temps réel, sur les variations du flux informatif auquel c'est peu de dire qu'ils surréagissent. Qu'une « nouvelle » (vraie ou fausse) soit donnée et, presque aussitôt, la configuration des engouements majoritaires se modifie. L'opinion moyenne produite par les médias – cette « rumeur » – évolue comme le font, en mer, ces bancs de poissons qu'un signal infime suffit à faire subitement changer de direction, d'un bloc.

Des croyances aussi évolutives demeurent pareillement tributaires de ces bourrasques imprévisibles qui naissent des modes, des mimétismes ou des paniques collectives, et traversent comme des ouragans le territoire immatériel des médias. Un autre observateur critique, Bruno Latour, utilise une métaphore puisée dans l'informatique pour décrire cet étrange patchwork d'informations véritables et de crédulités qui nourrit ladite rumeur, c'est-à-dire l'air du temps. Il parle de « communication double clic » et la compare à la « folle du logis »[4] lorsqu'elle s'immisce de façon brouillonne dans les relations compliquées entre croire et savoir.

La référence à l'informatique et au fonctionnement d'une souris d'ordinateur n'est pas innocente. Cette « communication double clic » correspond tout à fait aux formes nouvelles de subjectivité qui prévalent dans notre vie quotidienne désormais informatisée. Les milliers de choix que nous opérons du bout du doigt lorsque nous naviguons sur le disque dur d'un ordinateur ou sur l'internet obéissent à des

2. Étienne Klein, « Les batailles de l'intelligence », *Études*, juillet-août 2004, p. 6-8.
3. Christopher Lasch, *Le Seul et Vrai Paradis. Une histoire de l'idéologie du progrès et de ses critiques* [1991], trad. fr. par Frédéric Joly, Climats, 2002, p. 47.
4. Bruno Latour, *Jubiler ou les Tourments de la parole religieuse*, *op. cit.*, p. 26-27.

préférences instantanées, à des bifurcations intuitives, à des fantaisies arborescentes, et, donc, à des formes de croyances tout à fait nouvelles. Le philosophe Pierre Lévy, qui tente depuis des années de théoriser la cyberculture, propose d'utiliser le concept d'«*attention*» pour caractériser ces inclinations infinitésimales qui guident notre marche dans l'appareil de communication planétaire, croyances immédiates qu'il met en rapport avec le fonctionnement de l'économie mondialisée. «Dans le cyberespace, écrit-il, il est évident que ce sont les mouvements de notre attention qui dirigent tout. La mesure des passages et des retours sur les sites web, l'enregistrement du moindre clic de souris, c'est-à-dire le traçage le plus fin jamais réalisé de l'attention collective et individuelle, est la matière première du nouveau marketing, qui orientera bientôt l'ensemble de la production[5].»

On notera en passant que le clic par lequel nous actionnons une souris d'ordinateur afin de marquer une attention ou une préférence (c'est-à-dire une croyance) est aussi le geste que requiert la télécommande d'un téléviseur. Voilà que nos convictions fugaces, en somme, se trouvent digitalisées. Leur nomadisme s'en trouve facilité d'autant. L'univers digital dans lequel nous sommes entrés depuis une quinzaine d'années est celui des engouements successifs, et aussitôt satisfaits.

Les analyses de Pierre Lévy à ce sujet sont empreintes d'un optimisme et même d'un lyrisme très discutables[6]. Ce n'est pas le cas d'un autre sociologue, polonais celui-là, dont les recherches se révèlent fort utiles pour prendre la vraie mesure des transformations que subit *l'acte de croire* dans l'univers de la communication. Il s'agit de Zygmunt Bauman, né en 1925, et auteur d'une vingtaine d'essais dont quatre ont été traduits en français. Chassé de Pologne par la vague d'antisémitisme de 1968, Bauman décrit assez bien cet entrecroisement de flux de toutes sortes qui constitue la nouvelle communauté mondiale, qu'il appelle la «société frontière». Il utilise l'adjectif *liquide* pour caractériser ces adhésions versatiles qui, dans l'univers médiatique, ont remplacé les anciennes croyances. À ses yeux, le monde de la communication planétaire et des médias est celui des fidélités flexibles, des engagements temporaires, des connexions

5. Pierre Lévy, *World Philosophie*, Odile Jacob, 2000, p. 192.
6. J'en ai fait la critique dans *Le Principe d'humanité*, *op. cit.*

aléatoires. Or, cette impermanence du croire est nécessaire à la légèreté requise de l'individu consommateur, dont le marché pourra d'autant mieux capter – et manipuler – les préférences qu'elles seront sans vraies attaches.

L'absolue variabilité de ces minicroyances correspond bien à la mobilité consumériste – sans remords, sans fidélité, ni responsabilité – sur laquelle table la « société liquide » contemporaine. Les modes doivent y être de courte durée, les célébrités fugaces, les enthousiasmes passagers. Le marché réclame une *liquidité psychique* permanente. Le substantif est à prendre aussi dans son sens propre, c'est-à-dire financier. L'argent liquide a pour qualité d'être immédiatement disponible. Il doit en être de même pour nos convictions. Rien ne serait plus dangereusement contre-productif, en termes marchands, que des croyances solides, des fidélités immobiles. Elles feraient peser sur le présent le poids d'un passé dont il importe de se libérer pour s'en remettre à l'exubérance du spectacle et à la séduction des marchandises. Ce qui compte, ce n'est plus le sens mais le *mouvement*. La surface importe plus que le fond. « Dans la vie du consommateur, écrit Bauman, faire bon voyage est beaucoup plus agréable que d'arriver à destination[7]. »

Le syndrome du rhinocéros

La dévalorisation de la forte croyance en fragile « attention » explique le puissant principe de conformité qui régit l'appareil médiatique et rend possible ces brusques mouvements d'opinion, ces sautes d'humeur, ces paniques qui l'agitent sporadiquement. Le mot panique, au sens premier du terme, définit un désordre qui surgit inopinément au sein d'une foule et pousse celle-ci à agir contre ses intérêts. La panique jette chacun dans la bousculade, l'entassement et la fébrilité ; elle lance confusément les membres d'un groupe dans toutes sortes de fausses directions et provoque, au bout du

7. Zygmunt Bauman, *L'Amour liquide. De la fragilité des liens entre les hommes*, trad. fr. de Christophe Rosson, Le Rouergue-Chambon, 2004, p. 130. Bauman est également l'auteur d'une analyse critique de la mondialisation : *Le Coût humain de la mondialisation*, Hachette, « Pluriel », 2002.

compte, ce qu'ils cherchaient à fuir : l'échec collectif, la catastrophe. On a là un exemple parfait du comportement aberrant et de la prévision autoréalisatrice.

Quelle est, au fond, la clé de cette déraison ? À quelle motivation obéit chaque protagoniste d'une panique collective ? La réponse est claire. Chacun se croit averti d'un danger – réel ou supposé –, mais *nul n'en sait davantage*. Nul ne sait non plus quelle sorte de comportement serait le plus judicieux : demeurer sur place, se diriger vers une sortie (mais laquelle), courir ou marcher, se coucher ou rester debout ? En l'absence de certitudes, le seul repère c'est le comportement de l'autre. La panique est par essence imitative. L'imitation apparaît comme la façon la plus rationnelle de gérer l'incertitude lorsque manquent les références indiscutables ; la seule solution consiste alors à imiter les autres. Et c'est à cela que chacun s'emploie, convaincu, à tort, que le voisin en sait plus. Ces imitations croisées, ces obéissances anxieuses, ces malentendus réciproques s'alimentent l'un l'autre sur un mode tourbillonnant.

D'une façon générale, il est vrai, le conformisme est une disposition de l'esprit humain à ce point naturelle que, parfois, il obéit moins à une obligation qu'à un plaisir paresseux. Il participe de la servitude volontaire. Le philosophe et économiste John Stuart Mill (1806-1873) y faisait référence lorsqu'il ironisait ainsi sur la docilité des hommes. « Il ne leur vient pas à l'idée d'avoir une quelconque inclination pour autre chose que l'habituel. Ainsi l'esprit lui-même est courbé sous le joug : même dans ce que les gens font pour leur plaisir, leur première pensée va à la conformité[8]. »

Une logique de ce genre préside aux emportements furieux et au prurit de conformité qui saisissent les médias à intervalles réguliers. La fascination pour la vie privée des « autres » et le recours incessant au sondage obéissent à des motivations identiques : la curiosité inquiète, obsédée par l'opinion de l'autre, le besoin de se *conformer* à l'opinion d'autrui. C'est la fragilité des croyances de chacun qui polarise chacun sur l'hypothèse rassurante d'une opinion moyenne,

8. John Stuart Mill, *De la liberté*, Gallimard, « Folio », 1990, J'emprunte cette citation à Sandra Laugier, « La pensée de l'ordinaire et la démocratie intellectuelle », *Esprit*, mai 2000, p. 144.

ce produit bâtard de l'angoisse et de l'arithmétique. Tourmenté par une panique froide, on s'interroge sur l'opinion ou le comportement du voisin. C'est à cette demande inavouée que l'enquête d'opinion tout comme la télé-réalité sont censées répondre. Derrière tout cela se devine quelque chose comme une douce injonction : voici la moyenne, voici la solution...

« Nous vivons sous le règne d'une terreur *soft*, assure Rémi Brague, professeur de philosophie à la Sorbonne. Au fond de chacun est la peur viscérale de s'écarter de la norme, celle-ci n'ayant plus de valeur morale mais purement statistique. Une conduite adoptée par une majorité, ou par une minorité suffisamment importante de citoyens, ne peut pas être totalement méprisable. Réciproquement, des opinions authentiquement originales doivent être à tout prix cachées, condamnées au bûcher *soft* des médias, qui est le silence[9]. »

Obsédé par le sondage jusqu'à y référer une bonne part des informations qu'il diffuse, le médiatique surfe sur ce principe d'imitations réciproques. Il joue sans cesse sur la tentation du recopiage, de la duplication infinie, de la surveillance inquiète de l'autre. Agissant de cette façon, il obéit au comportement d'une foule. Ainsi ce besoin de conformité collective est-il à l'origine des embrasements sporadiques de la curiosité à propos de telle affaire, embrasements qui s'éteindront bientôt, exactement comme retombe une panique. Le système fait songer à un rhinocéros dont aucune individualité n'est plus en mesure de discipliner la charge. Ce volumineux animal, comme on le sait, est doté d'une formidable puissance, alliée à une myopie notoire. Une vague odeur, un léger bruit le mettent en mouvement : droit devant, au grand galop. Sa course est rectiligne et irréfléchie. Les médias se meuvent ainsi dans l'imprévisible et indéchiffrable actualité. Ils foncent ! Nul, en leur sein, n'a vraiment le temps de s'interroger sur la direction choisie ou sur la nature du gibier poursuivi. Mais chacun, malgré qu'il en ait, se voit emporté par la puissante machinerie qu'il croyait conduire.

Dans les bons films animaliers, survient tôt ou tard ce moment fugitif où l'animal, au bout d'une course qui ne l'a mené nulle part,

9. Rémi Brague, « L'amour de la vérité », *Christus*, octobre 2004, p. 404.

s'immobilise, naseaux fumants et poumons en feu. Son hésitation est brève. Le débat intérieur tourne court. La brève perplexité du rhinocéros est le prélude à une nouvelle charge dans la direction opposée. Désorienté de n'avoir rien trouvé sur sa route, l'animal repart avec la même férocité. Ainsi tangue et avance l'appareil médiatique, saturé de croyances collectives éphémères et d'emportements brutaux.

Le temps fracturé

Ces différentes approches renvoient à une question unique : celle du temps. Tout est là. L'appareil médiatique *change insidieusement notre rapport subjectif à la temporalité* ; il le fracture en le séparant à la fois du projet et du souvenir. Les choses se passent dans l'instant. Élagué aux deux bouts, le temps médiatique est celui de la stricte immédiateté. Cette temporalité appauvrie impose sa finitude à la croyance elle-même. Elle fait subir au croire une sorte de transmutation alchimique. Or, souvenons-nous qu'une « religion » quelle qu'elle soit est d'abord une certaine façon d'organiser le temps, de le rythmer, d'en fixer la découpe. Le *temps droit* du monothéisme judéo-chrétien s'opposait par exemple au *temps circulaire* des Grecs ou des sagesses extrême-orientales. Dans l'Europe médiévale, la chrétienté fut d'abord une scansion liturgique du temps humain, avec ses célébrations, ses fêtes carillonnées, ses semainiers, son calendrier. La religion médiatique procède d'un tout autre rapport au temps. Elle vient abolir les anciennes prosodies calendaires pour imposer la sienne, entièrement dévolue à *l'instant*. Elle fixe de façon impérative une nouvelle façon d'habiter la durée.

Le temps des médias n'est pas seulement le présent de l'indicatif, *il est aussi défini par l'urgence*. La croyance est hantée par une obligation de hâte ou de cadence à suivre ; une injonction qui fait du chronomètre un défi permanent, un adversaire à combattre. Le temps n'est plus notre allié, il est notre ennemi. Nous n'avons plus le temps – l'expression peut s'entendre aux deux sens du terme. Nous ne possédons plus le temps ; c'est lui qui nous possède. Il n'obéit plus vraiment à cet *écoulement* inexorable dont se chagrinait la littérature romantique, il prend désormais la figure d'un *déferlement*. C'est sur nous, sur nos vies, sur nos croyances que le temps déferle. À rester trop immobiles dans nos convictions, nous risquerions, pensons-nous, de manquer quelque chose de la marche du monde, une marche devenue course. Christopher Lasch évoque souvent cette pathétique fracture de la durée, fracture qu'illustre, par exemple, « le remplacement de la renommée par la célébrité ; des événements par les images et les pseudo-événements ; du jugement moral légitime par un "abrutissement intérieur" qui conduit à la peur panique d'être dépassé par les modes continuelles, [...] qui conduit aussi à l'avidité pour le dernier scandale, la dernière découverte [10] ».

Nous avons l'impression – fausse bien sûr – que le temps va plus vite et qu'il faut tout soumettre à cet emballement, y compris nos croyances. Nous avons peur de stagner, de ne pas changer assez vite, de rester en arrière, pénalisé par un retard qui deviendrait irrattrapable. La rumeur médiatique qui nous assiège – et à laquelle il est difficile d'échapper – transporte avec elle un « trop-plein » de réel. Pour éviter d'être submergé nous n'avons d'autre recours que de nous dépêcher un peu plus. Inconsciemment, nous finissons par faire de la vitesse elle-même le symbole de l'innovation, de la réussite et, à la limite, du bonheur humain. Nous sommes pris au piège de ces rebonds infinis d'« actions » et de « réactions » qui s'intriquent sur un rythme accéléré et derrière lesquels nous courons à en perdre haleine. La religion médiatique est d'abord réactive, émotive et inquiète. *Ce n'est pas une religion du salut mais de la perte.* La vie humaine devient une course compulsive dans laquelle les retardataires sont les vrais vaincus. À cause de cela, nous n'acceptons plus d'être les otages de nos propres croyances, de nos fidélités, de nos engagements à long terme. Nous préférons faire nôtre la nouvelle inclination pour l'infidélité à soi-même et le zapping.

« Cette dynamique de la fugacité et cette dominance de l'*intrication*, écrit encore Étienne Klein, s'allient pour nous imposer un rythme jamais connu auparavant : celui du temps contraint, tendu, comprimé, encadré, qui se transpose en un ensemble de sujétions et de figures imposées. Il n'y a plus de gras nulle part. Alors, comme à

10. Christopher Lasch, *Le Seul et Vrai Paradis*, *op. cit.*, p. 31.

bout de souffle, nous nous exclamons: “Le temps s’est accéléré.” [...] Le monde n’est plus qu’un vaste empressement[11]. »

L’impression est évidemment fausse. Le temps ne s’accélère pas, et une minute compte toujours soixante secondes; « une heure dure une heure, que nous la passions à jouer aux boules ou à souffrir mille morts[12] ». Le dogme de l’immédiateté remplace le concept d’éternité qui fondait les croyances monothéistes. Il n’est ni moins religieux ni moins irrationnel. C’est une *construction imaginaire*, une « croyance mère » qui enfante des « croyances filles » à son image. Or, pareille construction imaginaire n’est pas seulement le produit indirect des nouvelles technologies médiatiques. Elle obéit également à des calculs intéressés. C’est la raison pour laquelle cette religion-là, elle aussi, est sujette à des crispations dogmatiques et à des stratégies cléricales.

La télévision cérémonielle

Les sociologues et les économistes qui réfléchissent au fonctionnement des entreprises modernes évoquent souvent la fonction particulière qu’y remplit très concrètement la religion de l’urgence et de l’immédiateté. Ni l’une ni l’autre ne sont sans rapport avec l’hégémonie du marché comme mode de régulation collective, qui s’est substituée à l’État. La logique du marché, par définition, fonctionne dans l’instant ou, au mieux, dans le très court terme. Mieux encore: la société marchande fonde son dynamisme sur une insatisfaction et une inquiétude auxquelles seuls le travail et la consommation peuvent remédier. La compétition économique est une religion disciplinaire et même sacrificielle. Elle prend appui sur une idée de manque et de mobilité. Il s’agit de ne jamais laisser s’installer ni le calme, ni la quiétude, ni la satiété[13]. Dans cette optique, toute croyance rassérénée, toute fidélité à une conviction, tout entêtement subjectif

11. Étienne Klein, « De la vitesse comme doublure du temps », *Études*, mars 2004, p. 341-342.
12. *Ibid.*, p. 343.
13. Je m’inspire ici des analyses de Nicole Aubert, *Le Culte de l’urgence. La société malade du temps*, Flammarion, 2003, et Poche, 2004.

peuvent apparaître comme autant d'obstacles au fonctionnement fluide de la société marchande. Le calme est l'ennemi du marché.

Bien sûr, on peut juger passablement absurdes cette course idiote et cette fragmentation de la vie humaine qui ne peuvent engendrer que d'autres frustrations et d'autres angoisses. Nos hâtes ont bien une dimension pathologique. Notre zapping fébrile d'un désir à l'autre, d'une conviction à l'autre, s'apparente à un dérèglement mental dont nous sommes les premiers à faire les frais. Que l'on songe, entre autres symptômes, à cette obsédante évocation du stress qui est devenue, depuis une dizaine d'années, le sujet préféré des magazines. Il est vrai que le stress a cessé d'être un thème folklorique. Certains auteurs, citant des statistiques officielles, assurent qu'au début des années 1990 le stress des salariés coûtait à l'industrie américaine plus de deux cents milliards de dollars par an, soit la totalité des bénéfices des cinq cents entreprises les plus riches [14].

Pareil gâchis imposé aux citoyens de sociétés prospères – et docilement accepté par eux – sera sans doute considéré rétrospectivement par les générations à venir comme une pure imbécillité. Restera à comprendre comment nous avons agi collectivement de façon aussi déraisonnable. L'explication la plus convaincante sera sans doute celle qui prendra pour base les effets de croyance, les communions – ou hallucinations – collectives dont nous sommes aujourd'hui victimes et qui, à coup sûr, sont d'essence religieuse. Que veut-on dire par là ? Que l'assentiment que nous donnons à un mode de vie aussi absurde, la servilité dont nous faisons preuve à l'endroit d'injonctions aussi bêtes ne sont possibles que parce que nous sommes dans la *dévotion*, pour ne pas dire la bigoterie. Nous avons adhéré à la religion de l'instabilité. Nous avons intériorisé cette croyance. Si celle de l'univers médiatique ressemble trait pour trait aux crédulités qui agissent sur les terrains de l'économie ou de la technoscience, ce n'est pas par hasard. La même bigoterie est à l'œuvre dans chacun de ces trois domaines. Pour résumer, on dira que l'économique, le technique et le médiatique sont les trois panneaux du même retable devant lequel nous sommes prosternés.

14. Voir Nicole Aubert et Vincent de Gaulejac, *Le Coût de l'excellence*, Seuil, 1991.

Le mot retable convient d'ailleurs. Du bigot, du liturgique et du clérical : on en trouve à foison dès qu'on s'intéresse au fonctionnement des médias modernes, et, plus encore, au vocabulaire qui le décrit. La télévision, pour ne citer qu'elle, est parfois présentée comme « cérémonielle ». Ce dernier adjectif est utilisé par Daniel Dayan et Elihu Katz, auteurs de l'une des meilleures contributions à la sociologie des médias. Ils mettent en évidence la création, par le biais de la télévision, d'un nouvel espace public où se déroule dorénavant la délibération sociale. La télévision, en cela, fonctionne bien comme une Église[15]. Elle a ses rites, son langage, ses grand-messes (grands championnats de football, collectes humanitaires, etc.). Elle s'emploie à rassembler, par le truchement d'émissions dites « fédératives ». Elle dispose de ses prêtres, diacres et sous-diacres, capables d'assurer, à heure fixe, le bon déroulement des offices vespéraux. La télévision occupe dans la cité la place qu'y tenait la religion au sens où l'entendait Émile Durkheim. C'est elle qui assure une bonne part du lien social. C'est par son entremise que circulent des « récits », grands ou petits, dont la fonction quotidienne est de relier les individus atomisés de la société contemporaine, de les rassembler dans une même foi.

Avec ses programmes contemplés à la même heure, ses animateurs ou ses stars répertoriés, les commentaires qu'elle inspire, elle *réunit* les téléspectateurs de la veille dans une même *communion* humaine du lendemain. Il n'est que d'entendre les conversations d'autobus ou de bureau pour s'en convaincre. On est ensemble parce qu'on a regardé les mêmes spectacles, écouté les mêmes discours, ressenti les mêmes émotions. La télévision remplit d'autant mieux sa fonction cérémonielle que ses officiants, animateurs ou artistes, paraissent se mouvoir dans un monde inaccessible, qu'ils sont dotés d'un statut différent, bénéficient de salaires hors normes, vivent sous les projecteurs et se meuvent dans des décors lumineux. En cela, ils participent du « sacré ». Pareil dispositif correspond en effet à la manière dont Durkheim définit la fonction religieuse : « Une religion est un système de croyances et de pratiques relatives à des choses sacrées, c'est-à-dire

15. Daniel Dayan et Elihu Katz, *La Télévision cérémonielle*, PUF, 1996.

séparées, interdites, croyances et pratiques qui unissent en une même communauté morale, appelée Église, tous ceux qui y adhèrent[16]. »

À la télévision, la messe est dite chaque soir.

Le style voyou

Contrairement à ce qu'on pourrait attendre, les croyances spécifiques venues de l'appareil médiatique sont à la fois éphémères et impérieuses. Elles ne durent pas, elles changent sans cesse, *mais elles n'en font pas moins la grosse voix.* On veut dire par là qu'il existe un contraste troublant entre le nomadisme des croyances reconfigurées par les médias et la vigueur de leur expression. Avec des croyances aussi fragiles, des convictions aussi éphémères, des engagements aussi peu durables, une expression circonspecte eût été plus logique. Si je change d'avis aisément, si mes croyances sont devenues de simples engouements, alors rien ne m'autorise, en principe, à les proclamer avec aplomb.

Or, c'est tout le contraire qui se produit. À écouter – et à suivre – avec un peu d'attention la rumeur médiatique, on constate que l'instabilité des croyances y cohabite avec l'agressivité de leur expression. Versatilité et dogmatisme s'y conjuguent de manière inattendue. La méchanceté bien particulière qui durcit la rumeur médiatique s'expliquerait-elle par cette cohabitation contre nature ? L'essayiste Bernard Sichère, par ailleurs maître de conférences en philosophie à l'université Paris VII, use de formules assassines pour dénoncer le ton vindicatif, voire exterminateur, conféré au débat public par ce qu'il appelle « l'imposition forcenée du commandement médiatique ». « Outre l'abolition du minimum de durée nécessaire à exposer une pensée ou à présenter une œuvre d'art, écrit-il, l'archi-individualisme abstrait de la productivité marchande y a peu à peu enfermé les intellectuels dans un délire égocentrique, antagoniste à tout partage de la pensée, et le style *voyou* s'est imposé un peu partout dans les

16. Émile Durkheim, *Les Formes élémentaires de la vie religieuse*, PUF, « Quadrige », 2003, p. 37.

manières et les langues des acteurs provisoires du spectacle, presque tous au fond interchangeables, portant à sa dernière extrémité la vérité que Hegel avait en son temps pressentie quand il parlait du "*règne animal de l'esprit*"[17]. »

Citant Martin Heidegger, Sichère s'en prend à ces « *voyous publics* » qui, un peu partout dans l'univers médiatique – et public – ont « aboli la pensée et mis à sa place le bavardage ». Il est vrai que le mot bavardage convient assez bien pour décrire cette énonciation toujours sermonneuse, et involontairement comique, de croyances qui sont prêtes à tourner bride à la première occasion.

Peut-être, après tout, ce contraste entre le faible enracinement des croyances et la violence de leur expression n'est-il pas si surprenant. Il se pourrait même qu'existe entre les deux *un lien de cause à effet*. Comme on l'a vu à propos des grandes religions instituées, le cléricalisme intraitable et le fondamentalisme belliqueux ont souvent pour fonction de remédier à la fragilité d'une foi devenue instable. Le terrorisme islamique surgit en général sur les ruines d'un islam décomposé[18]. Pourquoi n'en irait-il pas de même dans l'univers médiatique où triomphe l'*engouement*, version dégradée de la croyance ? Le manichéisme naturel des médias trouverait là sa véritable origine. Il aurait pour fonction de compenser par la violence verbale le faible enracinement et la versatilité des convictions. Incertaines d'elles-mêmes et de leur longévité, exposées aux cabrioles du zapping, elles seraient d'autant plus tranchantes. L'irascibilité viendrait ainsi remédier à l'insuffisance. L'hypothèse paraît crédible. Mais il faut tenter d'aller au-delà.

Pour interpréter le frémissement guerrier qui anime nombre des bavardages médiatiques, il faut revenir à ce que Simone Weil appelle l'*égarement des contraires*, et que nous évoquions au début de ce livre. Par ces mots, rappelons-le, elle évoque le dualisme simplificateur qui prétend opposer sans nuance le bien et le mal, le haut et le bas, la terre et le ciel. La philosophe y voit la marque d'une faiblesse de la pensée, et même davantage. Les « contraires », en effet, ont

17. Bernard Sichère, *Il faut sauver la politique*, Lignes-Manifeste, p. 90.
18. Voir plus haut, chapitre 4.

ceci de paradoxal qu'ils finissent par s'équivaloir. À s'opposer de façon trop absolue, ils se placent en miroir. Ils deviennent des *doubles enchaînés l'un à l'autre* dans une symétrie sans issue, comme peut l'être tel préjugé que tourmente jusqu'à l'obsession le préjugé adverse, à tel point que la volonté de le combattre «est le signe certain qu'on en est imprégné». En cédant à cet égarement, les «contraires» dressés l'un contre l'autre laissent entrevoir l'inconsistance des croyances qui les fondent. «Le bien comme contraire du mal, écrit Simone Weil, lui est équivalent en un sens, comme tous les contraires [19].» À ses yeux, la seule façon de bien agir consisterait à s'évader préalablement de «cette oscillation misérable» pour que, loin de s'opposer mécaniquement au mal, «le bien que j'accomplis au-dehors soit la traduction exacte de ma nécessité intérieure [20]».

Voilà qui n'est pas le premier souci des médias.

La «gentille» inquisition

Pour aller plus avant, il faut évoquer un autre cas de figure: la coagulation des engouements en catéchisme obligatoire, leur concrétion en un bloc de fausses certitudes. On songe, bien sûr, aux unanimités tacites qui naissent et s'imposent dans l'univers de la communication; aux vulgates impérieuses et discriminantes qui émergent soudainement de nulle part mais deviennent vite très difficiles à entamer. Décrivant ces étranges blocs de croyances agglomérées auxquels il s'était heurté dans le cadre d'un débat télévisé, le psychanalyste Charles Melman s'exprime ainsi: «Il y a désormais, écrit-il, une espèce de communauté de pensée, qui n'est articulée nulle part, qui ne se réfère à rien de saisissable, mais qui s'impose à chacun des participants à de tels débats. Si vous n'y adhérez pas, si vous n'êtes pas en phase, vous êtes rejeté [21].» Il va plus loin encore quand il assimile cette raideur inquisitoriale à un «fascisme volontaire» qui trahirait, à ses yeux, une aspiration collective à l'établis-

19. Simone Weil, *La Pesanteur et la Grâce*, *op. cit.*, p. 132.
20. *Ibid.*, p. 32. (Je reprends ici les formulations du préfacier Gustave Thibon.)
21. Charles Melman, *L'Homme sans gravité*, *op. cit.*, p. 129.

Lynchage et foule psychologique

Indiscutablement, la fréquence des lynchages médiatiques s'amplifie. À croire que le désarroi de l'époque et notre quête d'unanimité pacificatrice exigent une consommation sans cesse accrue de victimes propitiatoires. Chaque année, donc, quantité de personnages (coupables ou non) sont symboliquement déchiquetés par l'appareil médiatique : un criminel supposé, un élu, l'auteur d'une gaffe, un homme d'Église, un écrivain, le pape, etc. Dans chaque cas, le même mécanisme, la même structure et le même discours sont à l'œuvre. Trop souvent, on assimile le lynchage tantôt à on ne sait quelle cruauté intempestive, tantôt à l'impérialisme d'une idéologie ou d'une pensée unique ; tantôt à un ostracisme dont on se sent victime. Or, qu'il soit médiatique ou pas, le lynchage, ce n'est pas du tout cela. C'est un mécanisme sacrificiel autrement sérieux.

Ce qui nous effraie confusément quand nous constatons son déclenchement, c'est qu'il s'agit d'un phénomène de foule, d'une imitation croisée, furieuse, et qui soudain s'emballe. Lorsqu'il « jette sa pierre » sur le lynché, chaque lyncheur obéit au souci d'imiter son voisin. C'est d'ailleurs le caractère collectif de l'agression symbolique qui permet à chaque agresseur de se sentir innocent. Je fais comme tout le monde... En d'autres termes, rien n'est plus conformiste qu'une lapidation médiatique. En prêtant ma propre main – c'est-à-dire ma plaisanterie, mon bon mot, mon ricanement – au meurtre symbolique, j'adhère frileusement à l'unanimité d'un groupe. Et je m'y réchauffe d'autant mieux que je suis dans l'illusion de faire acte de justice.

Ces mécanismes nous renvoient à des réalités anthropologiques très anciennes, dont les traditions, dans toutes les cultures, portent traces. Transposons-les dans notre univers médiatique. Dans les médias, l'imitation paresseuse joue le même rôle. Quand tel bavard, tel commentateur, tel humoriste s'acharne sur le lynché de la semaine, ce n'est pas tant parce qu'il connaît les tenants et les aboutissants de l'affaire, c'est parce que, au sens strict du terme, il fait comme tout le monde ; il reprend à son compte la rumeur ; il rejoint ce que le sociologue Gustave Le Bon appelait, au XIXe siècle, la *foule psychologique*.

Seule différence, ce ne sont pas des pierres qui sont lancées mais des mots. Les mécanismes n'en sont pas moins identiques. Il y a bien, dans ces ruées confuses et ces meurtres abstraits, un quelque chose qui nous épouvante parce que tressaille en nous une mémoire obscure. Nous y reconnaissons la trace d'une fureur fusionnelle échappant à l'emprise de la raison, une abdication du libre arbitre, une couardise reconnaissable entre toutes parce qu'elle pue le crime...

sement d'un principe d'autorité, seul capable de soulager l'angoisse commune en édictant ce qui est bon et ce qui ne l'est pas. « Il est devenu extrêmement difficile, ajoute-t-il, de faire valoir une position qui ne soit pas correcte, autrement dit une position qui n'aille pas dans le sens de cette philosophie implicite qui veut que quiconque, quel que soit son sexe, son âge, puisse voir ses vœux accomplis, réalisés dans ce monde. Toute réflexion qui cherche à discuter cet implicite est *a priori* barrée, interdite[22]. »

Chacun de nous, qu'il participe à une émission ou soit simple téléspectateur (ou auditeur), a pu faire le même constat. Un consensus assez vague mais compact rassemble en général les protagonistes d'un débat médiatique. Son autorité est telle qu'il rend à peu près impossible l'expression d'une parole vraiment différente. Il est le socle obligatoire sur lequel chacun doit prendre appui pour parler, le non-dit impossible à contourner, et encore moins à discuter. Il est la foi commune, le seul *canon* autorisé. Nul ne peut l'enfreindre sans se placer aussitôt en dehors de l'Église. Le plus étonnant est que le contenu réel des dogmes ainsi mis en avant est difficile à identifier. Les croyances communes sur lesquelles il se fonde restent indécises. Elles procèdent de l'intuition, du réflexe, d'une intériorisation approximative de l'air du temps. Pris séparément, chacun des fidèles aurait le plus grand mal à s'expliquer sur leur cohérence véritable. Il n'empêche. Le bloc est bien là, sans fissure ni passage. Quant au dissident potentiel, s'il persiste dans son quant-à-soi, il sera vite enseveli sous la dérision collective et rejeté loin du *potlatch*.

Un tel rejet est d'autant plus violent que les pensées uniques qui, en se solidifiant, constituent la banquise médiatique, sont imprégnées de moralisme. Elles n'énoncent pas seulement ce qui est juste mais, en effet, ce qui est « bien ». Leur contradicteur éventuel sera vite assimilé à une figure du mal. Ses objections seront jugées comme des fautes et son point de vue comparé à un péché. Parmi les fidèles outragés par son hérésie, nul n'aura conscience de faire preuve d'intolérance. Le propre des persécuteurs est qu'ils sont convaincus d'agir avec justesse. La persécution symbolique aura donc lieu. Rien

22. *Ibid.*, p. 47.

n'est plus étrange à contempler, en vérité, que ces réinventions innocentes de l'ancienne Inquisition. Étrange car, à la différence de l'Inquisition catholique du XIIIe siècle, celles-ci ne reposent sur aucune Écriture ni commandements déchiffrables. Les persécutions ou les relégations médiatiques se passent de dogmes élaborés, de conciles laborieux et de références claires. La liturgie, la chaleur du groupe et la contagion mimétique leur tiennent lieu de contenu.

On force évidemment le trait, mais c'est à dessein. Pareille description un peu caricaturale des inquisitions médiatiques peut nous aider à comprendre certains « effets de croyance » d'une portée beaucoup plus large, comme le « politiquement correct ». Certes, ce dernier est d'abord, un phénomène américain. L'expression *politically correct* (*PC*) a été utilisée pour la première fois à l'automne 1990 dans un article de Richard Bernstein publié dans le *New York Times*. Elle désignait une « nouvelle orthodoxie », apparue sur les campus sous la pression des minorités ethniques, communautaires ou sexuelles militantes. Dans son acception première, la formule revenait à détourner dans le sens de la dérision l'injonction marxiste d'avoir à se conformer à la ligne officielle du parti. Outre-Atlantique, elle connut aussitôt la fortune que l'on sait, car elle correspondait, effectivement, à une évolution du débat public déjà ancienne, marquée par l'émiettement communautariste et la parcellisation politique en vigueur dans la mouvance démocrate. L'expression *politically correct* faisait référence à une foule d'incidents ou conflits bien réels qui, pour certains d'entre eux, remontaient aux années 1970.

Ici, un professeur se bat pour pouvoir continuer d'utiliser le mot *policeman*, en dépit de la connotation « sexiste » de la dernière syllabe et des recommandations du Conseil national des professeurs d'anglais prescrivant l'usage de l'expression plus neutre de *police officer* ; là, une étudiante de Yale opposée à l'avortement se voit exclue des réunions du Centre des femmes ; là-bas un professeur est pénalisé par l'administration simplement pour avoir, dans un cours sur le racisme, désigné une étudiante dans ces termes : « Si j'appelais cette étudiante une Négresse (*a Nigger*), ce serait une raison pour que je sois congédié. » On pourrait prolonger la liste. Dans un ouvrage publié en 1993, *Liberté de parole pour moi mais non pas pour toi*, le publiciste de gauche Nat Hentoff, chroniqueur du *Village Voice* et de la *Jewish World Review*, avait répertorié une grande quantité d'anecdotes aussi ridicules et stigmatisé l'intolérance dont elles étaient la marque. Un autre essayiste d'obédience libérale, Jonatan Rauch, par ailleurs défenseur du mariage *gay*, dans un pamphlet publié la même année, *Gentils Inquisiteurs*, fustigeait les nouvelles attaques contre la liberté de la pensée, le climat pesant et l'intolérance imputable à la pensée *politically correct* et le souci obsessionnel de ne pas « blesser les âmes sensibles[23] ».

Dans la perspective qui nous intéresse, une chose est sûre : la flambée du politiquement correct américain est liée tout à la fois à l'individualisme et au repli des minorités, plus attachées qu'auparavant à la défense de leurs « droits » et au respect scrupuleux de leurs différences. Une telle évolution est assez logique. Dans la mesure où il tend à se réfugier dans l'enclos protecteur de sa communauté, chaque individu devient plus sensible aux atteintes, aux insultes, voire à la simple ironie dont cette dernière fait l'objet. La fonction identitaire assurée par la communauté ou la minorité dans une société multiculturelle rend chaque groupe infiniment *susceptible*. Certains ont noté, à juste titre, que cela correspondait à une « réinvention postmoderne de l'honneur[24] » et, du même coup, à une exacerbation des rivalités sociales et culturelles. Le phénomène, toutefois, n'aurait jamais pris cette ampleur s'il n'avait coïncidé avec l'émergence du « tout médiatique » qui fait le sujet du présent chapitre. *Le politiquement correct est bien une variante du « néo-conformisme » des sociétés modernes, lequel est inséparable de la nouvelle religiosité médiatique.*

23. Je reprends ici, en les complétant, des indications données par Thomas Pavel, « Lettre d'Amérique. La liberté de parole en question », *Commentaire*, n° 65, printemps 1995, p. 165-168.
24. *Ibid.*, p. 168.

Le «sens de l'Histoire» persiste et signe

En France, cette étrangeté venue d'outre-Atlantique a fourni, par contraste, des armes aux défenseurs de la République et de l'universalisme républicain. Son évocation a permis de dénoncer plus vigoureusement que jamais le communautarisme présenté comme une «peste» anglo-saxonne. L'antiaméricanisme n'était pas toujours absent de ces envolées polémiques[25]. Chez nous, il est vrai – et plus généralement en Europe –, l'influence grandissante de la religiosité médiatique se manifeste d'une tout autre façon. Le conformisme qu'elle induit n'y a pas la même dimension communautaire. Il est plus global, plus monolithique. Les polémiques qu'il suscite tournent plutôt autour du concept de «pensée unique», expression popularisée au début des années 1990. La «pensée unique» française a d'abord été stigmatisée dans la mouvance dite «républicaine» ou dans les milieux altermondialistes. Elle désignait la vulgate néolibérale, antisouverainiste et européenne très largement dominante dans l'appareil médiatique.

Sans entrer dans les querelles inexpiables que provoque le simple emploi de l'expression «pensée unique», force est de constater qu'il existe bel et bien un cléricalisme «unifié» de l'expression médiatique, qui ne coïncide plus avec la diversité effective des opinions du «pays réel». C'est d'abord vrai sur le terrain de l'économie. «On peut sans grand risque affirmer qu'il existe aujourd'hui une pensée dominante néolibérale [...] qui proclame volontiers, en toute candeur, qu'elle est sans alternative rationnelle et qu'elle n'a pas d'adversaire à sa hauteur. L'étudier comme idéologie, c'est insister sur sa nature complexe, hybride, c'est souligner que la violence du discours d'autorité se double d'un argumentaire universaliste et d'un moralisme de bon aloi, dont la mixture instable et *hautement médiatisée* présente un réel pouvoir de conviction[26].»

25. On trouvera une bonne synthèse de la question dans le dossier «Retour sur une controverse: du "politiquement correct" au multiculturalisme», *Esprit*, juin 1995.
26. Isabelle Caro, «L'idéologie de la pensée embarquée», *Le Nouvel Observateur*, hors série n° 52, *op. cit.*, p. 85.

Mais un cléricalisme comparable – libertaire et transgressif, cette fois – prévaut sur le terrain des mœurs. Ce « politiquement correct » est d'une autre nature. Il revendique son appartenance à la gauche et au camp du progrès. Cela ne l'empêche pas d'être inquisitorial et moralisant. Il correspond au dogme singulier pointé par le psychanalyste Daniel Sibony lorsque, à propos du débat sur le mariage *gay*, il observe que se trouve en jeu « le fantasme d'être approuvé par la loi qu'on transgresse », avant d'ajouter que « la loi, bizarrement, semble prête à se faire "avoir" »[27].

Les deux discours uniques ne sont pas du même ordre – même si, parfois, ils se rejoignent – et ne sont pas tributaires de la même Église. (Entre l'un et l'autre, plusieurs combinaisons, alliances tactiques ou gradations sont imaginables.) Il n'empêche que deux grandes caractéristiques leur sont communes. D'abord, *il s'agit de phénomènes plus médiatiques que politiques à proprement parler*. Ils appartiennent à cette effervescence confuse, à cette « pensée du flux » que plusieurs sociologues proposent d'appeler la *subpolitique*. Ils consistent en deux réécritures simplifiées et rustiques de réflexions mieux argumentées. Ils sont à la pensée contemporaine ce que pouvait être un catéchisme paroissial à la théologie ou à l'herméneutique. Ils sont porteurs d'injonctions à l'emporte-pièce plus que d'analyses véritables. C'est en cela qu'ils sont *cléricaux*. Concernant l'économie politique, par exemple, les réflexions qui occupent *pour de bon* les théoriciens du libéralisme sont à mille lieues des raccourcis sommaires colportés par les médias. De la même façon, les admonestations libertaires sur le terrain des mœurs ont assez peu de rapport avec les réflexions prudentes et roboratives que font naître, chez les juristes ou les anthropologues, les transformations inexorables de nos systèmes de parenté. Dans l'un et l'autre cas, le même décalage existe entre la « religion médiatique » et la vie intellectuelle.

Le deuxième point commun entre ces deux cléricalismes, c'est qu'ils concourent ingénument à faire revivre une croyance que l'on pensait éteinte, au moins depuis l'effondrement du communisme : *le sens de l'Histoire*. À écouter les cléricaux médiatiques, en effet, le

27. *Le Figaro*, 13 août 2004.

sens général des évolutions qu'ils applaudissent ne fait aucun doute : elles contribuent à la marche irrépressible du « progrès » et vont forcément dans le bon « sens ». Sur ce point, le contraste est frappant entre la remise en question historique et philosophique d'un mythe et *sa persistance au cœur de la religion médiatique*. Dans le champ universitaire, on jugerait naïf, daté, pour ne pas dire grotesque de recourir sans autre examen à l'idée de progrès et, plus encore, d'attribuer un « sens » quelconque à la marche de l'Histoire. Ce sont là des visions eschatologiques ou téléologiques dont la pensée contemporaine est revenue depuis longtemps. Or, ces deux articles de foi, ces deux « mystères » sacrés structurent encore l'homélie médiatique, sans que personne ne songe à s'en étonner. Le sociologue Ulrich Beck prend acte de cette étrangeté qui, pour lui, est l'une des caractéristiques de la *subpolitique* mise en œuvre par les médias. « En dépit de toutes les critiques – du préromantisme à nos jours –, écrit-il, on n'a pourtant jamais remis en question cette croyance *latente* au progrès [28]. »

Il s'agit bien de foi, en effet, et qui, comme la foi religieuse, congédie le doute à force de prières, d'incantations et d'excommunications.

Anticléricalisme et dissidence

Devant un cléricalisme de ce type, se pose bien sûr la question de la résistance à lui opposer. La question revient d'ailleurs à demi-mot dès qu'il est question des médias. Le grand public réagit intuitivement dans le même sens quand il manifeste sa défiance à l'endroit du journalisme, lorsqu'il cesse d'acheter la presse quotidienne d'information ou, plus encore, chaque fois qu'il s'en prend au « crétinisme » supposé de la télévision populaire. Dans l'air du temps circule effectivement un anticléricalisme d'un genre particulier et dont la *religion médiatique*, cette fois, est l'objet. La critique au jour le jour des médias n'a d'ailleurs jamais été aussi vive, sévère, exigeante, utile, et quelquefois abusive. Or, cette mise en cause spontanée n'est peut-être pas la bonne.

28. Ulrich Beck, *La Société du risque*, *op. cit.*, p. 430.

Les analyses qui précèdent montrent en effet que le problème posé n'a pas grand-chose à voir avec l'activité ordinaire des journalistes, leur vertu ou leur intégrité, ni même avec la qualité de l'information réellement disponible (qui est souvent bien meilleure qu'on ne le dit). En réalité, la question se pose à un autre niveau. Elle nous enjoint d'apprendre à résister non pas à des personnes, mais à une structure, à un processus qui « embarque » l'esprit du temps dans une religiosité de la communication contraire à la raison. C'est d'elle et de ses commandements insidieux que nous devons apprendre à triompher, comme il nous faut résister aux cléricalismes économique et technoscientifique. Dans ces trois cas, l'urgence est la même et se ramène à un substantif : laïcisation. Le médiatique a besoin lui aussi d'être libéré de la religion qui le hante, et le tente. Les acteurs qui agissent en son sein – journalistes, reporters, éditorialistes, réalisateurs, producteurs – doivent être encouragés à s'émanciper au maximum de la servitude induite par le « processus ». La vraie résistance commence quand on fait un pas de côté, en choisissant non pas le dénigrement ou la dérision, mais *la dissidence active*.

On objectera que la critique du journalisme asservi par l'argent ou le marché ne date pas d'aujourd'hui. C'est vrai. Elle accompagne l'histoire de la presse moderne depuis l'origine. En France, on en trouve trace chez Balzac, Jules Vallès, Émile Zola, mais aussi Jean Richepin, Mallarmé ou, bien entendu, Maupassant. En Allemagne, des auteurs comme Robert Musil ont dénoncé la pauvreté du bavardage journalistique. Le plus féroce contempteur du journalisme domestiqué fut le poète et polémiste viennois Karl Kraus (1874-1936), fondateur, en 1911, du célèbre journal *Die Fackel* (*La Torche*), qu'il rédigea seul jusqu'au neuf cent vingt-deuxième numéro, paru en 1936. On lui prête une formule cinglante : « Ne pas avoir d'idées et savoir les exprimer : c'est ce qui fait le journaliste. » Si la verve étincelante de Karl Kraus dirigée contre les mensonges et la dépravation de la presse bourgeoise est aujourd'hui redécouverte et appréciée – notamment par des auteurs comme Jacques Bouveresse ou Pierre Bourdieu [29] –, ce n'est pas pour rien.

29. Voir notamment, de Jacques Bouveresse, *Schmock ou le Triomphe du journalisme. La grande bataille de Karl Kraus*, Seuil, « Liber », 2001, et de Pierre Bourdieu « Actualité

De nos jours, les critiques classiques les plus élaborées – et qui s'inscrivent dans cette même tradition – sont le fait d'anciens dissidents des pays communistes, sans doute mieux préparés que nous ne le sommes à affronter le mensonge officiel et la *doxa* journalistique. Tel est le cas du romancier allemand Christof Hein, originaire de Leipzig, dans l'ancienne RDA, devenu dans les années 1980 une figure emblématique de la dissidence est-allemande. Adversaire résolu, lui aussi, de la superficialité et du conformisme journalistique, il invite régulièrement les intellectuels à résister au *credo* des médias et à défendre face à eux « l'institution universelle de la raison ».

Dans un texte publié le 8 mars 1996 dans le journal berlinois *Freitag*, Christof Hein rappelait ainsi que le devoir de l'intellectuel « le contraint à exprimer, si nécessaire, la vérité contre le cours de l'Histoire, à exposer ses expériences, même si elles vont à l'encontre de l'air du temps, même si elles s'opposent à l'opportunisme politique, au consensus général et même à une réalité compréhensible et incontestable[30] ».

* *
*

Une critique radicale et exigeante de la presse est plus nécessaire que jamais, *mais elle devient insuffisante*. La raison en est simple : ce journalisme-là, à l'ancienne, pourrait-on dire, a très largement disparu. La presse écrite, appauvrie et inquiète, se trouve aujourd'hui à son tour en position d'assiégée. Elle voit de jour en jour ses positions menacées et même grignotées par une énorme machinerie médiatique et cléricale décrite plus haut, et qui n'a plus grand-chose à voir avec le journalisme d'Albert Londres. Confrontée à un tel « processus », une presse écrite émancipée et laïcisée pourrait bien – et devrait – se donner pour principal objectif d'incarner, à son tour, la dissidence.

---

de Karl Kraus. Le centenaire de la *Fackel* (1899-1936) », *Actes de la recherche en sciences sociales*, n° 131-132, mars 2000.

30. Article traduit en français par Nicole Bary, *Études*, janvier 1997, p. 54-55.

Troisième partie

À QUOI POUVONS-NOUS CROIRE ?

« Nous ne nous engageons jamais que dans des combats discutables sur des causes imparfaites. Refuser pour autant l'engagement, c'est refuser la condition humaine. »

Emmanuel Mounier *

* *Le Personnalisme* [1950], PUF, 2002.

Et maintenant ? Terrain déblayé, paysage éclairci, reste à poser les questions essentielles. À quoi pouvons-nous croire ? Que faire ensuite de nos croyances ? Comment éviter qu'elles se raidissent de manière intolérante ou, au contraire, se dissipent évasivement dans l'océan du doute ? Sur quel chemin de crête nous faut-il marcher si nous récusons tout à la fois le cynisme désenchanté et la bigoterie obtuse ? Comment agir jour après jour pour garder assez de lumière au-dedans de nous, mais sans jamais être aveuglés par elle ?

Dans les chapitres qui précèdent, on a rappelé comment et pourquoi nos croyances collectives s'étaient exténuées à la fin du XXe siècle, de quelle façon nous avions chassé dieux et diables pour leur préférer la « société du vide », l'esprit sceptique et la postmodernité joueuse. Puis, nous avons montré que ce prétendu « vide » n'en était pas un. Chassées par la grande porte, les croyances, crédulités et religions les plus diverses étaient revenues en force par la fenêtre. Certaines de ces religions, idolâtres, se révèlent d'autant plus redoutables qu'elles sont travesties. Elles prolifèrent sur les terrains de la science, de l'économie, de la technique, de la politique, des médias, mais comme en catimini. Partout, sous le déguisement de la raison et derrière le masque du savoir, elles risquent sans cesse de se figer en dogmes, vulgates, catéchismes, et de mettre en péril la clarté de nos jugements et la liberté de nos esprits.

Nous avons vérifié qu'une même pathologie de l'enfermement guettait, en somme, toutes les croyances, qu'il s'agisse des religions traditionnelles ou séculières. Nous avons vu que le fondamentalisme n'était pas le seul fait des prêtres, des imams ou des rabbins, mais pouvait aussi saisir le savant ou l'économiste ; qu'il ne tentait pas uniquement les Églises constituées mais la plupart des institutions et des catégories de la pensée. On a montré pourquoi ces pathologies dogmatiques exigent d'être combattues, comment nous devions rallumer – sans relâche – les lumières de la critique, et faire résolument un pas de côté pour retrouver, chaque fois que cela s'impose, un réflexe de dissidence laïque.

Mais après ? La question se pose de savoir s'il existe au bout du compte un espace viable entre le doute et l'illusion, un lieu habitable entre la crédulité et le désenchantement. Il reste à nous demander si nous pouvons vivre *quelque part entre le rien et le trop*, s'il est possible de trouver un passage entre le fanatisme revenu et la désespérance qui rôde. En effet, il nous faut croire malgré tout en quelque chose. Nulle société humaine ne peut vivre durablement dans la dérision ou la raillerie. Chaque homme, chaque communauté, a besoin d'une foi minimale pour accéder à sa propre humanité. Pour reprendre le bel aphorisme du philosophe Jean-Toussaint Desanti, « on n'est jamais sans croyance[1] ». Il nous faut donc *réapprendre à croire*. Or, nous n'acceptons plus de sacrifier à une *dévotion*, qu'elle soit d'essence mystique, idéologique ou politique. Nous ne voulons plus respirer l'atmosphère raréfiée des chapelles closes et des confréries claquemurées. D'instinct, nous nous rebellons à la simple idée d'avoir à nous agenouiller devant une idole, ou d'avoir à conformer notre esprit à des normes prédéfinies. Et nous avons raison. Mais alors ? Comment ferons-nous, dans ces conditions, pour nous tenir debout dans le monde, et quel oxygène allons-nous respirer ?

Trouver le chemin, forcer les grilles, grimper en altitude : telles sont bien les questions. Pour tenter d'y répondre, il faut *interroger la croyance elle-même* et réfléchir à son statut. Si sa nécessité s'impose à tout être humain, alors il s'agit d'examiner à quelles conditions il est possible de *lui faire place sans lui laisser toute la place*. Il faut restaurer notre capacité de croire, en effet, mais sans rien céder de notre lucidité, ni de notre libre arbitre. Mieux encore, il est urgent de retrouver ce *croire* paradoxal – le seul qui vaille – capable d'organiser un rapport dialogique avec son propre doute. Au sujet de la religion, comme de la politique, de la morale ou de la science, il paraît

1. Jean-Toussaint Desanti, « Quand la croyance se défait », *Esprit*, juin 1997, p. 175.

plus urgent que jamais de poser l'hypothèse d'une croyance qui serait à la fois robuste et ouverte, vivante et non dogmatique. Il faut accueillir cette conviction fondatrice, cette foi inaugurale, cet assentiment joyeux, mais sans jamais renoncer à les « tenir à l'œil ».

Une croyance débridée, nous le savons, est porteuse de dévastations possibles, d'excès meurtriers, d'intempérances. Il nous revient de comprendre à quelle condition nous pouvons civiliser celle-ci, et quel sens peut avoir un *apprivoisement* du croire. L'enjeu est immense : passer du vertige de l'adhésion irréfléchie à la *force de la conviction*, échanger la servitude d'une superstition contre l'équanimité d'une foi qui accepte de « rendre raison » d'elle-même [2].

Voilà le chemin sur lequel on voudrait s'avancer maintenant.

2. Pour les chrétiens, cette expression renvoie à la première épître de Pierre (1P 3,15) qui invite l'homme à « rendre raison de l'espérance qui est en lui ».

Chapitre 8

On ne vit pas sans croyance

> « Qui voudrait douter de tout n'irait pas même jusqu'au doute. Le jeu du doute lui-même présuppose la certitude. »
>
> Ludwig Wittgenstein [1].

Une première étape de la réflexion pourrait être intitulée : l'impérieuse nécessité de croire. Le verbe ne désigne pas ici la seule croyance religieuse ou morale. Il se réfère tout autant à la politique dans son acception la plus noble. On n'est pas démocrate, ni citoyen, ni simplement homme ou femme sans *croire en quelque chose.*

Si la croyance pose problème, en effet, c'est qu'elle n'est pas un élément « ajouté » à l'humanisation, mais le fondement de celle-ci. Lorsque nous disons que nul ne vit sans croyance, nous n'évoquons pas une occurrence consolatrice ou une inclination vague pour l'inconnaissable, qui viendraient pallier notre impotence « humaine trop humaine ». Nous ne nous référons pas à je ne sais quelle imperfection de l'esprit humain qui le contraindrait, encore et toujours, à consentir faute de mieux à l'irrationnel. Bien au contraire, *le fait de croire est constitutif du principe d'humanité.* « Tous les êtres sont ce qu'ils sont, seul l'homme devient ce qu'il est. Il doit conquérir son essence [2] », c'est-à-dire parier sur sa propre chance d'exister en tant qu'homme. Or, parier, c'est croire. L'être humain a ceci de grand qu'il se choisit à partir d'un projet d'hominisation auquel il adhère activement, lequel se perpétue par la transmission généalogique et l'apprentissage éducatif. L'homme est un être subjectivement et culturellement *construit.* Il ne devient ce qu'il est qu'à la condition d'y tendre sans cesse. Nietzsche ne dit pas autre chose. En ce sens,

1. Ludwig Wittgenstein, *De la certitude*, Gallimard, « Tel », 1995, p. 53.
2. Gustave Thibon, *L'Échelle de Jacob*, Fayard, 1975, p. 79.

on peut qualifier la condition de l'homme d'héroïque. Ce que Cornelius Castoriadis appelait justement la « création humaine » a pour signe distinctif d'être toujours guetté par l'hypothèse d'une « décréation », dès lors que le projet s'essouffle ou se pervertit. On n'est humain que pour autant qu'on s'efforce de l'être. La gravité particulière du crime contre l'humanité trouve là son explication, et l'imprescriptibilité juridique d'une telle barbarie sa justification.

Or, à la racine de la création humaine se tient la *croyance*. Elle est originelle en ce qu'elle constitue la matrice de ce que nous deviendrons. C'est elle qui, littéralement, nous fait. On ne vit pas sans croyance, en effet. L'expression doit être comprise dans son sens le plus précis, celui qui apparaît mieux encore si l'on ajoute à ladite phrase l'adverbe implicite qui lui donne sens : on ne vit pas *humainement* sans croyance. Nous sommes rivés, en tant qu'hommes, à la nécessité de celle-ci, quoi que nous fassions pour nous en dispenser. De ce point de vue, l'athéisme est évidemment une religion comme les autres. On a même pu écrire que la religion athée, après le christianisme, le judaïsme et l'islam, était la quatrième grande confession française. L'agnosticisme lui-même, qui se veut sans certitude d'aucune sorte, n'est pas délivré de la croyance, ne serait-ce que parce qu'il doit avoir foi en soi-même.

L'illusion sceptique

Ludwig Wittgenstein, cité en exergue de ce chapitre, revient souvent sur ce paradoxe du doute indissolublement lié à la croyance comme l'ombre à la lumière. Pour douter, se demande-t-il, ne faut-il pas quelques convictions qui fondent au moins le doute ? Le doute agissant et l'esprit critique, qui meuvent la démarche scientifique comme le questionnement philosophique, exigent au minimum que l'on croie en leur puissance explicative. Pour cette raison, le pyrrhonisme[3] intégral – celui dont se réclament les sceptiques proclamés – est une vue de l'esprit. Il est un horizon qui recule sans cesse quand on croit l'atteindre. Ne croire en rien est une formule séduisante, mais qui

3. Par référence au peintre et philosophe Pyrrhon, né à Élis vers 360 avant notre ère, et qui est l'ancêtre des sceptiques grecs.

a l'inconvénient de s'autoréfuter : elle exigerait, pour faire sens, *que l'on doute du doute lui-même*. La proposition étant absurde, la formule, bien que familière, l'est aussi.

Revenons à Nietzsche. Pour lui, ni la science ni la philosophie ne sont indemnes de croyances. Elles ne sont que la mise en forme plus ou moins habile de « préjugés », voire de certaines « exigences physiologiques ». « Dans toute philosophie, écrit-il, il y a un point où la "conviction" du philosophe entre en scène. » Un peu plus loin, et pour les mêmes raisons, il se moque cruellement de la « tartuferie morale » de Kant et de la « superstition des logiciens »[4]. On trouve des remarques analogues chez Montaigne qui avoue se méfier des savants quand ils font « école de dogmatisme ». Plus explicite encore, il assure que « chaque science a ses principes présupposés par où le jugement est bridé de toutes parts » (*Essais*, 2, 21).

Les anthropologues et les psychanalystes, eux aussi, reviennent souvent, chacun dans son langage, sur cette indéfectible dépendance qui assujettit la condition humaine à la croyance. Dans *La Pensée sauvage*, Claude Lévi-Strauss évoque la contradiction indépassable entre la croyance nécessaire à tout homme qui veut habiter sa culture ou participer à l'Histoire, et l'obligation qui lui est faite, s'il veut progresser sur le terrain du savoir, de se déprendre du système de représentations collectives propre à telle tradition ou à telle mémoire particulière. « Dans la vie pratique et pour la satisfaction de ses besoins intellectuels, assure-t-il, l'homme doit être convaincu qu'il peut connaître quelque chose du monde. Mais, en même temps, il ne doit pas lui échapper que chaque progrès de son savoir élargit dans des proportions beaucoup plus grandes le champ de son ignorance, de sorte qu'il ne sait même pas si ce savoir en est un[5]. » Dans le même entretien, Lévi-Strauss ajoute que la contradiction entre ces deux niveaux de la conscience humaine explique que lui-même, en tant qu'individu, penche tantôt vers la foi de Kant, tantôt vers le doute de Descartes ou le scepticisme de Pyrrhon.

4. Friedrich Nietzsche, *Œuvres*, *Par-delà bien et mal*, § 8 et 17, Flammarion, 2000, p. 631-640.

5. Claude Lévi-Strauss, « 1963-2003 : l'anthropologue face à la philosophie », entretien avec Marcel Hénaff, *Esprit*, janvier 2004, p. 88.

« Si je ne crois rien... »

« Je comprends mal ces querelles furieuses entre ceux qui croient en un dieu transcendant, ou un dieu qui représente des forces naturelles, ou un dieu qui s'exprime par la bouche d'une pythie... Cela importe si peu. Et ceux qui se prétendent athées ou agnostiques ont encore vaguement (et quelquefois explicitement) une référence à un destin ou à une fatalité, quand ils ne remplacent pas le dieu traditionnel par leurs croyances dans la Science. Ce mot croyance est central. Je ne dis pas que l'homme est un animal religieux, il est seulement croyant. Le mot "croire" s'applique à tout. Nous croyons tout et tout repose sur la croyance. Les vérités scientifiques ? Mais je suis obligé de *croire*, car je suis incapable de prouver par moi-même ce qui a été démontré. Et dans les relations de la vie quotidienne, la croyance joue constamment un rôle premier : il n'y a pas de communication possible, pas la moindre conversation si je ne crois pas ce que l'autre est en train de me dire. Même le désaccord, la discussion reposent sur la croyance que l'autre a dit quelque chose qui mérite d'être discuté : si je ne crois rien, je hausse les épaules et je m'en vais. »

Jacques Ellul, *Islam et Judéo-christianisme*, *op. cit.*, p. 62.

Quant à la psychanalyse, que son fondateur, Freud, voulait utiliser pour venir à bout de l'« illusion religieuse », elle demeure hantée dès l'origine par le désir non point de bâtir une religion de remplacement, mais de drainer vers elle les intuitions et les mouvements psychiques qui s'investissaient jusqu'alors dans le religieux. « Si Freud s'intéresse tant à la religion, ce n'est pas parce qu'il ambitionne d'en créer une autre à la manière d'Auguste Comte, mais c'est parce qu'il sait que la force de la religion est l'indice qu'elle correspond à un *besoin*[6]. » Or, certains estiment – comme le pressentait Carl Gustav Jung, rival de Freud – que, dans sa tentative d'éradication du religieux, Freud ne tient pas assez compte de la force irremplaçable du besoin de croire, de la puissance vitale, affective, de cette foi matricielle que Romain Rolland appelle « le sentiment océanique ». Au final, et de façon paradoxale, la psychanalyse achoppe sur ce besoin *puisqu'elle doit puiser dans la croyance en elle-même sa propre*

6. Sophie de Mijolla-Mellor, *Le Besoin de croire. Métapsychologie du fait religieux*, Dunod, 2004, p. 85.

capacité d'être. On ne peut sortir de la crédulité, de l'illusion ou du « figement dogmatique » qu'en s'appuyant encore et toujours sur une croyance. Que celle-ci soit « autre » ne change rien à l'affaire : elle n'en appartient pas moins à la catégorie du croire.

On pourrait ajouter que ceux-là mêmes qui, aujourd'hui, proposent une représentation purement biologique de l'homme – les neuroscientistes contemporains et les cognitivistes comme le Français Jean-Pierre Changeux –, ces ardents matérialistes pour qui nous ne sommes que des « hommes neuronaux », même ceux-là *ont besoin de croire subjectivement à ce qu'ils énoncent*. On rapportera à leur sujet la remarque ironique du philosophe Marcel Conche, professeur émérite à la Sorbonne : « Si l'homme neuronal eût été seulement un homme neuronal, il n'eût pu écrire *L'Homme neuronal*[7]. »

Cette centralité humanisante du croire infirme du même coup les analyses utilitaristes, très en vogue aujourd'hui, qui ne voient dans la croyance qu'un déguisement de l'intérêt individuel, une façon pour l'homme de dissimuler sous de nobles convictions la simple poursuite d'un profit. Un tel réductionnisme implique qu'on oublie la dimension sacrificielle que revêt la croyance, presque toujours chargée de passions, de culpabilité ou de volonté rédemptrice, motivations qui n'ont pas grand rapport avec l'intérêt bien compris et jouent même souvent contre ce dernier. Pour ces mêmes raisons, Hannah Arendt s'élevait, lors d'un fameux débat avec Jules Monnerot, contre l'interprétation « fonctionnaliste » de la religion (celle d'Émile Durkheim), qui prétend ramener cette dernière à un principe d'utilité sociale[8].

* *
*

Nécessaire, fondatrice mais aussi virtuellement dangereuse, la croyance réclame d'autant mieux d'être définie. Nous devons donc reprendre ici à bras le corps la question à la fois très simple et infini-

7. Marcel Conche, « Qu'est-ce que l'homme ? », *Le Nouvel Observateur*, « La psychanalyse en procès », hors série n° 56, octobre-novembre 2004, p. 83. Conche fait allusion à l'ouvrage de Jean-Pierre Changeux, *L'Homme neuronal*, Fayard, 1983.

8. Dans un article publié en 1953 dans la revue *Confluence*, « An International Forum », dirigée à l'époque par Henry A. Kissinger.

ment compliquée que nous évoquions au début de ce livre : qu'est-ce au juste que croire ?

Un pont sur l'abîme

Dans un souci de clarté, on fera l'économie d'un *distinguo* qui serait idéalement nécessaire. On renoncera – provisoirement – à marquer la différence entre croyance, foi, conviction et assentiment. Au risque de simplifier, on fera comme si les quatre concepts s'équivalaient, ce qui n'est pas tout à fait vrai d'un point de vue philosophique ou théologique.

Il existe plusieurs manières d'esquisser une définition du croire. La première consiste à voir en lui un moyen, sans doute le seul, *d'unifier la conscience*. La croyance permet de totaliser les subjectivités insaisissables qui cohabitent en nous, sans cohérence ni articulation véritable. Dès lors que j'entends exister comme sujet responsable, vivre et surtout agir dans le monde, je dois prendre possession de moi-même par le biais d'un *acte de foi*, d'un pari, d'une conviction. Rien ne me prouve que j'ai raison : il me faut faire un premier *saut dans l'inconnu*. Cette foi initiale, selon les cas, pourra s'inscrire dans l'hypothèse d'une transcendance divine (« Elle me vient d'ailleurs, etc. ») ou s'accepter, d'emblée, *démunie*, autofondée, immanente, mais néanmoins déterminée. La croyance, dans l'un ou l'autre cas, qu'elle soit religieuse ou non, n'est pas autre chose que *le ressort de la conscience humaine*. Seul ce ressort et cet acte de foi me permettront de me « *fier* à moi-même comme à autrui [9] ».

Pour prolonger cette idée, ajoutons que cette unification préalable de la conscience implique que soient comblés les défauts de sens, recouvertes les fissures de l'entendement, enjambées les nappes de méconnaissance que tout esprit humain porte en lui. Pour construire une conscience, il me faut souder ensemble – par un acte de foi – ce qui est disjoint ou demeure indéchiffrable. Il me faut solidifier le sol chaotique de mon intériorité. C'est seulement ainsi que peut s'effectuer la

9. Je reprends ici la formule de Francis Jeanson, *La Foi d'un incroyant*, *op. cit.*, p. 70

soudure symbolique qui autorise le «moi» à exister. Accordée par la grâce divine ou *instituée* par l'imaginaire humain, la foi est toujours, pour reprendre l'expression de Castoriadis, un «pont jeté sur l'abîme du monde». Or, si l'abîme est franchi, si la faille est enjambée, la béance n'en demeure pas moins présente *au-dessous*, c'est-à-dire dans les tréfonds de l'esprit humain. Jacques Lacan évoquait à propos de la croyance éthique ce «vide impénétrable» autour duquel nous n'en finissons pas de tourner et auquel nous devons nous arracher pour «ex-ister». À la lumière de ces remarques, on peut comprendre pourquoi la foi et le doute sont si inséparablement liés qu'ils apparaissent comme les deux faces solidaires, diurne et nocturne, de la conscience.

Le philosophe Michel Guérin, auteur d'une réflexion approfondie sur la croyance – qu'il distingue «tactiquement» de la foi –, insiste sur cette solidarité de principe entre le croire, «qui recouvre l'abîme», et le doute qui, lui, se souvient obscurément du précipice. «Allons plus loin, jusqu'à affirmer, écrit-il, que le croire est basé sur le décroire. Au lieu de l'envisager tout d'une pièce comme lourde adhésion à des choses de peu, voyons plutôt comment il est travaillé par une inquiétude qui, en somme, est son véritable objet. Pourquoi les hommes tiennent-ils si fort à leurs croyances ? [...]. Ils s'y cramponnent, plutôt, moins pour la valeur qu'ils leur prêtent que par peur du vide, qu'à leur manière ils "savent" dessous [10]. »

Il faut rapporter à cette idée, apparemment étrange, du «croire fondé sur le doute» les remarques que fait Jean-Paul Sartre dans *L'Être et le Néant* quand il évoque le concept de «mauvaise foi». La croyance, en effet, ne peut recouvrir vraiment l'abîme du doute *qu'en se mentant à elle-même*, en s'illusionnant sur ce qu'elle est. Pour durer, elle doit se nier comme pure croyance et se poser en certitude. Si elle se sait croyance, elle perd sa solidité. Le paradoxe est là. «La croyance, écrit Sartre, est un être qui se met en question dans son propre être, qui ne peut se réaliser que dans sa destruction, qui ne peut se manifester à soi qu'en se niant ; c'est un être pour qui être, c'est paraître, et paraître, c'est se nier [11]. » En d'autres termes, on ne

10. Michel Guérin, *La Pitié. Apologie athée de la religion chrétienne*, Actes Sud, 2000, p. 23.
11. Jean-Paul Sartre, *L'Être et le Néant*, Gallimard, «Tel», 1992, p. 106.

La foi d'un « ancien gauchiste »

Figure flamboyante de Mai 68, initiateur en 1971 du Front homosexuel d'action révolutionnaire (FHAR), Guy Hocquenghem avait livré cette profession de foi inattendue, peu de temps avant de mourir du sida en août 1988.

« Je ne suis pas *devenu* croyant. Je *suis* croyant. Je me situe dans la tradition gnostique, ce mouvement des débuts de l'Église qui était fondé, disons, pour simplifier, sur le refus de donner une définition positive de la divinité... Je suis convaincu qu'il y a une continuité entre contestation, utopie et gnose... Quand on est un ancien gauchiste, on a été mystique en politique, et c'est le propre d'une pensée mystique, si l'on veut, ou gnostique, de refuser la limitation dans la définition du divin, ou de l'humain par rapport au divin : c'est mon cas... Le problème n'est pas d'être croyant, mais de refuser une forme arrêtée, dénommée, dogmatique, de réalité supérieure. [...]
On peut être croyant et contestataire. Il faudrait avoir l'esprit particulièrement étroit pour considérer que l'important est de savoir si vous êtes un esprit religieux ou un esprit athée. En fait, je ne pense pas que la différence passe par là. Ainsi, je m'intéresserai toujours aux écrivains millénaristes et apocalyptiques dans la lignée de saint Jean, qui sont des penseurs et des écrivains qui appartiennent pour moi au même courant que les grands utopistes du XIXe siècle, ou que les grandes contestations du XXe siècle : les millénaristes croyaient au retour du Christ pour un nouveau règne de mille ans, le millénarisme met sa confiance dans l'établissement d'une société "juste et bonne pour tous ses membres". Il y a une continuité entre tous ces mouvements. Le fait que les uns soient religieux au sens habituel du terme et les autres politiques ou littéraires est assez secondaire en réalité : non seulement la pensée socialiste utopique du XIXe siècle, mais la pensée de Marx elle-même sont en partie issues d'une pensée romantique qui doit beaucoup à saint Jean et à l'Apocalypse. »

Libres propos rapportés par Élisabeth Salvaresi, *Mai en héritage*, Syros, 1988, p. 24-25.

peut croire vraiment qu'à la condition d'oublier que l'on croit. Comme l'alpiniste menacé par le vertige, le croire ne franchit l'abîme ouvert sous lui qu'en refusant d'y porter le regard. Il incorpore le doute, mais renonce obstinément à en rameuter la présence.

Toute croyance chemine au bord d'un gouffre dont elle sent encore l'haleine. Toute foi est travaillée par la perte et guettée par le reniement. On y reviendra.

*   *
*

Il faut d'abord dire un mot d'une autre dimension, trop souvent négligée et pourtant décisive : la relation à l'autre. La croyance, en effet, est aussi relationnelle. Croire, c'est *faire confiance* à quelqu'un, cet autre grâce à qui j'accède à ma propre humanité. Un théologien catholique, le père Marie Abdon Santaner, décrit ainsi cette présence originelle de l'altérité. « L'homme est un animal qui croit. [...] Croire en s'abandonnant à sa mère exprime ainsi chez l'enfant l'expérience proprement inaugurale de la prise de conscience de sa condition humaine, comme croire en se livrant à une nature divinisée exprima sans doute l'expérience inaugurale de la prise de conscience de leur condition humaine chez des vivants aux temps primitifs[12]. » Emmanuel Levinas, dont tout le travail philosophique s'articule autour du thème de l'altérité, pointe souvent cette dimension forcément collective de la croyance. « "Croire", assure-t-il, n'est pas un verbe qui doit être employé à la première personne du singulier[13]. »

De même que la foi juive ou chrétienne s'enracine dans la confiance collective en une « promesse » biblique, la foi politique se réchauffe à la chaleur du groupe et se nourrit d'abord de *fidélité*. Les anciens communistes, comme les militants d'extrême gauche mettent en avant la présence des camarades qui, à elle seule, peut dissuader un homme de rompre. « J'avais peur, confesse Edgar Morin à propos de ses "années staliniennes", non tant de perdre mes amis qui se trouvaient pour la plupart en marge ou en dehors, mais de perdre la grande chaleur des camarades, le sésame merveilleux du "c'est un copain" [...]. J'avais peur d'être regardé partout où j'irais comme un renégat par les bons militants honnêtes qui continuaient la lutte sans problèmes. [...] Le parti était ma famille[14]. »

Daniel Bensaïd évoque la « dette insolvable » qui le lie toujours

12. Marie Abdon Santaner, *Qui est croyant ?*, L'Harmattan, 2004, p. 18.
13. Emmanuel Levinas, « De la phénoménologie à l'éthique », entretien accordé en 1981 à Paris à Richard Kearney, *Esprit*, juillet 1997, p. 126.
14. Edgar Morin, *Autocritique*, *op. cit.*, p. 160.

aux camarades latino-américains disparus ou vaincus. « J'ai en mémoire, écrit-il, des dizaines de visages soudain effacés. » Un peu plus loin, au sujet de l'Argentine où il s'engagea jadis, il ajoute que cet épisode, « le plus douloureux de ma vie militante », est « sans doute constitutif du surmoi, qui dicte l'impératif de continuer, de ne pas renoncer au moindre bobo, de ne pas céder au premier coup de vague à l'âme » [15]. Pour lui, l'ancienne relation de confiance avec ces camarades qui n'ont pas renié et ont payé, y compris de leur vie, leur engagement, interdit d'abjurer. La fidélité qui enracine la conviction explique aussi que cette dernière puisse survivre aux désillusions proprement politiques.

On ne croit pas tout seul

« Nul homme n'est chrétien tout seul, pour lui-même, mais en référence et en lien à l'autre, dans l'ouverture à une différence appelée et acceptée avec gratitude. Cette passion de l'autre n'est pas une nature primitive à retrouver, elle ne s'ajoute pas non plus comme une force de plus, ou un vêtement, à nos compétences et à nos acquis ; c'est une fragilité qui dépouille nos solidités et introduit dans nos forces nécessaires la *faiblesse de croire*. Peut-être une théorie ou une pratique devient-elle chrétienne lorsque, dans la force d'une lucidité et d'une compétence, entre comme une danseuse le risque de s'exposer à l'extériorité, ou la docilité à l'étrangeté qui survient, ou la grâce de faire place – c'est-à-dire de croire – à l'autre. Ainsi "l'itinérant" d'Angelus Silesius, non pas nu mais dévêtu :

Vers Dieu je ne puis aller nu,
mais je dois être dévêtu. »

Michel de Certeau, *La Faiblesse de croire*, *op. cit.*, p. 313-314.

En cela, le croire n'est pas si éloigné du sentiment amoureux, voire de la passion. Les trois ont en commun une même accointance relationnelle. Croire, c'est sortir de soi-même pour suivre l'autre, parfois même se « convertir à l'autre », en s'abandonnant à ce qu'il dit, et qu'on n'aura pas soi-même vérifié.

15. Daniel Bensaïd, *Une lente impatience*, *op. cit.*, p. 173-174.

L'aveuglement volontaire

Fragile, suspendue au-dessus de l'abîme, exposée aux éboulements et offerte à l'imprévisibilité des séismes, la croyance demeure tiraillée entre deux évolutions possibles : la solidification cléricale ou la débâcle désillusionnée. Du fait même de sa fragilité, elle oscille entre la sécurité rassurante du dogme et la glissade irréversible hors des remparts. Elle hésite entre un « trop » et un « pas assez ». Une bonne part de l'existence humaine consiste en ce balancement jamais achevé qui nous livre une fois à l'arrogance de la certitude, une autre fois au désappointement de l'exil intérieur. Dans les deux cas, des mécanismes sont à l'œuvre dont la puissance ne se révèle qu'après coup.

La première hypothèse, la plus fréquente, est celle du durcissement progressif d'une croyance qui finit par acquérir la compacité minérale d'une (fausse) vérité. Toute croyance tend à *persévérer dans son être*, pour reprendre la fameuse formule de Spinoza. Pour ce faire, elle est tentée d'obéir à sa propre opiniâtreté. Comment ? En se fermant à ce qui la menace, en devenant sourde aux objections et aux démentis. C'est parce qu'elle se sait confusément vulnérable que la croyance enfile l'armure de la dénégation. Elle accueillera venant du dehors ce qui la conforte et, au sens fort du terme, *n'entendra plus* ce qui pourrait la fragiliser. Vu de l'extérieur, le phénomène est impressionnant : on pourrait le décrire comme la collecte préférentielle, le tri inconscient d'un matériau argumentatif qui, en se sédimentant, viendra consolider les remparts de la citadelle. La façon de percevoir le dehors devient toujours un peu plus sélective.

Le croyant qui fortifie peu à peu son refuge jusqu'à le rendre inexpugnable n'a pas une conscience claire de ce qu'il fait. Sans le savoir, il quitte les rivages de la délibération raisonnable pour s'enclore dans l'aveuglement d'une foi, qui devient une prison. Au final, rien ni personne ne pourra déloger celui qui s'enferme. Une argumentation en règle sera sans effet sur une croyance ainsi arrimée. Celui qui s'y réfugie « pourra vous concéder tout le raisonnement, collaborer point par point à la sape, mais vous le verrez finalement rester dans les mêmes termes avec son opinion, comme si l'on n'avait rien dit. Impossible de "détromper" une croyance qui s'éloigne du sens commun, si par un autre côté elle tient à elle[16] ».

Régis Debray, qui a beaucoup écrit sur ses propres raidissements dogmatiques du passé, propose d'appeler « illusion » un tel processus d'aveuglement volontaire. L'illusion, qui n'est ni fausse ni vraie, place celui qui l'éprouve hors d'atteinte de la réfutation intellectuelle. À l'instar de l'hallucination, elle reste « vraie » pour celui qui l'éprouve, même si sa fausseté est rationnellement démontrable. Pour cette raison, « la médecine, et notamment la psychopathologie ont sans doute leur mot à dire sur la croyance[17] ».

Parmi les anciens « croyants idéologiques » qui ont réfléchi à ce processus d'envoûtement dont ils avaient été les victimes consentantes, c'est sans doute Edgar Morin qui est allé le plus loin. Son livre *Autocritique* publié en 1959, après sa rupture et son exclusion du parti communiste, reste sans équivalent. Un demi-siècle plus tard, il mérite d'être lu et relu par tous ceux que fascine l'enfermement fanatique, qu'il soit de nature religieuse, technoscientifique, économique ou idéologique. Il permet de comprendre comment le noyau incassable de la croyance est capable de résister aux assauts de la simple raison jusqu'à sa désagrégation finale qui s'apparente alors à la débâcle d'une banquise. « Nous avons tous besoin de comprendre, écrit-il, comment peuvent s'opérer les dérives insensibles qui nous entraînent vers le contraire de ce qui a suscité notre croyance ; nous devons comprendre comment nous risquons sans cesse le mensonge à nous-mêmes. Nous devons comprendre les processus de rationalisation qui justifient de façon apparemment logique ce qui nous rend aveugles à la réalité empirique. Nous devons mieux comprendre les autres pour mieux devenir vigilants à l'égard de nous-mêmes[18]. »

Page après page, Morin passe en revue, pour les soumettre à l'examen, les différentes motivations qui, dans son cas, ont rendu possible un tel emprisonnement mental. Elles sont aussi variées que puissantes. La première d'entre elles, même si elle n'est que rarement avouée, c'est sans aucun doute la crainte du désespoir, la peur

16. Michel Guérin, *La Pitié. Apologie athée de la religion chrétienne*, *op. cit.*, p. 28.
17. Régis Debray et Jean Bricmont, *À l'ombre des Lumières*, *op. cit.*, p. 70.
18. Edgar Morin, *Autocritique*, *op. cit.*, p. 8-9.

qu'un «non» sonne le glas d'une immense espérance, l'horreur prémonitoire du nihilisme qu'entraînerait fatalement un effort de lucidité. Ce durcissement de la foi communiste atteint son comble lors de la seconde glaciation stalinienne (1931-1939) et des procès de Moscou. Alors, écrit Morin, «pour ceux qui ne voulaient pas désespérer, la foi stalinienne transformait l'espoir en salut» et, pour l'intellectuel, «l'attirance du communisme devint essentiellement fascination mystique»[19]. Mais bien d'autres raisons interviennent.

Le sentiment d'appartenir à une «fraternité des purs» soude les rangs tandis qu'une interprétation dialectique – hégélienne – de l'Histoire permet de passer sur les procès staliniens et les massacres, au nom de la «nécessité qui fait loi». La fascination quasi sacrificielle pour la vertu implacable de l'efficacité et le refus du romantisme petit-bourgeois conduisent à privilégier l'action qui «primait tout, même au prix d'injustices ou de crimes». Le rejet des bons sentiments, de la belle âme, de la morale elle-même, au nom de l'engagement «aux mains sales» conduit insensiblement à acquiescer au pire. «Moralement, écrit encore Morin, je rejetais le système, mais idéologiquement je rejetais ma morale. Cette contradiction entretenait mon angoisse. Tout effort pour me délester de cette angoisse l'aggravait, puisqu'il disjoignait encore plus mes idées et mes exigences, ma théorie et ma vie. Je refusais la belle âme, mais ne pouvais accepter l'âme moche. Je craignais que le refus moral ne m'entraînât soit vers les tours d'ivoire, soit vers "l'anticommunisme"[20].»

Dans cette dérive stalinienne, le souvenir des fusillés communistes de la Résistance, mais aussi de ceux de la guerre d'Espagne comme l'image des spartakistes insurgés jouent un rôle considérable. Cette mémoire héroïque offre aux militants d'après-guerre un martyrologe, nourrit une mystique du sacrifice, qui n'est pas sans rappeler celle qu'offrait aux premiers chrétiens le souvenir des persécutions impériales. Morin le reconnaît: «La gauche nous regardait un peu comme les martyrs chrétiens du XXe siècle. Les néophytes allaient au stalinisme comme les anciens Romains au christianisme[21].»

19. *Ibid.*, p. 100.
20. *Ibid.*, p. 152.
21. *Ibid.*, p. 78.

* *
*

L'allusion aux chrétiens des premiers siècles est intéressante à plus d'un titre. La plupart des facteurs analysés par Edgar Morin pourraient être transposés, en effet, à d'autres sortes d'aveuglements, qui n'ont rien à voir avec la problématique du stalinisme. Du fondamentalisme religieux aux dogmatismes économique, technologique, médiatique ou autre, les mécanismes à l'œuvre, *mutatis mutandis*, ne sont pas si différents. Chaque fois, la même folie conduit à absolutiser une croyance afin de la mettre à l'abri du doute. Or, ce qu'un homme accepte de sacraliser pour lui-même, il sera tenté de le sacraliser pour les autres en devenant ingénument prosélyte, voire inquisiteur, au nom de sa propre foi. La sacralisation et la prédication se déroulent selon un processus à peu près immuable, quel que soit le contenu du croire. C'est cette dérive agressive de la croyance que rejette un Francis Jeanson, lorsqu'il écrit ces mots proprement admirables : « Si je suis convaincu d'avoir raison, je n'envisage pas un instant la possibilité d'avoir raison *de quelqu'un* – ce qui reviendrait à le juger, voire à le condamner, au nom d'une Vérité que je ne possède point[22]. »

Avec un brin de provocation, mais en se fondant sur sa propre expérience, le grand naturaliste Konrad Lorenz (1903-1989) avait osé, en 1975, mettre sur le même plan trois prosélytismes dont les contenus étaient radicalement différents mais dont la logique était comparable, ne serait-ce que dans leur « bonne foi ». « J'ai été élevé dans un monastère catholique, expliquait-il, j'ai vécu dans l'univers nazi et j'ai passé quatre années en Russie. Alors, j'ai pu observer les endoctrinés honnêtes de ces trois croyances. L'homme qui a été complètement endoctriné est absolument sincère, et, s'il vous aime, il va essayer de vous convaincre. Il était très intéressant de remarquer que ces individus étaient, moralement, les meilleurs[23]. »

22. Francis Jeanson, *La Foi d'un incroyant*, *op. cit.*, p. 162.
23. Konrad Lorenz, *Entretiens avec Éric Laurent*, Bibliothèque de France Culture/Stock, 1975, p. 44.

Quand la croyance se défait

À l'autre extrémité, à l'opposé du verrouillage d'une croyance sur elle-même, il y a le processus non moins étrange par lequel elle se défait. Comment le *croire* sacralisé en arrive-t-il, un beau jour, à se dissoudre ? Pourquoi une foi vigoureuse peut-elle subitement nous quitter ? Au-delà des influences venues du dehors (démentis de l'Histoire, découverte d'une vérité cachée, déception personnelle, ruine progressive d'un projet, etc.), quels mécanismes intimes se mettent alors en mouvement pour conduire au désenvoûtement ? En général, les témoignages sur ce sujet – innombrables, comme on l'a vu au début de ce livre – s'en tiennent au registre de la repentance ou de la contrition. Ils se cantonnent à l'aspect moral de la question. Ce n'est certes pas sans intérêt, mais cela laisse de côté le principal, qui ressortit plutôt à la psychologie des profondeurs.

Tout le problème est de savoir de quelle façon les facteurs qui avaient contribué à bétonner une croyance inversent brusquement leurs effets. Comment la logique sacrificielle, la solidarité du groupe, l'ivresse héroïque, la peur du vide, la force de l'espérance ou l'orgueil initiatique, comment cela cesse soudainement d'être opératoire ? Pour dire les choses autrement, il s'agit de comprendre comment un être humain peut parvenir à se défaire d'une croyance, alors que celle-ci occupait une place centrale dans sa vie et dans son rapport aux autres ? Comment le pont jeté sur l'abîme du doute finit-il par s'écrouler pour de bon ?

Dans un long entretien consacré à la décroyance communiste, le philosophe Jean-Toussaint Desanti met en avant ce qu'il appelle la « parole de maîtrise ». À ses yeux, ce qui permet à l'être humain d'unifier sa conscience, ce qui autorise la « suture des rapports symboliques », seule capable de constituer une collectivité de « croyants », c'est l'existence d'un « maître » (réel ou fantasmatique) dont l'autorité coagule les points de vue, lesquels, il est vrai, ne demandaient que cela. Staline pour un communiste des années 1940, Jésus ou le prêtre pour un chrétien, tel théoricien mythifié pour un économiste, un prophète de légende ou un imam caché pour un musulman, Karl

Marx pour un marxiste, Freud pour un psychanalyste orthodoxe : dans tous ces cas de figure, l'autorité conférée à l'image du maître est déterminante. C'est elle qui garantit les renvois symboliques dont la réciprocité infinie configure un univers de croyance.

« La connexion des modalités de renvoi, appelons-les des flèches de renvoi, assure Desanti, ne peut se maintenir qu'en étant renforcée de l'extérieur. Il faut donc une parole de maîtrise pour les renforcer, une parole qui soit la source d'un renvoi tel que toutes les flèches qui constituent la vie du groupe se trouvent bouclées. Dès lors, tous les rapports symboliques jouent sous la garde de la parole du maître, quel qu'il soit[24]. » Le maître et sa parole représentent, en somme, « la » transcendance qui vient pallier l'incomplétude du croire collectif, en permettant qu'il prenne consistance. Cet univers collectif, Desanti le baptise « lieu du croire », un lieu à partir duquel « l'incroyable peut être cru ». C'est un espace clos sur lui-même, une enceinte magique entourée de remparts idéologiques, un grand refuge. (On pense irrésistiblement à ce que Thérèse d'Avila appelle le *château intérieur*.)

Or, la parole de maîtrise vient à faire défaut lorsque la figure du maître, à son tour, est ébranlée ou, ce qui est plus fréquent, remise en cause par une parole venue d'ailleurs, ou d'un autre « maître ». (Par exemple, Khrouchtchev mettant Staline en cause dans son fameux rapport au XXe congrès du parti communiste d'Union soviétique, en février 1956.) Dans une telle circonstance, *il existe une source dont le maître n'a plus le contrôle*. « S'il ne peut plus faire renvoi, il s'effondre. Lui-même peut survivre, mais sa parole s'écroule. Tout le jeu des rapports symboliques se défait et demande à être reconstitué[25]. »

Ce rôle attribué par Desanti à la parole de maîtrise fait écho, en définitive, aux thèses de René Girard concernant le processus de *conversion*. Pour Girard, la croyance en général et la croyance collective en particulier doivent beaucoup au phénomène de contagion mimétique. C'est la réciprocité imitative devenue circulaire – l'un étant

24. Jean-Toussaint Desanti, « Quand la croyance se défait », *Esprit*, juin 1997, p. 176-177.

25. *Ibid.*

influencé par la croyance de l'autre et *vice versa* – qui cimente un groupe autour d'une unanimité croyante. Chacun des participants se trouve «pris», au sens fort du terme, dans un vertige commun, renforcé par ce que Girard appelle la *méconnaissance*[26]. Il est englué dans une *doxa* à laquelle seule une volonté dissidente, elle-même explicable par d'autres facteurs, peut l'arracher. Il faut cette rupture de la circularité mimétique pour permettre la conversion. Aux yeux de Girard, la subversion originelle du message évangélique consiste précisément à rompre l'unanimité mimétique des persécuteurs pour «révéler» l'innocence des persécutés et la vanité du sacrifice. La conversion, c'est la rupture soudaine et autonome des «sutures» qui tenaient ensemble les croyants.

Les éléments d'analyses proposés par Desanti ou par Girard ne sont évidemment pas exclusifs d'autres explications. Ils ont néanmoins l'avantage de fournir une structure conceptuelle qui s'applique à n'importe quels types de croyance et de décroyance. La «parole de maîtrise» de Desanti renvoie finalement à la puissance persuasive de la *confiance*. Quant aux facteurs mimétiques mis en avant par Girard, ils ont affaire avec ce qu'on appelle *conformisme* dans le langage courant. L'un et l'autre permettent de mieux comprendre le combat silencieux – et latent – entre foi et doute, entre dogmatisme et désillusion, qui occupe l'esprit du croyant, avec une intensité plus ou moins violente selon les circonstances. Toute l'œuvre d'un écrivain chrétien comme Georges Bernanos est hantée par le caractère tragique de ce combat jamais achevé.

La permanence et l'universalité d'un tel déchirement conduisent à s'interroger sur cet autre attribut de l'être humain: le «moi divisé». Que faut-il entendre par là?

La providence du «moi divisé»

Sans doute doit-on se remémorer une idée simple: l'unification de l'esprit humain n'est jamais qu'un projet. Elle demeure inachevée.

26. Dans l'un de ses derniers livres, Girard revient sur ces concepts de «méconnaissance» et de «conversion»: *Les Origines de la culture*, Desclée de Brouwer, 2004.

Elle reste un horizon, une virtualité enviable, un rêve inaccompli. L'esprit de chacun de nous est constitué de strates juxtaposées, de contradictions imbriquées. La conscience humaine, comme le monde défini par Montaigne, « n'est qu'une branloire pérenne ». De Platon à Spinoza, l'impermanence et la pluralité du moi sont des thèmes récurrents qui traversent toute l'histoire de la pensée. Ainsi la *croyance*, ce « pont jeté sur l'abîme » dont la fonction est d'unifier la conscience, doit-elle être interprétée elle-même *non comme un état mais comme une destination*. Dans le meilleur des cas, on s'en rapproche... On ne l'atteint jamais. La conscience du croyant, quoi qu'il fasse, demeure partagée et plurielle. Elle est un sol instable. En elle se poursuit un arbitrage incessant entre choix assumés, inclinations contenues, tentations réfrénées. C'est avec une telle évidence à l'esprit qu'on peut essayer de mieux comprendre le balancement sans fin entre doute et conviction, foi et reniement, fanatisme et circonspection, croyance et décroyance, qui définit l'aventure humaine.

L'idée de *complexité* que développa Edgar Morin après sa rupture avec la « foi » communiste trouve là sa justification. La complexité est justement cette *incertitude tenace* que le fanatique voudrait éliminer et dont le sceptique voudrait s'abstraire. Elle seule permet d'imaginer un dialogue maintenu, contre vents et marées, entre la croyance et le doute, la foi et l'autocritique, les uns étant aussi nécessaires que les autres. Le philosophe américain Michael Walzer utilise le concept de « moi divisé » (emprunté à Sartre) pour expliquer comment une croyance peut être critiquée par celui-là même qu'elle habite, sans pour autant qu'elle soit détruite. On voit bien l'enjeu : être capable d'autocritique, sans pour autant basculer dans le désespoir ou le nihilisme.

Que notre moi soit divisé ne fait aucun doute : nous sommes tout à la fois salarié, parent, citoyen, amoureux, lecteur, malade ou consommateur. Nos identités sont multiples. Nous nous inscrivons simultanément dans plusieurs traditions ou « méta-récits ». Nos responsabilités sont diverses et parfois inconciliables. Mais l'expression « moi divisé » désigne surtout cette singulière faculté de l'esprit humain *qui peut sortir de lui-même sans se perdre*, s'observer de l'extérieur sans rompre avec son intériorité. Chacun de nous peut donc être à la fois l'objet et le sujet d'une autocritique permanente. Cette *division* est fondamentale. Elle ouvre la voie à une « entreprise morale exceptionnelle et sans doute cruciale », pour reprendre les formulations de Walzer.

Lorsqu'un être humain, habité par une croyance, consent à pratiquer l'autocritique, cela signifie que, bénéficiant du moi divisé, il sort délibérément de lui-même, met sa conviction à distance et devient son propre examinateur. Il est capable de le faire sans se perdre. Il peut être pluriel et cohérent. Là gît peut-être la vraie signification du « pari » que représente l'hominisation, dans ce « presque rien » qui introduit un espace entre l'esprit humain et lui-même ; dans cette incomplétude créatrice qui transforme le projet d'unification de la conscience en une chevauchée infinie. Walzer rapproche cette précieuse faculté humaine du paradoxe démocratique dans ce qu'il a de meilleur. « Le moi présente certes des divisions, écrit-il, sans être pour autant (sinon dans des cas pathologiques) réduit en fragments. Je peux manifester force et cohérence dans tel ou tel rôle, telle ou telle identité : je peux agir au nom de telle ou telle valeur – tout comme un État démocratique, malgré des controverses farouches et incessantes, peut mener une certaine politique[27]. »

Walzer poursuit utilement la comparaison en observant qu'un fanatique, un idéologue, un « ultra », possédés par une croyance particulière, sont semblables à un régime autoritaire, à une dictature qui préfère cadenasser la pluralité plutôt que d'en accepter l'exigence déstabilisatrice. Tous ces gens choisissent d'être sourds aux objections venues de l'extérieur, mais surtout à celles qui viennent de l'intérieur d'eux-mêmes. Ils coulent une dalle de béton – celle du dogme – sur les divisions du moi, et donnent la préférence à une « explication restreinte » de leurs actions, comme de la marche du monde. Un tel raisonnement par analogie permet de mieux comprendre comment les dissidents des pays de l'Est ont procédé, dans les années 1960-1970, pour critiquer un régime dans lequel ils étaient immergés. Certains d'entre eux – les plus efficaces – n'ont rien fait d'autre que d'appliquer au communisme une autocritique forcée. Ils

27. Michael Walzer, *Morale maximale, Morale minimale*, *op. cit.*, p. 140.

interpellaient le régime non point à partir d'idéologies concurrentes, mais au nom de l'idéalisme communiste lui-même. Ils furent au communisme – du moins dans un premier temps – l'équivalent de cette « voix intérieure » dont le moi divisé autorise l'expression en chacun de nous. Ils étaient ainsi le vivant exemple de l'infinie complexité du croire humain. Communistes critiques à l'endroit de la foi officielle et, partant, de la croyance en général, les dissidents puisaient néanmoins le courage d'agir dans la force de leur propre conviction.

La volonté de croire

Au-delà du « moi divisé », l'exemple des dissidents conduit à se poser la question du *volontarisme* de la croyance. C'est la question pascalienne par excellence. Dans la foi qui m'habite, dans la conviction qui m'anime, quelle est la part de ma volonté ? Dans quelle mesure et selon quelles modalités *choisit*-on de croire ? Le philosophe juif Yechayahou Leibovitz, disparu en 1994, a fait de cette immense question l'un des thèmes de ses méditations laconiques. À ses yeux, la *volonté* est ce qui permet de distinguer la croyance du savoir rationnel. « La foi et la rationalité sont des notions qui ne se situent pas au même niveau. Alors que *la foi est une décision*, le rationalisme est une méthode de pensée[28]. » Cela signifie que la croyance – quelle soit religieuse ou autre – n'est pas le résultat d'une évaluation finale, d'une pesée entre bonnes et mauvaises raisons de croire. Elle est un choix préalable. *Elle n'est pas conclusive mais inaugurale*. Leibovitz est très clair sur ce point. « Les conclusions n'existent que dans la pensée scientifique. Il n'y a pas de conclusion dans la morale. Il n'y a pas de conclusion dans la politique. Il n'y a pas de conclusion dans la foi. Il n'y a que des décisions dont le contenu dépend de l'homme[29]. »

Cette interprétation leibovitzienne de la foi comme volonté, alors

28. Yechayahou Leibovitz, « Une morale sans universel », entretien avec Llana Cicurel, présenté par Alex Derczanski, *Esprit*, novembre 1994, p. 63-67.
29. *Ibid.*

même que son auteur se dit résolument étranger au christianisme, rejoint pourtant la définition qu'en donne Thomas d'Aquin lorsqu'il écrit au sujet de l'acte de foi : « C'est un acte de l'intelligence déterminée à un seul parti sous l'empire de la volonté » (*Summa*, IIae, q. 4, § 1). Elle rejoint aussi le concept d'*assentiment*, proposé – et longuement analysé – par le théologien britannique John Henry Newman (1801-1890) qui, de prêtre anglican qu'il était, s'était converti au catholicisme. Newman, dont la canonisation a été proposée, est l'auteur d'une volumineuse *Grammaire de l'assentiment*[30].

Ledit assentiment, qui est le moteur de la foi, consiste pour lui à s'attacher volontairement à une hypothèse jugée vraisemblable et au nom de laquelle on *se met en chemin*. Cet assentiment ne veut pas dire que je juge nulles et non avenues les croyances différentes de la mienne, mais que je renonce à les adopter. La vérité, à mes yeux, se trouve sans doute au bout de la route que je prends. C'est *ce que je crois* en la prenant. Le choix du chemin n'est pas affaire de lucidité ni de calcul. Je n'ai aucune raison certaine de prendre celui-là plutôt qu'un autre. Je m'y engage en vertu d'un libre assentiment. Au final, c'est le cheminement lui-même qui permettra de construire ma croyance, d'en faire ma vérité. L'assentiment, pour Newman, *est un acte prophétique*.

L'intérêt qu'on peut trouver à redécouvrir aujourd'hui les intuitions et les analyses de John Newman n'est pas si différent de celui qui conduit nombre de philosophes, historiens et sociologues contemporains à relire Blaise Pascal (1623-1662) et à trouver dans ses *Pensées* un antidote au nihilisme contemporain. De Pierre Bourdieu à Leszek Kolakowski, de Louis Marin à Léon Wuillaume, Louis Cognet ou Philippe Sellier – pour ne citer que ces quelques auteurs –, le nombre d'ouvrages consacrés depuis une quinzaine d'années au penseur de Port-Royal et au jansénisme est tel qu'on a pu parler d'un véritable « retour à Pascal ». Une telle retrouvaille trahit, sans aucun doute, une crise de la raison, mais tout autant un désarroi de la modernité sur le terrain de la croyance. On trouve dans cette pensée qui s'avance plus intrépidement qu'aucune autre

30. John Newman, *Essay in Aid of the Grammar of Assent* [1879]. Ce texte est disponible en anglais sur l'internet : <http ://www.newmanreader.org/works/grammar/index.html>.

jusqu'aux confins de la connaissance et de la foi des prémonitions et surtout des *choix* qui rencontrent un étrange écho quatre siècles plus tard.

La croyance comme «épidémie»

Désireux de produire une explication strictement matérialiste des croyances et des représentations collectives, certains chercheurs en sciences cognitives proposent d'assimiler purement et simplement la propagation de celles-ci à des phénomènes épidémiologiques.

«Tout comme on peut dire d'une population humaine qu'elle est habitée par une population beaucoup plus nombreuse de virus, on peut dire qu'elle est habitée par une population beaucoup plus nombreuse de représentations mentales. La plupart de ces représentations mentales sont propres à un individu. Certaines, cependant, sont communiquées d'un individu à un autre : communiquées, c'est-à-dire d'abord transformées par le communicateur en représentations publiques, puis retransformées en représentations mentales par leur destinataire. Un très petit nombre de ces représentations communiquées le sont de façon répétée. Par le moyen de la communication, certaines représentations se répandent ainsi dans une population humaine et peuvent même l'habiter dans toute son étendue, et pendant plusieurs générations. Ce sont ces représentations répandues et durables qui constituent par excellence les représentations culturelles.
Il s'agit alors d'expliquer pourquoi certaines représentations se révèlent contagieuses, soit très généralement, soit dans des situations particulières. Une telle explication relève d'une sorte d'épidémiologie des représentations. La métaphore épidémiologique peut nous mener assez loin.»

Dan Sperber, *Introduction aux sciences cognitives*, Gallimard, «Folio», 1992.

Pour Pascal – qui fut aussi mathématicien et physicien –, la raison ne relève pas de la nature de l'homme, mais de son histoire ; elle est moins une donnée qu'une conquête, et ne saurait prétendre à l'universalité absolue, encore moins à la toute-puissance. Elle laisse ouverte la question du choix indécidable entre scepticisme et croyance. Le fameux pari pascalien ne correspond nullement à une conversion «magique» ou à une foi plénière (que seul, à ses yeux,

Dieu a le pouvoir d'accorder). Il consiste en un engagement durable, un acte de volonté par lequel l'homme choisit d'être *en recherche* après avoir triomphé des passions qui pourraient y faire obstacle.

Le pari s'inscrit, si l'on peut dire, dans une perspective probabiliste. Il est décision et démarche ; acte de confiance mais aussi *subversion* délibérée. La raison est souveraine mais limitée dans sa souveraineté même. L'homme, qui doit se soumettre à ses commandements, doit aussi être capable de s'en affranchir. Le pari est donc à la fois un cheminement et une négociation prolongée avec la raison. « Il faut savoir douter où il faut, assurer où il faut, en se soumettant où il faut. Qui ne fait ainsi n'entend pas la force de la raison[31]. » Dans de nombreux autres fragments des *Pensées*, Pascal s'en prend de façon significative, d'un côté aux pyrrhoniens (sceptiques intégraux, héritiers de Pyrrhon), de l'autre aux « dogmatistes ». Les deux sont également condamnés. Le scepticisme comme la croyance crispée méritent d'être éconduits au nom de l'infini de l'homme. « On ne peut être pyrrhonien ni académicien sans étouffer la nature, on ne peut être dogmatiste sans renoncer à la raison. La nature confond les pyrrhoniens et la raison confond les dogmatiques[32]. »

Une telle interprétation du pari pascalien consonne en effet avec notre idée de la croyance comme volonté, idée couramment exprimée aujourd'hui. « Fondamentalement, écrit Michel de Certeau, *être croyant c'est vouloir être croyant*. Cherchant à rendre compte de sa foi, à la fin de sa vie, Thérèse de Lisieux se disait chrétienne parce qu'elle "voulait croire", terme qu'elle soulignait comme essentiel. Un mot voisin de ce que Derrida écrivait au sujet de Descartes "Être cartésien, c'est [...] vouloir être cartésien"[33]. »

31. Pascal, *Pensées*, édit. de Michel Le Guern, Gallimard, « Folio », 2001, fragment 159, p. 143.

32. *Ibid.*, fragment 122, p. 114. On notera que Pascal écrit d'abord « dogmatiste » puis « dogmatiques ».

33. Michel de Certeau, *La Faiblesse de croire*, *op. cit.*, p. 295.

De la prière à la liturgie

En matière de religion, cette *volonté de croire* débouche immanquablement sur deux interrogations de nature théologique. Reste en effet à savoir pourquoi on *veut* croire, et comment on le *peut*.

Sur le premier point, la tradition juive mérite d'être évoquée car elle propose une distinction pertinente. Pour Moïse ben Maïmon dit Maïmonide (1135-1204), le grand talmudiste du Moyen Âge, il existe deux types de foi (*émouna*) : intéressée (*avodah chélo lichmah*) et désintéressée (*avodah lichmah*). La première, choisie par l'homme, est un « moyen d'obtenir des profits que l'humain élève à la dignité de valeurs de par l'intérêt qu'il en tire ». La seconde exprime la simple volonté de se consacrer au service de Dieu en se soumettant au joug de la loi et des commandements. Elle se fonde sur le fait que l'on désire, pour eux-mêmes, lesdits commandements et non le *salaire* de ces commandements[34].

On objectera que ce *distinguo* rabbinique ne nous est pas d'un grand secours aujourd'hui. Ce serait à tort. Au fond, la croyance intéressée renvoie à une certaine idée utilitariste – héritée d'Aristote – selon laquelle la volonté de croire, tout comme l'éthique, favorise la quête d'une *vie bonne*, c'est-à-dire du bonheur. À l'inverse, la croyance désintéressée met au premier rang les impératifs kantiens de devoir, d'obligation, de norme ; quitte à poser des limites contraignantes aux désirs humains. Elle conduit, en somme, à préférer la rude clarté du devoir à l'obscurité relative du bonheur[35].

Y a-t-il alternative plus contemporaine que celle-ci ?

Le « comment » de la croyance volontaire débouche quant à lui sur la question de la liturgie et sur celle de la prière. Pour qui observe les choses de l'extérieur, la prière – dans toutes les religions – s'accompagne d'un mouvement du corps et d'une gestuelle *a priori* déconcertants. On pense aux agenouillements chrétiens, aux balancements

34. Je m'inspire ici des commentaires de Yechayahou Leibovitz, *Devant Dieu. Cinq livres de foi*, traduit de l'hébreu par David Banon, Cerf, 2004, p. 80.
35. La formule est du traducteur et préfacier David Banon, *ibid.*, p. 10.

rythmés du buste chez les juifs, aux prosternations répétées des musulmans, aux immobilités extatiques des hindous, au cri primal des bouddhistes. Dans tous ces cas, si l'on peut dire, *le corps est engagé* et marque concrètement cette décision par l'adoption d'une posture. La prière est une *prise de position* volontaire, et même ostentatoire. La métaphore corporelle et le double sens du mot «position» ont évidemment à voir avec la dimension volontaire de la croyance. En se conformant à une gestuelle, le corps accompagne, facilite et exprime tout à la fois le *pari* délibéré de la croyance. Il met l'esprit *en condition* de croire. Comme l'écrit le cardinal catholique Joseph Ratzinger élu pape en avril 2005 sous le nom de Benoît XVI, «la foi est la forme irréductible au savoir et sans commune mesure avec lui, d'une prise de position de l'homme à l'égard de l'ensemble de la réalité[36]».

D'un point de vue collectif, cette mise en geste volontaire est assurée par ce que les croyants appellent la liturgie (dont l'étymologie grecque vient de «service public»). Mouvements d'une assemblée, processions, génuflexions répétées, mais aussi cantiques et psalmodies. La foi se traduit par une série de gestes qui accompagne et dépasse le libre arbitre au sens étroit du terme. «D'une manière ou d'une autre, observe un théologien, nous sommes invités à admettre pacifiquement que la libre décision de la foi est fomentée en nous par l'effet de ces opérations obscures qui nous fabriquent, qui nous enrôlent; par l'effet d'une *manipulation* à laquelle nous pouvons consentir, mais sur laquelle nous restons, pour une part, sans prise[37].»

On aurait tort de s'imaginer que ces réflexions ne valent que pour la croyance religieuse. À des degrés divers et sous des formes variées selon les cas, toute croyance collective participe d'une liturgie spécifique. Dans les cités grecques de l'époque préchrétienne, les coûteuses liturgies ou «théurgies» helléniques (chœurs, banquets, sacrifices, etc.) jouaient un rôle essentiel dans le raffermissement des convictions communes. De nos jours, comment ne pas penser au rituel des meetings politiques, à la chaleur fusionnelle des défilés, à la puissance rassembleuse des cantiques laïcs et républi-

36. Joseph Ratzinger, *Foi chrétienne aujourd'hui*, Mame, 1969, p. 31-32.
37. Henri-Jérôme Gagey, *Christus*, n° 205, janvier 2005, p. 48-49.

cains que sont *L'Internationale*, *Le Chant des partisans* ou *La Marseillaise* ? On songe tout autant à la gesticulation ludique des concerts de rock, aux agitations hypnotiques des *rave parties*. Chaque fois, l'expression collective et volontaire d'une *foi*, l'adhésion décidée à une croyance passent par le canal d'une liturgie plus ou moins codifiée et formalisée.

Rien n'est plus troublant que cette invariable présence de la liturgie – c'est-à-dire du sacré – dans toute manifestation de croyance, comme si le caractère décisionnel de celle-ci réclamait un *accompagnement* qui facilite son déclenchement et aide à en porter le poids. Une question demeure : jusqu'où portera-t-on ce poids ?

Engagement politique et cause imparfaite

La croyance, en effet, ne relève pas seulement du spirituel, de l'éthique ou du religieux. Elle concerne aussi notre vie séculière, le rapport que nous entretenons avec la cité, en un mot la politique. De proche en proche, quiconque s'efforce de penser la croyance est conduit à s'interroger sur le caractère agissant de celle-ci, c'est-à-dire sur *l'engagement* au sens le plus temporel et laïc du terme. On se souvient de la question posée par le personnage de Joad, grand prêtre des Hébreux, dans l'*Athalie* de Racine : « La foi qui n'agit pas, est-ce une foi sincère ? » Lointainement fondée sur le prophétisme juif, l'espérance chrétienne et le concept de progrès issu des Lumières, la citoyenneté démocratique est le produit d'une croyance qui se veut transformatrice du monde. Changer le monde ? Oui, en effet. La politique se nourrit d'abord de cette conviction et de cette volonté : ne pas abandonner le monde au jeu des fatalités et des puissances ; récuser toute idée de destin. La définition de Max Weber mérite d'être rappelée une fois encore : « La politique, c'est le goût de l'avenir. »

Le citoyen d'une démocratie doit se sentir coresponsable de la construction de cet avenir qu'il convient d'arracher aux fatalités des « processus ». L'engagement politique, fût-il élémentaire, n'a pas d'autre signification. « Si ce monde n'est pas acceptable, s'exclame Daniel Bensaïd, il faut entreprendre de le changer. Sans certitude d'y parvenir, cela va de soi. On ne coupe pas à cette logique. Alors qu'on croit franchir souverainement, en toute liberté, le seuil solennel de l'engagement, on est déjà embarqué, la tête la première[38]. »

En termes de croyance, cependant, le problème que pose l'engagement est celui de l'imperfection – assumée – de la cause qu'on épouse. Sauf à sombrer dans l'intolérance stalinienne ou la bigoterie bureaucratique, le militant politique doit conjuguer le caractère problématique de sa conviction avec la force de son engagement. Savoir sa cause discutable, accepter qu'elle soit discutée et, dans le même temps, ne pas en rabattre sur sa détermination. Présenté de cette façon, le choix politique n'est pas très éloigné du pari pascalien. Il est une tension maintenue entre capacité d'écoute et fermeté de soi, entre doute modeste et croyance forte.

À propos de cette idée de l'engagement comme « adhésion à une cause imparfaite », il faut citer le philosophe allemand Paul-Louis Landsberg (1901-1944). Exilé volontaire de son pays en 1933, d'abord en Espagne puis en France, ce disciple de Max Scheler se rapprocha des personnalistes de la revue *Esprit* (notamment Jean Lacroix et Emmanuel Mounier), sur lesquels il exerça une influence notable. Landsberg – qui fut le témoin épouvanté des tueries de la guerre d'Espagne – s'est efforcé de repenser l'engagement en refusant d'absolutiser les croyances qui le fondent. Peu d'intellectuels ont théorisé aussi précisément que lui cette conjugaison imaginable entre l'imperfection d'une cause et la force d'une conviction. Arrêté en mars 1943 comme résistant par la Gestapo allemande, déporté au camp d'Orianenbourg, Landsberg y meurt d'épuisement le 2 mai 1944.

La réflexion de Landsberg, qui sera reprise par Emmanuel Mounier, conduit à récuser tout aussi bien l'intolérance dogmatique que l'inaction de la « belle âme » qui attend de pouvoir s'appuyer sur des valeurs absolues et des moyens irréprochables avant de consentir, comme du bout des doigts, à l'action. Une telle exigence conduit en général à ne pas agir du tout. Or, le dogmatisme sourd comme l'abstention égotiste sont deux façons symétriques de rompre tout lien

38. Daniel Bensaïd, *Une lente impatience*, *op. cit.*, p. 26-27.

avec l'Autre. Quand je suis fanatique, je me ferme à autrui ; quand je doute trop, je m'en désintéresse. Dans les deux cas, je m'emprisonne. Le concept de « cause imparfaite », cher à Landsberg, ouvre une issue à cette prison. Il permet à l'engagement – qui affronte mais respecte – d'être autre chose qu'une passion triste.

À ce titre, il vise la dose minimale d'optimisme, de tolérance et de détermination dont nous avons besoin pour vivre ensemble. Il conduit à aborder la question la plus essentielle et la plus urgente du moment : comment refonder véritablement la politique ?

Chapitre 9

Il faut croire pour faire société

> « Nous ne recevons plus de signes. Il n'y a plus de prophètes. Et personne parmi nous qui sache jusqu'à quand... »
>
> Psaumes 74,9.

Au premier regard, l'état de nos sociétés européennes inspire de l'inquiétude. Croyances folles et superstitions en tourbillon, cynisme qui rôde, désarroi persistant, découragement devant l'avenir, émiettement sociétal, absence de dessein : la prospérité et la paix s'accompagnent, chez nous, d'un fort sentiment de dislocation. Il vise d'abord les institutions traditionnelles (école, république, partis, syndicats, famille, etc.) qui nous paraissent chaque année plus délitées, mais, derrière elles, c'est le monde commun qui nous semble en voie d'effacement. Disant cela, on évoque les représentations collectives de base, le croire minimal autour duquel s'organise une société et qui permet à celle-ci « d'être un tout et non un tas[1] ». Le monde commun, c'est l'espace pacifié où les particularités peuvent se résorber, où les intérêts individuels capitulent devant une exigence holiste limitée, certes, mais permanente. État républicain, intérêt général, morale civique, laïcité, service public au sens large : les vocables employés peuvent varier, ils se rapportent au même socle de croyances élémentaires sur lequel doit prendre pied la démocratie, et à partir duquel peuvent s'épanouir, ensuite, les diversités culturelles.

Aujourd'hui, ce socle est ébranlé, et, avec lui, les croyances collectives qui constituent, pour une société ouverte, le viatique de base. Traversés par toutes sortes de crédulités infantiles ou magiques, fragmentés en isolats communautaires – et bientôt géographiques –, nos

1. L'expression est de Régis Debray.

pays connaissent un grave déficit de convictions collectives *raisonnables*. Devant cette anomie [2] contemporaine, il est courant de réagir par la déploration. On dénonce avec solennité la montée de l'individualisme, des corporatismes et de l'égoïsme ; on regrette la disparition des grands récits fédérateurs ; on en appelle aux « valeurs » disparues ou trahies. Les plus nostalgiques versent des larmes sur le patriotisme évanoui ou la République en perdition. Le discours éploré est devenu à ce point convenu qu'il fait partie des descriptions courantes de la modernité. Il est le leitmotiv consolateur des homélies politiques – de droite, comme de gauche –, une rengaine moralisatrice d'autant plus incantatoire qu'elle n'engage à rien.

Pour évoquer l'inquiétante « déliaison » qui mine (surtout en Europe) nos sociétés, on préférera raisonner ici d'une autre manière, avec plus de froideur. On partira de la simple réalité ou, si l'on préfère, de l'état du monde en ce début de millénaire. Il peut être défini en peu de mots : immergées dans un rapport de force planétaire, exposées à tous les vents d'une mondialisation économique, culturelle, médiatique et géostratégique, nos sociétés sont confrontées à des dangers de tous ordres et à des concurrences nouvelles. Les uns comme les autres viennent à la fois du dehors et du dedans.

Affaiblis devant les tempêtes

Hors les murs, les menaces qui nous guettent sont d'abord celles du terrorisme, de cette violence diffuse, insaisissable, organisée en réseaux qui prévaut sur la scène internationale depuis la fin de la guerre froide et du monde bipolaire. En simplifiant, on dira que cette violence, pour l'essentiel, s'appuie sur des *croyances devenues folles*. Les intégrismes religieux, la foi dévoyée des poseurs de bombes et des preneurs d'otage sont autant de pathologies monstrueuses de la croyance. On aurait tort de n'y voir que du « nihilisme », comme le font certains intellectuels de chez nous [3]. Les diverses sortes d'assas-

2. Rappelons que le mot « anomie », du grec *anomia*, désigne la disparition des valeurs communes à un groupe.
3. Voir notamment André Glucksmann, *Dostoïevski à Manhattan*, Robert Laffont, 2002.

sins qui menacent la paix du monde ne peuvent être décrits comme des gens qui «ne croient en rien». Bien au contraire, ils croient «trop». Leurs croyances sont absolues, compactes, durcies jusqu'à la déraison.

Les considérer comme des criminels sans foi ni loi serait se rassurer à bon compte. Cela reviendrait à commettre la même erreur que celle qui fut faite, dans les années 1930, à l'égard du régime nazi. Les nazis, en vérité, «croyaient» à quelque chose de fou. C'est même la force de cette croyance, comme le rappelle l'historien Philippe Burrin, qui permit à leurs entreprises d'aboutir. «Loin d'être un "nihilisme", comme aimaient à le présenter dès l'époque des conservateurs déçus, [le nazisme] incorporait un ensemble de valeurs qu'il tenait pour "positives" et qui orientaient sa politique. [...] Les trois valeurs clés sont "santé", "puissance", "culture" – trois valeurs interprétées dans une perspective raciste et liées les unes aux autres.» C'est en s'arc-boutant sur ces valeurs (ou ces antivaleurs) que les nazis «développèrent une puissance qui leur permit de conquérir des peuples bien plus nombreux et de les utiliser pour construire des empires fondateurs de grandes cultures»[4].

Il est de même pour les terroristes d'aujourd'hui, qu'ils soient ou non d'obédience islamiste. Le danger qu'ils représentent ne vient pas du vide de leurs croyances, mais de la terrifiante compacité de celles-ci. Un auteur d'attentat qui se fait sauter avec sa bombe est sans nul doute un criminel, mais sûrement pas un incroyant. Un enfant gâté des monarchies pétrolières qui rompt avec les siens pour devenir un sanguinaire combattant de l'islam n'obéit pas au désenchantement nihiliste, mais à une foi aussi intense que désaxée. La question qui, dès lors, se pose est celle-ci: *peut-on affronter une menace de cette sorte sans être soi-même gouverné par des convictions robustes ?* Confrontées au terrorisme, les démocraties peuvent-elles lui faire face sans redéfinir et revitaliser leurs propres croyances (liberté, égalité, primauté du droit, etc.) que la postmodernité a érodées ? La simple supériorité technologique et militaire peut-elle suffire à pallier cette défaillance du croire, en nous permet-

4. Philippe Burrin, *Ressentiment et Apocalypse. Essai sur l'antisémitisme nazi*, *op. cit.*, p. 57-58.

tant de déléguer aux machines le fardeau du sacrifice et du courage ?

Nous connaissons, au fond de nous-mêmes, la réponse à ces questions. Les machines ne sont rien quand la détermination fait défaut. La force est infirme sans l'esprit qui doit la gouverner. Or, face à ces périls, nous manquons surtout d'énergie intérieure. Le danger terroriste et les menaces résiduelles des dictatures nucléarisées (Pakistan ou Corée du Nord) ne défient pas seulement nos appareillages militaires et techniques, *mais d'abord nos convictions communes*. Ils réclament de nous une mobilisation mentale qui ne peut exister que si nous sommes clairement fixés sur les valeurs à défendre. Les conflits internationaux de ces dernières années, qu'il s'agisse de l'Irak ou du Proche-Orient, ont montré que la technologie militaire et le « zéro mort » ne pouvaient suffire. Il y faut, en plus, de la volonté, c'est-à-dire des croyances raffermies. Le relativisme, par essence, est capitulard. En 1938, la lâcheté de Munich, dont les pays occidentaux ne finissent pas de se repentir, ne fut rendue possible que par un ramollissement des convictions démocratiques, lui-même imputable au dégoût pacifiste provoqué, vingt ans plus tôt, par les vaines tueries de la Grande Guerre. Deux ans après Munich, en 1940, George Orwell notait avec raison que, indépendamment de ses aspects monstrueux, le nazisme était « psychologiquement bien plus solide qu'aucune autre conception hédoniste de la vie[5] ».

Certes, l'Europe a manifesté à plusieurs reprises son attachement à la coopération internationale, aux droits de l'homme et à l'activisme diplomatique. Ce fut le cas lors de l'intervention américaine en Irak, et la suite des événements a plutôt validé ses analyses. Il n'empêche que la même Europe s'est montrée incapable d'accompagner son multilatéralisme circonspect de la fermeté et de la résolution qui eussent été nécessaires pour faire prévaloir une stratégie de rechange. Les reproches qui lui furent adressés par l'Amérique et par certains intellectuels néoconservateurs n'étaient pas tous infondés. Affaibli, divisé, indécis dans ses projets, le vieux continent a donné l'impression de renoncer à l'Histoire. Il a montré du même coup sa vulnérabilité.

Toute proportion gardée, un raisonnement comparable doit être

5. Cité par Christopher Lasch, *Le Seul et Vrai Paradis*, *op. cit.*, p. 75.

appliqué aux autres menaces, pacifiques celles-là, qui nous viennent elles aussi de l'extérieur. On veut parler de l'âpre compétition économique mondiale dans laquelle nous sommes jetés. Les économies dites émergentes qui concurrencent les nôtres tirent d'abord leur force du différentiel de niveau de vie qui leur permet, grâce à des coûts très bas, de ruiner nos industries traditionnelles ou de contraindre ces dernières à se délocaliser. De la métallurgie au textile, de l'électroménager à l'électronique – en attendant mieux –, les économies de la vieille Europe vacillent, depuis vingt ans, sous les coups de boutoirs de ces nouveaux pays industriels (NPI), dont le dynamisme est saisissant. Or, dans ce contexte d'intense compétition planétaire, les paramètres objectifs comme le coût du travail ou celui des matières premières ne sont pas les seuls à intervenir.

Parmi les atouts dont dispose – ou non – une économie nationale, il faut aussi prendre en compte des éléments immatériels comme la cohésion sociale, l'allant d'une société et l'énergie disponible en matière de recherche-développement. Les uns et les autres sont inséparables des convictions collectives qui les sous-tendent. Une société sans normes communes minimales, sans confiance et sans esprit civique, se trouve d'autant plus exposée à l'assaut mené par des pays moins atomisés. L'Europe et l'Amérique en avaient fait l'expérience dans les années 1980 avec le Japon qui, à force de motivation, s'était donné les moyens « d'acheter le monde[6] ». Nous risquons fort aujourd'hui de pâtir de la même situation face à la Chine et aux petits « dragons » de l'Extrême-Asie, autant de sociétés rassemblées autour des valeurs qui leur sont propres, ou qui viennent paradoxalement de l'Occident, mais continuent là-bas d'être en état de marche, alors qu'elles sont chez nous en ruine. C'est à ces ruines intérieures que pensait Castoriadis lorsqu'il évoquait le « délabrement de l'Occident ».

6. Je fais référence à l'ouvrage de Pierre-Antoine Donnet, *Le Japon achète le monde*, Seuil, 1991.

Retour de Confucius en Chine ?

L'écrivain chinois Chen Yan, auteur de L'Éveil de la Chine, *publié en 2003 aux Éditions de l'Aube, décrit ainsi le regain d'intérêt pour l'héritage de Confucius.*

« Sécularisation, nationalisme et identité, néoconservatisme, ordre et liberté, libéralisme..., toutes ces notions qui ont des résonances dans l'histoire de la Chine appartiennent à la culture occidentale. Mais chacune renvoie à des enjeux fondamentaux. Les humains se ressemblent, et il n'est pas surprenant d'utiliser ces catégories pour parler de la politique en Chine. Les catégories d'analyse et concepts philosophiques de l'Occident ont été introduits en Chine depuis le XIXe siècle au point qu'aujourd'hui ils font partie intégrante de la tradition intellectuelle chinoise moderne. [Or] on ne peut pas dire qu'il y ait encore en Chine une structure sociale confucéenne. Elle a été complètement détruite par cent cinquante ans de bouleversements, même si un certain confucianisme imprègne toujours les mentalités. L'apport le plus important du « nouveau » confucianisme est de montrer aux Chinois qu'il n'y a pas que l'Occident, et que leur propre tradition est à prendre en compte. Elle est peut-être une source. Depuis la guerre de l'opium, en 1840, une sorte de radicalisation intellectuelle a disqualifié la tradition. La redécouvrir est vital pour fonder un avenir. Ce sont les Chinois d'outre-mer qui ont réimporté le confucianisme. Celui-ci a longtemps joué le rôle d'idéologie officielle (le parallèle avec le marxisme sur ce plan est parlant). Mais il peut constituer aussi une base culturelle, une morale dans la famille, dans la société, dans l'économie. Ce sens du respect, ce sens moral, ne peut pas être négatif. »

Chen Yan, entretien pour la revue *Projet*, n° 278, janvier 2004, p. 11.

Les économies européennes ne souffrent donc pas seulement du coût comparativement trop élevé de leurs productions. Elles paient déjà au prix fort les conséquences de ce qu'on pourrait appeler leur *démoralisation*, qui est elle-même un pur produit de l'anomie générale. Une société qui, collectivement, « ne croit plus », perd *ipso facto* toute foi en elle-même. Une société dont le cynisme et le quant-à-soi généralisés démonétisent les institutions, à commencer par l'État, n'est plus capable de rassembler l'énergie requise pour faire face. Une société du chacun pour soi, où la précarité aggravée, le chômage de masse et la ségrégation sociale démolissent ce qu'il reste de l'esprit public, devient rapidement une proie sans défense. Quand elle se réveille en sursaut de sa torpeur, c'est pour basculer dans la peur irraisonnée de l'*autre*, et dans un ressentiment à la fois brouillon et exterminateur. Nous y sommes. Les aigres fureurs, les racismes et l'antisémitisme qui se lèvent à nouveau sur le promontoire européen en sont autant de symptômes.

L'enveloppe communautaire déchirée

Aux menaces venues du dehors s'ajoutent ainsi les dangers systémiques du dedans. On emploie l'adjectif systémique car, en effet, ces faiblesses imputables au désenchantement collectif *font système*. Elles se propagent de façon invisible et viennent saper, dans toutes leurs ramifications, des sociétés qui se croyaient à l'abri. Qu'est-ce à dire ? Que ni les discours avantageux ni les proclamations cambrées ne suffisent à faire renaître une détermination historique, si le substrat du « vivre ensemble » vient à manquer, c'est-à-dire un minimum de lien social et d'appétence démocratique. Aujourd'hui, comme le souligne Charles Taylor, le risque interne « ne réside pas tant dans un contrôle despotique que dans la fragmentation – c'est-à-dire l'inaptitude de plus en plus grande des gens à former un projet commun et à le mettre à exécution. [...] Cette fragmentation naît en partie de l'amoindrissement des liens de sympathie, et elle se nourrit en partie d'elle-même à cause de l'échec de l'initiative démocratique : plus l'électorat se fragmente, plus il transfère son énergie politique à des groupes minoritaires, et moins il est possible de mobiliser des majorités démocratiques autour de politiques et de programmes communs [7] ».

Quand les croyances communes les plus élémentaires font défaut, manque aussi la capacité de se mobiliser autour d'un projet politique, industriel, scientifique ou éducatif. La fameuse déliaison contemporaine et le dépérissement du politique en Europe vont de pair. L'épar-

7. Charles Taylor, *Le Malaise de la modernité*, *op. cit.*, p. 118-119.

pillement d'une société en corporations rivales, son émiettement communautariste et identitaire, qui achèvent de ruiner ce qui restait du monde commun, tout cela conduit à l'impotence et à la capitulation. La politique, faute de mieux, se réduit à la gestion au jour le jour sous la conduite des « experts », à la gesticulation médiatisée, aux programmes électoraux démagogiques (et jamais suivis d'effets), à l'arbitrage entre des revendications catégorielles. La réduction *a minima* de la politique se déroule sur fond d'incivisme querelleur et d'abstention électorale. Le sentiment s'impose, à tort ou à raison, que la société n'est plus vraiment gouvernée, et que toute action collective est rendue impossible par la généralisation du cynisme vindicatif.

Le vide ressenti est celui des croyances communes, bien sûr, mais plus cruellement encore, c'est le manque d'une « enveloppe communautaire », pour reprendre l'expression de Jean-Marie Apostolidès, qui nous laisse aussi libres que démunis et inquiets. « Pour que l'individu s'inscrive à l'intérieur d'une communauté, écrit-il, celle-ci doit se présenter comme un corps, se faire *peau*, se corporifier. L'existence d'un corps collectif crée un sentiment d'appartenance, d'adhésion à une totalité qui dépasse l'individu, l'enveloppe et le protège. [...] L'enveloppe communautaire est une expression ou une figuration sur le plan de l'imaginaire, du lien social qui, comme la "peau", est aussi une réalité concrète, faite de codes, d'inscriptions, d'interdits et de coutumes[8]. »

À défaut d'enveloppe nationale (ou continentale) dans laquelle il puisse se loger et se situer, c'est-à-dire *croire*, le citoyen de nos pays est devant une alternative : soit il rêve à une autonomie individuelle intégrale (le *surhomme* nietzschéen), soit il se met en quête d'une microcommunauté de remplacement. Celle-ci peut être ethnique, religieuse, sexuelle, régionaliste ou autre : elle permet de s'emmitoufler, malgré tout, dans « l'enveloppe » d'une croyance forte et d'une convivialité rassurante. Les enfermements identitaires deviennent alors quasi paranoïaques, et d'autant plus dangereux. Lorsqu'une foi particulière est vécue comme une identité refuge, elle tend à se durcir en se clôturant. Elle cesse d'être négociable ou disposée au dialogue. Elle se crispe, elle se ferme comme un cocon. Le

8. Jean-Marie Apostolidès, *Héroïsme et Victimisation*, *op. cit.*, p. 164-165.

communautarisme – du moins sur le vieux continent où il n'est pas de tradition – a pour particularité de remplacer la société démocratique par un archipel d'identités batailleuses et virtuellement « meurtrières », pour reprendre l'expression du Libanais Amin Maalouf[9].

On est frappé de constater la généralisation de ce repli identitaire à travers toute l'Europe, à mesure qu'y dépérit la citoyenneté. Le moins qu'on puisse dire est que personne ne gagne au change. Le besoin de croire débouche sur *une mutation régressive de la croyance elle-même*. Plus l'identité est circonscrite ou minoritaire, plus elle tend à l'intolérance. Des catholiques, des musulmans, des Basques ou des minorités sexuelles érigent leurs convictions en châteaux forts symboliques, en refuges hérissés de défenses et de chicanes. Le croire n'est plus vécu comme pari pascalien, amorce d'un cheminement ou début d'une aventure spirituelle, mais comme l'installation dans une place forte imprenable où prévaut une mentalité d'assiégés. Il suffit de rencontrer certains jeunes catholiques, protestants, juifs ou musulmans pour s'apercevoir aujourd'hui que ce syndrome du bunker n'épargne pas la jeunesse européenne, bien au contraire.

Pareille rétractation fait froid dans le dos. Elle rend par avance impossible ce que Levinas appelle la « révolution par autrui », cet épurement du croire à partir d'une *parole autre* qui, sans la détruire, peut apporter au croyant ce qu'il n'avait pas. Assassiné en 1996 par les terroristes islamiques algériens, monseigneur Pierre Claverie, évêque d'Oran, définissait ainsi ce que devrait être, idéalement, le rapport d'une croyance avec son dehors : « On ne possède pas la vérité et j'ai besoin de la vérité des autres[10]. »

Or, la réclusion identitaire est à l'opposé de cette tolérance attentive. Elle rejette, par principe, ce qui lui est étranger. Elle se ferme à toute complémentarité imaginable. Elle abaisse les herses, arme les catapultes et boucle les issues. C'est un *croire* absolu qui, dans le meilleur des cas, se contentera d'être autarcique et ratiocineur. Alors, entre les îles qui composent aujourd'hui cet archipel de croyances rigidifiées, le *monde commun* cesse peu à peu d'exister. La segmen-

9. Amin Maalouf, *Les Identités meurtrières*, Le Livre de Poche, 2001.
10. Texte publié dans *Les Nouveaux Cahiers du Sud*, Éditions de l'Aube, janvier 1996.

tation infinie raréfie l'espace de l'échange. Entre les îles, il n'y a plus d'océan navigable. L'océan universaliste de l'aventure humaine se rétrécit aux dimensions d'une mare. Contrairement à ce qu'on dit parfois, le mal contemporain ne provient pas d'un « trop peu », mais d'un « trop » de croyances, toutes claquemurées et rivales. Un tel pullulement de croyances, étrangères les unes aux autres, aboutit de façon paradoxale à une décroyance globale. Dans les sociétés contemporaines, le « trop » produit le manque.

À ce stade du raisonnement, une remarque s'impose. Le communautarisme européen ne peut être comparé à celui qui est de règle aux États-Unis et, dans une moindre mesure, en Grande-Bretagne. Les rapprochements polémiques qu'on opère trop souvent à ce sujet manquent de pertinence. Outre-Atlantique, en effet, le particularisme communautaire comme l'attachement à la liberté individuelle se trouvent chapeautés par un patriotisme constitutionnel et une religion civile bien plus vivaces qu'en Europe, si vivants en vérité que leur expression « naïve » et ritualisée à l'ancienne nous fait immédiatement sourire. Que l'on songe aux manifestations patriotiques dans telle petite ville du Midwest américain, avec prières publiques, drapeaux, ovations et majorettes, manifestations qui se terminent immanquablement par le *God bless America* entonné par des citoyens très « différents » mais *rassemblés*. La scène serait aujourd'hui inconcevable en Europe. Chez nous, le bouquet des identités communautaires n'est plus vraiment tenu par un lien supérieur, même élastique. Ce lien nous semblerait aussi peu supportable qu'un licol.

Pour cette raison, le nouveau tribalisme européen doit être compris non seulement comme une maladie de la République, mais *comme un dérèglement de la croyance collective*.

Comment créer de l'idéal ?

À cette interprétation mélancolique de notre anomie nationale et européenne, peut-on apporter, malgré tout, un correctif ? Il faut essayer. On objectera par exemple que cette individualisation du mode de croire – qu'il soit religieux, politique ou éthique – équivaut tout de même à un progrès de la liberté, si on le compare aux disciplines normatives de jadis. La société ouverte pose comme principe une belle polyphonie des croyances et des dieux à laquelle pas un de nous n'accepterait de renoncer. Que chacun croie à sa guise... C'est le propre de la démocratie que d'instituer l'État comme un «lieu vide», un espace neutre qui s'abstrait des croyances particulières afin d'assurer la cohabitation de ces dernières. La neutralité plurielle de l'état démocratique est ce qui le distingue radicalement des souverainetés monolithiques de l'Ancien Régime, organisées autour du principe *cujus regio ejus religio* (un prince, une religion). Les réflexions d'un Claude Lefort ou celles d'un John Rawls visent à approfondir cette grandeur principielle de la démocratie définie comme lieu vide.

On ne reviendra pas ici sur ce relativisme fondateur et ses limites [11]. Contentons-nous de quelques observations. D'abord, comme on l'a vu, à partir du moment où les diverses croyances deviennent farouchement identitaires, elles n'acceptent plus d'être vraiment relativisées, ni exilées dans le mouroir de la sphère privée. Les problèmes que connaît aujourd'hui la laïcité française en témoignent. Ensuite, la prétendue neutralité de l'État peut fort bien dissimuler des *credo* communs, d'autant plus contraignants qu'ils demeurent invisibles. Tel est le cas du juridisme, de l'injonction à consommer ou du «tout économique» contemporains, dont on a vu, dans les chapitres précédents, qu'ils s'érigeaient peu à peu en véritables religions normatives, aussi pesantes que celles du passé.

Mais une autre objection, de loin la plus forte, se profile. Elle consiste à dire que le pluralisme démocratique (le «libéralisme», comme disent les philosophes anglo-saxons) n'est jamais aussi vide et ouvert qu'il le prétend. De nombreux auteurs se sont attachés à pointer ce malentendu. «Le libéralisme, écrit Charles Taylor, n'est pas un terrain possible de rencontre pour toutes les cultures, mais il est l'expression politique d'une culture spécifique tout à fait incompatible avec d'autres. [Il] ne peut ni ne doit revendiquer une neutralité culturelle complète. Le libéralisme est aussi un *credo* de combat [12].»

11. Voir *Le Goût de l'avenir*, *op. cit.*
12. Charles Taylor, *Multiculturalisme. Différence et démocratie*, Aubier, 1994, p. 85.

Évoquant de son côté la pluralité culturelle américaine, Vincent Descombes remarque qu'elle est rendue possible par l'adhésion implicite à au moins « une » croyance surplombante : l'individualisme, auquel d'autres cultures peuvent légitimement se sentir étrangères. « Les différences culturelles, écrit-il, seront toujours comprises comme des "options" offertes à l'individu : elles témoignent donc, à leur corps défendant, de la puissance des valeurs individualistes dans la culture commune à la quasi-totalité des citoyens américains[13]. » Cornelius Castoriadis ne dit pas autre chose : « L'idéologie libérale contemporaine occulte la réalité social-historique du régime établi. Elle occulte aussi une question décisive, celle du fondement et du correspondant anthropologique de toute politique et de tout régime. [...] Le contenu anthropologique de l'individu contemporain n'est, comme toujours, que l'expression ou la réalisation concrète, en chair et en os, de l'imaginaire social central de l'époque[14]. »

On a choisi trois citations, on aurait pu en ajouter cent autres, qui iraient dans le même sens. Elles viennent nous rappeler qu'une société pluraliste ne l'est *que jusqu'à un certain point*. Quant à la neutralité de l'État, en réalité, elle ne peut faire l'économie d'une croyance commune. Elle aussi réclame d'être posée sur des *fondements*. Pour garder sa cohérence et sa solidité, elle doit obtenir de tous ses membres, au-delà des particularités qui les séparent, un *assentiment* commun. (Toutes les difficultés liées à l'intégration des immigrés viennent de là.) Pour le dire en d'autres termes, une croyance commune est toujours nécessaire pour *faire société*. Quand celle-ci s'étiole, la société en fait autant. Or, nos sociétés développées en sont là ; elles se situent dans cet entre-deux. Ce qui les rassemble malgré tout demeure implicite, rarement énoncé de façon claire, et donc peu mobilisateur. Elles bivouaquent dans le flou et le tacite, pourrait-on dire. Elles hésitent entre un multiculturalisme assumé et une *doxa* inexprimée.

La règle de droit, à elle seule, n'est pas capable de remédier à ce

13. Vincent Descombes, « Le contrat social de Jürgen Habermas », *Le Débat*, n° 104, 1999, p. 44.
14. Cornelius Castoriadis, *Les Carrefours du labyrinthe*, VI, *Figures du pensable*, Seuil, 1999, p. 166.

flou. Le juridisme contemporain, qui prétend remplacer la croyance et la morale par le droit conçu comme pure technique, est une naïveté. Le très grand juriste français que fut le doyen Jean Carbonnier, disparu en novembre 2003 à l'âge de quatre-vingt-quinze ans, fut le premier à dénoncer la prolifération juridique contemporaine, cette panique normative qui n'est jamais que le signe du manque. Lui qui, dans les années 1960, à propos du droit de la famille, avait été le maître d'œuvre du « printemps législatif » jugeait catastrophiques les empiétements du droit, qui s'immisce dans la vie privée pour y suppléer à l'atonie des croyances. « Le droit, disait-il, est plus petit que l'ensemble des relations entre les hommes. » Le droit, qui n'est qu'un ensemble « d'énoncés platement techniques », ne peut se substituer à la norme véritable qui relève, elle, d'une croyance partagée [15].

Une société, pour exister, réclame donc un lien d'une nature tout autre que strictement juridique. La chose paraît entendue. Ce constat renvoie à l'un des plus célèbres énoncés d'Émile Durkheim : « Une société ne peut se créer ni se recréer sans, du même coup, créer de l'idéal. Cette création n'est pas pour elle une sorte d'acte surérogatoire, par lequel elle se compléterait une fois formée ; c'est l'acte par lequel elle se fait et se refait périodiquement [16]. » La démocratie, pas plus que la société, ne peut donc se bâtir sur le seul empilement de croyances disparates. Pour exister, et plus encore pour durer, les deux exigent une certaine dose de foi civique et de projets communs. Or, cette foi réclame d'être consistante, proclamée et lisible. L'adhésion des citoyens aux valeurs démocratiques exige un assentiment par lequel ils reconnaissent comme légitimes les devoirs et obligations qui sont la base de la *res publica*. La démocratie a d'abord besoin que l'on croie en elle. À l'inverse, pour reprendre la belle expression du politologue Patrick Michel, une démocratie se meurt quand « le parti des incroyants y devient majoritaire [17] ».

15. Je reprends ici les termes de l'hommage que lui a rendu, au moment de sa mort, l'un de ses anciens élèves, le juriste Denis Salas, *Le Monde*, 8 novembre 2003.
16. Émile Durkheim, *Les Formes élémentaires de la vie religieuse*, *op. cit.*, p. 603.
17. Voir Patrick Michel, *Politique et Religion. La grande mutation*, Albin Michel, 1994.

Une « corrélation polyphonique » ?

Toute la question est de savoir comment peut naître et durer une telle croyance, sans qu'elle devienne, pour autant, impérieuse et disciplinaire. Comment l'État démocratique moderne peut-il s'abreuver à des présupposées normatifs sans renoncer du même coup à sa neutralité, qui protège la liberté de chacun ? Comment garantir un vrai pluralisme des opinions dès lors que doit exister, malgré tout, une croyance principale et organisatrice ? Il est peu d'interrogations aussi cruciales que celle-ci. Il en est peu auxquelles il soit aussi difficile de répondre de manière convaincante. Les deux grands défenseurs de la société ouverte que sont l'Américain John Rawls et l'Allemand Jürgen Habermas ont relevé le défi. Ils imaginent, pour sortir de cette apparente contradiction, des procédures pragmatiques, essentiellement fondées sur la confiance et la rationalité. Rawls met en avant « l'exercice libre de la raison publique », exercice idéal qui repose sur une « position originelle » qu'accepte de prendre librement chaque citoyen, et qui consiste pour lui à faire abstraction de ses particularités (ethnique, religieuse, nationale, culturelle) et de celles de son interlocuteur, pour nouer un dialogue « hors préjugés ».

Habermas propose de son côté une « éthique de l'argumentation », fondée sur une « situation de parole idéale », qui consiste, pour le chef de file de l'école de Francfort, à accepter que subsistent à l'intérieur de l'espace démocratique des croyances particulières, notamment religieuses. Ces croyances ne doivent être ni combattues ni absolutisées. Elles doivent être accueillies et respectées pour ce qu'elles sont. Mais comment, alors, amalgamer en une conviction démocratique commune des valeurs si diverses, qui relèvent soit d'une foi religieuse, soit d'un athéisme hérité de l'*Aufklärung* (les Lumières allemandes) ? Pour Habermas, cela est possible si chacun accepte de se placer dans une « situation de parole idéale », caractérisée par l'intelligibilité, la justesse, la sincérité, autant de dispositions volontaires qui permettent de créer un accord minimal, sans sacrifier les subjectivités de chacun. On doit pouvoir atteindre ainsi, estime Habermas, un consensus dans la pluralité, et bâtir une croyance commune dans le polythéisme des valeurs.

On pourra juger idéaliste de tels dispositifs démocratiques. Rien n'autorise cependant à tenir pour négligeable la direction qu'ils indiquent, la porte qu'ils ouvrent. Pour ce qui concerne Habermas, observons que ce dernier a tenté de mettre en pratique cela même qu'il recommande. L'une de ces tentatives mérite d'être citée. Le 19 janvier 2004, à l'invitation de l'Académie catholique de Bavière, à Munich, Habermas a accepté de mener un dialogue approfondi avec le cardinal Joseph Ratzinger. Devant une vingtaine de personnalités triées sur le volet, l'un et l'autre ont tenté – avec succès – de *s'accorder* au-delà de leurs différences. Se trouvaient ainsi confrontés, d'un côté un philosophe indifférent à toute motivation religieuse, de l'autre un futur pape plutôt conservateur, et qui se pose en défenseur sourcilleux de la foi chrétienne. Or, non seulement l'échange a pu avoir lieu, mais il a bel et bien débouché sur un accord [18].

Habermas a rappelé, avec une lucidité qui force le respect, que la sécularisation démocratique – qui représente pour lui un processus éducatif – obligeait toutes les traditions concurrentes à réfléchir « à leurs limites respectives », qu'il s'agisse des traditions religieuses ou de celles, agnostiques, venues de l'*Aufklärung*. La persistance de la religion dans un environnement qui continue à se séculariser doit être perçue, sans dramatisation, comme un « fait social » que « la philosophie doit prendre au sérieux, pour ainsi dire de l'intérieur, comme une exigence cognitive ». Rendant hommage à la « compénétration mutuelle du christianisme et de la pensée grecque », reconnaissant « l'appropriation [historique] par la philosophie de contenus authentiquement chrétiens », Habermas a plaidé pour la poursuite d'un travail d'enrichissement réciproque. Quelles que soient leurs confessions, les fidèles d'une religion doivent évidemment accepter que soit laïcisé l'espace commun. Mais, en retour, « quand les citoyens sécularisés assument leur rôle politique, ils n'ont pas le droit de dénier, à des images religieuses du monde, un potentiel de vérité

18. L'essentiel de ce débat, traduit en français, a été publié sous le titre « Les fondements de l'État démocratique », avec une présentation de Jean-Louis Schlegel, *Esprit*, juillet 2004, p. 5-28. C'est à cette source française que je me réfère ici.

présent en elles, ni de contester à leurs concitoyens croyants le droit d'apporter, dans un langage religieux, leur contribution aux débats publics ». Une telle ouverture vaut d'être saluée, tant elle contraste avec les intolérances réciproques si fréquentes dans la France républicaine.

Joseph Ratzinger, tout en acceptant l'offre de principe de son vis-à-vis a formulé deux contre-propositions dont la pertinence n'est guère contestable. D'abord, a-t-il rappelé, les religions sont sujettes, en effet, à des « pathologies extrêmement dangereuses » (selon sa propre expression), face auxquelles la raison doit être considérée – et acceptée – comme « une sorte d'organe de contrôle », « un organe de purification et de régulation ». Dans une démocratie, la religion peut donc accepter de se soumettre à la critique d'une raison sécularisée. Pour autant, on ne doit pas oublier que la raison elle-même peut être habitée par une *hubris* (démesure) non moins dangereuse. « C'est pourquoi, et en sens inverse, ajouta-t-il, la raison elle aussi doit être rappelée à ses limites et apprendre une capacité d'écoute par rapport aux grandes traditions religieuses de l'humanité. Si elle s'émancipe totalement et écarte cette disponibilité pour apprendre cette forme de corrélation, elle sera destructrice. »

Cette réciprocité vaut entente.

La deuxième remarque émise par le cardinal était à la fois inattendue dans la bouche d'un prélat catholique, et plus embarrassante. Dans la pratique, reconnaît-il en substance, les traditions chrétiennes et la rationalité occidentale sécularisée ont historiquement assez de choses en commun pour trouver un terrain d'entente, et d'autant mieux qu'à elles deux « elles déterminent la situation du monde bien plus fortement que les autres forces culturelles », la chose étant dite « sans faux européocentrisme ». Ce qu'on peut craindre, toutefois, c'est que nos deux visions occidentales (christianisme et philosophie des Lumières), qui sont à la fois rivales et complémentaires, ne viennent *à s'enfermer dans une sorte de connivence démocratique trop exclusive*, en rejetant les autres cultures comme autant de « quantités négligeables ». Pour Joseph Ratzinger « ce serait de l'*hubris* occidentale. Nous aurions à le payer cher et nous le payons déjà en partie ». On peut imaginer que, disant cela, il pensait tout autant aux immigrés turcs allemands qu'à l'hostilité d'une partie des peuples de l'hémisphère Sud à l'endroit de l'universalisme occidental.

Il lui semble donc indispensable que toutes ces croyances « autres », au lieu d'être exclues de l'espace mental de la démocratie, soient invitées à « s'intégrer dans une tentative de corrélation polyphonique, où elles s'ouvriront elles-mêmes à la complémentarité essentielle entre raison et foi ; ainsi pourra naître un processus universel de purification où en fin de compte les valeurs et les normes, connues ou devinées, d'une manière ou d'une autre, par tous les hommes, gagneront une nouvelle force de rayonnement ; ce qui maintient ensemble le monde retrouvera de la sorte une valeur nouvelle ».

Le périmètre du conflit démocratique

Qui ne serait séduit par le sérieux d'un tel échange ? Qui n'accepterait l'idée d'« enrichissement réciproque » de Jürgen Habermas, ou l'invitation à la « corrélation polyphonique » lancée par Joseph Ratzinger ? Les deux expressions, chacune à sa façon, expriment la même espérance politique : un monde commun au-delà des différences, mais respectueux de ces dernières. Ce dialogue de haute intensité entre Habermas et Ratzinger rappelle d'ailleurs irrésistiblement quelques-unes de ces fortes *rencontres* qui, de loin en loin, viennent élargir le champ du possible, et, osera-t-on dire, de l'humain. On pense à la longue et prolixe amitié qui a réuni dans les années 1970 et 1980 le philosophe marxiste Louis Althusser (1918-1990) et le théologien chrétien Stanislas Breton (1912-2005), amitié riche en discussions infinies où, selon Breton, se révélait à l'évidence « une certaine connivence entre le réalisme thomiste et le réalisme marxiste[19] ».

On pense aussi au long dialogue épistolaire que poursuivirent, dans le prolongement de Mai 68, le communiste Jean-Toussaint Desanti et le « journaliste transcendantal » chrétien Maurice Clavel. Dans leur correspondance, l'un et l'autre renonçaient, aux dires de

19. Stanislas Breton, « Rencontre d'Althusser », *Esprit*, janvier 1997, p. 33-35.

Desanti, à « faire dialoguer par nos personnes interposées Marx et saint Augustin, Engels et saint Thomas, fût-ce pour en attendre, vertueusement, quelque horrible synthèse ». Il s'agissait, plus modestement, de « prendre en charge [et en commun] un certain corps d'énoncés jugés valides par provision [20] ».

L'expression « par provision » mérite d'être retenue. Oui, en effet, de telles entreprises, par bien des côtés vertigineuses, ouvrent des pistes à quiconque s'inquiète de la disparition possible d'un monde commun et, à terme, de la délibération elle-même. Elles sont grandes, exemplaires et, d'une certaine façon, *héroïques*. Peut-on imaginer pour autant qu'elles se généralisent au point de rebâtir, de proche en proche, un *possible* de la croyance démocratique ? Toute la question est là. Si les consensus dialogiques imaginés par John Rawls, Jürgen Habermas et quelques autres forcent le respect, d'un point de vue moral, ils n'en suggèrent pas moins des objections de principe. La principale tient à la part réduite – voire inexistante – qu'ils réservent aux passions humaines. En tablant sur la rationalité supposée des citoyens, en faisant fond sur l'inclination pacifique du plus grand nombre, ils pèchent par idéalisme, on allait dire par « rousseauisme ». Les hypothèses conflictuelles qu'ils examinent se situent dans le « ciel des idées », et ne correspondent guère à la réalité de tous les jours. Dans la vraie vie, non seulement les passions dominent, mais les motivations des hommes et des femmes obéissent rarement à la rationalité. Or, ce sont justement ces passions divergentes, ces affects dissemblables qu'il importe de fédérer dans l'enclos d'une croyance commune. Mais comment ?

Cette critique est judicieusement formulée par Chantal Mouffe. « L'enjeu fondamental auquel la politique démocratique est aujourd'hui confrontée, écrit-elle, c'est de faire place aux passions qu'il faut pouvoir mobiliser vers des objectifs démocratiques, au lieu d'essayer de les éliminer ou de les reléguer dans la sphère privée [21]. » Pour elle, la pure rationalité, même communicative, est incapable de faire naître à elle seule cette adhésion, ce système de références par-

20. Jean-Toussaint Desanti, *Un destin philosophique*, *op. cit.*, p. 18-19.
21. Chantal Mouffe, « La politique démocratique doit-elle être fondée sur la raison ? », *in L'Irrationnel, menace ou nécessité*, *op. cit.*, p. 317.

tagées – de convictions – qui assoit la démocratie et rend possible la politique. Lorsqu'on parle de dialogue, on se réfère au langage. Or, tout langage, pour reprendre la remarque de Wittgenstein souvent citée, suppose que l'on s'accorde sur les définitions *mais aussi sur les jugements*. L'appel à la raison et au dialogue argumenté ne permet donc pas d'évacuer le problème de la croyance, et encore moins d'arbitrer en ce domaine. La question est de savoir comment « mettre en place les institutions et les pratiques qui permettront de désamorcer l'antagonisme toujours présent dans les rapports sociaux, de transformer l'*antagonisme* en *agonisme*[22] ».

Or, pour opérer ladite transformation, il est nécessaire de délimiter ce qu'on pourrait appeler le périmètre du conflit, de circonscrire la règle surplombante – la croyance de base – grâce à laquelle pourra se dérouler ce combat pacifique qui caractérise la politique démocratique. Réfléchir à ce principe organisateur de la démocratie, c'est retomber immanquablement sur la question du sacré et, donc, du religieux. Le sacré, c'est ce qui se situe « au-dessus » ou « ailleurs ». Mais quel ailleurs ? Tout le travail du philosophe polonais Leszek Kolakowski se ramène à un questionnement sur le vide immense laissé au milieu de nous par le désenchantement religieux. Comment et par quoi ce vide peut-il être comblé ? Sur quelle roche ancrer dorénavant les références dont nous avons besoin pour vivre ensemble ? Pour Kolakowski, il faut nous demander si une société est encore capable de survivre en tant que telle et de rendre la vie tolérable à ses membres, si la dernière trace de sacré a disparu, si toute référence sacralisée est récusée par principe[23]. Jusqu'à présent, en effet, seule une certaine transcendance sacralisée nous permettait de considérer nos sociétés comme des ensembles cohérents – quasi organiques – et d'agir sur elles. Pour dire les choses simplement : avons-nous encore besoin de la religion pour faire société ?

22. *Ibid.*, p. 325. Rappelons que le mot « agonisme », du grec *agonia*, désigne le combat organisé et, par extension, le conflit politique.

23. On se réfère ici principalement au livre de Leszek Kolakowski, *Philosophie de la religion*, Fayard, 1985, et 10/18, 1997.

La religion, source de tout ?

« La religion contient en elle dès le principe, mais à l'état confus, tous les éléments qui, en se dissociant, en se déterminant, en se combinant de mille manières avec eux-mêmes, ont donné naissance aux diverses manifestations de la vie collective. Ce sont des mythes et des légendes que sont sorties la science et la poésie ; c'est de l'ornementique religieuse et des cérémonies du culte que sont venus les arts plastiques ; le droit et la morale sont nés de pratiques rituelles. On ne peut comprendre notre représentation du monde, nos conceptions philosophiques sur l'âme, sur l'immortalité, sur la vie, si l'on ne connaît les croyances religieuses qui en ont été la forme première. La parenté a commencé par être un lien essentiellement religieux ; la peine, le contrat, le don, l'hommage sont des transformations du sacrifice expiatoire, contractuel, communiel, honoraire, etc. Tout au plus, peut-on se demander si l'organisation économique fait exception et dérive d'une autre source ; quoique nous ne le pensions pas, nous accordons que la question peut être réservée. »

Émile Durkheim, *Journal sociologique*,
PUF, 1969, p. 138.

Sur ce point, Kolakowski rejette catégoriquement les thèses « fonctionnelles » de Durkheim, pour qui la religion – à laquelle il accorde une importance décisive – n'est pas autre chose qu'une idéalisation par les humains de la société qui les rassemble et les protège du vide. Il pense qu'on ne peut partir du principe, comme le faisait Durkheim, que les supposés croyants, en réalité, croient en « autre chose » qu'en leur religion apparente, qu'ils se servent d'elle pour conforter leur attachement au vivre ensemble. (Un attachement dont le sociologue met au jour la vérité bien mieux que ceux qu'il observe !) Pour Kolakowski, le durkheimisme est une approche réductrice, pour ne pas dire condescendante. Il préfère, quant à lui, prendre au sérieux la religion et partir d'une « plate supposition » selon laquelle *les croyants croient vraiment ce qu'ils croient.*

Dans cette perspective, on comprend mieux pourquoi la religion n'est pas si facilement soluble dans la démocratie ; pourquoi le problème que pose sa rémanence est encore – et pour longtemps – devant nous. C'est la remarque que fait à juste titre Shmuel Trigano, pour qui il n'y a pas eu véritablement de sortie hors de la religiosité dans la sécularisation, ni par conséquent de « retour » de la religion dans un lieu dont elle aurait été absente [24].

Une forme de sacré, quoi qu'on fasse, nous serait-elle décidément nécessaire pour vivre ensemble ?

Le réemploi d'une tradition

Il est troublant de constater que d'innombrables auteurs se posent la même et obsédante question. Ce n'est pas par hasard. Tous paraissent hypnotisés par le « vide » sociétal qu'ils décèlent au cœur de la modernité européenne. Pour Dominique Schnapper, par exemple, le projet laïc et républicain français, qui s'est largement construit en s'opposant au cléricalisme catholique, est aujourd'hui ébranlé par l'effacement de ce dernier [25]. Marcel Gauchet estime que le désenchantement religieux nous laisse comme interdits et démunis, à telle enseigne que l'État est perpétuellement tenté de s'en remettre aux représentants des différentes confessions pour subvenir au besoin de « sens ». « Nous jouissons, écrit-il, d'une liberté inégalée de nous gouverner nous-mêmes, chacun dans notre coin et pour notre compte. Mais l'horizon du gouvernement en commun s'est évanoui. L'idée d'une prise sur l'organisation de notre monde n'a plus ni support, ni instrument, ni relais [26]. » Selon Jacques Julliard, « on assiste à un véritable épuisement de la transcendance collective sur laquelle est fondée la nation. La séparation de l'Église et de l'État est une bonne chose, écrit-il. La séparation de l'État et de la tradition [chrétienne] est une absurdité [27] ».

Sur ce point, les analyses de Paul Thibaud sont plus radicales encore. Pour lui, la culture démocratique moderne, qui s'est émancipée

24. Voir les analyses critiques consacrées à Émile Durkheim et à Max Weber dans le livre de Shmuel Trigano, *Qu'est-ce que la religion ?*, Flammarion, 2001.
25. Dominique Schnapper, *La Démocratie providentielle. Essai sur l'égalité contemporaine*, Gallimard, 2002.
26. Marcel Gauchet, « Ce que nous avons perdu avec la religion », *in* « Qu'est-ce que le religieux ? Religion et politique », *op. cit.*, p. 314.
27. Jacques Julliard, *Le Choix de Pascal*, Desclée de Brouwer, 2003, p. 226.

du christianisme, demeure – directement ou indirectement – dépendante de lui. C'est en tant que postchrétiens que les Européens sont modernes, notamment dans la détermination qui les habite d'être acteurs de leur propre histoire. Les rapports avec l'islam que nous devons coûte que coûte pacifier et organiser au sein même de nos démocraties sont rendus difficiles par le fait qu'il n'existe pas encore une catégorie équivalente de « postmusulmans ». Elle est sans doute en construction – notamment grâce au travail considérable, et trop ignoré, des intellectuels musulmans dits réformateurs –, mais elle est encore au stade du projet. Postreligieux, ajoute Thibaud, continue bel et bien de signifier postchrétien. Toute l'ambiguïté de notre pluralisme est là.

Le volontarisme démocratique trouve encore sa source dans le messianisme juif et dans la tradition évangélique, notamment les Béatitudes qui affirment que « notre monde doit être amélioré pour être transfiguré et correspondre à sa destinée ». À vouloir congédier trop hâtivement cette mémoire source, nos sociétés risquent d'être paralysées par une panne de la temporalité, frappées d'impuissance devant une histoire close. « On entre alors, écrit Paul Thibaud, dans une société de frustration, celle où l'on demande tout parce qu'on est privé de l'essentiel. C'est faute de projets pour aller au-delà, pour construire un Bien que nous nous obsédons de l'éradication du Mal, jusqu'à l'absurdité de vouloir épurer le passé. En un sens, nous sommes collectivement dans le désœuvrement[28]. » À l'inverse, *il ne viendrait à l'esprit d'aucun démocrate conséquent de vouloir rechristianiser nos sociétés définitivement sécularisées et plurielles.*

Alors ? Alors la croyance commune qui nous est nécessaire doit à la fois s'inscrire dans une tradition et participer au dépassement de celle-ci ; elle a besoin d'un héritage identifiable – y compris religieux – et doit procéder au réemploi critique de ce dernier. On rejoint ici les propositions faites par Jürgen Habermas. L'expression « réemploi » signifie que les agnostiques les plus résolus peuvent chercher – et trouver – dans notre mémoire religieuse (juive, chrétienne ou musulmane) de quoi enrichir et conforter leur vision du monde. En ce sens

28. Paul Thibaud, « La politique a besoin de la religion », colloque « Le Monde »-Le Mans, Complexe, 2003.

la religion a encore beaucoup « à leur dire ». À l'inverse, les croyants doivent savoir retrouver et revivifier les promesses contenues dans leur propre tradition, promesses qui demeurent inaccomplies, ou ont été dévoyées. Cela veut dire que la religion dont ils se veulent eux-mêmes les héritiers a encore des choses « à leur apprendre ».

Des philosophes comme le protestant Jacques Ellul ou le catholique René Girard ne cessent, de livre en livre, d'inviter les chrétiens à se réapproprier ce qu'il y a de profondément *subversif* dans le message évangélique, et qui a pu être occulté ou méconnu pendant des siècles. Pour l'un et l'autre, il ne fait aucun doute que le religieux, notre grand inconscient collectif, est aussi porteur d'un *savoir* anthropologique qui attend toujours d'être déchiffré. Ce déchiffrement et ce réemploi sont rendus difficiles par la réticence avec laquelle les différents cléricalismes évoqués plus haut acceptent de remettre en question leurs propres postulats. Or, pour Girard, cela ne fait aucun doute : « La Bible et les Évangiles introduisent dans le monde une vérité qui n'était pas là avant eux, une vérité purement humaine mais tellement puissante que, même si nos sages et nos savants font tout pour ne pas la voir, elle a déjà transformé et elle ne cesse de transformer le monde [29]. »

Le sacré, dans ces conditions, consiste essentiellement en *un certain rapport à la mémoire commune*, fait de réappropriation, de réinterprétation et de dépassement, comme on le verra plus loin [30]. Ce qui fait sens n'est plus le dogme imposé mais la quête commune, y compris dans ce qu'elle a de plus dérangeant pour le conformisme ambiant. On peut s'accorder avec Marcel Gauchet sur ce point, même si on ne partage pas les conclusions qu'il en tire. « Nous participons toujours de ce qui était au cœur de l'expérience religieuse, mais nous en faisons un autre emploi [31]. » Ce qui peut nous rassembler n'est plus vraiment ce que nous savons – ou croyons savoir –, mais ce que nous cherchons ensemble.

Une telle disposition d'esprit finit d'ailleurs presque toujours par

29. René Girard, *Les Origines de la culture*, *op. cit.*, p. 268.
30. Voir plus loin, chapitre 11.
31. Marcel Gauchet, *in* Luc Ferry et Marcel Gauchet, *Le Religieux après la religion*, Grasset, 2004, p. 110-111.

prévaloir lorsque des hommes et des femmes – pas forcément des intellectuels – entreprennent de débattre avec sérieux du rôle de la conviction collective dans nos sociétés laïcisées. On peut citer l'exemple de la réunion suivie d'un long échange de textes organisée en 1995-1996 en Italie par la revue *Liberal*. Participaient à ces débats aussi bien l'écrivain Umberto Eco que des dirigeants socialistes, des militants et philosophes de gauche, mais aussi l'archevêque de Milan, le cardinal Mario Martini, figure « progressiste » de l'Église italienne. L'intitulé interrogatif choisi pour ces rencontres parle de lui-même : *À quoi croient ceux qui ne croient pas ?* En d'autres termes, quelle est la croyance supérieure qui peut faire lien, y compris entre ceux qu'habite un fort scepticisme, comme c'était le cas pour le philosophe Emmanuel Severino [32].

Pour ce dernier, comme pour plusieurs autres participants, le croire commun nécessaire pour nourrir – aujourd'hui – l'éthique aussi bien que la politique ne peut plus, sauf exception, consister en une énonciation doctrinale qui, venue d'en haut ou d'ailleurs, serait à prendre ou à laisser. Il doit *postuler* sa valeur avant de l'*expérimenter* et de *l'attester par* la pratique ; il doit être mis collectivement et inlassablement à l'épreuve. C'est la seule façon d'arracher le croire à toute espèce d'autorité cléricale ou de *doxa* impérative. Il se conçoit finalement comme témoignage, délibération ou *attestation*, pour utiliser la fameuse formule de Paul Ricœur. Loin d'être vécue comme un marqueur identitaire figé, cette croyance commune s'éprouve et *se construit dans le mouvement*. Il s'agit d'une proposition offerte plus que d'un dogme imposé. Comme l'assentiment de John Newman évoqué plus haut, elle consiste en une volonté de *faire route* ensemble.

32. Un compte rendu assez détaillé de ces échanges a été donné par Anne-Marie Roviello, « Fonder l'éthique ? À propos d'un débat italien sur le rôle de la religion », *Esprit*, juin 1997, p. 196-197. C'est à ce compte rendu que je me réfère.

Les outils du suicide

Faire route, ce n'est pas aller n'importe où. Cette métamorphose de la croyance collective ne veut pas dire qu'elle se relativise et s'affaiblit. On pourrait même avancer que, tout au contraire, une purification du croire devrait favoriser un affermissement de ce dernier. La croyance en mouvement n'a donc rien à voir avec le laxisme du « tout est permis ». S'ouvrir à l'échange, ce n'est pas renoncer. Pour une société, faire route ensemble, c'est d'abord apprendre à s'autolimiter pour se donner les moyens de contenir l'*hubris*, la démesure, les pulsions destructrices qui bouillonnent dans l'inconscient de toute communauté humaine. On pense à ces poussées de fièvre sporadiques – et souvent meurtrières – qui peuvent s'emparer d'une société, et que l'historien Yves Frémion propose d'appeler les « orgasmes de l'histoire [33] ». Le *sacré* sécularisé qui garantit la cohérence sociale et œuvre pour la paix, consiste, pour l'essentiel, dans l'idée de Loi, de limite, posée à la malléabilité du monde profane.

Le concept même de société pourrait être confondu avec celui d'autolimitation, collectivement décidée. Faire société, c'est croire qu'une Loi commune est nécessaire ; c'est convenir, en somme, qu'on ne peut pas faire n'importe quoi. Certes, toute Loi est révisable et le curseur de la limite, tributaire d'un moment particulier de l'Histoire humaine, doit pouvoir être déplacé. Son principe, en revanche, s'impose. Là est le *sacré*. Une démocratie assez forte pour affronter les menaces qui la visent n'est pas celle qui possède les armes les plus efficientes, mais celle qui se montre capable de penser ses propres limites et d'y adhérer majoritairement. Seule cette croyance partagée lui permet de contenir la tyrannie, qu'elle vienne du dehors ou du dedans. Le philosophe juif Leo Strauss (1899-1973), qui fut contraint de quitter l'Allemagne en 1932 pour fuir le nazisme, revient souvent sur cette idée [34].

33. Yves Frémion, *Les Orgasmes de l'Histoire. 3000 ans d'insurrections spontanées*, Encre, 1980.

34. Voir notamment Leo Strauss, *La Cité et l'Homme*, Le Livre de Poche, 2005. L'auteur y propose une relecture des philosophes grecs comme fondateurs de la politique.

À l'inverse, récuser la limite jusque dans son principe, c'est mettre en branle la dislocation. Purger une société humaine de toute trace de *sacré* collectif, c'est fragiliser son existence. Leszek Kolakowski, en tant que Polonais, a fait l'expérience amère du « sans limite » prométhéen revendiqué par le communisme. Il est d'autant plus sensible à ce refus orgueilleux de toute barrière entravant l'autonomie de l'homme, refus qui flotte dans l'air du temps. Il y voit le risque d'une « fuite enragée du néant vers le néant » et d'un consentement au « despotisme de la force et de la violence ». « Être totalement libre à l'égard du sens, écrit-il, être libre de toute pression de la tradition, c'est se situer dans le vide, donc éclater tout simplement. [...] L'utopie de l'autonomie parfaite de l'homme et l'espoir de la perfectibilité illimitée sont peut-être les outils du suicide les plus efficaces que la culture humaine ait inventés[35]. »

Aujourd'hui, l'école républicaine est sans aucun doute l'institution qui se voit le plus rudement confrontée à cette problématique de la limite, laquelle ne saurait être ramenée à la question de l'autorité. Qu'il y ait, dans de nombreux établissements scolaires, un refus de l'autorité est une chose. Que l'acte éducatif bute, dans son contenu même, sur la difficulté de transmettre l'idée *sacrée* de limite en est une autre. Dans un cas, on se heurte à un problème de discipline ; dans l'autre, on touche à la fonction même de l'école comme instrument de socialisation. Éduquer, ce n'est pas seulement transmettre un savoir, c'est initier de futurs adultes à l'imaginaire collectif qui fera d'eux des citoyens actifs. Idéalement, cela consiste à leur communiquer une mémoire et à les engager dans un projet, l'une et l'autre étant constitutifs du monde commun, c'est-à-dire de la croyance partagée.

Or, cet apprentissage initiatique se révèle plus difficile quand la tradition s'étiole et que le projet collectif devient flou. Dans une société atomisée et partiellement dissoute, l'école devient l'endroit où se révèle, au sens photographique du terme, la panne de sens. L'appareil éducatif éprouve de plus en plus de mal à « fabriquer du social » et se voit condamner à reproduire – voire à amplifier – les

35. Leszek Kolakowski, « La revanche du sacré dans la culture profane » (conférence prononcée le 10 septembre 1973), *Revue du MAUSS semestrielle*, n° 22, *op. cit.*, p. 60-61.

désagrégations en cours. La chose est frappante pour ce qui est de la fameuse égalité des chances qui fut la raison d'être de l'École laïque et républicaine. Aujourd'hui, ce projet redevient une incantation sans contenu. La grande entreprise de démocratisation du secondaire et du supérieur, lancée au début des années 1980, a piteusement échoué. « Après être longtemps restées stables, les inégalités devant le diplôme entre enfants de milieu aisé et enfants de milieu populaire augmentent aujourd'hui de nouveau. [...] Il s'agit d'un niveau d'inégalité sans précédent en France depuis les générations nées avant la Seconde Guerre mondiale[36]. »

Par la force des choses, l'école est paradoxalement le lieu géométrique de la compétition sociale et de l'inégalité. Les familles, obsédées par la peur de l'échec scolaire, entrent en concurrence pour placer leurs enfants dans les meilleurs établissements. La ségrégation géographique est si déterminante que chacun tente d'y échapper. Quant aux élèves, ils se trouvent engagés, dès leur plus jeune âge, dans une compétition sans merci. Leur sort, sauf miracle improbable, sera fixé avant l'adolescence. Ainsi, loin de pouvoir contribuer à une refondation sociale, l'école *tend à ne plus être qu'un reflet de la désocialisation en cours*. Loin de contrecarrer la déliaison sociale, elle ne fait que l'accompagner, voire l'accélérer.

Or, ce qui affaiblit le système éducatif ne relève pas seulement de l'indécision pédagogique, de l'hétérogénéité culturelle des élèves, de la somnolence corporatiste ou du manque de moyens. Le mal qui l'affecte a directement à voir avec la crise de la croyance collective, capable d'ébranler la société tout entière, cette « débandade de l'âme », pour reprendre une expression de Georges Steiner.

La psychanalyse est-elle réactionnaire ?

Trouver la bonne limite, redonner force aux représentations symboliques et politiques, entreprendre de refaire société en résistant aux frag-

36. Jean Bensaïd, Daniel Cohen, Éric Maurin et Olivier Mongin, « Les nouvelles inégalités », *op. cit.*, p. 43.

mentations tribales ou sociales, ranimer une croyance commune : la plupart des difficultés auxquelles se heurtent nos vieux pays européens produisent un étrange désarroi collectif. Éprouvant le plus grand mal à se faire une image d'elles-mêmes, nos sociétés hésitent sans cesse entre laxisme et répression, absence de normes communes et « punition » obsessionnelle.

C'est un constat mille fois vérifié : à mesure que la civilisation des mœurs se déconstruit, les prisons se remplissent. Là où manque la règle intériorisée, intervient la police. Nos sociétés sont donc à la fois plus permissives et plus répressives que jamais, les deux étant corrélés. Des psychanalystes pourraient dire que la névrose nous guette, tant notre surmoi est en crise. Nombre d'entre eux n'hésitent d'ailleurs pas à formuler un tel diagnostic. Ils le font d'autant mieux que ce flux et reflux incessant entre anomie et pénalisation affecte au bout du compte la psychanalyse elle-même.

La crise que traverse cette dernière mérite d'être brièvement évoquée ici. D'abord parce qu'elle est, par bien des aspects, surprenante, ensuite parce qu'elle récapitule en quelque sorte notre problème de croyance commune. De quelle crise s'agit-il ? Évacuons d'abord l'aspect quantitatif de la question. Si l'on en croit certaines statistiques, la psychanalyse ne fait plus vraiment recette, ni en Europe ni surtout aux États-Unis, où elle serait en voie de disparition. L'association américaine de psychanalyse (APA), dans un article publié en 2003 par l'hebdomadaire *Time*, estimait qu'il ne restait plus qu'environ cinq mille patients en cure, des patients dont l'âge moyen (soixante-deux ans) ne cesse d'augmenter. Les chiffres concernant la Grande-Bretagne seraient du même ordre. Seules la France et l'Argentine résisteraient encore à la débâcle[37]. Ces chiffres sont spectaculaires, même si certains estiment qu'ils doivent être relativisés : l'annonce d'une « fin » de la psychanalyse, disent-ils, a accompagné toute son histoire depuis l'origine.

D'un point de vue qualitatif, en revanche, les difficultés sont à la fois plus sérieuses et plus nouvelles. En forçant le trait, on peut dire que la psychanalyse subit aujourd'hui un assaut critique et suscite

37. Cité par Adolf Grünbaum, *Le Nouvel Observateur*, hors série n° 56, *op. cit.*, p. 11.

des polémiques en tout point comparables à l'hostilité dont l'Église catholique fut l'objet, en France, au début du XXe siècle. Certains lui demandent sans doute trop, faisant d'elle l'ultime gardienne du sens, de la norme et de l'ordre symbolique ; d'autres l'accusent d'être devenue le dernier instrument de la « réaction », et souhaitent sa disparition pure et simple. Par la force des choses, et par-delà les intentions fondatrices de Freud, la psychanalyse est donc perçue comme une religion productrice de sens, une religion séculière qu'il serait urgent de défendre pour les uns, ou nécessaire d'abattre pour les autres. Le retournement est assez prodigieux.

La psychanalyse joue à front renversé par rapport aux années 1960 et 1970. À l'époque, elle apparaissait encore comme une subversion capable de miner l'ordre social ou familial, en libérant les individus d'une culpabilité névrotique et d'un surmoi étouffant. Aujourd'hui, elle est assiégée par les minorités sexuelles et les *gender studies*, pour qui les psychanalystes sont devenus les nouveaux « curés », derniers défenseurs de la normalité sexuelle, de la moralité, du moralisme, voire de l'obscurantisme.

Sur ce front, c'est peu de dire que la bataille fait rage. Elle concerne aussi bien le concept d'identité sexuelle que le « principe généalogique » cher à Pierre Legendre, les systèmes de parenté, la procréation, l'autorité, l'image du père et, en dernier ressort, la croyance collective elle-même. Aux militants de la transgression qui reprochent, par exemple, à la psychanalyse d'avoir longtemps rangé l'homosexualité dans le champ du pathologique, s'opposent tous ceux qui, à l'instar de Jean-Pierre Winter, Charles Melman ou Jean-Pierre Lebrun, s'en prennent à la « démagogie » libérale-libertaire. Pour eux, face à l'irresponsabilité et à la bêtise qui colonisent l'air du temps, les cabinets de psychanalyse deviennent paradoxalement « des lieux de résistance [38] ».

Les premiers n'hésitent plus à s'en prendre aux grandes figures des années 1970 – qu'il s'agisse de Jacques Lacan ou de Françoise Dolto – et même à Freud lui-même, accusés d'avoir cédé à des « fantasmagories » en surévaluant la fonction paternelle et la compo-

38. Jean-Pierre Winter, *ibid.*, p. 20-21

sante biologique des différences sexuelles[39]. Les seconds disent tout l'effroi que leur inspire la perspective d'un « monde sans limites[40] », où les crédulités consuméristes, les barbaries technologiques et la loi du plus fort viendraient proliférer sur les décombres d'un ordre symbolique imprudemment démoli.

L'extraordinaire virulence du débat, à elle seule, est un signal d'alerte. Rien n'est plus urgent que de retrouver assez de force de conviction pour refaire société.

39. Voir, parmi les publications les plus récentes, Michel Tort, *Fin du dogme paternel*, Aubier, 2005.

40. Jean-Pierre Lebrun, *Un monde sans limite. Essai pour une clinique psychanalytique du social*, Érès, 1997.

Chapitre 10

Laïciser la science et la technique

> «La science a transformé le monde plus que ne l'a fait aucune autre puissance. Pourquoi la transformation du monde ne contraindrait pas la science à se transformer elle-même ?»
>
> Ulrich Beck [1].

En raisonnant sur la conviction, la croyance et leurs diverses pathologies, on devrait pouvoir soulever – sans la briser – la fameuse «cage d'acier» dont Max Weber disait qu'elle écrasait la poitrine de l'individu moderne. Par cette métaphore célèbre, le sociologue d'Erfurt évoquait la technique et la logique marchande qui, en se généralisant, réduisaient l'idéal humain à une «pétrification mécanique, agrémentée d'une sorte de vanité convulsive [2]». Sous sa plume, cela revenait à dénoncer la rationalité instrumentale – celle de la science, de la technique et de l'économie – qui, au terme d'un «processus gigantesque», impose sa domination sur le monde des hommes. Pour soulever la cage sans la briser, il nous faudrait renoncer une fois pour toutes aux rapports, «convulsifs» en effet, que nous entretenons avec la pensée technico-économique. Soit nous y adhérons d'enthousiasme, soit nous la rejetons avec horreur. Nous ne savons plus très bien si nous devons être les dévots ébahis de ces religions séculières que sont la technologie et la marchandise, ou les mécréants horrifiés qu'habitent des regrets bucoliques et des nostalgies préindustrielles.

De ce dualisme imbécile, il est temps de sortir.

Résumons brièvement l'affaire d'un point de vue épistémologique.

1. Ulrich Beck *La Société du risque*, *op. cit.*, p. 384.

2. Max Weber, *L'Éthique protestante et l'Esprit du capitalisme* [1904], Presse Pocket, 1989

La puissance quasi hallucinatoire de ces trois sortes de rationalité instrumentale (science, technique, économie) vient de ce qu'elles se présentent comme des savoirs, alors même qu'elles sont gouvernées par des croyances. Ce statut usurpé – et proclamé – leur permet de s'afficher comme autant de variantes de la vérité, en toisant avec dédain toutes les croyances humaines, renvoyées à un rang subalterne. En réalité, nous l'avons vu, il y a beaucoup de « croire » dans la science, beaucoup de « subjectif » dans la technique, beaucoup de « crédulité » dans l'économie. Or, c'est justement cette dose de subjectivité enfin débusquée qui devrait nous permettre non point de rejeter en bloc la science, la technique et l'économie, mais au contraire de *les ramener toutes trois à hauteur d'homme*. Puisqu'elles contiennent de la croyance, alors il doit être possible d'agir sur cette dernière, afin de l'arracher à sa propre intransigeance. Si toutes les formes du croire peuvent être apprivoisées, pourquoi celle-là ne le serait-elle pas ?

On voit tout de suite la vraie nature du projet. Il vise à re-socialiser ce qui fait bande à part, à *réintroduire la science et la technique dans la culture humaine*, à remettre précisément les « processus sans sujet » sous la conduite éclairée d'un sujet véritable : la communauté délibérante des humains ou, si l'on préfère, la *politique*. Cela revient à réinstaller un pilotage démocratique dans des machineries qu'il serait dangereux d'abandonner à leurs seules pesanteurs mécaniques. Rappeler à la science et à l'économie qu'elles sont tributaires de croyances, voire de superstitions, ce n'est pas les combattre, c'est les ramener à leurs propres principes et, donc, les protéger contre elles-mêmes.

Soulever ou déplacer la cage d'acier permettrait donc de sauvegarder aussi bien la cage que les sociétés qu'elle écrase de son poids.

Au-delà des clowneries

Tâchons d'être plus précis. Lorsqu'on parle du dualisme dont il est urgent de sortir, on pense en premier lieu à ces oppositions théâtrales autant qu'idiotes qui, dans le discours ambiant, prétendent dresser

Dieu contre la science, le savant contre le philosophe, la raison contre la religion, la technologie contre la poésie et la logique contre le sentiment. Bon nombre de pseudo-analyses, d'innombrables livres, des milliers d'articles ou couvertures de magazines consacrés à la science ne font que remettre inlassablement en scène, et rejouer sous toutes les variantes possibles, ce combat de loups-garous. La réflexion sur la « science et ses ennemis » se ramène trop souvent à ces clowneries. Technophiles à droite, technophobes à gauche ; le pape d'un côté, Galilée de l'autre : que le match commence !

Par-delà ses aspects drolatiques, ce jeu a l'inconvénient de laisser accroire aux citoyens qu'ils n'ont plus d'autres choix que d'accepter la technoscience telle qu'elle est ou de la rejeter ; s'extasier devant les réalisations admirables de la technologie moderne ou invoquer le spectre de Frankenstein en se tordant les mains. C'est beaucoup de temps perdu. N'insistons pas.

Le même dualisme, hélas, prend parfois une allure autrement intimidante parce que plus réfléchie. On s'en rend compte lorsqu'on met en miroir deux crispations opposées. Chaque camp a tendance, en effet, à se faire plus impérieux et plus sourd lorsqu'il se sent attaqué.

Pour les « sciences dures » et de l'économie marchande, la tentation est forte d'étendre sans cesse leur territoire au point d'avaler littéralement le social en le retransformant. C'est ce qui se passe avec la technologisation et la marchandisation insidieuses des rapports humains, dont on a vu qu'elles progressaient sans cesse. Comme le dit un psychanalyste : « Tout devient quantifiable, mesurable, évaluable dans ces rapports. Le vocabulaire devient lui-même technique. On parle des "ressources humaines" comme des ressources pétrolières, des "usagers" de la psychothérapie comme des usagers des services publics[3]. » Une telle façon de s'exprimer implique un réductionnisme du vocabulaire et un dogmatisme de la pensée dont on a donné des exemples dans les chapitres consacrés à l'économie et à la science.

3. René Major, *Le Nouvel Observateur*, hors série n° 56, *op. cit.*, p. 6.

Vanité du dogmatisme

« Le dogmatisme, qu'il soit théorique ou quotidien, se caractérise donc par sa prétention à éliminer la dimension réelle (infinie) de la situation et à l'expliquer entièrement à partir des paramètres de sa consistance interne. C'est en ce sens qu'il se caractérise par un appétit de pouvoir, un désir de légiférer sur l'infinité du réel. Le dogmatisme, tout comme le nihilisme, a pour caractéristique de penser qu'il n'existe rien en dehors de l'idée ou du récit. Le dogmatisme et le nihilisme sont la défense du simulacre. »

Miguel Benasayag et Dardo Scavino, *Pour une nouvelle radicalité, pouvoir et puissance en politique*, La Découverte, 1997.

Mais la crispation peut aussi se traduire, dans les disciplines fondamentales, par un isolement délibéré de la pensée scientifique, qui tend à se séparer toujours davantage du monde et de la vie, au nom de la pure *theoria*. Ce retranchement déshumanisant ne date pas d'hier. Il était clairement dénoncé dans le livre prémonitoire d'Alexandre Koyré (1892-1964), *Études newtoniennes*[4], dans lequel le grand philosophe des sciences – élève de Husserl, de Bergson et de Brunschvicg – s'alarmait de voir la science abandonner l'homme à lui-même, en se désintéressant de « toutes considérations fondées sur les notions de valeur, de perfection, d'harmonie, de sens ou de fin ». Un disciple de Koyré, directeur de recherche au CNRS, relaie aujourd'hui cette inquiétude en posant la question : « Comment la science, classique et moderne, a-t-elle pu oublier qu'elle est d'abord inquiétude et connaissance, souci de l'infini, c'est-à-dire qu'elle est profondément enracinée dans le monde de la vie et des interrogations métaphysiques[5] ? »

Mais le même durcissement dogmatique est repérable dans l'autre camp, chez ceux-là mêmes qui ont entrepris de bâtir une critique philosophique de la science et de la technique. On pense à des auteurs comme Paul Feyerabend, Jacques Ellul, Martin Heidegger,

4. Alexandre Koyré, *Études newtoniennes*, Gallimard, 1968.
5. Michel Blay, *La Science trahie. Pour une autre politique de la recherche*, *op. cit.*, p. 21.

Max Weber lui-même. On songe également au philosophe américain Albert Borgmann, peu connu en France, mais qui a publié des textes décapants contre la technique[6], ou au chroniqueur britannique du *Sunday Times*, Bryan Appleyard, auteur d'un ouvrage très critique sur la «pseudo-religion» scientifique[7]. L'apport de ces divers écrivains à une approche critique du phénomène technicien est immense. Il n'est pas question de minimiser l'importance ou l'actualité de leurs analyses. Toutes relèvent d'ailleurs d'inspirations différentes et l'on éprouve quelque scrupule à les rapprocher.

Elles ont quand même en commun de considérer la science et la technique comme des *phénomènes autonomes, qui ont leur logique propre et induisent une vision appauvrie du monde*. Pour Ellul, par exemple, la technique est par elle-même une idéologie qui ne dit pas son nom et qui travaille à organiser un certain rapport au réel et aux hommes. La logique technicienne – quelles qu'en soient les formes particulières – est, par essence, destructrice de l'ontologie.

En d'autres termes, Ellul, Heidegger ou Feyerabend considèrent la technique et la rationalité scientifique elles-mêmes comme des «essences» qui tendent à organiser leur propre hégémonie en balayant les autres représentations humaines. Au-delà de leurs différences (informatique, physique, biotechnologies, etc.), elles avancent d'un même pas, comme s'étend une domination coloniale, en imposant leurs propres postulats et leurs critères, au premier rang desquels se trouve *l'efficacité mesurable*. Elles contribuent ainsi à faire du monde et de l'imaginaire humain des univers toujours plus unidimensionnels et technicisés.

Une telle critique essentialiste contient une part indéniable de vérité. Il existe, en effet, un «point de vue» technicien sur le monde. C'est même sur sa dénonciation que s'appuie, un peu partout en Occident, le militantisme écologique, quand il veut contrecarrer la bêtise scientiste ou refuser le règne des objets. Dans sa radicalité, cependant, la critique essentialiste ne laisse guère d'autre choix que

6. Voir, par exemple, Albert Borgmann, *Technology and the Character of Contemporary Life*, University of Chicago Press, 1984.
7. Bryan Appleyard, *Understanding the Present: Alternative History of Science*, Tauris Parke Paperbacks, 2004.

de combattre résolument la technique et la société marchande, tout en se défiant, par principe, des sciences fondamentales elles-mêmes. Elle conduit à un refus global. Adieu à la raison ! s'exclamait Paul Feyerabend[8]. Puisque la « technicisation » du social est un processus idéologique dominateur, alors il faut se dépêcher de résister à son avancée, en lui opposant d'autres visions du monde, par exemple celles des sciences humaines, de la philosophie humaniste ou du religieux.

Un tel combat ne peut être que frontal et sans compromis possible. Dans le meilleur des cas, on consentira à un insatisfaisant partage du travail entre les deux imaginaires ennemis : aux uns de défendre le monde des machines, aux autres de plaider pour l'homme. On voit bien l'impasse d'un tel maximalisme. Il conduit à rejeter en bloc le projet technoscientifique, y compris ce qui mériterait d'être examiné, réévalué, réemployé. Il nous interdit par avance d'exercer une influence sur le contenu ou l'orientation des techniques en question, pour tirer un meilleur parti de leurs bienfaits.

Il empêche de faire le tri. Il participe du tout ou rien.

* *
*

Pour cette raison, pareil antagonisme binaire mérite d'être déconstruit. La guerre contre le dogmatisme technicien doit être conduite d'une autre façon. Personne ne songe sérieusement à répudier la science, la technique et les innombrables inventions dont bénéficient nos sociétés développées. Un discernement s'impose. Pour ce faire, il est nécessaire d'agir dans deux directions. Il faut d'abord approfondir l'analyse du « système » technoscientifique contemporain, afin de mieux comprendre comment il parvient à imposer sa domination à l'ensemble de la culture. Quel cheminement emprunte-t-il au juste ? De quelles faiblesses ou ignorances profite-t-il ? Comment parvient-il à prendre le pas sur le souci démocratique et humaniste ? La chose étant éclaircie, il faut s'atteler à mieux déchiffrer les croyances, les

8. Paul Feyerabend, *Adieu à la raison*, Seuil, 1989, et « Points », 1997.

présupposés et les subjectivités auxquelles obéit tacitement le «processus technicien».

L'objectif sera d'amener ces présupposés au grand jour, de les *révéler*, si l'on peut dire, afin de pouvoir les soumettre à la délibération démocratique. Derrière telle technique (voire en amont), quel choix préalable était à l'œuvre ? Un autre choix était-il imaginable ? Derrière tel programme de recherche, quelle intention se dissimulait ? Est-elle légitime ? Peut-on la remettre en cause ? Le but de cette révélation est clair : reprendre le contrôle des opérations, re-socialiser la science et la technique pour les réinscrire à l'intérieur d'un projet collectivement choisi.

On échappera ainsi au manichéisme sans issue qui se contente d'opposer le «pour» et le «contre», sans autre perspective que le pugilat. Au lieu de combattre la technique en bloc, on se donnera les moyens d'agir sur elle de l'intérieur. On pratiquera ce que le philosophe américain Andrew Feenberg appelle le «constructivisme» technique. «Il y a toujours, écrit-il, d'autres alternatives techniques viables qui auraient pu être développées à la place de celles qui ont été choisies. [...] Le constructivisme attire l'attention sur les alliances sociales qui se trouvent à l'arrière-plan des choix techniques[9].»

C'est de cette façon – et seulement comme cela – qu'on pourra rendre à la force de conviction la place qui lui revient.

La «subpolitique» contre la démocratie

Première question : comment le processus technoscientifique parvient-il à dominer ? Pour y répondre, il est utile d'en revenir au concept de «subpolitique» proposé par l'essayiste allemand Ulrich Beck, plusieurs fois cité dans les chapitres qui précèdent. De quoi s'agit-il ? De cet étrange conglomérat mêlant les laboratoires de recherche, les sociétés privées, la logique boursière, les médias, l'effervescence de la société civile, les effets de mode, la pression publicitaire, celle des lobbies, etc. Ces forces disparates sont réunies, et

9. Andrew Feenberg, *(Re)penser la technique. Vers une technologie démocratique*, traduit de l'anglais par Anne-Marie Dibon, La Découverte-MAUSS, 2004, p. 34.

mues, par l'adhésion instinctive à une représentation quasi religieuse du progrès, laquelle croyance continue d'agir souterrainement en dépit de ses déconvenues. C'est elle qui, en lieu et place des anciennes idéologies, fixe dorénavant le sens de l'histoire dans lequel nous sommes invités à marcher.

Elle se situe en amont, ou au-dessous, de la politique traditionnelle et du débat démocratique, mais, en réalité, détermine le changement social. Une telle infrapolitique possède en effet toutes les capacités d'influence d'une religion véritable. Elle presse chacun de faire confiance à l'inconnu, au nouveau, à l'inédit, à « l'extraordinaire » qui surviennent sur le terrain de la technoscience. La nouvelle mystique du progrès, pour Beck, « c'est la modernité qui a confiance en elle, en sa propre technique devenue puissance créatrice. Les forces productives et ceux qui les développent et les administrent – la science et l'économie – ont remplacé Dieu et l'Église » [10].

Aujourd'hui, ce tropisme instinctif de la société civile détermine le changement social bien plus que ne le fait la politique traditionnelle dont elle a pris la place. L'appareil démocratique, avec ses débats parlementaires, ses comités d'experts, ses lois et ses règlements, entretient encore l'illusion, mais, dans les faits, il a été amputé de son pouvoir. Il n'est là que pour enregistrer et codifier, tant bien que mal, des changements qui sont présentés comme inéluctables. La « subpolitique » a pris sa place et pilote le changement, en dehors de tout débat véritable et à l'abri de la critique argumentée. « La politique devient une simple agence de publicité financée par les fonds publics, qui vante les qualités d'une évolution qu'elle ne connaît pas et à laquelle elle ne participe pas [11]. »

Si cette « religion terrestre de la modernité » (Beck) parvient à nous gouverner en se substituant à la démocratie, c'est parce que son clergé se retranche ingénument derrière la force de l'évidence. Techniciens, chercheurs et entrepreneurs assurent qu'ils travaillent en toute objectivité ou neutralité, et ne sont pas responsables des applications qui seront faites, ensuite, de leurs découvertes. Tous affirment – et croient souvent eux-mêmes – n'obéir qu'à un pur savoir,

10. Ulrich Beck, *La Société du risque*, *op. cit.*, p. 455.
11. *Ibid.*, p. 473.

ce qui les dispense de s'interroger sur les finalités. Dans cette optique, les citoyens qui songeraient à émettre une critique ou un simple doute sont aimablement congédiés pour cause d'ignorance. On ironisera sur leurs « peurs irraisonnées » ou leur conservatisme. Le monde sera du même coup partagé entre initiés et profanes, les seconds perdant, dans les faits, tout droit à la parole. L'arrogance qui en découle est si caricaturale qu'elle révolte certains scientifiques eux-mêmes. On songe au physicien et philosophe des sciences Jean-Marc Lévy-Leblond qui s'insurge à bon droit. « Nous laissons croire, écrit-il, qu'il y a d'un côté le public, les profanes, et, de l'autre, nous, les scientifiques, les "savants" – comme on le disait autrefois et comme on le pense encore. Or, ce hiatus n'existe plus. Nous, scientifiques, ne sommes pas fondamentalement différents du public, sauf dans le domaine de spécialisation extrêmement étroit qui est le nôtre [12]. »

Le catéchisme technoscientifique dominant répète à tout va que les citoyens ne sont pas assez informés, voire pas informés du tout. On ajoute que, s'ils savaient ce que savent les experts, leurs inquiétudes se dissiperaient aussitôt. Nous gardons tous en mémoire le souvenir d'admonestations de ce genre. Plus grave encore : quand quelques débats sont organisés, malgré tout, au sujet des changements technologiques – ou biotechnologiques –, on a tendance à les considérer comme informatifs plutôt que délibératifs. Leur vraie fonction est de « faire passer la pilule ». Ils servent rarement à préparer un choix, mais permettent d'accoutumer les esprits à une décision qui, en réalité, est prise depuis longtemps. Lorsque surgit une *protestation* éthique ou démocratique un peu forte, on explique qu'elle arrive trop tard, qu'elle est désormais sans objet et qu'on n'arrête pas le progrès.

Ces injonctions adressées aux tenants de la démocratie sont toujours plus ou moins moralisatrices. Les citoyens ignorants et craintifs sont invités à faire montre de plus d'audace. On exalte le risque en proclamant qu'il est inhérent à l'aventure humaine, de sorte que ceux qui s'en effraient manquent tout simplement de vitalité. Les

12. Jean-Marc Lévy-Leblond, « Science, culture et public : faux problèmes et vraies questions », *Quaderni*, hiver 2001-2002.

dissidents les plus obstinés seront taxés d'obscurantisme, voire de bêtise. La technoscience s'autoproclame dépositaire de la raison par opposition à la rouspétance démocratique, qu'on soupçonne toujours peu ou prou de démagogie. De la même façon, la Bourse, les marchés financiers et les *think tank* (cercles de réflexion) néolibéraux sont présentés comme des cénacles « sérieux » comparés aux gesticulations parlementaires qui participent du « populisme ». La « subpolitique » détrône ainsi chaque jour davantage la politique véritable, mais sans que la chose soit clairement comprise.

Ajoutons que les différents acteurs qui participent à ce coup de force invisible sont en général de bonne foi. Comme tous les croyants, ils sont persuadés d'agir « en vérité ». Les médias, quant à eux, prompts à s'enthousiasmer pour la nouveauté technologique, jouent un rôle ambigu dans cette désactivation subreptice de la démocratie, alors qu'ils devraient en être les vigilants défenseurs. En agissant ainsi, et comme on l'a vu plus haut dans le chapitre qui leur est consacré, ils n'obéissent pas à une volonté manipulatrice, mais, sauf exception, à la « force de l'évidence », à la religiosité basique, à la puissance aveuglante de l'engouement ou à la paresse mimétique.

Et pourtant, la résistance s'obstine...

L'irruption du risque

Les mobilisations citoyennes des quinze dernières années peuvent être comprises, en effet, comme une révolte contre cette confiscation en douceur de la démocratie. Elles ont été favorisées par une succession de catastrophes et de désastres liés à l'imprévoyance technoscientifique. Pour des auteurs comme Ulrich Beck, Andrew Feenberg ou Jean-Marc Lévy-Leblond, ces désastres ont marqué notre entrée dans un modèle social complètement différent, où la crainte du risque l'emporte désormais sur celle de la rareté. Certes, la pénurie continue d'affamer des milliards d'hommes et de femmes à travers le monde, mais, dans l'imaginaire occidental, *la peur du manque devient moins déterminante que la peur tout court*. « La question de la “fin des temps” se pose désormais de manière nouvelle : l'histoire de l'humanité peut désormais s'arrêter par une décision de l'homme. L'humanité ne vivra que si elle le veut[13]. »

Il faut bien comprendre que l'irruption de cette inquiétude collective ouvre un nouveau chapitre dans l'histoire de la modernité et de la science elle-même. L'expression « société du risque », forgée par Ulrich Beck, aide à comprendre la nature de cet immense bouleversement. Du réchauffement climatique aux pandémies provoquées (vache folle, etc.) ; de la climatologie à la déforestation ou à la désertification des océans ; des accidents nucléaires de Three Mile Island en mars 1979 ou Tchernobyl en avril 1986 aux catastrophes chimiques comme celles de Seveso en juillet 1976 ou Bhopal en décembre 1984, les dernières décennies du XXe siècle ont changé la donne. La technoscience perd de son prestige et la confiance qu'elle inspirait se dégrade.

Du même coup, la parole prétendument savante des experts n'est plus acceptée de la même façon. Il leur est difficile d'invoquer encore l'infaillibilité du savoir ou la neutralité de leurs recherches. Ils ne peuvent plus éconduire la protestation en la jugeant mal informée. Si la « subpolitique » continue, malgré tout, de gouverner le changement social, ses fondements sont fragilisés. Face aux risques majuscules, les savants, les ingénieurs et les experts ne peuvent s'arroger un monopole sur la rationalité ou sur l'évaluation statistique des dangers. Le questionnement des simples citoyens ou des associations retrouve sa pertinence. « Le fait que la population refuse d'accepter la définition scientifique du risque n'est pas un signe d'"irrationalité", mais atteste au contraire que les prémisses culturelles de cette acception contenues dans les assertions technico-scientifiques sont *fausses*[14]. »

Entre le magistère faussement inattaquable de la technoscience et l'interpellation démocratique, le rapport de forces tend par conséquent à s'inverser. Quant à la partition du monde entre initiés et profanes, experts et ignorants, elle perd toute raison d'être. Dans la société du risque, non seulement la technoscience mérite d'être ponctuellement questionnée, mais elle doit être ramenée coûte que coûte dans le giron de la démocratie.

13 Thierry Magnin, *in* Jean-Claude Eslin et Catherine Cornu (dir.), *La Bible. 2000 ans de lectures*, *op. cit.*, p. 286.

14. Ulrich Beck, *La Société du risque*, *op. cit.*, p. 105.

Il faut changer de cap

« L'histoire nous montre que la science grecque, la science arabe à laquelle nous devons tant ont duré quelques siècles et se sont arrêtées. Le relais a été pris par d'autres. Il y a même eu de grands épisodes de civilisation dans lesquels ce que nous appelons science n'était pas une activité fondamentale, reconnue et valorisée. Il suffit de comparer à cet égard la civilisation romaine et la civilisation grecque, qui entretiennent avec le savoir des rapports complètement différents – ou la civilisation chinoise et la civilisation indienne. Rien ne garantit donc que, dans les siècles à venir, notre civilisation, désormais mondiale, continue à garder à la science la place qu'elle a eue pendant des siècles. Il se pourrait bien que cette science soit devenue tellement efficace, transformée en "technoscience", que son efficacité pratique l'emporte sur sa dimension intellectuelle. [...] Si nous refusons cette perspective, si nous voulons garder à la science sa dimension spéculative, la maintenir comme l'une des grandes aventures de l'esprit humain, alors nous avons besoin d'un changement de cap. »

Jean-Marc Lévy-Leblond, Colloque *Science & Technology Awareness in Europe*, Rome, 20-21 novembre 1997.

À ce stade, un dernier obstacle apparaît. Pour que la reconduction démocratique puisse se faire pacifiquement, il faut refuser que la gestion des risques soit elle-même technicisée. Que veut-on dire par là ? Que le processus technicien peut ultimement se protéger de la critique démocratique en lui opposant ce qu'on pourrait appeler une stratégie autoréférentielle. C'est la seconde ligne de défense, en quelque sorte. Les risques existent ? Soit. On va donc les gérer en les catégorisant, en les évaluant, en les soumettant au calcul statistique. On répondra aux dangers technologiques par un surcroît de pensée comptable et de recettes techniciennes. Cela consistera, par exemple, à rendre certaines affections physiologiques supportables grâce à un meilleur traitement des symptômes. Au lieu de lutter contre les « maladies civilisationnelles » (cancer, troubles cardiovasculaires, allergies, etc.) en supprimant leurs causes, on inventera des traitements médico-chimiques appropriés (et tarifés). Au lieu de réfléchir aux options économiques et sociales qui provoquent une généralisation du stress, on mettra au point de nouvelles molécules pour en atténuer les effets. Le stress lui-même deviendra un marché. Et ainsi de suite[15]. Le système technico-économique se bouclera ainsi sur lui-même en devenant tout à la fois la maladie et le remède.

Quant aux risques globaux, comme ceux qui sont liés à la pollution, on y fera face en inventant ces véritables tours de passe-passe que sont les concepts de « normes » ou de « taux limites ». L'invocation de la « norme » – que Beck qualifie de « lieu commun sociologique » – revient à présenter la modernité technoscientifique comme forcément transgressive des équilibres naturels ou écologiques, des normes héritées dont on prépare ainsi la disparition pure et simple. L'intrépidité humaine n'a-t-elle pas pour vocation de s'affranchir des normes ? Quant à l'idée de « taux limites », elle consiste à fixer un certain seuil chiffré en deçà duquel une pollution, une infection, un dérèglement quelconque seront réputés acceptables par la collectivité. Il y a là un mode de raisonnement en apparence cohérent, mais dont la perversité apparaît vite. « Avec [ce concept de] taux limites, ce "petit peu" d'intoxication qu'il s'agit de fixer devient *normalité*. Les taux limites ouvrent la voie à une *ration durable d'intoxication collective normale*. Ils transforment l'intoxication qu'ils tolèrent en un événement nul et non avenu, puisqu'ils décrètent que l'intoxication en question n'est *pas* nuisible[16]. »

Dans les deux cas, on présente comme strictement techniques et maîtrisables des problèmes qui, en dernière analyse, relèvent de la délibération démocratique. On évacue les questions dérangeantes : celles qui concernent l'orientation générale du changement, la réalité des besoins humains, le type de rapport établi avec le milieu naturel, l'avenir à long terme, etc. On soustrait au questionnement les présupposés – les croyances – qui, en amont, ont conduit à ces choix technologiques ou scientifiques. On s'enferme dans l'autoréférence.

Pour contrecarrer un tel rapt, il n'est nullement nécessaire de récuser globalement la science, la technique ou l'économie, encore moins d'en refuser les conquêtes. Ce serait pure sottise. Mieux vaut

15. Je reprends ici, en les simplifiant, les analyses d'Ulrich Beck, *ibid.*, p. 388-389.
16. *Ibid.*, p. 117-118.

interroger les croyances implicites, les hypothèses spéculatives, les énoncés normatifs qui agissent en leur sein sous couvert d'une « vérité objective ».

Ouvrir la boîte noire

Plusieurs auteurs, dans leurs réflexions sur la science et la technique, insistent toujours sur le fait que les objets techniques ne sont pas des « choses » comme les autres. Ils incorporent en leur sein tout un ensemble de choix préalables, de programmes intentionnels dont on finit par oublier la présence. Ces prescriptions cachées s'imposent naturellement aux utilisateurs et finissent par induire des usages particuliers que nul ne songe plus à remettre en question. C'est pour cette raison que des « machines » peuvent se révéler plus implacablement moralisatrices que n'importe quel être humain. Leurs prescriptions sont sans appel. Les objets techniques sont chargés, pourrait-on dire, de valeurs implicites qui peuvent être aussi bien sociales que politiques, éthiques ou morales. C'est en ce sens qu'ils sont des *artefacts* (phénomènes d'origine humaine). Tout se passe comme si chaque objet, du plus grand au plus petit, contenait une sorte de boîte noire où sont enregistrés les *a priori* et préférences qui ont présidé à sa fabrication.

On prendra un exemple caricatural, emprunté à Andrew Feenberg. Aux États-Unis, une étude signée par Langdon Winner et consacrée au contenu politique des artefacts techniques s'interroge sur la façon dont les plans de construction de l'une des premières autoroutes urbaines de New York ont été établis par l'urbaniste de l'époque (un certain Robert Moses). À y regarder de près, on s'aperçoit que la hauteur des passerelles prévues était volontairement limitée afin d'interdire le passage des autobus ordinaires. On espérait ainsi décourager les habitants les plus pauvres de Manhattan – qui empruntent les transports en commun – de se rendre massivement sur les plages huppées de Long Island. De cette façon, une volonté de discrimination se trouvait inscrite invisiblement dans des ouvrages d'art, lesquels étaient transformés en instruments de répression sociale.

C'est un cas limite, assurément, mais qui nous aide à comprendre ce dont on parle quand on évoque les « prescriptions » ou les « boîtes noires » que la technologie transporte avec elle. Or, ces préférences, que Feenberg propose d'appeler « codes techniques », devraient pouvoir être démasquées et critiquées. « Les techniques, ajoute-t-il, sont sélectionnées parmi beaucoup de configurations possibles selon les intérêts dominants. Le processus de sélection est guidé par des codes sociaux établis par les luttes politiques et culturelles qui définiront l'horizon de la nouvelle technique. Une fois introduite, celle-ci offre une validation matérielle de cet horizon culturel. Une rationalité apparemment fonctionnelle, neutre, est adoptée pour soutenir une hégémonie[17]. »

L'idée de code technique nous aide à comprendre comment le savoir-faire technoscientifique se voit instrumentalisé par des intentions ou des croyances, non pas au moment de l'utilisation des objets, comme on le croit d'ordinaire, mais *dès la conception et la fabrication de ces derniers*. Ni la science ni la technique, en somme, ne sont neutres. Elles sont porteuses – y compris à leur insu – d'une idéologie. Celle-ci n'obéit pas seulement aux commandements du marché, ni même à une supposée demande des consommateurs. La désignation des besoins sociaux à satisfaire, ou des risques à courir, relève toujours d'une interprétation subjective. En donnant une forme tangible et une prégnance à ces croyances originelles, science et technique contribuent à façonner la réalité sociale.

Au bout du compte, la nature du lien social, le type de société dans lequel nous vivons sont formatés et normés par les objets techniques, plus que par la communication humaine explicite. « Le cadre technique sous-jacent est à l'abri de toute contestation. La technocratie réussit ainsi à masquer ses préjugés axiologiques derrière la façade d'une pure rationalité technique[18]. » Ajoutons que la technologie et la science appliquée ne sont pas seules en cause. La rhétorique scientifique elle-même, celle des experts, relève de la même analyse. Choisir certains chiffres plutôt que d'autres, proposer une solution particulière, aborder un problème de telle manière : rien de

17. Andrew Feenberg, *(Re)penser la technique*, *op. cit.*, p. 59.
18. *Ibid.*, p. 78.

tout cela ne procède de la pure objectivité réflexive. La plupart des résultats scientifiques sont « construits ». En résumé, on dira que la science, la technique et l'économie imposent, à notre insu, un certain point de vue sur le monde. Il est donc nécessaire que ce point de vue soit passé au crible de la raison critique, comme doivent l'être toutes les croyances.

L'un des premiers à avoir mis en évidence l'importance des présupposés technico-scientifiques fut le philosophe des sciences Thomas Kuhn (1922-1996), qui popularisa le concept de *paradigme*. Son essai mondialement connu, *La Structure des révolutions scientifiques*, constitua une véritable révolution épistémologique et suscita des polémiques qui durent encore aujourd'hui [19]. Pour Kuhn, un paradigme est un ensemble de convictions et de pratiques qui, à un moment donné, sont partagées par les chercheurs, les savants et les techniciens du monde entier, et qui tendent à s'imposer sans discussion. Le paradigme en vigueur déterminera, pour l'essentiel, notre rapport au réel.

Tout cela permet de comprendre pourquoi les sciences et les techniques ne se contentent pas de provoquer un « désenchantement du monde », en invalidant peu à peu les croyances humaines fondées sur l'ignorance. Elles réenchantent la réalité au fur et à mesure, sous l'influence de leur propre paradigme, qui n'est lui-même qu'une coagulation de croyances. Les sciences, en vérité, construisent autant de tabous qu'elles en détruisent. C'est bien pourquoi la tâche qui nous incombe, pour reprendre la belle formule d'Ulrich Beck, est de « désenchanter le désenchanteur ».

Il n'y a plus de culture scientifique

On remarquera qu'on a mis cette fois le mot sciences au pluriel. C'est à dessein. Un des malentendus les plus pernicieux consiste à raisonner comme s'il existait « une » culture scientifique, qui opposerait ses interprétations du réel à celles des autres cultures humaines.

19. Thomas Kuhn, *La Structure des révolutions scientifiques* [1962], trad. fr. Flammarion, « Champs », 1989.

Or, la chose a cessé depuis fort longtemps d'être vraie. La science s'est fragmentée, éparpillée, parcellisée en une multitude de savoirs différents. Les savoirs non seulement ne communiquent plus entre eux, mais s'ignorent les uns les autres comme s'ils appartenaient à des galaxies différentes. Les chercheurs d'aujourd'hui (on n'emploie plus guère le mot « savants ») travaillent sur des segments très étroits de la connaissance.

Les sciences « dures », dont on a vu qu'elles s'étaient coupées des sciences humaines dites « molles », sont tellement atomisées qu'elles ne constituent plus une pensée à proprement parler, et encore moins une culture. Le concept de culture implique le lien, l'universalité, l'échange, la consistance et la transmissibilité d'un point de vue sur le monde et sur l'histoire humaine. Cela cesse d'être à la portée des scientifiques trop spécialisés ou des chercheurs dont l'inculture est parfois troublante, comme est stupéfiante la naïveté dont ils font preuve devant des problèmes extérieurs à leur domaine de compétence. « J'avance l'idée, écrit Jean-Marc Lévy-Leblond, qu'il n'y a *pas* de culture scientifique, qu'il n'y en a plus. L'efficacité technique croissante [de la science] s'accompagne d'un amoindrissement de ses capacités intellectuelles. Sa dimension pratique l'emporte sur son aptitude spéculative[20]. »

À cet égard, le dogmatisme scientifique est surtout un discours à usage externe. Il fait illusion en masquant une pluralité interne d'interprétations, un foisonnement d'hypothèses en sursis, une cacophonie de doutes rivaux qui, d'une discipline à l'autre, rendent vaine toute prétention à la validité générale. « La différenciation de la science entraîne une augmentation du flot désormais insaisissable des résultats de détail soumis à caution, incertains d'eux-mêmes, déconnectés de leur contexte[21]. » Un tel éparpillement des savoir-faire donne une importance d'autant plus grande aux croyances, aux préférences, aux présupposés. La « pensée scientifique », à la limite, n'est plus qu'une nébuleuse de croyances rivales, chacune disputant à l'autre l'adhésion du public, la reconnaissance des grandes revues,

20. Jean-Marc Lévy-Leblond, *La Science en mal de culture* (édition bilingue, français-anglais), Futuribles, 2004.
21. Ulrich Beck, *La Société du risque*, *op. cit.*, p. 344.

les budgets de recherche, les faveurs de la Bourse et l'accès aux médias.

Dans ce contexte, il est clair que la sempiternelle opposition entre « citoyens ignares » et « chercheurs éclairés » ne veut plus dire grand-chose. En bonne logique, les discours scientifiques et les convictions contradictoires qui les habitent ne devraient plus pouvoir prétendre à un privilège quelconque dans les rapports que les hommes entretiennent avec la vérité. S'il n'y a plus de véritable culture scientifique, comme le soutient Jean-Marc Lévy-Leblond, cela signifie que les sciences dures ont *besoin des sciences sociales pour retrouver un horizon de sens*. Puisqu'elles sont *aussi* des processus socialement construits, cela justifie qu'elles soient socialement interpellées.

Or, dans la pratique, et de façon assez extraordinaire, le mouvement inverse est parfois à l'œuvre. Le dogmatisme technoscientifique tend à se renforcer, comme pour masquer l'incertitude d'une pensée sous un surcroît d'autorité institutionnelle. Durant les dernières décennies, « la science est passée du statut d'activité *au service* de la vérité à celui d'une activité *sans vérité*, mais qui, socialement, doit exploiter plus que jamais le fonds de commerce de la vérité [22] ». Pour donner un exemple concret, citons le philosophe français Yves-Charles Zarka, directeur de la revue *Cité*. Il dénonce l'idéologie scientiste qui, à ses yeux, pèse de plus en plus sur le fonctionnement du Centre national de la recherche scientifique (CNRS), institution dont il est lui-même l'un des directeurs de recherches.

Cette dérive s'opère au détriment de ce qu'on appelait jadis les « humanités ». « Ainsi, écrit-il, l'histoire, la géographie, le droit, une part de la philosophie ou la psychanalyse se trouvent parmi les disciplines mises en danger. En revanche, les disciplines qui paraissent, le plus souvent faussement, comme fonctionnant sur le modèle des "sciences dures" sont systématiquement privilégiées. » Pareille évolution n'aboutit pas seulement à réduire le territoire attribué aux sciences sociales, elle va beaucoup plus loin. Les « humanités » sont soumises à une manière de diktat qui les contraint à mimer les « sciences dures », à adopter leurs modes de fonctionnement et d'éva-

22. *Ibid.*, p. 360.

luation. Les technosciences deviennent la norme sur laquelle lesdites «humanités» doivent s'aligner. «La politique actuelle du département SHS (sciences humaines et sociales) du CNRS, ajoute Zarka, réalise une véritable déshumanisation des sciences humaines en remettant en cause les disciplines historiques, critiques et réflexives et en privilégiant une technicisation prétendument scientifique [de ces dernières][23].»

Il faut bien comprendre à quel point une telle «disqualification désinvolte» (Lévy-Leblond) des sciences sociales et humaines serait lourde de conséquences. Elle travaillerait à rebours de ce qu'il est urgent de promouvoir: la re-socialisation d'un processus technoscientifique qui est emporté dans sa course et enchaîné à ses dogmes. La re-socialisation en question n'a rien à voir avec un quelconque refus de la science. Cette dernière, comme le dit encore Ulrich Beck, nous est chaque jour plus nécessaire, mais *de moins en moins suffisante*. «Sans la rationalité sociale, la science reste vide, ajoute-t-il, sans la rationalité scientifique, la réflexion sociale reste aveugle[24].»

La démocratie reprend la main

Qu'on ne se méprenne pas sur la portée d'un tel raisonnement! Elle est plus lourde qu'on pourrait le penser. Socialiser à nouveau la science, la réintroduire dans la culture démocratique, cela correspond à plusieurs nécessités. En premier lieu, il s'agit d'appliquer tout bêtement à la rationalité scientifique et aux croyances qu'elle contient le doute systématique, l'interrogation critique, dont elle a fait sa règle d'or. En la rappelant à ses exigences épistémologiques, on la déloge d'une espèce d'immunité magique, qui serait tout sauf raisonnable. On travaille à l'abolition d'un privilège et d'un monopole infondés. On desserre le piège clérical où la science risque de se prendre toute seule. Après tout, il serait extravagant que le scepticisme méthodique, historiquement érigé en principe par la science, soit applicable à tous les objets qu'elle étudie, mais jamais à elle-

23. *Libération*, 27 juillet 2004.
24. Ulrich Beck, *La Société du risque, op. cit.*, p. 55.

même. Fragmentée, éclatée, dispersée en microdisciplines étrangères les unes aux autres, la science ne peut plus se protéger derrière une prétention à l'infaillibilité, comme le fait la papauté depuis le XIXe siècle.

En second lieu, il s'agit de re-politiser la technoscience au bon sens du terme, en l'empêchant de se faire l'instrument de dominations invisibles, tout en prétendant n'obéir qu'à la seule « vérité » expérimentale ou à l'« efficacité ». On pense à la domination de groupes sociaux particuliers, d'entreprises marchandes en quête de profit, de classes possédantes ou de pays plus puissants que d'autres. Pour combattre ces emprises insidieuses, il faut d'abord *dévoiler ce qui est caché.* Or, ce qui est caché, ce sont les « codes techniques ».

Dans le passé, les choix subjectifs qui ont conduit à promouvoir telle ou telle technique particulière (par exemple le moteur à essence, la voiture particulière ou le chauffage électrique) étaient le produit de rapports de forces, de délibérations plus ou moins ouvertes. Ces choix ont contribué à modeler – à configurer, pourrait-on dire – lesdites techniques. Par la suite, ils ont été incorporés à ces dernières, de sorte qu'on a oublié jusqu'à leur existence. Ils ont été enfermés et cachés dans la « boîte noire ». C'est cet oubli qui permet à une technique existante de devenir dominatrice en se présentant comme incritiquable par les simples citoyens. « Les vagues se referment sur les luttes oubliées, et les professionnels de la technique en reviennent à la conception réconfortante [mais illusoire] de leur autonomie[25]. »

Or, seules les sciences sociales sont en mesure d'en revenir à ces croyances initiales dont la trace a été effacée ; elles seules peuvent permettre de rouvrir démocratiquement la « boîte noire » afin d'obtenir, si c'est nécessaire, une autre orientation technique, un autre choix méthodologique. Une telle remise en débat des présupposés oubliés fait partie intégrante du jeu démocratique. Elle peut aider à ce que soient pris en compte des besoins sociaux négligés, que soient mieux respectées des catégories sociales laissées pour compte, ou encore qu'il soit répondu *sur le fond* à des urgences écologiques de première importance. Ainsi seront utilement interpellées les minorités dominantes qui tirent leur pouvoir de stratégies technocra-

25. Andrew Feenberg, *(Re)penser la technique*, *op. cit.*, p. 62.

tiques faussement objectives. Ainsi sera mise au jour l'idéologie invisible cachée derrière certaines injonctions « progressistes ». Qu'on pense aux mille et un discours promettant un appauvrissement général, voire un « retour au Moyen Âge », aux groupes sociaux qui refuseraient d'obéir aveuglément aux impératifs technoscientifiques.

Aider la démocratie à reprendre la main face à la technoscience, réhabiliter le « constructivisme », c'est aussi dissiper le mensonge, très répandu aujourd'hui, selon lequel des solutions techniques peuvent être apportées à tous les problèmes sociaux ou politiques. Citons la répartition des ressources alimentaires à travers le monde, la pollution des océans, l'inégalité sociale dans les pays développés ou la prévention des risques « catastrophiques ». Le dogmatisme technocratique cherche à dépolitiser les inquiétudes ou les injustices qui tourmentent les sociétés humaines devant ces problèmes, en proposant des recettes dont l'application a pour principal « avantage » de perpétuer l'ordre établi. Or, une telle gestion du social n'est pas seulement une forme de domination, elle se révèle aussi peu efficace sur le long terme que ne l'était, dans les pays communistes, l'administration bureaucratique de l'économie. Elle bloque les initiatives, gèle l'inventivité, accentue le sentiment de dépossession collective. C'est une stratégie de Gribouille.

Pour empêcher que la démocratie ne soit évincée, il faut d'abord démystifier la parole du « spécialiste » et récuser la prépondérance, pour ne pas dire la toute-puissance, de l'expertise technique dans la conduite des sociétés modernes ; hégémonie que certains auteurs américains avaient appelée – pour la critiquer – la « révolution du contrôle[26] ». Cette révolution est aussi affaire de culture et de langage. Cherchant à contrôler l'ensemble du social, la machinerie technicienne use d'un vocabulaire et de concepts *a priori* intimidants. On invoque l'« efficience », le souci de perfection, le rendement optimal, le professionnalisme. On met en avant des statistiques

26. Notamment James Beniger, *The Control Revolution. Technological and Economic Origins of the Information Society*, Harvard University Press, 1986. J'emprunte cette référence à Alain Gras, *Fragilité de la puissance : se libérer de l'emprise technologique*, Fayard, 2003.

et des courbes « évidentes ». On use de méthodes d'évaluation particulières – et donc discutables – en les présentant comme scientifiques.

L'autorité technocratique se désigne elle-même comme une instance bienveillante et rationnelle, qui n'a d'autre souci que le bien commun. Bref, on crée ainsi de toute pièce un conditionnement symbolique si persuasif que, d'instinct, chacun a tendance à s'y soumettre. Tout cela concourt à l'installation d'un ordre technoscientifique auquel les médias se rallient en s'imaginant aller ainsi dans le sens du progrès.

Socialiser ou laïciser la science et la technique aide à conjurer ce cauchemar d'un *monde totalement administré*, pour reprendre l'expression du philosophe et sociologue allemand Theodor Adorno (1903-1969), l'un des fondateurs de l'école de Francfort. Pour cela, il est indispensable – et même urgent – d'aller chercher les croyances, les préjugés, les intérêts ou l'idéologie qui s'abritent derrière l'expertise, afin de les soumettre au débat contradictoire.

Les dissidents de l'intérieur

La chose est facilitée, on doit en convenir, par l'existence de ce qu'il faut appeler une *dissidence technique*. Comme c'est le cas pour toutes les Églises et tous les clergés, la technoscience recèle en son sein des hérétiques, des experts prêts à vendre la mèche en attirant l'attention de l'opinion sur ce qui se trame à l'intérieur des murs. Une grande partie des débats contemporains concernant les manipulations génétiques, l'informatique, le nucléaire, l'agroalimentaire, les transports, les programmes d'armement, la climatologie ou l'industrie pharmaceutique est le fait de scientifiques en désaccord avec les orientations choisies. Ce sont eux qui animent les mouvements de protestation, et font circuler la contre-information technique nécessaire.

Ils possèdent la compétence requise pour décrypter les différents patois technoscientifiques et les rendre accessibles au plus grand nombre, pour briser la puissance quasi hallucinatoire des ratiocinations savantes. L'internet, en autorisant l'échange instantané de données complexes et de rapports trop volumineux pour les médias classiques, joue un rôle de première importance dans cette reconquête de la technique par le social. On serait bien en peine de faire une liste exhaustive des sites de discussion, carrefours citoyens, bases de données, archives consultables qui s'organisent aujourd'hui sur la « toile », selon le principe arborescent du réseau et dans une optique résolument contestataire[27].

Une forme nouvelle de démocratie apparaît. Elle prouve qu'une technique particulière – l'informatique en l'occurrence – peut faire l'objet d'une réappropriation collective. Le rôle positif qu'y jouent les généticiens, informaticiens ou économistes rebelles est tout à fait comparable à celui qu'assurèrent les dissidents des pays communistes dressés contre le parti, ou les mystiques chrétiens capables de réactiver la subversion évangélique dans les marges de l'institution cléricale. Concernant la science, la technique ou l'économie, on est à mille lieues, en tout cas, d'un prétendu affrontement entre savants éclairés et citoyens ignorants, entre la « marche du progrès » et la « réaction » obscurantiste. Une telle présentation des choses n'est pas seulement idéologique, elle est bête.

La modernité n'est elle qu'occidentale ?

« Il devrait être désormais évident que le concept de modernisation ne nous renseigne pas plus sur l'histoire de l'Occident que sur celle du reste du monde. Plus nous en apprenons au sujet de cette histoire, plus le développement du capitalisme industriel en Occident paraît avoir été le produit d'une conjonction unique de circonstances, le résultat d'une histoire particulière qui ne donne l'impression d'avoir été inévitable qu'*a posteriori*, ayant été largement déterminée par la défaite de groupes sociaux opposés à la production à grande échelle, et par l'élimination de programmes concurrents de développement économique. La production de masse moderne n'était nullement le seul système sous lequel l'industrialisation aurait pu être réalisée. [...] Elle fut le produit d'un "choix collectif" implicite, parvenu à maturation dans l'ombre d'innombrables micro-conflits. »

Christopher Lasch, *Le Seul et Vrai Paradis*, *op. cit.*, p. 150.

27. Citons à titre d'exemple la fondation « Sciences citoyennes » : <http://sciences-citoyennes.org>.

Ces débats, ces dialogues d'un type nouveau auxquels des scientifiques apportent leur contribution sont appelés à se développer dans l'avenir. Ils se traduisent déjà, dans la vie quotidienne, par la création de procédures inédites, comme ces « conférences de citoyens », apparues d'abord dans les pays scandinaves, et qui se répandent dans l'ensemble du monde développé. Elles réunissent, pour des débats de longue durée, des citoyens de base et des chercheurs spécialisés ; elles sont en mesure d'élaborer des recommandations très argumentées à l'usage des gouvernants. « Au fond, le problème à résoudre n'est pas tant celui d'un hiatus de savoir qui séparerait les profanes des scientifiques, que celui d'un *hiatus de pouvoir* qui fait échapper les développements technoscientifiques au contrôle démocratique de l'ensemble des citoyens [28]. »

Réintroduire la technique, la science et l'économie dans la culture, en démocratiser le fonctionnement, tout cela découle d'un constat initial très simple : les problèmes de choix et d'arbitrage, mais aussi les modes de raisonnements et d'élaboration de certains concepts plutôt que d'autres, qu'on rencontre dans ces trois domaines, *intéressent la société tout entière*. C'est même par leur truchement que ladite société est « instituée », et sous leur influence que se construit – ou se délabre – l'imaginaire collectif. Ils sont politiques au sens originel du terme. En tant que tels, ils ne peuvent être séparés de la culture humaine dans son ensemble. Ils en font partie.

Pour une rationalité élargie

À ce titre, leur rapatriement dans le champ du social va bien au-delà d'une simple démocratisation de la décision. Il s'inscrit dans le cadre d'une *transformation de la pensée elle-même*, laquelle est déjà en cours. Elle nous renvoie à cette immense mutation anthropologique et historique dans laquelle nous sommes engagés. Ladite mutation, on l'a vu, est si radicale qu'elle touche jusqu'aux concepts

28. Jean-Marc Lévy-Leblond, *La Science en mal de culture*, *op. cit.*, p. 67

nécessaires pour penser le monde. L'activité technoscientifique et la rationalité instrumentale qui, pour l'essentiel, sont à l'origine de cette mutation planétaire s'en trouvent elles-mêmes affectées. Elles doivent réexaminer leurs propres fondements.

Elles butent – provisoirement – sur ce qu'on pourrait appeler une impuissance conceptuelle, illustrée par l'utilisation systématique du préfixe « post ». Lorsqu'on évoque à tout bout de champ la « postmodernité », le « postreligieux » ou la « posthistoire », on trahit l'incapacité dans laquelle on se trouve de définir plus clairement la réalité nouvelle. Le préfixe est comme une position d'attente, l'aveu d'une aphasie temporaire. Les diverses formes de rationalité instrumentale sont prises, elles aussi, dans la mutation tourbillonnante de ce début de millénaire. « De nouvelles lunettes doivent être chaussées pour scruter la logique, le possible, le réel, le fini et l'infini [29]. » Cela rend encore plus illégitime, pour ne pas dire insensé, le dogmatisme technoscientifique décrété *a priori*. La science ne peut faire autrement que de tirer les conséquences de ses propres changements de paradigme.

En accordant, par exemple, une place décisive aux concepts de *chaos* et de *désordre*, les sciences contemporaines (notamment la physique) s'éloignent de ce qui fut, depuis Platon et pendant des siècles, leur préoccupation première : la recherche d'un *ordre* naturel ou cosmique, la quête d'une description ordonnée du réel grâce aux mathématiques et à la géométrie. Cette conception, aujourd'hui abandonnée, d'une science hiérarchique et fonctionnant « d'en haut », faisait de l'immodestie une tentation permanente. Le savant devenait démiurge. Ce n'est plus le cas. Devant le chaos ou le désordre organisateur, la circonspection est requise. La chose est plus flagrante encore pour le concept d'*incertitude*.

Aujourd'hui, ladite incertitude ne peut plus être considérée comme une faiblesse ou une infirmité de la raison humaine, elle est au contraire son meilleur attribut. Elle permet de distinguer ce qui est « raisonnable » de ce qui ne l'est pas. C'est l'incertitude du savoir scientifique – à questionner sans relâche – qui fonde la validité de ce

29. Gilles-Éric Séralini, *Génétiquement incorrect*, *op. cit.*, p. 17.

dernier. En d'autres termes, la science n'est légitime et dynamique que si elle refuse de se laisser enfermer dans tout dogmatisme, y compris le sien. Dans cette perspective, un ordre technocratique qui imposerait durablement son empire au nom d'une « vérité scientifique démontrée » serait, au sens propre du terme, déraisonnable (contraire à la raison). On pense à une remarque d'Edgar Morin : « Connaître ou penser ne consiste pas à construire des systèmes sur des bases certaines ; c'est dialoguer avec l'incertitude[30]. »

Qu'on prenne garde, cependant, à une confusion possible. Il ne découle pas de ce qui précède que la rationalité doit être combattue au nom de l'irrationnel, comme on le voit faire trop souvent aujourd'hui[31]. Ce serait la pire des choses. Il s'agit de travailler à une redéfinition, à une refondation non dogmatique de la rationalité instrumentale. Cette refondation est d'ailleurs en route. Dès les années 1960, Gaston Bachelard avait abordé la question, notamment dans *L'Engagement rationaliste*. Réfléchissant à la corrélation qui existe entre un certain type de rationalité et une irrationnalité correspondante, il en appelait à un « surrationalisme », seul capable de rendre la sensibilité et la raison à leur fluidité respective, de sorte que soit surmonté leur prétendu antagonisme[32]. Il faut ouvrir le rationalisme, disait-il en substance, pour ne pas enfermer la pensée dans une raison close sur ses présupposés et aveuglée par ses propres croyances.

Un autre concept est aujourd'hui fréquemment évoqué – aussi bien en psychologie appliquée qu'en économie – qui n'est pas sans rapport avec les réflexions plus anciennes de Gaston Bachelard : celui de « rationalité élargie ». Par cette expression, on se propose de réunir à nouveau plusieurs dimensions du réel que la technoscience et le capitalisme ont le tort de disjoindre. La « rationalité élargie » consiste à enrichir la rationalité, en partant du principe qu'aucun acte humain ne peut être compris si l'on s'en tient à une seule de ses dimensions. Elle met donc l'accent sur la modestie et l'ouverture nécessairement dialogiques de la démarche scientifique. « Aujourd'hui, l'un des modèles de la raison qui semble prévaloir chez

30. *Le Magazine littéraire*, juillet-août 1993.
31. Voir plus haut le chapitre 4 qui traite du retour des superstitions.
32. Gaston Bachelard, *L'Engagement rationaliste*, PUF, 2000.

nombre de philosophes de notre temps, c'est une raison critique, une raison communicationnelle, une raison qui se défie précisément des vérités toutes faites et qui met davantage l'accent sur la dimension argumentative, intersubjective, la dimension de discussion[33]. »

En travaillant à resocialiser la science et la technique – contre les défenseurs impavides de la « rationalité dure » –, on en vient à ouvrir un chemin vers une autre science, une autre théorie de la connaissance, mieux adaptée à l'idée que nous nous faisons de la société démocratique : égalitaire et non hiérarchique, délibérante plus qu'autoritaire, transparente plutôt que dissimulatrice. On rejoint en quelque sorte l'éthique de la discussion de Jürgen Habermas évoquée dans le chapitre précédent.

Sur ce chemin, soyons clair, on n'a fait pour l'instant que le premier pas...

L'imaginaire de l'économie

Une ouverture analogue reste à imaginer sur le terrain de l'économie. Pour soulever la « cage d'acier » du cléricalisme néolibéral, les dispositifs juridiques, les résistances sociales, les rébellions démocratiques et les contre-pouvoirs sont sans doute utiles à court terme. Ils seront pourtant sans grand effet sur la durée, s'ils ne s'accompagnent pas d'une remise en question des croyances invisibles qui conspirent à la marchandisation du monde. Les lois de l'économie considérées comme telles à un moment donné sont toujours liées à un système culturel, à des normes, des attentes, des valeurs plus ou moins intériorisées par la collectivité. Autrement dit, la véritable laïcisation de l'économie implique une transformation culturelle préalable, une *mutation de ces croyances*.

Nous en sommes loin, mais ce n'est pas une raison suffisante pour juger cette mutation impossible. L'histoire enseigne que les grands basculements de l'ordre symbolique peuvent survenir à tout moment, et bien plus vite qu'on ne le croit. Qu'on se souvienne de la rapidité

33. Jean-Michel Besnier, « La raison et la quête contemporaine de l'unité », *in L'Irrationnel, menace ou nécessité*, *op. cit.*, p. 122.

avec laquelle la *doxa* marxiste-léniniste s'est évanouie dans les dernières décennies du XXe siècle, et pas seulement de l'autre côté de l'ancien rideau de fer. Chez nous, elle avait été largement dominante dans les milieux intellectuels et universitaires, jusqu'au début des années 1970. Or, en quelques années, elle a quasiment disparu. Que l'on songe au « progressisme », qui, de la même façon, fut l'idéologie dominante dans les intelligentsias de l'hémisphère Sud – du Proche-Orient à l'Afrique ou l'Amérique latine – et qui, en moins de dix ans, a cédé la place au fondamentalisme religieux.

Souvenons-nous de la métamorphose culturelle presque instantanée de la société québécoise qui, au début des années 1960, s'est subitement détachée du catholicisme dont elle était la fille. Rappelons-nous de la révolution conservatrice américaine ou britannique qui, en deux ou trois ans, a chamboulé le paysage culturel des États-Unis et de la Grande-Bretagne, renvoyant dans les marges l'idéalisme démocrate et hédoniste des années 1960. On pourrait citer bien d'autres exemples du même genre. Chaque fois, des croyances qui paraissaient solidement établies et durables ont perdu leur crédit avec une promptitude singulière. Ces renversements, il est vrai, avaient été préparés par des évolutions profondes, des glissements tectoniques, difficiles à repérer.

Lorsqu'on parle aujourd'hui de transformation culturelle, on vise les croyances ou les représentations dominantes. Elles nous paraissent inébranlables, voire définitives, mais seront tôt ou tard remises en question. Tolérance de l'inégalité, résignation à l'injustice, place de l'argent, culte de la compétition, souci de la performance, obsession statistique, fascination pour la Bourse, individualisme farouche : aucun de ces préjugés n'est gravé dans le marbre. Leur articulation compose un *imaginaire collectif* qui ne s'imposera pas jusqu'à la fin des temps. Les transformations dont il fait déjà l'objet ne se voient guère. Elles se situent à un autre niveau que les affrontements politiques et médiatiques de surface. Elles sont plus souterraines, mais elles sont bien là.

Sortir de la misère psychique

«Ce qui est requis est une nouvelle création imaginaire d'une importance sans pareille dans le passé, une création qui mettrait au centre de la vie humaine d'autres significations que l'expansion de la production et de la consommation, qui poserait des objectifs de vie différents pouvant être reconnus par les êtres humains comme valant la peine. [...] Telle est l'immense difficulté à laquelle nous avons à faire face. Nous devrions vouloir une société dans laquelle les valeurs économiques ont cessé d'être centrales (ou uniques), où l'économie est remise à sa place comme simple moyen de la vie humaine et non comme fin ultime, dans laquelle donc on renonce à cette course folle vers une consommation toujours accrue. Cela n'est pas seulement nécessaire pour éviter la destruction définitive de l'environnement terrestre, mais aussi et surtout pour sortir de la misère psychique et morale des humains contemporains.»

Cornelius Castoriadis, *La Montée de l'insignifiance*, Seuil, 1996, p. 96.

Si la laïcisation souhaitable de la religion économique implique que l'on passe d'un imaginaire à un autre, on aurait tort de penser qu'il s'agit là d'une rêverie irréaliste. Quantité de signes montrent que le «travail» (comme on le dit d'un accouchement) a commencé, au moins sur le terrain des idées. Bornons-nous à citer quelques-uns de ces signes.

La question du don, de la gratuité, du «non-marchand» semble intéresser les sciences sociales aujourd'hui bien plus qu'hier. Les travaux d'intellectuels comme Alain Caillé, Jacques Godbout, Serge Latouche, Marcel Hénaff[34] et bien d'autres encore font leur chemin. Dans leur diversité, ces travaux ont en commun de s'intéresser à une logique anthropologique où «le lien remplace le bien», pour reprendre la formule de Godbout[35]. Cet intérêt est déjà plus répandu qu'il n'y paraît. Il n'est plus rare de rencontrer aujourd'hui, dans l'une ou l'autre des grandes *Business Schools*, tel enseignant en rupture, qui choisit la question du don comme sujet de recherche, ou tel

34. Marcel Hénaff, *Le Prix de la vérité. Le don, l'argent, la philosophie*, Seuil, 2002.
35. Jacques Godbout et Alain Caillé, *L'Esprit du don*, La Découverte, 1992; ou encore Jacques Godbout, *Dieu, la Dette et l'Identité*, La Découverte, 2000.

étudiant, plus attiré par une carrière dans l'humanitaire que par un cursus dans la finance.

La question du don n'est qu'un modeste exemple.

Sur les rapports à l'argent, la prévalence du quantitatif, la logique boursière, la représentation au temps, l'évanouissement de l'avenir, la marchandisation du vivant, la monomanie consumériste, le crétinisme publicitaire : où qu'on porte son attention, on découvre un même foisonnement d'analyses critiques, de travaux théoriques, de remise à plat des fausses évidences. Un autre imaginaire est bel et bien en gestation, même si nul ne connaît « le jour et l'heure »...

Chapitre 11

Que faire de la Révélation ?

> « Nous sommes des voyageurs. Qu'est-ce que voyager ? Je le dis en un mot : avancer. Que toujours te déplaise ce que tu es pour parvenir à ce que tu n'es pas encore... Avance toujours, marche toujours, ajoute toujours. »
>
> Saint Augustin, *La Cité de Dieu.*

Dans la religion proprement dite, malgré tout, quelque chose résiste. Si la croyance concerne, *pour de bon*, un Dieu désigné, l'au-delà ou la résurrection des corps, alors l'assentiment nous paraît d'une autre nature. Il n'est pas vraiment comparable au dogmatisme scientifique ou économique. Il est plus grave. On comprend tout de suite qu'il est cette fois question d'une *autre chose*, moins aisément saisissable. Du même coup, les pathologies de cette croyance-là, les fanatismes qui prétendent obéir à Dieu ou à ses saints nous alarment davantage, voire nous épouvantent, et à juste titre. Le recours à une transcendance, à un *ailleurs* qui serait inaccessible à l'incroyant ou au sceptique, désarme l'esprit critique et rend plus difficile la mise à distance du dogme. Il établit comme une barrière invisible entre la croyance et son questionnement. On est tenté de penser – avec raison – qu'une croyance religieuse ne s'apprivoise pas de la même façon que les autres.

L'obstacle invisible, en vérité, se définit en un seul mot : *Révélation*. Les fidèles d'une religion n'obéissent pas à une conviction construite, mais à une vérité révélée. Ils souscrivent à une parole venue d'un lieu extérieur à la communauté des hommes. Ils adhèrent à un énoncé, à une Loi, à un principe, élaborés en un lieu soustrait à la raison raisonnable, même si cette dernière est plus ou moins conviée à exercer ses droits. « À quiconque vous le demande, dit aux chrétiens la première épître de Pierre, soyez prêts à rendre raison de l'espérance qui est en vous. » Soit. Mais, objectera le sceptique, que peut bien signifier « rendre raison » lorsqu'on croit à l'Immaculée Conception, à la vie éternelle ou à la Sainte Trinité ?

La question est à la fois légitime et essentielle. Les trois religions monothéistes ont en commun de s'appuyer sur des *textes sacrés*, ce sont, à des degrés divers, des religions du Livre. Mais quelle latitude reste-t-il à la raison et au doute méthodique lorsqu'ils se trouvent confrontés à pareils textes, non seulement révélés mais sacrés ? De quelle marge dispose encore le croyant lui-même, si sa foi est assujettie à un message tombé du ciel et revêtue, par là même, d'une autorité sans appel ? N'y aura-t-il pas, dans ces conditions, un antagonisme insurmontable entre le croire et le savoir, entre la religion et la raison ? En première analyse, les concepts de *Révélation* et de *Livres saints* semblent, en effet, placer la croyance religieuse à part. Désignés comme « gens du Livre », les adeptes du monothéisme seront perçus comme des hommes et des femmes ayant volontairement accepté de fermer les yeux. Le radical Ferdinand Buisson, fondateur de l'école républicaine, voyait dans le catholique, le protestant ou le juif « un homme qui nous prévient qu'à un moment donné il cessera d'user de la raison pour se fier à une vérité toute faite[1] ».

À cause de cela, le durcissement dogmatique ou fondamentaliste de telle religion nous paraît plus redoutable que n'importe quel autre. Si Dieu est *appelé* (au sens fort) pour justifier la violence, prôner l'Inquisition, la croisade, l'assassinat, la conversion forcée ou le simple prosélytisme, alors cet appel interdit par avance toute velléité de délibération ou d'objection raisonnables. La foi religieuse prend le visage d'un *feu sacré*, d'un brasier dévastateur, que nulle raison ne peut éteindre. Tout débat entre croyant et incroyant bute sur cette idée de révélation et de textes sacrés. Il semble y avoir là une aporie, c'est-à-dire une difficulté d'ordre rationnel qui paraît sans issue. La plupart des discussions contemporaines concernant le « retour » ou la rémanence du religieux conduisent, tôt ou tard, à cette impasse.

1. Ferdinand Buisson, *Libre-Pensée et Protestantisme libéral*, Hachette, 1903.

Le fait religieux serait-il irréductible ? La foi religieuse serait-elle totalement différente des autres croyances ? Au message monothéiste venu d'ailleurs, et transmis par le truchement du *Livre*, on oppose l'idée de raison immanente élaborée par la Grèce, et qui fait de la communauté des humains la seule et unique « productrice » de ses propres croyances. La philosophie grecque parie sur l'*auto-institution*, quand le monothéisme se fonde sur la *Révélation*. L'opposition classique entre Athènes et Jérusalem prend ainsi tout son sens. Nous n'aurions d'autre alternative que de choisir entre l'une et l'autre. C'est ce que soutenait l'écrivain d'origine russe installé à Paris Léon Chestov (1866-1938), pour qui la philosophie religieuse exigeait qu'on se détournât du savoir, considéré comme un véritable péché capable d'asphyxier la liberté créatrice de l'homme. Auteur d'un livre sombre et tragique sur ce thème, Chestov estimait inconciliables les héritages d'Athènes et de Jérusalem[2].

Mais est-ce bien ainsi que la question se pose ? N'existe-t-il, décidément, aucune possibilité d'apparier les deux ? Aujourd'hui, en ce XXIe siècle commençant, il est peu de questions aussi fondamentales que celle-là. La persistance de la croyance, y compris sous ses formes les plus caricaturales, montre que la victoire définitive d'Athènes sur Jérusalem, annoncée par les philosophies athées n'a pas eu lieu. Il nous apparaît maintenant que « l'idéal de connaissance et de contemplation des Athéniens ne peut se substituer à l'idéal de la Loi transcendante, symbolisée par Jérusalem – ou par La Mecque[3] ». Force est de réfléchir d'une autre façon, en se demandant si les deux attitudes de l'esprit humain, symbolisées par ces deux villes, sont véritablement exclusives l'une de l'autre. Si tel était le cas, leur non-conciliation aboutirait à la catastrophe.

2. Léon Chestov, *Athènes et Jérusalem*, traduit par Boris de Schlosser, Aubier-Montaigne, 1993.
3. Étienne Barilier, *Nous autres civilisations...*, *op. cit.*, p. 92.

Les textes sacrés du monothéisme

Soyons d'abord plus précis. Quels sont au juste les textes « révélés » qui fondent le monothéisme ?

Pour les juifs, la révélation originelle du Sinaï porte sur les six cent treize *mitzwoth* (commandements) de la Torah. Ce corpus s'impose à la collectivité d'Israël. Les lois ainsi données aux hommes sont religieuses ou sociales. « Certaines rappellent les événements historiques (la sortie d'Égypte ou la traversée du désert), d'autres établissent des relations entre les citoyens (ne pas tuer ou aimer son prochain comme soi-même), d'autres enfin possèdent un caractère purement religieux (comme les lois alimentaires ou *kasherouth*)[4]. » Selon le rabbi Simlaï, cité dans un texte du IIIe siècle, deux cent quarante-huit de ces *mitzwoth* sont des injonctions positives (« tu feras »), et cette quantité correspond au nombre des membres que compte le corps humain. Quant aux trois cent soixante-cinq interdits négatifs (« tu ne feras pas »), ils coïncident avec le nombre de jours dans une année.

Pour les chrétiens, les textes fondateurs sont les quatre Évangiles (du grec *evangelion* : bonne nouvelle) choisis par l'Église dès le IIe siècle, et reconnus par elle comme « canoniques ». Ces quatre Évangiles n'ont pas pour auteur Dieu lui-même, mais des « témoins » de la vie de Jésus. Rédigés à des dates différentes, ils trahissent, de l'un à l'autre, quelques contradictions. On reviendra sur ce point. L'Évangile de Matthieu, sans doute rédigé entre 80 et 90 de notre ère, est le plus directement enraciné dans la tradition juive. Celui de Marc date probablement de la décennie 70, période de la destruction du Temple de Jérusalem qui est mentionnée au chapitre 13. L'Évangile de Luc – qui est probablement aussi l'auteur des Actes des apôtres – est d'abord un récit. On estime qu'il a été écrit après celui de Marc, sans doute vers 80-85. L'Évangile le plus tardif, celui de Jean, est une œuvre collective, surtout théologique et prescriptive, proche en cela du judaïsme hétérodoxe des Esséniens, celui de la communauté de Qumrân, lequel nous est mieux connu depuis la

4. Philippe Haddad, « Regard juif », *Panoramiques*, n° 64, 2003, p. 69.

découverte des manuscrits de la mer Morte en 1947. Jean est aussi l'auteur désigné d'une Apocalypse, qui sera placée en conclusion de ce que les chrétiens appellent le Nouveau Testament.

Pour les musulmans, le texte sacré est *al-Qur'an*, le Coran, considéré non point comme un témoignage ou un texte inspiré, mais comme un message *reçu directement de Dieu par le prophète*. Il compte cent quatorze chapitres ou sourates (de l'arabe *al-sura*), subdivisés en versets (*ayat*). Ces différentes sourates correspondent à plusieurs périodes – de la prédication mekkoise à l'émigration (hégire) à Médine – qui suivent chronologiquement la vie du prophète. La sourate fondamentale est sans doute celle que les musulmans appellent Liminaire (*al-Fâtiha*) et qui est placée au début de la vulgate coranique. À ces textes proprement sacrés, il convient d'ajouter les « traditions » (*hadith*), qui rapportent les propos et, par extension, les actes du prophète.

* *
*

Torah, Évangiles, Coran : ces trois textes sacrés (chacun de manière différente) ont en commun de se référer directement ou indirectement à une parole venue d'en haut. Ils expriment et transcrivent un message qui participe d'une transcendance. La sacralité de certaines parties du message pourra faire débat, mais pas l'essentiel de celle-ci. Les textes sacrés, aux yeux des croyants, ne sont pas une création de l'homme. Ils lui ont été *donnés*, ou rapportent des événements marqués, comme la vie de Jésus, par l'intervention de Dieu parmi les hommes. Ce n'est pas tout. La Torah, les Évangiles et le Coran *s'inscrivent dans la continuité abrahamique*. Ils s'emboîtent, pourrait-on dire, l'un dans l'autre. Le Nouveau Testament chrétien se présente comme un accomplissement de l'Ancien, celui des juifs. Le Coran, qui reconnaît lui aussi la filiation d'Abraham, reprend à son compte, en le réinterprétant, le récit juif et chrétien. (Dans les sourates, Moïse, Jésus aussi bien que la Vierge font l'objet d'une vénération.) C'est en ce sens que juifs, chrétiens et musulmans sont les « gens du Livre ». L'expression figure dans le Coran.

Lorsqu'on oppose métaphoriquement Jérusalem à Athènes, on rattache les trois monothéismes à une même idée : la *Révélation.* En principe, pour les gens du Livre, cette origine divine n'est pas négociable puisqu'elle est au cœur de la croyance. En revanche, le concept de révélation est étranger à la tradition grecque. Le message recueilli et transmis par Athènes n'a pas été « donné » par Dieu, mais élaboré par les hommes. La différence est de taille.

Quand le texte est un poème grec

Usant d'une image extraordinairement parlante, Castoriadis souligne que, pour les Grecs, le texte sacré et fondateur n'est pas une loi mais un poème, celui d'Homère. Ce poème en deux parties – l'*Iliade* et l'*Odyssée*, dont la rédaction remonte au VIIIe siècle avant J.-C. – n'est pas prophétique. Il ne révèle rien, n'interdit rien, ne promet rien, il « rappelle ». Il est *poétique* au sens premier du terme. Son auteur lui-même – un homme ou des hommes – est d'abord une métaphore du génie populaire, c'est-à-dire de la souveraine autonomie de l'esprit humain. Nul ne sait si Homère a vraiment existé, et il est logique qu'il en soit ainsi. Quant aux deux textes de l'épopée homérique, dont l'établissement n'en finit pas d'être revu et amélioré, ils ne contiennent aucune prescription. Ils aident les hommes à se remémorer ce qui a été avant eux et ce qui est aujourd'hui. *Ils ne transmettent pas une révélation mais une mémoire.*

En tant que tel, le « poème » de la Grèce fonde par conséquent une liberté qui est à l'opposé de l'obéissance canonique. « Pas de révélation, donc pas de dogme, pas de vérité *ne varietur* reposant sur une autorité transcendante. Cela permet d'abord des variations considérables dans la tradition théologique, la coexistence des théogonies différentes – Homère, Hésiode et sans doute aussi d'autres traditions –, les variantes locales de mythes[5]. »

Par rapport aux textes révélés du monothéisme, le poème qui « fait » la Grèce est lui-même l'objet d'une re-création incessante et jamais

5. Cornelius Castoriadis, *Séminaires 1982-1983*, *Ce qui fait la Grèce*, 1, *D'Homère à Héraclite*, Seuil, 2004, p. 141.

achevée. On peut dire *qu'il s'écrit en même temps que l'histoire qu'il ouvre.* Cette capacité humaine d'autocréation continuelle est sans aucun doute ce qui distingue le plus radicalement Athènes de Jérusalem. Certes, le texte d'Homère a pu revêtir à certaines époques un caractère sacré, mais ce n'est pas au sens où l'entend le monothéisme. Il est parfois jugé sacré en raison de l'importance que les hommes lui accordent, et non en vertu d'une valeur et d'une origine préétablies. Il *devient* sacré dans la mesure où il est jugé fondamental, et non l'inverse. À partir du VIe siècle, par exemple, une loi édictée à Athènes viendra restreindre la liberté de modifier le texte lui-même parce que les rhapsodes – les récitants qui s'accompagnaient d'une lyre ou d'une cithare – avaient pris l'habitude de broder inconsidérément à son sujet.

La seule vérité transmise dans ces conditions exprime et même proclame l'imagination infiniment créatrice de l'esprit humain. Elle requiert le secours de la mémoire – et donc du poème –, mais ne s'y réduit pas. Elle lui *ajoute* sans cesse. C'est en ce sens que, dans la pièce de Sophocle, *Antigone* (442 avant J.-C.), le chœur évoque les « passions instituantes » de l'homme et célèbre « la puissance créatrice de l'être humain, qui s'enseigne à lui-même le langage, la pensée et les lois qui instaurent les cités[6] ».

Être athénien

« Le privilège insensé qu'a connu la Grèce antique consistait dans ce luxe d'une pensée politique fondée sur l'esclavage et la réduction de la femme à un état d'infériorité. Tout ce qui est nôtre a été pensé pendant ce bref épisode de l'histoire humaine. Nous sommes les enfants de ce monde. Notre connaissance ne s'est enrichie depuis que de très peu. Notre science, nos mathématiques en sont une banale prolongation. Schelling disait que, lorsque nous pensons, nous sommes tous des Grecs. Peut-être sommes-nous tous des Hébreux lorsque nous prions ou souffrons, mais la pensée, conçue de façon spéculative, formelle et plastique, nous vient des Grecs. Être professeur, c'est être grec. Recevoir quelqu'un dans une université ou une académie, c'est être athénien. »

Georges Steiner, *Entretiens avec Ramin Jahanbegloo*, *op. cit.*, p. 105.

6. *Ibid.*, p. 186.

Il faut ici se répéter. Si la Grèce est attachée à sa tradition homérique, elle ne s'en sent pas prisonnière. Elle n'établit d'ailleurs aucune hiérarchie entre celle-ci et les autres traditions dont parle également Homère (celles des Achéens, par exemple, les premiers Hellènes). Elle ignore le concept de progrès. En ce sens, on a pu dire que la Grèce a inventé l'*impartialité*, fondement de la démocratie. « Dès lors que les autres valent autant que nous, on veut les connaître, connaître leurs institutions, leurs dieux, les comparer aux nôtres ; s'enclenche ainsi un mouvement réflexif qui se porte sur nos propres institutions, pour les relativiser, les critiquer – les changer peut-être[7]... »

Devant ce rappel très sommaire de la tradition hellénique, on objectera que les Grecs, malgré tout, avaient des dieux, et qu'ils *croyaient* en leur existence, de même qu'ils faisaient confiance en la capacité divinatoire des auspices et des oracles. En outre, les mythes auxquels les Grecs adhèrent sont peuplés de centaures, de licornes et autres créatures fantastiques. La pensée grecque ne baigne donc pas dans la stricte rationalité, comme on le croit parfois. La religion est même considérée par les Grecs comme une chose très importante. Dans les Actes des apôtres du Nouveau Testament, on voit Paul de Tarse déclarer aux Athéniens qu'ils sont « très religieux », ce qui signifie, aux yeux d'un chrétien porteur de la subversion évangélique, qu'ils le sont « trop ». À l'inverse, les Grecs accusaient volontiers les chrétiens d'athéisme, en leur reprochant de ne pas reconnaître les dieux de la Cité. Mais il faut s'entendre sur les mots. Pour les Grecs, la religion et les dieux font effectivement partie de la *polis* (la cité), ils en sont l'une des composantes, *mais jamais la source, ni le fondement*. Les dieux pas plus que l'oracle de Delphes ne sont porteurs d'injonctions ou de conseils concernant l'organisation politique.

Ajoutons que les dieux auxquels les Grecs se réfèrent sont des divinités universelles ; ils ne sont pas « leurs » dieux – comme peuvent l'être le Dieu des juifs, celui des chrétiens ou des musulmans –, mais ceux de tous les hommes de la terre. Il n'est donc pas possible de les opposer à d'autres figures divines et rivales. L'universalisme grec et la démocratie athénienne trouvent ici leur illustration.

7. *Ibid.*, p. 119.

Entre Athènes et Jérusalem, une autre différence en découle, tout aussi radicale : le poème fondateur de la Grèce *ne promet rien*. Il ne contient aucun message d'espérance ou de salut. On peut même dire qu'il s'en défie. Dans les *Pythiques*, rédigées au Ve siècle avant J.-C., le poète Pindare ironise sur les hommes qui « rêvent de ce qui est loin » et « laissent leurs espérances irréalisables poursuivre des fantômes ». En ce sens, la pensée grecque non seulement est *tragique*, mais elle promeut une conception circulaire de la temporalité, qui est à l'opposé du temps monothéiste, orienté vers le futur. Inspiré du mouvement des astres, la représentation grecque du temps y est cyclique. La marche du monde, comme celle des hommes, est un *éternel retour*. Les idées de salut ou d'espérance n'y ont pas leur place. Elles sont même jugées absurdes. Pour les philosophes grecs, « l'univers est pris dans un mouvement circulaire tel qu'il y aura un moment où tous les astres seront revenus à leur état initial. Alors l'univers reviendra à son commencement, non seulement à sa position initiale, mais à l'état premier ; il sera neuf[8] ».

Certes, le mythe de l'âge d'or ou de paradis n'est pas absent de l'imaginaire grec. Toutefois, à la différence de ce qui est propre au monothéisme, le paradis est « derrière » et non devant. Au VIIIe siècle avant J.-C., dans *Les Travaux et les Jours*, Hésiode évoque avec nostalgie le temps où les hommes « vivaient comme des dieux, le cœur libre de soucis, à l'écart et à l'abri des peines et de la misère », et où « ils trouvaient leur plaisir dans les banquets, bien loin de tous les maux »[9]. Le paradis existe bel et bien pour la Grèce antique, mais c'est un paradis perdu.

Là peut se lire toute l'intensité du tragique grec. Cette pensée n'annonce aucun futur et ne donne aucun « sens » à l'existence humaine. Culture de la liberté, de la raison et, conséquemment, de la démocratie, la leçon grecque est d'abord celle du non-sens et du non-être, tous deux irrémédiables. Il n'y a aucun dévoilement à imaginer, ni aucune consolation à espérer. Les autres sociétés humaines

8. Jean-Michel Maldamé, *Science et Foi en quête d'unité. Discours scientifiques et discours théologiques*, Cerf, 2003, p. 43.

9. Hésiode, *Les Travaux et les Jours*, précédés de *Théogonie*, trad. Claude Terreaux, Arléa, 1998, p. 91.

sont suspendues au-dessus de l'« abîme du monde », qu'elles s'efforcent de conjurer, de recouvrir d'oubli ou de faire parler en le divinisant (comme le font les monothéismes). La Grèce, elle, s'en accommode, et même *le regarde en face*. Elle consent à ce que Castoriadis appelle l'« interrogation illimitée ». Face à cet abîme, ajoute-t-il, l'institution volontaire de la société « apparaît comme la réponse permettant la survie de l'espèce humaine ; mais on ne saurait voir là aucune "explication"[10] ».

* *
*

Présentée de cette façon, l'opposition entre la tradition grecque et le monothéisme paraît absolue. Athènes semble aux antipodes de Jérusalem. Leur éventuelle réconciliation – qui fut, pendant des siècles, l'une des obsessions de la théologie chrétienne – relève de l'utopie, du moins est-ce ainsi qu'on est d'abord tenté de raisonner. À bien y réfléchir, cependant, la retrouvaille entre les deux n'est pas un projet aussi vain qu'on pourrait le croire. Le monothéisme, certes, procède de la Révélation, mais les rapports qu'entretiennent les trois monothéismes avec leurs textes sacrés ne relèvent pas de l'adhésion aveugle, ni de l'obéissance littérale. Ils laissent une large place à ce questionnement permanent, à cette inlassable reformulation qu'on appelle, selon les cas, théologie, herméneutique ou *interprétation*.

Voilà qui modifie sensiblement les perspectives. La question qu'on voudrait examiner ici à nouveaux frais est celle-ci : entre le principe grec de l'*autocréation* et celui, monothéiste, d'une révélation indéfiniment révisée, la différence est-elle si grande ? Certes, l'antagonisme demeure quant à la question de l'*origine* : divine d'un côté, humaine de l'autre. Pour ce qui concerne l'Histoire réelle, le vécu, la tribulation des croyances collectives, en revanche, la distance qui sépare concrètement Athènes de Jérusalem n'est peut-être pas aussi grande qu'on l'imagine.

Interpréter un texte saint revient, quoi qu'on dise, à relativiser la

10. Cornelius Castoriadis, *Ce qui fait la Grèce*, *op. cit.*, p. 267.

Révélation. C'est réintroduire, *de facto*, l'intelligence et l'imagination humaines dans le processus d'élaboration de la croyance. En d'autres termes, cela revient à ménager un espace de liberté créatrice entre une parole divine et les leçons qu'en tirent les hommes. Interpréter, c'est aussi re-créer.

Comment l'Écriture progresse

Examinons cela d'un peu plus près. Une chose est sûre : l'interprétation des textes révélés est une immense question, aussi ancienne que le judaïsme, le christianisme et l'islam. Elle fut source d'infinies polémiques, voire de déchirements, entre les tenants de la littéralité et les défenseurs de l'exégèse ; elle oppose depuis les origines les fondamentalistes à tous ceux qui privilégient une pratique « productive » de la transmission, que Michel de Certeau définissait ainsi : « La tradition, disait-il, ne peut être que morte si elle reste intacte, si une invention ne la compromet en lui rendant la vie, si elle n'est pas changée par un acte qui la recrée [11]. » S'exprimant de cette façon, Certeau reprenait d'ailleurs à son compte une recommandation très ancienne du pape Grégoire le Grand (540-604) : « L'Écriture progresse avec ceux qui la lisent. » Dans cette optique, la tradition se veut créatrice, inventive, et non pas, comme l'a fait à certains moments l'Église catholique, gardiennage du « dépôt révélé ».

Dans les trois monothéismes, cette querelle de principe est à ce point centrale qu'elle *se confond avec l'histoire religieuse*. Aujourd'hui, en réaction contre les nouveaux fondamentalismes, l'Église catholique rappelle périodiquement la légitimité et même la nécessité d'une interprétation. « Le fondamentalisme invite sans le dire à une forme de suicide de la pensée. Il met dans la vie une fausse certitude, car il confond inconsciemment les limitations humaines du message biblique avec la substance divine de ce message [12]. » Tout le

11. Cité par Dominique Julia, « Feux persistants. Entretien sur Michel de Certeau », *Esprit*, mars 1996, p. 153.
12. Commission biblique pontificale, *L'Interprétation de la Bible dans l'Église*, trad. fr. Cerf, 1994, p. 61.

problème est de savoir *qui* sera en charge de l'interprétation et *quelle* exégèse sera jugée légitime. La question est explosive.

Ce n'est pas pour rien que la lecture du texte biblique, comme on le sait, a été soustraite pendant des siècles à la libre lecture des fidèles par l'Église qui combattait les interprétations hérétiques. Confiée aux clercs, la Bible était certes considérée comme un texte sacré, mais aussi, pour cette raison même, comme un *livre dangereux*. Pendant des siècles, elle est d'ailleurs fort peu accessible. C'est en 1453 qu'une première bible latine est imprimée par Gutenberg. Elle est tirée à cent cinquante exemplaires, tous destinés aux communautés religieuses et à de riches prélats. Quatre-vingts autres éditions de la vulgate latine sont publiées entre 1455 et 1500 en Europe, mais les traductions en langue vulgaire seront plus tardives : 1466 pour l'allemand, 1498 pour le français. Auparavant, des traductions ne circulaient que sous le manteau, à l'initiative de certains mouvements jugés hérétiques.

Si les textes sacrés des chrétiens doivent être décryptés – ils le sont depuis l'origine par les Pères de l'Église et par les innombrables conciles des premiers siècles –, cette interprétation ouvre la porte à tous les désordres et à toutes les divisions. Elle est donc un enjeu capital. L'Église, depuis le premier concile de Nicée, en 325, aura le souci de fixer la « bonne » interprétation, c'est-à-dire le *canon* et la *vulgate*, qui permettent de circonscrire le territoire de la foi.

Après l'invention de l'imprimerie, les autorités tenteront à plusieurs reprises de freiner, voire d'empêcher le libre accès aux livres saints. Après la parution, en 1523, d'une nouvelle traduction (celle de Lefèvre), par exemple, « le Parlement de Paris rend en 1526 un arrêt général contre les livres hérétiques, interdisant spécialement d'imprimer "les livres de la sainte écriture translatés de latin en français". Dans les catalogues des livres hérétiques dressés par la faculté de théologie de Paris, à partir de 1543, figurent toujours les traductions de la Bible. Ces mises à l'Index sont reprises par le Parlement, qui interdit la vente des livres condamnés[13] ».

13. Marianne Carbonnier-Burkard, « XVIe siècle : le retour aux sources », *in* Jean-Claude Eslin et Catherine Cornu (dir.), *La Bible. 2000 ans de lectures*, *op. cit.*, p. 216.

La Réforme protestante, au début du XVIe siècle, procédera d'une volonté – subversive – d'en revenir à la pureté originelle des textes eux-mêmes. Contre la confiscation cléricale, il s'agit de valoriser l'Écriture seule (*sola scriptura*). Cette volonté s'inscrit dans le vaste mouvement de retour aux textes qui caractérise la Renaissance, et concerne tout aussi bien la philosophie gréco-latine, que l'Europe redécouvre à ce moment-là. Dès le début, pourtant, la Réforme se heurte elle aussi à des conflits d'interprétation. Lorsque Martin Luther (1483-1546) doit faire face, au début du XVIe siècle, aux révoltes paysannes inspirées par Thomas Müntzer, il est confronté à une lecture révolutionnaire de la Bible. Les paysans de la région de Schaffhouse se réclament de l'Évangile pour exiger plus d'égalité entre les hommes, et notamment l'abolition du servage. Ils rédigent un texte quasi théologique – les « douze articles » – qui vient à l'appui de leurs revendications. Avant de les faire durement réprimer, Luther leur reprochera de justifier leurs revendications « charnelles » à l'aide d'une interprétation naïve et trop littérale de l'Évangile. Un conflit de lecture a bel et bien surgi au cœur de la Réforme. Il y en aura bien d'autres.

Le recours à la *sola scriptura*, quoi qu'on fasse, ne dispense pas d'une interprétation. Comme toutes les lois humaines, la Loi de Dieu exige d'être éclairée et complétée par l'équivalent d'une jurisprudence. Cette « Écriture » est d'abord parole. Elle est incarnée, c'est-à-dire vivante *aujourd'hui.*

Le principe talmudique

Le judaïsme, pour ce qui le concerne, réserve la première place à l'interprétation. Il en fait même un principe. L'histoire de la tradition juive ne consiste pas en une transmission littérale de dogmes ou d'injonctions, mais en une suite ininterrompue d'interprétations. Certes, la Torah révélée à Moïse est bien la source d'une vérité absolue, mais, pour un juif, dire cela revient à souligner que sa signification est *incommensurable à tout ce que la pensée humaine peut concevoir.* Entre l'absolu de la Révélation et la finitude de l'esprit humain, le fossé est infranchissable. La vérité révélée est à tout jamais inconnaissable. La seule relation que les hommes peuvent entretenir avec elle consiste à l'interroger sans cesse, à reprendre inlassablement le *continuum* des interprétations. Cette particularité permet à certains spécialistes de l'herméneutique de dire que les juifs ne constituent pas le peuple du Livre, mais le « peuple de l'interprétation du Livre ». Un fort courant du judaïsme contemporain en vient même à refuser catégoriquement que l'on applique au judaïsme l'expression « religion du Livre », car elle revient à minimiser le rôle de la tradition orale [14].

À côté de la Torah prennent donc place le Talmud, le *midrash* et la Kabbale (ou « tradition »), ainsi qu'une foisonnante littérature exégétique et théologique. Au total, c'est à l'aide d'une montagne d'interprétations que le judaïsme a été transmis d'une génération à l'autre. L'exploration complète de cette immense compilation de textes est hors de portée de l'esprit humain. Son étude permanente, en revanche, sera, pour un juif, la première manifestation de sa foi. *Le judaïsme est d'abord étude et examen.* L'enseignement de la lecture aux enfants (de sexe masculin) a fini par constituer une obligation *religieuse*. Dès le retour de son exil de Babylone sous la conduite d'Ezra et Néhémie, au VIe siècle avant J.-C., au moment où la Torah est formalisée à Jérusalem, et lue devant les croyants réunis, le peuple juif est d'abord *le peuple qui sait lire*.

Le plus remarquable, dans cette mise au premier rang de l'interprétation talmudique, tient au statut réservé aux différentes composantes de la tradition. Le Pentateuque – qui contient la Torah – constitue la *Loi écrite*, révélée à Moïse ; le Talmud, sous ses différentes versions (celui de Jérusalem, puis celui de Babylone, établi au IVe siècle de notre ère), constitue la *Loi orale*, transmise par le prophète et bientôt consignée. Or, il est parfaitement concevable que le Talmud aille jusqu'à contredire le texte biblique proprement dit. Il en va ainsi pour la fameuse loi du Talion (« Œil pour œil, dent pour dent »), explicitement énoncée dans le Pentateuque, mais que le Talmud modifie en substituant une rétribution

14. Voir, parmi les ouvrages récents, Georges Hansel, *Explorations talmudiques*, Odile Jacob, 1998.

financière au châtiment corporel. Pour dire les choses de façon simplissime, l'interprétation, en somme, peut l'emporter sur la Révélation.

Une visite à Sodome et Gomorrhe

Selon une lecture du Talmud de Babylone, la malédiction de Sodome viserait en fait à punir non point le péché ou la luxure, mais l'application « littérale » d'un précepte, le défi à Dieu par la volonté de conformer la réalité à un mot et d'appliquer la Loi avec exactitude. Dieu, en somme, punit l'obsession de la lettre.

« La tradition rapporte que le voyageur qui s'égarait à Gomorrhe était hébergé ; il y avait même un lit réservé à cet usage. Mais le voyageur était étrangement traité : on lui raccourcissait les jambes si elles dépassaient du lit, ou on les lui étirait si lui-même était trop petit. Contrairement à ce qu'on pourrait penser, ce qui faisait l'horreur de ce péché n'en était pas le sadisme, fréquent par ailleurs lors des détroussements de voyageurs ou d'étrangers, ou les invasions de territoires voisins. Ce qui rendait le péché de Gomorrhe particulièrement horrible, c'est justement qu'il n'y avait pas de sadisme dans cette conduite, mais au contraire un aspect froid, ou, serait-on tenté de dire, neutre, ou plus exactement impersonnel. [...] Le but n'était pas de faire souffrir le voyageur, mais, comble de l'horreur, il était d'effectuer parfaitement l'hébergement du voyageur, de rendre totale l'adéquation entre le voyageur et l'hébergement. Rien ne devait dépasser. [...] Le résultat recherché était la perfection. Il ne devait rien y avoir qui “cloche”.
[Dans le cas de Sodome] on peut faire l'hypothèse que le péché spécifique de Sodome ne réside pas tant dans le type d'acte sexuel que dans la façon de le faire. Dans le cas présent, le mode est celui de l'obligation, et ceci pour les deux parties : non seulement le nouvel arrivant y est contraint, mais l'habitant de Sodome l'est aussi.
[Ce qui sera puni] c'est donc, d'un côté, le formalisme de la lettre appliqué au désir ; de l'autre, la réduction à une pratique, inexorablement réglementaire, de ce qui était une fonction noble et ouverte : l'hospitalité, éthique amicale et sacrée à l'égard de l'étranger. »

Jacques Laffitte, « Le péché de Gomorrhe ou la tentation intégriste », *Études*, novembre 1996, p. 507-515.

Concernant les commandements proprement dits (les *mitzwoth*), qui fixent les règles de vie des croyants, leur adaptation permanente à une situation particulière en perpétuelle évolution constitue ce qu'on appelle la *halakha* (la marche). Son premier théoricien fut Hillel dit « l'ancien » (70 av. J.-C.-10 apr.), grand maître du *midrash* et initiateur du Talmud. Or, comme l'écrit Georges Haddad à qui j'emprunte ce rappel, « le Talmud est considéré dans la théologie juive comme l'ouvrage saint par excellence, au même titre que la Bible, voire plus essentiel encore. [...] Le signifiant ici prime souvent sur le signifié, ce qui fera dire à Jacques Lacan que la psychanalyse a emprunté son art interprétatif au *midrash* juif[15] ».

Voilà qui relativise énormément le concept de Révélation.

À ce propos, il est utile de citer une longue et minutieuse enquête réalisée au milieu des années 1960 par la revue juive américaine *Commentary* auprès d'une cinquantaine de rabbins, les uns orthodoxes, les autres libéraux. Les questions posées concernaient justement la place respective de la Révélation et de l'interprétation dans le contenu de la foi juive. Bien sûr, les rabbins dits libéraux privilégiaient en général l'interprétation et se déclaraient favorables à l'amendement des *mitzwoth* devenus « inacceptables » pour les hommes de la modernité. Il n'y a là rien qui puisse surprendre. Pour le rabbin Louis Jacobs, par exemple, il est clair que la Bible est à la fois divine et humaine. Elle est inspirée par Dieu et, en tant que telle, doit être considérée comme « vraie ». Cependant, en tant qu'œuvre des hommes « sa rédaction a été progressive et a nécessité des reprises, des retouches successives. C'est au milieu d'approximations empruntées au monde ambiant que s'est exprimée la vérité, et c'est au milieu des mœurs du temps que se révèle la Loi de Dieu ». Un autre rabbin, orthodoxe celui-là, Emmanuel Rackmann, exprime d'une autre façon la même ambivalence : « Le judaïsme encourage le doute comme il ordonne la foi et l'engagement, dit-il. La certitude de l'homme sur une chose est un poison pour son âme. [...] Cependant, même si je demeure une créature qui doute, je ne crois pas seulement que Dieu est, mais qu'il s'est révélé à l'homme, aux juifs et aussi aux non-juifs. Comment il se révèle continuera d'être l'objet de conjecture et d'interprétation[16]. »

15. Gérard Haddad, « Lecture juive de la Bible », *in* Jean-Claude Eslin et Catherine Cornu (dir.), *La Bible. 2000 ans de lectures*, *op. cit.*, p. 154-156.

16. Colette Kessler, « L'Idée de Révélation dans le judaïsme contemporain », *Études*, octobre 1996, p. 392-395.

Le rôle dévolu à l'interprétation talmudique et au *midrash* explique la place privilégiée qu'occupent, dans l'histoire du judaïsme, les grands exégètes et commentateurs auxquels les croyants se réfèrent avec une dévotion aussi marquée, sinon plus, que celle dont bénéficient les Pères de l'Église dans la tradition chrétienne. L'un des premiers d'entre eux, celui dont la réflexion fut littéralement fondatrice, est le rabbin français Rashi, acronyme de Rabbi Schlomo ben Isaac (1040-1105), qui annota de sa main l'ensemble du Pentateuque, mais aussi les soixante-quatre traités du Talmud de Babylone. Détail savoureux : Rashi, qui résidait à Troyes, en Champagne, y exerçait modestement le métier de viticulteur, et son existence passa à peu près inaperçue de ses contemporains non juifs.

Un siècle plus tard, le philosophe et médecin de Cordoue Moïse Maïmonide (1135-1204) joua un rôle pareillement fondateur, avec ses deux grands ouvrages : *Mishneh Torah* ou *Répétition de la Loi* et le *Guide des Égarés* (ou *des Perplexes*), d'abord écrit en arabe. Médecin à la cour de Saladin, Maïmonide, qu'on appelle aussi Rambam, acronyme de Rabbi Moshe ben Maïmon, exerça une influence qui dépasse de très loin le seul cadre du judaïsme. Il fut très admiré par saint Thomas d'Aquin (1225-1274) qui l'appelait « Maître Moyses ». Il contribua à faire dialoguer les trois religions du Livre.

Un message évangélique réinventé

La prévalence de l'interprétation, si clairement exprimée et si riche dans le judaïsme, trouve-t-elle son équivalent dans les deux autres religions monothéistes ? Elle prend à coup sûr une autre forme et revêt d'autres modalités. Concernant le christianisme, on est tenté de reprendre l'expression de l'anthropologue Marcel Mauss (1872-1950), qui voyait dans le Nouveau Testament un « fait social total », c'est-à-dire incluant le message évangélique, sa réception et son interprétation. Le christianisme, en effet, ne naît pas de la seule « Révélation ». Il s'appuie sur un ensemble de récits évangéliques non seulement choisis au cours des premiers siècles, mais *interprétés dès l'origine*, ne serait-ce que parce qu'ils comportent des éléments de narration contradictoires.

Ces contradictions, souvent pointées par les polémistes antichrétiens des premiers siècles et, bien plus tard, par Nietzsche, ne sont pas considérées par les croyants comme une « faiblesse » ou des « invraisemblances », mais comme un gage de liberté et de foi. Les discordances entre Marc, Matthieu, Luc et Jean viennent en quelque sorte protéger le récit contre toute clôture sur lui-même. Elles sont une garantie contre le pur historicisme. Elles ménagent un espace à l'exégèse créatrice et à la croyance. Il n'est donc pas abusif de dire que *le message et ses interprétations sont, au départ, indissolublement liés*. Dans cette perspective, « ce qui permet un effet de révélation, poétique ou religieux, n'est jamais un fait brut, mais un fait dit dans un langage. L'interprétation des faits par les disciples fait partie du message du Nouveau Testament, elle est même le message. Il y a eu émission et réception, et la réception fait partie du message [17] ».

Le christianisme ne naît pas d'une parole de Jésus qui aurait été dictée dans son intégralité impérative aux témoins. Son origine est construite, d'abord par saint Paul, puis par les Pères des deux premiers siècles. La meilleure preuve en est que d'autres mouvements christiques – notamment la Gnose et les manichéens – se réclament du même message, dont ils font une lecture différente. D'un concile à l'autre, et par le truchement d'un immense corpus de commentaires élaborés par la patristique, un canon chrétien s'élabore peu à peu, une doctrine s'établit, une vulgate chrétienne est fixée. Les premiers siècles du christianisme connaissent ainsi une extraordinaire effervescence interprétative, au cours desquels la théologie orthodoxe (au sens d'officielle) de l'Église se précise peu à peu, et se fraie un chemin au milieu d'une myriade d'hérésies, plus ou moins éloignées.

Aux controverses théoriques, se mêlent évidemment des considérations de personnes, des questions politiques, des rivalités géographiques, voire ethniques. C'est pour cette raison que Jésus n'est pas le « créateur » du christianisme. Ce dernier est progressivement insti-

17. Jean-Claude Eslin, « L'origine du christianisme », *Esprit*, juillet 2004, p. 34.

tutionnalisé et construit par les hommes. On pourrait même ajouter, avec Régis Debray, que, *jusqu'à une certaine limite*, la transmission du message « transforme ce qu'elle transmet », et que « l'origine advient à la fin, et par elle ».

Pour ne prendre qu'un seul exemple, dès le début du IIIe siècle, avec l'interprétation et la méthode dite « symbolique » d'Origène, on s'écarte déjà d'une lecture littérale des Évangiles, si tant est qu'une telle lecture ait jamais été faite. Pour Origène, « l'effort de réflexion du croyant sur sa foi n'est pas une violence faite au mystère, mais au contraire la meilleure manière de manifester la profondeur et la hauteur du message de Dieu qui se communique aux hommes[18] ». Pendant deux millénaires – et jusqu'à aujourd'hui –, ledit message sera donc continûment rectifié, modifié, amendé. Ces interprétations, jamais achevées, ne sont pas seulement des révisions formelles. Elles *ajoutent* au message et même le re-créent sans cesse. Si « l'homme met au monde le monde », pour reprendre une expression du théologien belge Adolphe Gesché, on peut dire qu'il en fait autant de l'Évangile. La lecture et la réception de ce dernier sont des « en-avant », des accomplissements successifs. L'expression est plusieurs fois employée par Teilhard de Chardin quand il évoque la lutte engagée « au fin fond de [son] âme » entre le « Dieu de l'En-Haut » et le « Dieu de l'en-avant ».

L'étrangeté de cette parole originelle qui, de siècle en siècle, n'en finit pas de se révéler à elle-même et aux hommes, est inséparable *d'un certain rapport ouvert à la vérité*. En installant le désaccord dans la durée, il s'agit d'empêcher que quiconque puisse l'emporter une fois pour toutes dans le « conflit des interprétations ». Certes, l'Église, en tant qu'institution temporelle, n'a pas toujours raisonné ainsi, c'est le moins qu'on puisse dire. Comme les autres institutions, elle a constamment tenté de dogmatiser, de figer, d'imposer ce qui devait demeurer – au sens le plus noble du terme – *problématique*. Une catéchèse impérative a été mise en œuvre, notamment à partir du XVIe siècle, après le schisme de la Réforme, du côté catholique aussi bien que protestant. « Chaque bord, pour mieux garder

18. Jean-Michel Maldamé, *Science et Foi en quête d'unité*, *op. cit.*, p. 61

les siens, s'est appliqué à les endoctriner. On inculquait aux fidèles la *bonne réponse* à toute question possible en leur faisant apprendre par cœur cette bonne réponse dès l'enfance. À la catéchèse qui met l'intelligence en appétit, on a substitué le catéchisme qui donne l'illusion de tout savoir[19]. » Ce raidissement a eu – et il a encore – des conséquences catastrophiques.

Il allait à l'encontre de la croyance ouverte, perçue comme questionnement et non comme pure *récitation* du dogme. Le très grand théologien catholique allemand que fut Karl Rahner (1904-1984), l'un de ceux qui préparèrent le concile Vatican II, a longuement théorisé cette « ouverture » originelle de la conscience humaine et du sujet qui lui permet d'échapper au monde de la pure objectivité, ce qu'il appelle le « domaine du catégorial ». Dans ses rapports au monde, comme dans sa relation avec le texte évangélique, l'homme est une interrogation et une interprétation perpétuelle. « Toute réponse, écrit Rahner dans son *Traité fondamental de la foi*, n'est toujours, à nouveau, que le questionnement d'une question nouvelle[20]. »

Une telle approche du christianisme ne semble pas si éloignée du principe talmudique, lequel est assez proche de l'auto-institution de la tradition grecque. Est-il déraisonnable d'en faire la remarque ?

Les nouveaux penseurs de l'islam

La question des rapports entre Révélation et interprétation est plus complexe dès lors qu'on aborde la troisième religion du Livre, l'islam. Elle mérite toutefois d'être posée. Les mouvements fondamentalistes musulmans – surtout ceux qui pratiquent le terrorisme – se réclament en effet d'une lecture littérale du Coran. Ils sont les premiers à soutenir que les textes sacrés, directement dictés par Dieu, doivent faire l'objet d'une application littérale. Ils mettent en avant le traditionaliste syrien Ibn Taïmiyya (1263-1328), pour qui le théologique et le politique étaient consubstantiellement liés, et tous deux assujettis, si l'on peut dire, à la parole divine. Dans cette

19. Marie Abdon Santaner, *Qui est croyant ?*, *op. cit*, p. 79.
20. Cité par Henri Madelin, *Si tu crois. L'originalité chrétienne*, *op. cit.*, p. 73-74.

conception, la foi (*al-imân*) n'est qu'un « dépôt » logé dans le cœur du croyant. Ce dernier, lorsqu'il se réfère aux sourates du Coran, ne fait donc qu'énoncer *textuellement* ce que les hommes ont reçu de Dieu et à quoi ils sont tenus d'obéir.

Cette vulgate coranique, d'abord transmise oralement – c'est le sens étymologique du mot *al-Qur'ân* (Coran) – a été fixée moins de trente ans après la mort du prophète, sous le règne du troisième khalife Utmân, entre 644 et 656. Dans les décennies qui suivent, elle sera consignée par écrit sur des omoplates de chameaux ou des morceaux de peau tannée. La fixité et le caractère « total » du texte ainsi rédigé ont joué un rôle dans l'extension, par la conquête, du « domaine islamique » (*dâr al-islam*), et dans l'établissement, sur ces terres conquises, d'institutions cohérentes. Tout devait y procéder – du moins pour les croyants – de la Révélation : justice domestique, politique ou droit familial.

Du côté des observateurs extérieurs à l'islam, on entend souvent dire que la sacralité inaugurale du texte coranique distingue fâcheusement l'islam des autres religions monothéistes, et bloque son adaptation à la modernité. Une telle particularité serait politiquement cruciale puisque la plupart des sociétés développées, devenues multiconfessionnelles, abritent de fortes minorités musulmanes en quête d'intégration. À s'en tenir à la lettre du Coran, ces minorités seraient théologiquement empêchées d'adhérer aux règles démocratiques les plus ordinaires. Tel est, en tout cas, le discours des fondamentalistes.

Cette primauté incontournable de la Révélation est cependant contestée et contestable. Dans les communautés musulmanes issues de l'immigration existe – et même se renforce aujourd'hui – un courant réformateur, qui récuse une lecture littérale du texte saint. Plus exactement, nombre d'intellectuels rappellent que le Coran a fait l'objet dès l'origine de longues exégèses, de gloses foisonnantes qui laissaient place à des interprétations différentes, et même à des schismes. Paradoxalement, c'est le caractère sacré du texte qui rendait nécessairement minutieuses, voire tatillonnes, les premières « sciences du Coran » et les codifications de la loi divine entreprises par les oulémas (savants). À l'origine, ces derniers passent pour les seuls vrais détenteurs du savoir coranique et les spécialistes du droit.

De fait, ils deviennent les gardiens d'une tradition et de l'intégrité d'une doctrine auxquelles ils ont eux-mêmes donné forme et qu'ils ont en partie construite. Mais la toute-puissance des oulémas n'empêche pas un travail d'exégèse et d'interprétation.

Le premier de ces grands codificateurs du texte est Abû 'Amr ibn al-'Alâ, au IIe siècle de l'Hégire (VIIIe siècle de notre ère). L'un des plus anciens exégètes – l'équivalent d'un Père de l'Église – est, un siècle plus tard, Tabari, auteur de *L'Exposition complète sur l'interprétation des versets coraniques*. Comme dans le christianisme, ce minutieux travail de clarification aide à lutter contre les hérésies sectaires ou les dissidences doctrinales. On s'efforce de trouver, sous l'autorité des « savants » et sous la garantie d'une tradition transmise et attestée, le sens véritable de chaque parole dictée par Dieu au Prophète. Au fil des siècles s'élabore ainsi un vaste corpus de commentaires – linguistiques, philosophiques, esthétiques, littéraires, historiques, allégoriques –, qui complètent ou éclairent le texte sacré et qui, tout en affirmant rechercher son sens littéral, le reconstruisent plus ou moins.

Il est donc abusif de désigner l'islam comme une religion entièrement enchaînée à la Révélation, même si la portée de l'interprétation y est moins décisive que dans le judaïsme ou dans le christianisme. Au risque de faire sursauter les musulmans pieux, on dira que le message effectivement transmis depuis la mort du Prophète doit autant aux hommes qu'à Dieu. Chez les grands philosophes et mystiques musulmans que furent, par exemple, Avicenne, Ibn Hazm, al-Ghazâli et surtout Ibn Rusd, dit Averroès (1126-1198), on trouve réaffirmée la légitimité de l'intelligence « active », c'est-à-dire de la raison, dans l'apprentissage du texte révélé. Pour ne citer qu'Averroès, inventeur du concept de « double vérité », chacun sait qu'il joua un rôle considérable dans la redécouverte, par l'Europe médiévale et les chrétiens eux-mêmes, de la rationalité philosophique et de la pensée grecque. On oublie, en revanche, qu'il fut aussi l'auteur du *Fasl al-maquâl* (*Le Discours décisif*) dans lequel, contre les fanatiques, *il démontre le caractère « légal » de l'examen rationnel.*

Aux yeux d'Averroès, « invoquer à tout propos la nécessité du consensus, c'est opter pour le sectarisme et la violence. Pour lui, la société musulmane n'a d'autres ennemis que ceux qui prêchent l'existence d'une seule "voie" possible pour tous les croyants, la leur. [...] Une des leçons d'Averroès est qu'il ne faut rien attendre d'une théologie (*kalâm*) entendue comme "apologie défensive de la religion"[21] ».

Aujourd'hui, notamment dans l'islam européen, le travail interprétatif engagé par une nouvelle génération de chercheurs ou intellectuels musulmans est plus radical encore. Utilisant les instruments fournis par les sciences humaines, s'appuyant sur les progrès de la connaissance historique, ces nouveaux exégètes procèdent à une relecture, non seulement du texte coranique, mais aussi des grands commentaires exégétiques eux-mêmes. Ils s'efforcent de distinguer du texte lui-même les « ajouts », le plus souvent disciplinaires et rigoristes, imputables aux oulémas. Il en va ainsi pour les questions touchant au statut de la femme, à la sexualité ou à la consommation d'alcool. Pour ce qui concerne la France, c'est tout le sens des travaux d'auteurs comme Abdelwahab Meddeb, Malek Chebel, Rachid Benzine ou encore le Tunisien Abdelmajid Charfi[22]. Ce dernier, qui écrit ses livres en arabe, ne se contente pas de plaider pour une ouverture de l'islam à la modernité, il veut démontrer que cette adaptation est compatible avec le contenu strictement prophétique, et non normatif, du texte coranique. Il invite chacun à distinguer l'esprit de la Révélation des formulations sociales et politiques qu'en donnèrent, au fil des siècles, les jurisconsultes et les oulémas, en quête de légitimation transcendante.

Qu'il s'agisse du *jihad*, des prescriptions alimentaires, du rituel de la prière, des femmes et de la question du voile, Charfi ne craint pas, pour reprendre ses propres termes, de « heurter de front la lecture majoritaire des textes fondateurs ». Un croyant, ajoute-t-il, peut parfaitement s'émanciper de cette « lecture majoritaire », sans devenir, pour autant, un apostat, ni mériter le qualificatif ambigu de *mubtadi* (novateur).

21. Alain de Libera, « Le don de l'islam à l'Occident », *in L'Occident en quête de sens*, Maisonneuve & Larose, 1996.

22. Voir notamment Abdelwahab Meddeb, *La Maladie de l'islam*, Seuil, 2002, et « Points », 2005 ; Malek Chebel, *Manifeste pour un islam des Lumières*, Hachette Littératures, 2004 ; Rachid Benzine, *Les Nouveaux Penseurs de l'islam*, Albin Michel, 2004 ; Abdelmajid Charfi, *L'Islam entre le message et l'histoire*, Albin Michel, 2004.

* *
*

Ce ne sont là que des exemples. En réalité, un prodigieux renouvellement de l'interprétation coranique est d'ores et déjà engagé, conduit notamment par les musulmans européens. Il donne lieu à d'innombrables publications, à la création de collections spécialisées chez les éditeurs, à des colloques et rencontres ou à la création de sites sur l'internet. Trop souvent relégué par le discours médiatique et politique, fixé sur le seul fondamentalisme, un travail d'une telle ampleur rend déjà obsolète la description routinière de l'islam comme un monothéisme entièrement soumis à une inflexible Révélation.

Athènes avec *Jérusalem*

Au total, le fossé entre l'autonomie grecque et les trois religions monothéistes, entre Athènes et Jérusalem, est donc moins infranchissable qu'on l'affirme d'ordinaire. Il le paraît moins encore si l'on réfléchit aux filiations et influences entrecroisées qui les réunissent en réalité depuis l'origine. La modernité occidentale trouve sa source dans cette quadruple rencontre et cette fécondation réciproque. Nous, Européens, sommes les enfants d'Athènes *et* de Jérusalem, au point qu'il nous est plus difficile de définir ce que nous devons à telle filiation plutôt qu'à telle autre. Les deux sont mêlées.

La tradition hébraïque des premiers siècles, par exemple, a été largement hellénisée. En témoignent le très ancien et influent judaïsme d'Alexandrie, et la traduction de la Bible juive en grec (la Septante) trois siècles avant J.-C., mais aussi le rôle de « trait d'union » joué par ce contemporain du Christ que fut le grand philosophe et théologien juif Philon d'Alexandrie. Ce dernier interprétait le Pentateuque à la lumière des concepts grecs, surtout ceux des stoïciens, et son œuvre consiste, pour l'essentiel, en un long commentaire de la Torah. « Philon va même jusqu'à présenter le *logos* divin comme un second Dieu, ce qui montre en tout cas qu'il était totalement étranger au conflit entre monothéisme et polythéisme, que la philosophie avait depuis longtemps dépassé[23]. »

Le « frisson » de Jean Jaurès

« Quels que soient les résultats de la critique historique, c'est un fait [...], et nullement négligeable, que les livres hébreux ont exercé une influence sur les esprits et sur les consciences, que le messianisme hébraïque s'est élargi, dans la pensée du Christ, en un message universel à la fois humain et cosmique, qui affirme que le monde humain et tout l'univers même seront renouvelés pour se conformer à la justice et à l'amour. Et ce prodigieux élan vers l'avenir, transmis à la science moderne et à la démocratie socialiste, lui a communiqué une sorte de frisson religieux. »

Jean Jaurès, *Revue de l'enseignement primaire*, n°s 1 et 2, 1908.

On peut aussi mentionner le fameux *Livre de la sagesse*, attribué à Salomon et publié en grec, au début du Ier siècle avant J.-C. Dans ce texte judéo-hellénique (si l'on peut dire), Salomon, parlant au nom du Dieu d'Abraham, y fait l'éloge de la raison et des philosophes grecs. Il s'étonne seulement que ces derniers, qui « ont été capables d'acquérir assez de science pour pouvoir scruter l'univers », n'aient pu rencontrer Dieu. Le Salomon de ce livre, ajoute un commentateur, « savait que les connaissances hébraïques du texte de la Genèse étaient moins sûres que celles du monde grec, puisqu'elles faisaient appel à un savoir qui n'était pas passé par l'exigence de la rationalité. C'est la raison pour laquelle il a éprouvé le besoin de créer un langage nouveau pour surmonter l'impossibilité de présenter la cosmologie des premiers textes de la Genèse à des esprits grecs[24] ».

Aujourd'hui, un courant se fait jour au sein du judaïsme. Il exprime le désir d'en revenir à la source strictement hébraïque, en

23. Jean-Joël Duhot, « Philon d'Alexandrie et le judaïsme hellénistique », *in* Frédéric Lenoir et Ysé Tardan-Masquelier (dir.), *Le Livre des sagesses. L'aventure spirituelle de l'humanité*, Bayard, 2002, p. 209.
24. Jean-Michel Maldamé, *Science et Foi en quête d'unité*, *op. cit.*, p. 52.

débarrassant la Torah de l'apport grec, grâce notamment à de nouvelles traductions. Pour l'essayiste et traducteur Henri Meschonnic, l'influence grecque par le biais de la Septante a été une « catastrophe » pour le judaïsme, car elle a permis au christianisme de s'emparer du contenu de la tradition juive. De même, l'œuvre de Philon d'Alexandrie est aujourd'hui mieux connue et appréciée des chrétiens que des juifs[25]. Il n'empêche qu'elle a bel et bien existé, tout comme a perduré – pendant des siècles et *via* la Septante – une interaction créatrice entre la philosophie grecque et la Torah.

Pour ce qui est du christianisme, le lien fondateur avec la Grèce est encore plus évident. Une bonne part du vocabulaire chrétien et des thèmes abordés dans les Évangiles, les paraboles et les mystères eux-mêmes, procèdent d'un imaginaire dont l'origine est incontestablement grecque, voire plus ancienne. L'évocation de la Résurrection et de la vie éternelle est déjà présente, de façon allusive, deux mille ans avant J.-C., dans le mythe de Baal tel qu'on peut le lire dans les fameuses tablettes d'Ougarit. « Les Grecs anciens eux-mêmes n'étaient pas fermés à une idée de résurrection. Platon décèle un modèle significatif dans le cycle naturel : le froid se transforme en chaud et le chaud en froid ; le jour succède à la nuit et la nuit au jour. Par analogie, l'homme se réveille dans une vie nouvelle après sa mort[26]. » Dans la littérature athénienne, on trouve des personnages d'exception – humains ou divins – capables de ressusciter les morts comme Jésus le fit avec Lazare. Pline l'Ancien cite le cas d'Asclépios, un héros de l'*Iliade*, qui pouvait rendre la vie aux défunts en utilisant une goutte de sang de la Gorgone, cette créature féminine ailée à la chevelure de serpents, décrite par Homère.

De même, la doctrine philosophique grecque de l'immortalité de l'âme a exercé une influence sur la pensée juive, et a naturellement influencé le dogme chrétien de la résurrection des corps, bien que celui-ci marque une rupture. Les Grecs appelaient déjà *psychè* (l'âme) cette part invisible de l'homme censée se perpétuer après la

25. La plupart des œuvres de Philon en traduction française ont été publiées par un éditeur chrétien, Le Cerf.

26. André Paul, *Jésus-Christ, la rupture. Essai sur la naissance du christianisme*, Bayard, 2001, p. 187-188. C'est à cet auteur que j'emprunte la référence à Pline.

mort. Par ailleurs, c'est à la Grèce que le christianisme emprunte son premier vocabulaire, qui lui permet de s'émanciper du judaïsme, un vocabulaire que les chrétiens conserveront jalousement à travers les siècles, au point qu'on oublie son origine. À Athènes, l'*evangelion* (évangile) était le cadeau remis au messager porteur d'une bonne nouvelle ; le mot *ekklesia* (église) désignait l'assemblée des citoyens à part entière ; le vocable *paroikia* (paroisse) évoque une « colonie » en terre étrangère ; *kath'holou* (catholique) se réfère à ce qui est lié au tout ; le terme *christos* (messie) est la traduction grecque du mot hébreu *masiah* qui évoque l'onction (d'huile sainte) par laquelle un chef est choisi pour assurer le salut de son peuple.

Les simples mots en témoignent : tant le christianisme que la tradition juive sont imprégnés de termes grecs, et, à travers eux, de philosophie. Le simple fait de s'interroger à voix haute sur la dualité entre Athènes et Jérusalem prouve qu'on a fait sienne – fût-ce inconsciemment – une part essentielle de l'héritage grec : le *logos*, la parole. Même sans le savoir, les chrétiens sont donc *aussi* les héritiers d'Athènes. Pour qualifier l'hypothèse de cette double présence – non conflictuelle – au cœur de la modernité, mieux vaut employer d'autres termes que ceux de « réconciliation » ou de « cohabitation ». Le mot et l'idée de « tissage », tous deux familiers aux philosophes d'Athènes, seraient sans aucun doute préférables. On veut parler de ce tissage infini entre la croyance et la raison, entre le même et l'autre ; cet éclairage réciproque, inlassablement repris, dont parle Platon dans *Lysis*, son dialogue sur l'amitié, tissage qui est la meilleure garantie contre les raideurs affrontées de l'intolérance.

Un âge nouveau ?

S'il nous faut réapprendre à « tisser » ensemble nos différents héritages, reste à savoir comment cela pourrait être possible en plein accord avec la modernité. Pour être plus précis, la part grecque – c'est-à-dire raisonnable et sceptique – qui est en nous peut-elle nous aider à réinterpréter, et à reformuler aujourd'hui ce « complément » qui nous vient en droite ligne de Jérusalem : quête de sens, goût de l'avenir, espérance, appétence spirituelle ? Sommes-nous capables de relire et de redire un message – juif, chrétien ou musulman – de telle sorte qu'il soit à nouveau audible pour les hommes de ce temps ? Pouvons-nous, en le renouvelant, marier un tel message avec les savoirs d'aujourd'hui, comme Philon d'Alexandrie, Maïmonide, Thomas d'Aquin ou Averroès le faisaient avec les savoirs (grecs) de leur temps ?

La question est d'importance. S'il s'avère que nous avons définitivement perdu l'usage de la parole religieuse, cela signifie que cette parole imprudemment reléguée s'exprimera désormais dans la déraison ou dans l'effusion magique, voire dans la violence. Le fondamentalisme, en effet, témoigne d'abord d'une impuissance dialogique et d'un besoin panique de réassurance sacrée, à l'abri de toute critique. En cela, il suit la modernité comme une ombre, tout en croyant la combattre, et renoue ce faisant avec une « religion immédiate », irréfléchie, qui s'apparente à un *revival.*

Le problème des trois monothéismes confrontés à la modernité relève moins du contenu que de l'expression. Les religions du Livre, aujourd'hui, souffrent moins d'épuisement intérieur que d'aphasie. Or, l'universalité proclamée du message monothéiste n'est jamais acquise ni cumulative, elle est forcément réitérative, elle a besoin d'être sans cesse redécouverte et *redite*. Nous en sommes là. Si les croyants sont tentés d'en revenir à la récitation injonctive – et donc à l'exil moderne –, c'est parce qu'ils ne savent plus *dire ce qu'ils sont*. Ils peinent à s'insérer, sans crainte ni ressentiment, dans le nouveau chapitre de l'histoire du monde. Il se pourrait cependant que ces trois religions, sans le savoir, soient entrées non pas dans le commencement de la fin, mais bien *dans une nouvelle étape de l'interprétation*.

Pour ce qui concerne le judaïsme, c'est en tout cas ce que pense Shmuel Trigano. « Ma conviction profonde, écrit-il, est que nous sommes à la veille d'un nouvel épanchement du commentaire, d'un âge nouveau de la Révélation, si vous préférez. La parole sinaïtique couve dans l'être comme un volcan qui jaillit cycliquement. Sous la croûte durcie du judaïsme couve un feu effervescent[27]. » Le même

27. Shmuel Trigano, « La politique de l'alliance » (entretien), *Études*, octobre 1994, p. 360.

feu, assurément, couve au cœur du message évangélique ou coranique. Si les hommes de ce temps peuvent s'y réchauffer, comment être certain qu'ils ne s'y brûleront pas ? Là encore, on en revient à l'urgence d'un nouveau travail interprétatif. « La civilisation suppose que les hommes ne se donnent jamais pour les réceptacles du texte, mais toujours pour les sujets à qui le texte est confié [28]. »

Bruno Latour a raison d'insister sur le fait que, pour parler droit de ces choses-là, *il ne faut pas se priver de la raison et de son outillage.* On ne doit pas humilier la raison en la cantonnant ou en la soupçonnant. Qu'elle soit modeste, mais qu'elle serve à ce pour quoi elle est faite : penser. Il importe à cette fin de se ressouvenir que l'interprétation et la réformation font intrinsèquement partie du message « révélé » – et depuis toujours, comme on l'a vu. Il s'agit donc de briser avec la redite paresseuse pour redonner aux vieux mots de la révélation leur jeunesse, leur clarté et leur capacité d'être concrètement entendus, ici et maintenant. Il s'agit de rendre à une parole ancienne son éblouissante simplicité.

Cela ne veut pas dire « moderniser » la religion, comme on le répète à loisir, ce qui serait la meilleure façon, en la datant, de la rendre archaïque. Pour reprendre les formulations du théologien Maurice Zundel, toute histoire humaine commence avec l'initiative créatrice de chaque homme et de chaque femme. Il est donc juste de dire que l'origine et la Révélation demeurent paradoxalement *devant nous.* C'est en ce sens qu'il faut comprendre la « divine » liberté de l'homme que le poète allemand Friedrich Hölderlin (1770-1843) – féru de sagesse juive et empruntant cette image au grand kabbaliste Isaac Luria (1534-1572) – définissait dans le vers célèbre : « Dieu a créé l'homme, comme la mer a fait les continents, en se retirant. »

Dieu, de ce point de vue, le « Dieu puissamment faible de la Bible [29] », est *aussi*, et interminablement, fabriqué par les hommes. Non, l'interprétation monothéiste n'est pas si loin de la fabrication philosophique. Cette dernière formulation ne doit pas être considérée comme scandaleuse par les croyants. Elle n'est pas à entendre

28. Étienne Barilier, *Nous autres civilisations...*, *op. cit.*, p. 127.
29. C'est le titre d'un livre du pasteur protestant Étienne Bahut, *Le Dieu puissamment faible de la Bible*, Cerf, 1999.

au sens où l'entendaient Voltaire, Nietzsche ou Feuerbach dans le cadre de leur lutte antireligieuse, c'est-à-dire comme synonyme de fausseté, de rapetissement, de ruse des prêtres ou de naïveté des croyants. Il faut l'entendre *de la même façon qu'un chrétien accepte que Dieu se soit « fait homme »*. Les Athéniens n'étaient pas scandalisés à l'idée que le poème homérique fondateur – toute transcendance mise à part – avait été *fait et refait sans cesse par le génie créateur des humains*. Le lien personnel que chaque Grec entretenait imaginairement avec Homère ne s'en trouvait pas affecté. Il doit pouvoir en aller de même aujourd'hui pour chaque juif, chaque chrétien, chaque musulman.

Il faudrait, suggère Bruno Latour, « que je puisse disposer du sens d'un mot "fabriquer" qui ne soit pas critique. Ce serait le seul moyen de découvrir le ressort de ces immenses nappes de discours, d'inventions, d'élaborations, de tout ce travail, de tous ces travers, de toutes ces traverses de la fidélité, sans jamais les laisser devenir inactuelles[30] ». On peut aller plus loin encore en rappelant que cette broderie inlassable entre l'ancien et le nouveau, cette interpellation permanente de la foi par le doute et du « révélé » par l'« interprété » définissent ce qu'on pourrait appeler *l'humanisme universel*. « Le monothéisme, rappelle Emmanuel Levinas, n'est pas une arithmétique du divin, il est le don, *peut-être surnaturel*, de voir l'homme semblable à l'homme sous la diversité des traditions historiques que chacun continue[31]. »

Dans cette phrase, on ne doit pas sous-estimer l'importance du « peut-être ». Il désigne très exactement l'espace de la foi. Reste à savoir comment cette foi vivante, quand elle existe, peut être – et doit être – apprivoisée.

30. Bruno Latour, *Jubiler ou les Tourments de la parole religieuse*, *op. cit.*, p. 169-170.

31. Emmanuel Levinas, *Difficile Liberté*, Albin Michel, 1976.

En guise d'épilogue

Éloge paradoxal de l'institution

> « Je ne demande pas le grand, le lointain, le romanesque ; ni ce qui se fait en Italie ou en Arabie ; ni ce qu'est l'art grec, ni la poésie des ménestrels provençaux ; j'embrasse le commun, j'explore le familier et je suis assis à leurs pieds. »
>
> Ralph Waldo Emerson [1].

Tâchons de reprendre en main les principaux fils qui courent dans ces chapitres. Ils se résument en peu de mots. La croyance est constitutive de l'humanité de l'homme. C'est un besoin individuel, mais aussi – surtout – une affaire relationnelle. Insistons à nouveau sur ce point. On ne croit jamais seul. Le croire n'est pas solipsiste, comme le laisse imaginer le discours dominant. Croire, c'est aussi « faire confiance » et posséder un langage pour le dire. Cela implique un *rapport à l'autre*. La croyance *appelle le lien, tout en étant produite par lui*. Quoi que nous puissions prétendre, c'est *aussi* une démarche collective. Le verbe croire, disions-nous en reprenant Emmanuel Levinas, ne se conjugue pas au singulier. Or, si la croyance est nécessaire à tous, elle est redoutable pour chacun puisqu'elle se mue aisément en certitude figée. Dans sa dynamique propre, livrée à ses penchants, la croyance risque à tout moment de s'enivrer d'elle-même. Une telle ébriété la conduit à préférer, d'instinct, le dogme au cheminement, le catéchisme ânonné à la conviction réfléchie. Trop abandonnés à la dévotion, nous devenons presque immanquablement des fanatiques en puissance. Nous fermons derrière nous la porte du refuge.

Pour cette raison, le croire humain, qu'il soit politique, idéologique ou religieux, exige un apprivoisement perpétuel, une interro-

1. Cité par Sandra Laugier, « La pensée de l'ordinaire et la démocratie intellectuelle », *Esprit*, mai 2000, p. 130.

gation consentie sous le regard de l'autre. *La vraie conviction n'est pas magique mais construite*; toute Révélation appelle l'interprétation. Pont jeté sur l'abîme, effort tendu pour unifier la conscience, la croyance réclame vigilance et mise à l'épreuve. C'est un questionnement, un voyage, que tente presque toujours la facilité du raccourci dogmatique. Il a besoin, ici et là, d'être collectivement guidé, mais ce n'est pas si simple. Le monde commun – société ou institution – instauré entre les «hommes qui croient» est ambivalent par nature. Si la croyance réclame d'être domestiquée et *instituée* par un collectif, elle risque, ce faisant, de pâtir du cléricalisme propre à toutes les institutions. Partis, Églises, syndicats, communautés scientifiques, écoles, familles, académies: l'institution est à la fois le lieu où s'apprivoise la croyance et celui d'où peuvent surgir le dogmatisme et l'injonction. L'institution est éducative par principe, mais disciplinaire par vocation. Elle veut durer. Elle impose le silence dans les rangs. Elle s'invente tôt ou tard un clergé ou des préposés à l'obéissance.

En tant que croyant, nous sommes placés *sous sa protection et sous sa menace*. Il faut garder tout cela à l'esprit et regarder en face cette vraie contradiction. Le principe institutionnel est ce qui nous aide à construire, puis à discipliner la croyance, en faisant patiemment jaillir de cette source une culture commune. Seule l'institution a les moyens de mettre en marche la puissante alchimie civilisatrice qui transforme la croyance en expérience, puis l'expérience en conscience et, enfin, la conscience en solidarité. Nous avons immensément besoin d'elle. Elle n'en demeure pas moins cet ogre capable de dévorer ses enfants pour assurer sa propre survie; de brider quotidiennement leur liberté; de traquer la dissidence et l'hérésie qui menacent sa cohésion et sa durée. Le paradoxe de toute institution est qu'elle protège ses membres de la pathologie sectaire, mais tend elle-même à devenir secte. L'institution est, *ipso facto*, hantée par le conservatisme, c'est-à-dire la glaciation et le dogme.

Cette ambiguïté est si forte que le vocabulaire courant s'y réfère sans y penser. Que l'on songe à des expressions comme «esprit de famille», «ligne du parti», «catéchisme républicain», «sens de l'État», «articles de foi», «validation académique». Elles ont une connotation positive et une autre négative. Elles ramassent en une seule formule le thème de la consistance et celui de la clôture. L'esprit de famille, la « ligne » partisane et l'académisme suggèrent la cohérence d'une conviction élaborée, mais tout autant la menace d'un enfermement. Quant à la ligne du parti, elle invite au voyage, mais interdit de sortir des clous.

En dernière analyse, une réflexion sur la « force de conviction », comme celle qui fut tentée tout au long des pages qui précèdent, amène immanquablement à s'interroger sur l'état de nos rapports non point seulement avec les Églises proprement dites ou le religieux en particulier, mais *avec toutes les institutions humaines*, dont les grandes confessions officielles ne sont que des variantes.

Un discrédit généralisé

Or, dans les sociétés contemporaines, comme on l'a vu, lesdites institutions sont tenues en suspicion[2]. Aujourd'hui, nous semblons surtout pressés d'échapper à leur tyrannie. Nous dénonçons sans relâche – et en général à bon escient – leur pesanteur et leur retard. La modernité, dans son ensemble, est vécue comme une liberté individuelle conquise *contre* les institutions. De ces dernières, nous ne retenons plus que le négatif. Dans les chapitres qui précèdent, leur cléricalisme, d'où qu'il vienne, a d'ailleurs été dix fois dénoncé. On y a fait l'éloge de la dissidence et du libre examen, par opposition aux préjugés qui prévalent dans les grosses machineries institutionnelles que sont la technoscience, les médias, les partis, l'économie, les Églises ou les États. On y a vanté l'héroïque cheminement de la conviction qui parvient à s'autonomiser en mettant à distance toute vulgate imposée d'en haut.

Une remarque supplémentaire s'impose. Le cléricalisme comminatoire et le durcissement, qui sont aujourd'hui repérables dans la plupart des institutions, *sont à la fois le signe et le produit de leur fragilité*. Une communauté de croyances se rigidifie d'autant plus vite qu'elle se sait vulnérable ou affaiblie. Or, c'est bien le cas

2. Voir plus haut chapitre 3.

aujourd'hui. L'institution, dans son principe même, fait face à un assaut généralisé. Le discrédit qui la frappe est sans appel. Elle vacille sous le poids des reproches. Elle plie devant la force des offensives. Aux représentations collectives structurées, nous préférons la conviction nomade et personnelle. Nous voulons rester libre de croire, mais aussi de changer. L'attitude qui a nos faveurs est celle que définit l'expression anglaise *believing without belonging*, « croire sans appartenir ». En d'autres termes, nous voulons bien avoir des convictions, mais nous refusons l'enrégimentement.

En matière religieuse, la chose est flagrante. Les sociologues des religions mettent sans cesse en évidence les nouvelles pratiques qui procèdent d'une croyance à la carte, d'une religiosité diffuse et libérée de toute pratique institutionnelle. Par contraste, les Églises officielles sont perçues comme de grands vaisseaux envasés, nefs désertes ou cryptes à peu près vides. Des pas résonnent dans le transept des cathédrales, mais ce sont surtout ceux des touristes. Les séminaires sont vides en Europe. L'individualisation de la croyance religieuse est un lieu commun de l'analyse anthropologique ou sociologique. « À travers la thématique du "bricolage", du "braconnage" et autres "collages", on s'engage progressivement dans la voie d'une nouvelle description du paysage croyant de la modernité[3]. » La plupart des ouvrages consacrés au prétendu « retour » du religieux, qu'il s'agisse du bouddhisme, du christianisme ou même de l'islam, insistent sur cette propension contemporaine à l'assemblage volontaire et au syncrétisme individualisé. Chacun se fabrique sa religion en piochant librement dans le catalogue des options offertes. On en déduit que, si la religion « revient », les diverses institutions confessionnelles tendent, elles, à disparaître.

On oublie parfois d'ajouter que le même phénomène est observable sur des terrains qui n'ont aucun rapport avec le religieux. Aujourd'hui, la « vérité » d'une croyance paraît d'autant plus évidente qu'elle prend l'allure d'une dissidence. En matière politique, la très grave crise démocratique que connaissent nos sociétés développées se traduit d'abord par un affaiblissement, voire une reléga-

3. Danièle Hervieu-Léger, « La religion, mode de croire », *op. cit.*, p. 149.

tion des partis traditionnels, et une déréliction spectaculaire des syndicats. Chaque épisode électoral, qu'on s'en souvienne, est marqué par un rejet instinctif des organisations politiques établies. On pourfend avec ardeur l'archaïsme de leur discours, leur corruption éventuelle, leur surdité à l'endroit des revendications du pays réel. Les débats qui surgissent sporadiquement sont de plus en plus souvent lancés, et conduits, en dehors des partis (quand ce n'est pas contre eux). Chaque mouvement social est pareillement marqué par une mise en cause des grands appareils syndicaux. La faiblesse des syndicats européens ouvre la voie aux corporatismes brouillons ou à ces fugitives « coordinations » qui apparaissent, au coup par coup, pour conduire les luttes et qui, aussitôt après, disparaissent comme par enchantement.

Les grandes institutions du savoir ne sont pas mieux loties. Cloisonnée en disciplines autonomes, discréditée ou bureaucratisée, l'université se voit désignée comme un lieu de routine, de rabâchage et de compétition carriériste. On affirme volontiers que la pensée vivante, l'invention conceptuelle et la créativité se situent désormais dans un « ailleurs » difficile à définir. L'heure est aux marges et à la transdisciplinarité, seule capable de bousculer les habitudes et d'inventer du nouveau. On soupire de dépit en stigmatisant la stérilité de l'académisme et l'opacité de ses jargons. Cela est vrai non seulement pour la sociologie, la philosophie ou l'anthropologie, mais aussi pour l'économie politique, devenue simple annexe des mathématiques.

L'école républicaine ou la justice, comme on le sait, ne sont pas moins discréditées. On ne parle d'elles qu'en insistant *ad nauseam* sur leur « crise » ou leur déclin. On les décrit comme vieillissantes et poussiéreuses. Elles ne sont plus en mesure, dit-on, d'exercer une autorité véritable, ni d'*instituer* la citoyenneté pour l'une, l'État de droit pour l'autre. Au prétexte de leur ruine annoncée, on voit proliférer divers substituts, présentés comme plus efficaces et moins lourdement institutionnels : écoles privées et payantes, pédagogies à la carte ou télé-enseignement d'un côté ; procédures d'arbitrage, transactions équitables, médiateurs spécialisés de l'autre. Dans tous les cas, c'est à la carence supposée de l'institution qu'on entend remédier.

L'État lui-même, institution collective par excellence, non seulement est en recul, mais se voit contraint de renoncer aujourd'hui à la fonction «instituante» qui, par le truchement de la loi, était la sienne. L'État n'est plus vraiment le lieu où s'instituent les grandes croyances collectives. Il devient une simple machine à enregistrer et à codifier des transformations sociétales qui se déroulent, le plus souvent, en dehors de son contrôle, voire contre sa volonté. Que l'on songe à l'évolution récente des structures de parenté. Elle n'est plus gouvernée par l'État et le Parlement, mais par la subpolitique brouillonne, chère à Ulrich Beck[4].

Le ralliement à la domination

A priori, les reproches aujourd'hui adressés à l'institution sont fondés. On s'en convainc dès qu'on essaie de réfléchir à la justification historique de ces reproches. Certes, comme on l'a dit, l'institution a toujours été tentée – et donc soupçonnée – d'obéir à un syndrome de rigidité et d'abuser de l'autorité que lui confère l'adhésion de ses membres. Sa pente naturelle consiste à opposer sa propre immobilité au mouvement, à préférer le souci de conservation au progrès, et l'ordre social à la liberté. Pour ce faire, elle se transforme tôt ou tard en dispositif de contrainte. Cela est valable pour les États comme pour les Églises ou les firmes commerciales et industrielles. Ainsi l'institution finit-elle par congeler les croyances qu'elle avait pour mission d'instituer en les apprivoisant. La «vie vivante» s'y trouve finalement incarcérée, ce qui justifie tous les prurits d'évasion et de révolte.

«Aucune des institutions que l'histoire a projetées tour à tour sur le devant de la scène – Église, État, Marché, Argent, Travail, Administration sociale, Pouvoir judiciaire – ne garantit la société civile contre un danger clérical de vitrification; comme on dirait d'une grosse bombe atomique qui mettrait en fusion, puis en glace rigide, le corps social. Pour sauvegarder la société, l'institution fige les relations

4. Voir plus haut chapitre 10.

sociales dans des codes toujours inadéquats. [...] Les membres de la société sont alors fixés comme les moustiques dans l'ambre durci[5]. »

Si l'on pousse un peu plus loin l'analyse, on s'aperçoit que cette inclination commune à toutes les institutions participe d'un même tropisme, qui la conduit à *privilégier la domination et la puissance*, et cela de deux manières. Elle peut d'abord donner la priorité à la sauvegarde de son propre pouvoir, quitte à « oublier » les principes qui le fondent. On pourrait trouver mille exemples historiques d'un pareil choix de la puissance – ou de la sauvegarde – au détriment des principes. Qu'illustre l'affaire Dreyfus, après tout, sinon la folie d'une institution militaire ombrageuse et inquiète qui préfère fouler au pied la vérité plutôt que de s'interroger sur elle-même ? À quoi obéit l'institution judiciaire quand elle persiste dans l'erreur procédurale, sinon au souci de protéger sa « réputation » ?

Mais une institution peut également faillir en se ralliant à une domination qui lui est extérieure, et à qui elle apporte concours et légitimité. On pense ici à l'académie scientifique, ralliée à la toute-puissance de l'économie ; à l'école, qui se fait l'instrument de la reproduction sociale et de l'ordre établi ; à la justice, historiquement aimable aux puissants ; à la machine médiatique, tétanisée par l'image des riches, ou encore à l'État, lorsque, délaissant le « bien commun », il sert les intérêts d'une classe ou d'une catégorie. Pour dire les choses autrement, une institution est toujours attirée par ce troc implicite : son ralliement à la puissance du moment en échange d'une garantie de durée. Faisant cela, elle utilise pour son seul bénéfice des croyances qu'elle devait instituer ; elle se rend coupable d'un détournement symbolique. Au lieu d'apprivoiser et d'instituer les convictions humaines, elle en fait commerce.

C'est dans cette perspective que les critiques historiquement adressées – pendant des siècles – à l'Église catholique ont une valeur archétypale. Elles peuvent servir de modèle à toute réflexion sur le paradoxe institutionnel. Dépositaire de la « subversion évangélique », mais érigé en religion d'État par Théodose en 391, après la conversion de Constantin en 315, le catholicisme sera souvent

5. Étienne Perrot, « Les avatars du cléricalisme d'État », *Études*, mars 2001, p. 315.

placé, de ce fait, au service d'un pouvoir temporel dont il devait originellement limiter l'arbitraire. Une bonne part de l'histoire du christianisme, avec ses schismes, ses soubresauts et ses dérives inquisitoriales, tourne autour de cette contradiction initiale. Chaque fois qu'elle se dévouera aux puissants, l'Église renoncera, pour reprendre l'expression de Bossuet, à «ce renversement admirable des conditions humaines [entre riches et pauvres] déjà commencé dans cette vie», renversement qui est le principe même du message évangélique. Le cléricalisme autoritaire trouve là sa source. La subversion fondatrice se mue en *imperium* ecclésial, calqué sur l'*imperium romanum*, et la «bonne nouvelle» en domination sacerdotale.

Or, à l'origine, la fonction spirituelle de l'*ekklesia* était bien de rappeler aux empereurs et aux rois qu'un *autre pouvoir* existait au-dessus d'eux, et que des bornes se trouvaient posées à leur toute-puissance. Au lieu de cela, pour reprendre les formulations de l'évêque métropolite du mont Liban, s'est nouée, entre les pouvoirs temporel et spirituel, une «alliance où chacun a essayé de tirer parti de l'autre[6]». L'autoritarisme clérical a imposé le conformisme et la soumission. L'Église elle-même s'est organisée, avec ses pompes et son cérémonial, selon des principes et des modèles empruntés au pouvoir impérial. Une telle transmutation était porteuse de dangers spécifiques. Comme le souligne un commentateur de Nietzsche, «l'Église catholique romaine apparaît alors comme la figure la plus durable, c'est-à-dire la plus dangereuse, de l'*imperium*, puisqu'elle est la domination de la domination elle-même et que celle-ci rend l'être étranger à sa propre vérité[7]».

À ce stade, il faut évoquer brièvement un débat théologique très ancien, qu'on a pris l'habitude d'appeler la «controverse paulinienne». Certains polémistes ont argué du fait que ce ralliement au pouvoir temporel était inscrit dès l'origine dans les textes chrétiens, et notamment dans la fameuse injonction contenue dans l'épître de saint Paul aux Romains (Rm 13,21) qui recommande la soumission aux pouvoirs «parce que tout pouvoir vient de Dieu». Ce passage a

6. Georges Khodr, *L'Appel de l'Esprit. Église et société*, Le Sel de la terre-Cerf, 2001, p. 147.
7. Didier Franck, *Nietzsche et l'Ombre de Dieu*, PUF, 1998, p. 22.

fait l'objet d'innombrables exégèses, tant à l'intérieur qu'à l'extérieur du christianisme. Confronté, après bien d'autres, à cette apparente apologie de la soumission, le théologien protestant Karl Barth (1886-1968) est l'un de ceux qui ont dissipé l'ambiguïté de la manière la plus convaincante. Il l'a fait dans un texte publié à Berne en 1919: *Der Römerbrief* (*Commentaire de l'épître aux Romains*).

Pour Barth, ce passage sur le respect dû aux puissants est «encadré» par deux autres paragraphes consacrés à la question de savoir comment il faut se comporter face au mal, et ce que signifie exactement vaincre le mal. Le message de Paul revient à dire que, si l'on tente de vaincre le mal sur son terrain (temporel), on sera vaincu par lui. Ce qui relève du pouvoir politique, et qui est relatif, peut donc être accepté et «rendu» à ce dernier «pour mieux préserver l'essentiel, qui est le « sans mesure », le bien». Loin de faire l'apologie de la puissance, Paul recommanderait donc que l'on prenne ses distances avec elle, qu'on la dépasse. À ses yeux, le christianisme «ne peut pas se manifester comme puissance contre puissance. Il n'entre pas en concurrence avec l'État, il le nie, lui, sa base et son essence[8]».

Contre elle mais pas sans elle

L'exemplarité du «cas» de l'Église catholique aide à mieux comprendre cette pente cléricale sur laquelle se trouvent entraînées toutes les institutions humaines. Il permet aussi d'apprécier à son juste prix le concept de *dissidence*, qui en est le produit direct. Mieux encore, il nous conduit à mettre en évidence l'étrange synergie – ou complémentarité – qui finit par s'établir entre une institution et ceux qui veulent échapper à son autorité.

Dans le domaine des sciences, le paradoxe est si continûment à l'œuvre qu'il devient quasiment un principe organisateur du progrès des connaissances. En général, les grands découvreurs, les savants et inventeurs de concepts qui ont marqué l'histoire se situaient dans les marges de l'institution académique, voire s'opposaient à son emprise.

8. Jean-Claude Monod, «Destin du paulinisme politique: Karl Barth, Carl Schmitt, Jacob Taubes», *Esprit*, février 2003, p. 116-117.

Le cas d'Albert Einstein (1879-1955) vient tout de suite à l'esprit. Le théoricien génial de la relativité fut d'abord un chercheur solitaire, pour ne pas dire un rebelle, modeste fonctionnaire à l'Office fédéral des brevets de Berne. C'est bien après la publication de ses premiers travaux sur le mouvement moléculaire, le rayonnement et l'électrodynamique des corps en mouvement (1905), qu'il fut – difficilement – reconnu par la communauté scientifique dont il brisait, il est vrai, le consensus euclidien.

Sur le terrain de la philosophie, la même remarque peut être faite. Les innovations fondatrices sont généralement venues de personnalités qui se plaçaient en dehors du discours convenu des « professeurs » et se défiaient de l'institution universitaire. Que l'on songe à des philosophes essentiels comme Arthur Schopenhauer (1788-1860), Friedrich Nietzsche (1844-1900) ou Sören Kierkegaard (1813-1855). Ce dernier, né dans une famille pauvre de Copenhague, incarne une double révolte : contre l'université danoise et l'hégélianisme qui y prévalait (c'est un autodidacte), et contre l'Église officielle. Au sujet de cette dernière, il ne cessera de pourfendre la routine cléricale et la stérilité des « prêtres fonctionnaires », qui « font carrière » dans le christianisme.

De la même façon, Henri Bergson, tout en devenant lui-même un prestigieux professeur de philosophie, construit son œuvre *contre* le discours académique et l'écriture savante des philosophes estampillés. Sa pensée et son style métaphorique sont aux antipodes de la rhétorique universitaire en cours à son époque. À sa façon, et tout en accédant au statut de « gloire nationale », dans les années 1920 et 1930, Bergson représente encore l'*antiphilosophie*. C'est un dissident déclaré.

Dans ces quelques exemples, la même logique paradoxale est présente : l'inventivité d'une pensée est inséparable de sa dissidence préalable. C'est parce qu'elle a choisi d'échapper au cléricalisme d'une institution qu'elle se révèle capable de créer en innovant. Le « plus » apparaît comme la récompense du retrait. Le pas de côté rend la création imaginable. Il n'empêche que ladite création est, malgré tout, nourrie du substrat théorique et conceptuel, dont seule l'institution peut assurer la sauvegarde et la transmission sur la durée. L'institution demeure la *matrice* sur laquelle prend appui la dissidence qui, après coup, la conteste. Au-delà des apparences, existe donc, entre l'une et l'autre, une manière de rétroaction en boucle. Tout le paradoxe est là. L'institution, guettée par la stagnation et le caporalisme, produit mécaniquement une dissidence qui, au bout du compte, rendra possible son renouvellement.

Pour en revenir au religieux, cette étrange complémentarité résume toute l'histoire des grandes confessions monothéistes, surtout celles du judaïsme et du christianisme. Concernant le premier, il est d'usage de citer le cas de Baruch Spinoza (1632-1677), dont l'œuvre fut d'abord combattue, et même excommuniée par la synagogue. Au sujet du christianisme, et pour simplifier, on dira que, de siècle en siècle, la transmission du message évangélique a surtout été assurée dans les marges de l'institution ecclésiastique, voire contre elle. Aux IVe et Ve siècles, l'essor du mouvement érémitique est une dissidence, un retrait, un refus qui *réagissent* contre l'*installation* de l'Église, au lieu et place de l'*imperium* romain. Il en va de même pour le monachisme médiéval, qui fait essaimer les monastères et les couvents dans toute la chrétienté. « Au moment où les compromissions se répandaient au sein des communautés chrétiennes, le monachisme apparut comme une affirmation de la perfection et du maximalisme évangéliques[9]. »

Un catholicisme disciplinaire ?

« Bien que le catholicisme ait toujours enseigné que les sources de la révélation sont l'Écriture et la Tradition, et qu'il ait donc toujours reconnu, sur le plan des principes, que la révélation se poursuit et s'enrichit (mais seulement jusqu'à un certain point) dans la foi vivante de la communauté, il a toujours fini par restreindre de beaucoup les frontières de cette communauté, en identifiant l'Église avec l'organisation hiérarchique dirigée par le pape et par les évêques, et définie par le respect de l'Écriture. Au nom de cette vision de la communauté, l'Église catholique est aujourd'hui très loin de reconnaître les éléments de religiosité "laïque" qui s'annoncent dans la culture de l'Occident, et leur oppose même une méfiance, qui se manifeste dans l'acceptation non nécessaire d'une conception rigidement disciplinaire de la pratique chrétienne. »

Gianni Vattimo, *Après la chrétienté. Pour un christianisme non religieux*, traduit de l'italien par Franck La Brasca, Calmann-Lévy, 2004, p. 125.

9. Georges Khodr, *L'Appel de l'Esprit*, *op. cit.*, p. 146.

Plus tard, la parole des grands mystiques vient relayer, de siècle en siècle, cette dissidence initiale qui avait mis en quelque sorte le message « à l'abri » dans les grottes de la vallée du Nil. De Jean de la Croix à Thérèse d'Avila, de Maître Eckhart ou Jean Tauler à François d'Assise, de Joachim de Flore à Angelus Silesius, une chaîne quasi ininterrompue de mystiques – presque tous au bord de l'hérésie – garantira la perpétuation et le renouvellement de la parole évangélique.

Thomas d'Aquin (1224-1274) lui-même fut l'un de ceux qui, à la suite de son maître le dominicain Albert le Grand, entreprit de lire Aristote en bravant d'abord l'interdiction de l'autorité ecclésiastique de l'époque. Cet exemple est l'un des plus éclairants de toute l'histoire du christianisme. La lecture d'Aristote, vainement prohibée par l'institution, rendit possible la refondation de cette dernière par le biais du thomisme et de la nouvelle scolastique. Thomas d'Aquin, d'abord dissident, puis béatifié, bénéficie d'un crédit toujours intact sept siècles plus tard. On pourrait dire que le cléricalisme médiéval fut ainsi sauvé par ceux-là mêmes qui lui désobéissaient.

On pense ici à une réflexion iconoclaste de Michel de Certeau : « On pourrait dire que l'Église est une secte qui n'accepte jamais de l'être. Elle est attirée constamment hors de soi par ces "étrangers" qui lui enlèvent ses biens, qui surprennent toujours les élaborations ou les institutions péniblement acquises, et en qui la foi vivante reconnaît peu à peu le Voleur – celui qui vient[10]. »

Il n'empêche. Pareille désobéissance, d'abord dirigée *contre* l'institution, *n'aurait pu émerger si cette dernière n'avait pas été là.* Sans l'institution romaine, sans ses universités, ses théologiens officiels, ses ordres et ses traditions, la « voix » de Thomas d'Aquin n'aurait jamais surgi. De même, Henri Bergson n'aurait jamais pu philosopher sans l'existence de la Sorbonne, ou celle des « professeurs », qui, pourtant, l'irritaient. Albert Einstein ne serait pas devenu lui-même sans l'École polytechnique fédérale de Zurich, où il fit ses études, après une année préparatoire à l'école cantonale d'Aarau.

10. Michel de Certeau, « L'étranger », *Études*, mars 1969 (republié en avril 2001).

La mémoire longue

L'existence de ce paradoxe – inconvénient *et* nécessité de l'institution – rend assez vaines les abruptes dénonciations contemporaines, qui font de l'individualisation du croire une fin en soi. Haro sur l'institution? Ce n'est pas si simple. Bien sûr, cette dernière a souvent allumé des bûchers, imposé des normes, fait réciter des catéchismes, promu un conformisme, stérilisé la création, étouffé la vie sous ses cérémonials et ses règlements. De la famille à l'université ou de l'État à l'Église, toutes les institutions humaines se transforment, un jour ou l'autre, en dispositifs de contrainte et de domination. Voilà qui est incontestable. Il est donc légitime de leur résister. En revanche, sauter carrément au-dehors, ou rêver à leur démolition finale, voilà qui n'a pas grand sens.

Qui peut prétendre trouver un accès direct à Dieu, au savoir, à la citoyenneté, au langage, à l'hominisation elle-même? Qui oserait affirmer que la croyance humaine se passe d'apprentissage et d'apprivoisement? Qui pourrait parler d'amour sans passer par la symbolique, complexe et *instituée*, du discours amoureux? Qui, tout seul, apprendra à exprimer, à vivre et à partager ce qu'il croit intimement?

Belle et forte remarque de Bruno Latour à ce sujet: «C'est toujours de biais, écrit-il, ensemble, par les traverses d'un langage impur et inventé, qu'on trouve enfin les mots pour le dire, ces mots rares qui font advenir ce qu'ils disent et nous relient, par le mouvement rétrospectif de l'esprit renouvelant, à ce qu'ont voulu dire nos prédécesseurs. L'évasion est aussi impossible que la purification, on perdrait plus rapidement encore le trésor qu'on voudrait découvrir seul[11].» Les croyances humaines doivent traverser, année après année, le filtre des interprétations collectives, des contestations débattues, des rébellions assumées et des purifications successives. Faute de cela, elles restent des crédulités brutes, des emportements hâtifs et potentiellement agressifs.

11. Bruno Latour, *Jubiler ou les Tourments de la parole religieuse*, *op. cit.*, p. 192. C'est à cet auteur que j'emprunte la référence au discours amoureux.

Les institutions, religieuses ou laïques, ont la mémoire longue à ce sujet. Elles ont été confrontées aux détournements des messages et des convictions, aux tentations sectaires, hérétiques ou intolérantes. Elles ont engrangé, au fil du temps, un florilège de réflexions, d'argumentations et d'expériences qu'on serait bien imprudent de jeter dans l'oubli. Elles constituent donc, malgré tout, une propédeutique (du grec *paideuein*: enseigner) de la croyance, dont il serait dangereux de se dispenser.

Toute institution est à la fois une police, un lieu où l'on délibère et une bibliothèque qui aide à se souvenir. On peut bien récuser la police de la pensée quand elle devient intempestive, mais on ne se détourne pas sans péril de la délibération et de la tradition distillée. Émancipé à jamais de l'institution, le croire contemporain n'est plus qu'une passion aphasique qui sautille et batifole avant de courir vers l'abri d'une secte, d'une tribu ou d'un groupuscule au discours intégriste. Sans apprivoisement minimal, ni « travail mental » en commun, la force de conviction s'expose à ne plus contribuer à l'unification de la conscience, mais au dérèglement de l'émotion. Il ne reste plus à la croyance solitaire qu'à s'agenouiller devant le premier gourou venu, en succombant à son charisme.

Il y a plus dangereux encore, et cette fois sur le terrain de l'idéologie. L'assaut lancé, au nom de la liberté individuelle, contre les institutions religieuses, républicaines ou académiques ressemble à une ruse de la raison marchande. Présenté comme une démarche transgressive, il obéit aux principaux réquisits du système. Démanteler la plupart des dispositifs institutionnels, c'est aussi briser les médiations qui s'interposent entre les engouements du consommateur et le grand marché néolibéral. L'appareil économique planétaire table sur des croyances toutes nues et des appétits en liberté. Ruiner les institutions, c'est dénouer davantage le lien social, en attendant de pouvoir, ultimement, désinventer l'État [12].

On décèle, derrière cette critique libertaire des institutions, y compris religieuses, le projet de fabrication d'un nouvel opium du peuple. Quoi de plus congruent avec le règne de la marchandise que

12. Je reprends ici une formule de Ricardo Petrella, *Écueils de la mondialisation*, Fidès, 1997, p. 15.

cette nouvelle spiritualité nomade et bricoleuse, dont le discours dominant fait l'éloge en l'opposant à l'archaïsme des « vieilles machines » confessionnelles. Disqualifier les Églises établies participe du même programme « modernisateur » que le démantèlement de l'État-providence ou le détricotage du code du travail. Pourquoi ne pas imaginer, au bout du compte, des kits de croyances ou de spiritualité, disponibles sur les étals virtuels de l'internet et payables à crédit ? Nul apprentissage, aucun apprivoisement institutionnel ne viendrait plus distraire les croyances individuelles, enfin rétrogradées au rang d'engouements consuméristes. Voilà qui permettrait d'assurer le triomphe final de la *pensée du nombre* sur la *pensée du sens*.

Dans cette optique, l'école elle-même pourrait être éliminée, « dans la mesure où, lieu et instrument de socialisation, elle introduit un ensemble de principes par lesquels la société, en quelque sorte, se transmet elle-même en tant que société humaine [13] ».

Le surgissement du neuf

Nous voilà donc conduit à faire l'éloge de l'institution, mais cet éloge ne peut être que paradoxal lui aussi. Oui à l'institution, en effet, mais pas à n'importe quel prix. Les Églises, les partis, les écoles ou académies, les États, les appareils judiciaires ou les familles, pour ne citer que quelques institutions, sont entrés dans une logique de mutation qui va bien au-delà de ce qu'on appelle d'ordinaire le « changement » ou la « réforme ». Elles sont confrontées à leur propre misère et à la pétrification de leurs discours. Ni les uns ni les autres ne pourront être, demain, ce qu'ils étaient hier. Il suffit d'ouvrir les yeux ou de tendre l'oreille pour s'en convaincre. La grande métamorphose – *metanoia* – évoquée à la toute première page de ce livre vise au premier chef les institutions humaines.

Les partis politiques, assaillis par l'effervescence médiatique contemporaine, ne camperont pas éternellement dans la nostalgie des préaux d'école, des alliances d'appareils et des palinodies parle-

13. Gaston Piétri, « L'autorité ecclésiale et le droit de penser par soi-même », *Études*, janvier 1999, p. 91.

mentaires. « La désaffection radicale envers les partis et les hommes politiques – perçus comme l'équivalent des prêtres – n'implique nullement un renoncement au politique, bien au contraire[14]. » L'université, quant à elle, serait bien imprudente de rester à l'abri des solennités académiques ou des routines jargonnantes. L'État ne survivra qu'au prix d'une profonde métamorphose. La famille, dans tous les sens du terme, est à « refaire ». L'institution scientifique, on l'a dit, doit renouer avec la culture et le social. Les Églises, quoi qu'elles fassent, ne ressembleront plus jamais aux pesants et impérieux dispositifs cléricaux de jadis.

Conquérir son origine

« L'esprit en nous ne peut se prévaloir de son autonomie sans la *conquérir*. Le refus qu'il oppose à toute intrusion, à toute contrainte, à tout lavage de cerveau, suppose qu'il émerge du monde des choses dont on peut disposer sans leur aveu, qu'il ne puisse donc être manipulé comme elles, parce qu'il doit être l'*origine* des options auxquelles il s'arrête. [...] Beaucoup de nos contemporains admettent et revendiquent (en principe) l'inviolabilité de la personne *sans voir* qu'elle a pour fondement une dignité qu'il s'agit de conquérir et que, s'il faut assurer à chacun le pouvoir d'être l'origine de sa vie proprement *personnelle*, cela implique, de sa part, qu'il consente à une transformation radicale de soi, qu'il construise cet espace intérieur qui justifie le respect, qu'il devienne, dans sa plus secrète intimité, un bien universel que le monde entier puisse reconnaître comme sien. [...] Il reste que c'est bien cette création secrète, par laquelle chacun est capable de se faire homme, que les « droits de l'homme » entendent protéger. Car c'est dans la mesure où chacun se fait homme que se constitue l'humanité. »

Maurice Zundel, *Quel Homme et quel Dieu ?*, Saint-Augustin, 2002, p. 180-181.

Si les croyances humaines ont toujours besoin d'être *instituées* et apprivoisées, ce ne pourra plus être comme hier. Or, dans le tourbillonnement des mutations contemporaines, l'institution est habitée par deux réactions également fatales : la citadelle et le musée. Devant

14. Alain Caillé, *Revue du MAUSS semestrielle*, n° 22, *op. cit.*, p. 28.

une vague puissante, la tentation est grande de s'arc-bouter ou de se mettre au sec. Le premier de ces réflexes correspond au prurit de retranchement dans ces forteresses de papiers que sont les institutions « à l'ancienne ». État, Églises, familles ou académies, on connaît le discours. Tant que les remparts symboliques font illusion, dit-il, réfugions-nous derrière. On y mettra à l'abri le « trésor de la foi », la vertu citoyenne ou l'esprit de famille. Traditionalisme impavide, désert des Tartares, rivage des Syrtes : on attendra l'ennemi dans la citadelle, mille ans s'il le faut. Le syndrome du « vieux croyant » est fort répandu par les temps qui courent.

Le second réflexe, la muséification progressive, procède d'un désenchantement vaguement courtois, d'un esthétisme las. Il revient à inscrire mélancoliquement les grandes institutions – qui ont de beaux restes, comme on dit – au catalogue du « patrimoine ». On prend son parti de leur agonie. On continue de les choyer et de les épousseter, un peu comme on prodigue des soins palliatifs aux célébrités mourantes avant de procéder à leur embaumement. Demain on leur rendra visite sous la conduite d'un guide professionnel, tout en rêvant à l'ancienne vigueur des croyances rassemblées. On imagine déjà des touristes étonnés déambulant dans les travées du Parlement, à l'Académie des sciences ou dans les amphis de la Sorbonne, comme ils le font déjà sur le parvis de Notre-Dame.

Citadelle ou musée : pour échapper à ce destin, les institutions humaines n'ont d'autre recours que de se *réinventer*. Cela nous ramène à la sempiternelle question du langage. Elle est déterminante. Une institution n'existe que si elle invente et protège un langage commun. C'est ainsi qu'il faut comprendre la réflexion de Ludwig Wittgenstein : « Imaginer une nouvelle langue signifie imaginer une nouvelle forme d'existence[15]. » Quand on évoque aujourd'hui les « pannes de son » qui entravent l'expression des croyances collectives et empêchent qu'elles *instituent* un monde commun, on se réfère à bien autre chose qu'à la linguistique dans son acception étroite. Derrière la question du langage, sont en jeu aussi bien le lien social que le rapport à la tradition et au projet. Retrouver la capacité

15. Cité par Timothy Radcliffe, « Prédication : sortir de l'ennui ! », *Études*, janvier 2003, p. 70.

de *dire*, c'est être capable d'*énoncer peu à peu le surgissement du neuf*, en réemployant à nouveaux frais les concepts, métaphores, catégories, pratiques, interprétations ou liturgies dont nous avons hérité.

À cet égard, la métamorphose dans laquelle est embarqué le « religieux » – celle dont l'évocation ouvrait ce livre – n'est pas différente de celle qui affecte toutes les autres croyances. Ce qui est en question, à son sujet, c'est le choix à faire entre les périls qu'il incarne et les promesses inaccomplies dont il est porteur. Évoquant le millénarisme de Joachim de Flore, et les « trois âges » universels qu'il annonçait, le philosophe Gianni Vattimo s'enhardit à dire aujourd'hui sa confiance « postchrétienne ». « L'état de la civilisation à laquelle nous sommes parvenus – grâce à la technologie mécanique et informatique, à la démocratie politique et au pluralisme social, à la disponibilité universelle des biens nécessaires pour garantir la survie – nous offre la *chance* de réaliser le règne de l'esprit conçu comme allégement et "poétisation" du réel. Je dis qu'il nous offre cette *chance*[16]. »

* *
*

Cette chance ? Retrouver la force de conviction, c'est accepter d'avancer paisiblement vers un futur inconnu, sans fermer les yeux ni baisser les bras ; c'est consentir à s'ouvrir aux configurations imprévisibles qui s'annoncent ; c'est marcher activement vers le nouveau – qui, déjà, partout respire autour de nous – en contribuant par là même à son avènement. Lorsqu'il faut agir, c'est-à-dire être convaincu, pensons, repensons sans cesse à cette hésitation qui nous habite. À certains moments, nous avons l'impression que l'histoire humaine s'achève, que vient le crépuscule, que tout est perdu. À d'autres moments, il nous semble au contraire que toutes ces choses attendues vont enfin commencer.

Croire, c'est choisir.

16. Gianni Vattimo, *Après la chrétienté. Pour un christianisme non religieux*, traduit de l'italien par Franck La Brasca, Calmann-Lévy, 2004, p. 84.

Table

Avant propos. Quel désenchantement du monde ? 11

Quelles « guerres de religion » ?, 14. – Les persécutions oubliées, 16. – La religion disparaît et « revient », 20. – D'où vient la modernité ?, 21. – L'énigme du « tenir-pour-vrai », 24. – De la croyance à l'idolâtrie, 26.

Première partie

Un siècle de « décroyance »

1. Le chagrin des « ex ». 31

Les croyances mortes, 35. – Grande pensée, grand aveuglement..., 37. – Tous des salauds ?, 40. – À la source du croire..., 43. – Les « ex » et les « anciens », 46. – Le zèle des nouveaux convertis, 49. – Passé et présent d'une illusion, 51. – Un projet de reconquête, 54. – Du tragique à la palinodie, 55.

2. L'histoire en horreur. 61

La société des ébranlés, 64. – Égalité tyrannique et volontarisme fou, 68. – L'éclair d'Hiroshima, 72. – La fin des valeurs « héroïques », 75. – Une terre devenue fragile, 79. – Du devoir de mémoire..., 82. – ...à l'obligation d'oubli, 84. – Plus jamais ça !, 88.

3. Nous avons vidé la mer 93

L'ère du vide, 95. – Le projet d'être soi-même, 99. – L'homme sans gravité, 102. – La pensée du nombre, 105. – Entre régulation et gouvernance, 108. – L'Europe comme procédure, 111. – Le temps des experts, 108. – L'empire du droit, 116. – Vidons la mer des autres !, 118. – Une politique de marché noir ?, 121.

Deuxième partie

Le retour des idoles

4. De la croyance à la crédulité 133

Des rebouteux dans le cyberespace, 135. – L'ère du Verseau, 138. – Du *New Age* au *Next Age*, 141. – Les sectes : un combat incertain, 144. – L'homélie publicitaire, 148. – La tyrannie de l'efficacité, 151. – Quelques crédulités devenues folles, 154.

5. L'économie saisie par le cléricalisme 159

Un marxisme blanc, 162. – Les Tables de la Loi, 164. – Un clergé et des liturgies, 168. – La mondialisation comme transcendance, 174. – Une vallée de larmes, 176. – Un libertarien conséquent, 179. – Quatre croyances originelles, 182. – Comment laïciser l'économie ?, 185.

6. Science avec croyances 189

Une « étincelle » théologique ?, 193. – Grands savants et alchimistes, 196. – La guerre des deux « Églises », 200. – La revanche des philosophes, 203. – L'irruption de l'incertitude, 206. – La science subvertie par la technologie, 210. – Un retour au XIXe siècle ?, 213. – Une certaine frivolité, 218.

7. La grand-messe médiatique 221

Une polyphonie de l'insignifiance, 225. – Le syndrome du rhinocéros, 228. – Le temps fracturé, 231. – La télévision cérémonielle, 234. – Le style voyou, 237. – La « gentille » inquisition, 240. – Le « sens de l'Histoire » persiste et signe, 244. – Anticléricalisme et dissidence, 246.

Troisième partie

À quoi pouvons-nous croire ?

8. On ne vit pas sans croyance 255

L'illusion sceptique, 256. – Un pont sur l'abîme, 260. – L'aveuglement volontaire, 265. – Quand la croyance se défait, 269. – La providence du « moi divisé », 271. – La volonté de croire, 274. – De la prière à la liturgie, 278. – Engagement politique et cause imparfaite, 280.

9. Il faut croire pour faire société 283

Affaiblis devant les tempêtes, 284. – L'enveloppe communautaire déchirée, 289. – Comment créer de l'idéal ?, 292. – Une « corrélation polyphonique », 296. – Le périmètre du conflit démocratique, 299. – Le réemploi d'une tradition, 303. – Les outils du suicide, 307. – La psychanalyse est-elle réactionnaire ?, 309.

10. Laïciser la science et la technique 313

Au-delà des clowneries, 314. – La « subpolitique » contre la démocratie, 319. – L'irruption du risque, 322. – Ouvrir la boîte noire, 326. – Il n'y a plus de culture scientifique, 328. – La démocratie reprend la main, 331. – Les dissidents de l'intérieur, 334. – Pour une rationalité élargie, 336. – L'imaginaire de l'économie, 339.

11. Que faire de la Révélation ? 343

Les textes sacrés du monothéisme, 346. – Quand le texte est un poème grec, 348. – Comment l'Écriture progresse, 353. – Le principe talmudique, 355. – Un message évangélique réinventé, 359. – Les nouveaux penseurs de l'islam, 362. – Athènes *avec* Jérusalem, 366. – Un âge nouveau ?, 369.

En guise d'épilogue. Éloge paradoxal de l'institution 373

Un discrédit généralisé, 375. – Le ralliement à la domination, 378. – Contre elle mais pas sans elle, 381. – La mémoire longue, 385. – Le surgissement du neuf, 387.

Du même auteur

Les Jours terribles d'Israël

Seuil, « L'Histoire immédiate », 1974

Les Confettis de l'Empire

Seuil, « L'Histoire immédiate », 1976

Les Années orphelines

Seuil, « Intervention », 1978

Un voyage vers l'Asie

Seuil, 1979
et « Points Actuels » n°37

Un voyage en Océanie

Seuil, 1980
et « Points Actuels » n°49

L'Ancienne Comédie

roman
Seuil, 1984
et « Points Romans » n°479

Le Voyage à Keren

roman
Arléa, 1988, prix Roger-Nimier

L'Accent du pays

Seuil, 1990

Cabu en Amérique

(avec Cabu et Laurent Joffrin)
Seuil, « L'Histoire immédiate », 1990

Sauve qui peut à l'Est

(avec Cabu)
Seuil, « L'Histoire immédiate », 1991

Le Rendez-vous d'Irkoutsk

Arléa, 1991

La Colline des Anges

(avec Raymond Depardon)
Seuil, 1993, prix de l'Astrolabe

Sur la route des croisades

Arléa, 1993
et « Points », n° P 84

La Trahison des Lumières

Seuil, 1995, prix Jean-Jacques-Rousseau
et « Points », n° P 257

Écoutez voir !

Arléa, 1996

La Porte des Larmes

(avec Raymond Depardon)
Seuil, 1996

La Tyrannie du plaisir

Seuil, 1998, prix Renaudot essai
et « Points », n° P 668

La Traversée du monde

Arléa, 1998

La Refondation du monde

Seuil, 1999
et « Points », n° P 795

L'Esprit du lieu

Arléa, 2000

Le Principe d'humanité

Seuil, 2001, Grand Prix européen de l'essai
et « Points », n° P 1027

Istanbul

(avec Marc Riboud)
Imprimerie nationale, 2003

Le Goût de l'avenir

Seuil, 2003
et « Points », n° P 1254

RÉALISATION : PAO ÉDITIONS DU SEUIL
IMPRESSION : IMPRIMERIE FIRMIN-DIDOT AU MESNIL-SUR-L'ESTRÉE (EURE)
DÉPÔT LÉGAL : AOÛT 2005. N° 63927 (74981)
IMPRIMÉ EN FRANCE